로잔운동과 현대선교전략

로잔운동과 현대선교전략

발　행 2018년 1월 15일
기　획 한국로잔위원회 (의장 이재훈)
엮은이 로잔교수회

펴낸곳 도서출판 케노시스
등　록 제2011-24호(2011. 5. 23)
전　화 02)453-2208, 450-5435-6
팩　스 02)2201-6953
주　소 서울시 광진구 광장로 5길 25-1

ISBN 979-11-85698-17-5 (93230)

값 20,000원 (*파본은 바꿔드립니다)

CONTEMPORARY
MISSION STRATEGY
AND LAUSANNE
MOVEMENT

로잔운동과 현대선교전략

로잔교수회 편

한국로잔위원회

발간사

세계복음화 운동의 중요한 역사를 써 왔던 로잔운동과 정신은 지금 이 시대에도 세계 교회의 희망입니다. 그리고 이 운동의 시작부터 한국교회가 함께해왔음을 자랑스럽게 생각합니다. 현재 세계 로잔은 다음의 비전을 향해 총력을 다하고 있습니다.

> 모든 이에게 복음을 (The gospel for every person)
>
> 모든 민족에게 복음적 교회를 (An evangelical church for every people)
>
> 모든 교회에 그리스도를 닮은 리더들을 (Christ-like leaders for every church)
>
> 사회의 모든 곳에 하나님 나라의 영향력을 (Kingdom impact in every sphere of society)

하나님께서 세계 교회에게 주신 이 비전은 반드시 이루실 줄 믿습니다. 물론 이 하나님의 비전에 전적으로 응답하고 헌신하는 교회가 있어야 합니다. 이러한 일에 한국로잔이 응답하고 나선 것은 정말 감사할 일입니다. 하나님께서는 저희의 작은 응답을 들어서 백배 천배의 열매를 맺으실 줄 믿습니다.

하나님께서 주신 비전을 성취하기 위해서 로잔운동은 전 세계에 영향력을 발휘하고 있는 신실한 크리스천들과 그들의 아이디어들을 연결합니다 (Connecting influencers and ideas for global mission). 네트워킹은 이 시대의 화두입니다. 빠른 변화의 시대에는 거대한 조직 보다는 유연한 네트워크의 힘이 더 강력하기 때문입니다. 로잔운동은 이러한 네트워크를 다음의 세 가지 방법으로 형성해 갑니다.

1) Issue networks: 30개가 넘는 이슈 네트워크는 세계의 문제들을 향해 전문가들을 연결해 갑니다.
2) Regional networks: 지구촌을 지역으로 구분하고 그 지역 안에서의 협력과 전체로서의 협력을 만들어 갑니다.
3) Partnerships between generations: 세대 간의 연결을 통해 전 세계의 크리스천들을 연결하고 협력을 만들어 냅니다. 특히 미래의 선교를 위해서 젊은 세대를 준비시켜 갑니다.

한국로잔은 최근 몇 년 동안 로잔운동이 나가야 할 방향을 연구하고 차세대 로잔 지도자들을 양성하기 위해서 신학대학교마다 로잔운동을 뿌리내리게 하는 데 주력해 왔습니다. 그 결과 빠른 시간 안에 15개 신학대학교에 로잔운동을 연구하는 교수들과 로잔 동아리가 생겼고, 그 운동은 날이 갈수록 활발해져 가고 있습니다. 로잔 정신으로 연구하고 출판하는 로잔교수회와 로잔운동을 배우고 실천하며 미래의 지도자가 되어가는 로잔동아리 학생들은 이 시대 교회의 희망입니다. 또한 로잔 캠퍼스 운동은 전 세계 로잔운동에 있어서 유래를 찾아볼 수 없는 한국로잔의 자랑입니다. 이러한 운동이 세계 다른 나라에도 소개되어서, 로잔운동이 새로운 전환기를 맞게 되기를 바랍니다.

로잔교수회 교수님들의 수고로 또 한 권의 로잔 연구 서적이 출간됩니다. 매년 발간되는 로잔운동 연구 서적이 그 깊이와 넓이를 더해 가고 있음을 기쁘게 생각합니다. 이러한 연구 결과가 영문으로도 출간되어 세계 로잔운동에 기여하게 되기를 기대해 봅니다.

2017년 12월 30일

이 재 훈

한국로잔위원회 의장 / 온누리교회 담임목사

선교에 있어 여러 가지 문제와 다양한 선교신학적 주장으로 인하여 혼란이 있는 오늘날, 나는 세계 복음화를 위한 로잔운동이야말로 참으로 건전한 선교운동이라고 믿어 의심치 않는다. 로잔운동은 1910년의 에딘버러 선교대회에 있었던 그 선교열정을 이어 받았을 뿐 아니라, 건전한 선교신학에 입각한 운동이며, 교파를 초월하여 모두가 함께 일할 수 있는 운동이기 때문이다.

로잔운동은 영감으로 기록된 하나님의 말씀으로서 성경의 권위와 능력을 믿는다. 따라서 성경에 근거하여 인류의 구주로서 예수 그리스도와 복음의 유일성을 믿으며, 그리스도가 보여준 모범에 따라 통전적 선교를 주장하며 활동하고 있다. 따라서 하나님 나라의 복음을 증거하되, 말과 행위로 그리고 능력으로 온전한 복음을 증거할 것을 주장한다. 동시에 복음전도, 곧 "복음의 진리를 말로 선포하는 것"이 가장 중요한 부분(paramount)이요(CTII A.a), 모든 선교의 핵심이라고 강조한다(CTII D.d). 이것이 로잔운동의 특징이다. 왜냐하면 사람들과의 화해, 경제, 정치적 해방, 곧 사회참여도 필요하지만 그것이 하나님과의 화해, 곧 구원은 아니기 때문이다(LC 5). 또한 죄가 모든 사회 문제의 원인인 것을 알기 때문이다.

우리는 한국교회의 교역자들과 성도들이 이러한 로잔운동에 관심을 가질 뿐만 아니라 직접 참여할 것을 소망한다. 이에 한국의 저명한 선교학자들이 로잔 신학을 연구하고 현대 선교에서의 문제 및 관심과 관련하여 로잔운동을 신학적으로 고찰하면서 현대적 선교 전략을 제시한 이 책은 현대 선교 사역에 크게 공헌하리라고 믿는다. 이 연구 작업을 위해 수고하신 신학자들에게 감사를 표하며, 이 책을 신학생들과 교역자들에게 기쁨으로 추천하는 바이다.

2017년 12월 30일

조 종 남

한국로잔위원회 명예회장 / 서울신학대학교 명예총장

로잔교수회가 벌써 연구도서 다섯 번째 책을 출판하게 된 것을 축하드리며 내년에도 내후년에도 계속해서 연구하고 출판하도록 자랑하며 격려합니다.

2017년은 종교개혁 500주년이 되는 해였습니다. 1415년 얀 후스(Jan Hus)는 종교개혁을 주장하여 화형을 당하면서, 100년 후에는 아무도 이 개혁의 불길을 끄지 못할 것이라고 예언했었는데, 102년 만인 1517년에 개혁의 불길은 온 세계를 복음으로 불태웠던 것을 기억합니다. 오늘의 조용한 개혁이 미래에 세상이 감당할 수 없는, 역사를 뒤집어 놓는, 세상을 바꾸어 놓는, 그날을 기대하고 기도하며 기다립니다.

2018년은 대한민국 건국 70주년을 맞이합니다. 기도로 시작한 제헌국회 그날의 감격과 감사와 기쁨을 우리는 기억합니다. 우리가 꿈꾸던 대한민국! 오늘의 대한민국을 위하여 우리는 새로운 비전과 꿈을 꾸며 기도합니다.

2019년은 1919년 3.1 운동의 100주년을 맞이합니다. 100년 전 그날의 '대한독립만세' 그 함성을 다시 목청껏 외치고 싶습니다.

제5권 『로잔운동과 현대선교전략』은 국내 15개 신학대학의 선교신학 교수들이 학교에서는 '로잔동아리' 학생들을 지도하면서 2017년 한해 동안 연구한 논문을 정기학술모임에서 먼저 발표한 후에 묶은 책입니다. 로잔운동과 선교와 학문적 통찰을 갖춘 논문들을 한 권의 책으로 펴냈습니다. 더 많은 분들이 읽고 더 새로운 선교의 비전과 통찰력을 얻도록 추천합니다.

샌프란시스코에서

이 광 순

아시아로잔위원회 부위원장

목 차

제1부 로잔운동의 신학적 고찰

제2부 로잔운동과 현대선교전략

제1부
로잔운동의 신학적 고찰

로잔운동과 구약선교신학

김성욱 • 총신대학교

I. 서 론

21세기 한국교회의 효율적인 선교를 위해 오늘의 상황은 어떠한가? 전세계적으로 오늘의 상황은 경제문제해결에 모든 우선권을 두고 있다. 이러한 현실은 불신 세계를 더욱 확대시키고 비기독교 종교들의 세력이 확장되고 있는 실정이다. 이런 때일수록 한국교회의 선교를 지속적으로 펼쳐나가기 위해 성경에 귀를 기울여 선교의 참 뜻을 깨달아야할 필요성이 있다. 한국교회의 지속적인 선교활동과 사역을 세우고 지원하기 위해서, 그리고 한국교회의 선교신학의 발전을 위해서 성경적 선교신학의 수립과 연구가 절실하다고 본다.

로잔운동은 1970년대 혼탁한 선교계에 신선한 복음중심적 선교신학으로 주님의 지상명령을 지속적으로 충실하게 전파하는 데 큰 공헌을 하였다.[1] 급진적인 에큐메니칼의 선교이론에 대응하기 위해서 로잔운동의 중심

1) 조종남, 『세계 복음화를 위한 로잔운동의 역사와 신학』 (서울: 선교횃불, 2013), 28.

에는 성경중심적인 선교신학이 그 운동의 근간을 이루고 있다고 볼 수 있다. 그리고 오늘의 선교신학도 더욱 발전되어서 선교학의 주요 연구분야로 선교적 해석학이 나타나 깊이 있는 선교신학이 가능하게 되었다고 본다.[2)] 크리스토퍼 라이트는(Christopher Wright) 지금까지의 선교의 성경적 기초로 배우던 선교신학은 이제 선교적 해석학으로 나아가 성경 전체를 선교적 안목으로 보고 연구할 것을 강조하였다.[3)] 2000년대 전까지만 해도 선교학자들 가운데 성경적인 연구주제는 주로 로저 헤드런드(Roger Hedlund)의 "성경적 선교신학," 아서 글래서(Arthur Glasser)의 "성경에 나타난 하나님의 선교," 그리고 허버트 케인(Hebert Kane)의 "선교의 성경적 기초" 등을 선교학 교재로 사용하였다.[4)]

오늘의 선교신학을 더욱 효과적으로 연구하고 한국교회의 선교사역의 지속적인 성장을 위해서 성경을 중심으로 하는 선교신학이 필요한 시기이다. 최근에 발표된 구약선교에 대한 주요 연구서들 가운데 월터 카이저(Walter Kaiser, Jr.) 교수는 "구약성경과 선교"에서 구원의 메시지는 결코 이스라엘에만 국한될 수 없으며, 선교는 구약 전체를 가로질러 신약에 이르는 성경 전체의 주제라고 하였다. 그리고 선교는 이스라엘에게 주어진 원심적 선교를 통

---

2) Kaiser, Walter C. Jr, *Mission in the Old Testament*, 임윤택 역, 『구약성경과 선교: 이방의 빛 이스라엘』(서울: 기독교문서선교회, 2013); Christopher J. H. Wright, *The Mission of God*, 정옥배, 한화룡 역, 『하나님의 선교』(서울: IVP, 2010); Christopher J. H. Wright, *The Mission of God's People* (Grand Rapids: Zondervan, 2010); George Peters, *A Biblical Theology of Missions*, 김성욱 역, 『선교성경신학』(서울: 크리스챤출판사, 2004); 김은수, 『구약성경과 선교』(서울: 생명나무출판사, 2017); Tremper Longman III, "Reflections on the Old Testament Background to New Testament Missions," 『제54차 한국복음주의선교신학회 정기논문발표회 논문집』(2010. 6. 28).

3) Christopher J. H. Wright, *The Mission of God*, 정옥배, 한화룡 역, 『하나님의 선교』, 40.

4) Roger E. Hedlund, *Mission to Man in the Bible*, 송용조 역, 『성경적 선교신학』(서울: 성경학교출판부, 1990); Hebert Kane, *Christian Mission in Biblical Perspective*, 이재범 역, 『선교신학의 성서적 기초』(서울: 도서출판 나단, 1994); Arthur Glasser, *Announcing the Kingdom*, 임윤택 역, 『성경에 나타난 하나님의 선교』(서울: 생명의 말씀사, 2006); Larkin, William Jr. *Mission in the Old & New Testaments: An Evangelical Approach*, 김성욱, 홍용표 역, 『성경의 선교신학』(서울: 이레서원, 2001).

해 자신의 영광을 위해서 이방인을 포함한 모든 민족에게 구원을 확장하도록 하시는 하나님의 계획임을 분명하게 보여주었다.[5)]

조지 피터스(George Peters)는 구약성경이 선교를 소유하는 것이 아니라 구약성경 그 자체가 세계선교라고 하였다.[6)] 크리스토퍼 라이트(Christopher J. H. Wright)는 구약의 이스라엘이 열방으로 가라는 선교명령을 갖지는 아니하였을지라도 누군가가 이스라엘은 다른 나라들 사이에서 선교역할을 가지고 있었다는 것을 말할 수 있다고 주장하였다.[7)] 그리고 요하네스 블라우(Johaness Blauw)는 하나님께서 나라들 가운데 이스라엘을 선택한 것은 그 나라가 특별한 방법으로 하나님을 섬기며 그의 영광과 그의 주되심을 지상에서 나타낸다고 하였다. 또한, 궁극적으로는 온 세계를 하나님께로 인도하기 위함이며 선교적인 목적을 갖는다고 밝힌다.[8)]

오늘 이 시대에 한국교회의 진정한 선교가 계속되려면 성경을 통하여 하나님의 선교 메시지를 깊이 묵상하는 전략이 필요하다. 예수 그리스도께서 부활하신 후에 제자들에게 선교의 중차대한 사명을 가르치고 선교사역을 맡기실 때도 구약성경을 가지시고 초대교회의 선교사로 세우셨다(눅 24:15-53). "그리스도가 이런 고난을 받고 자기의 영광에 들어가야 할 것이 아니냐 하시고 이에 모세와 및 모든 선지자의 글로 시작하여 모든 성경에 쓴 바 자기에 관한 것을 자세히 설명하시니라"(눅 24:26-27; 눅 24:44-46). 사도들은 "길에서 우리에게 말씀하시고 우리에게 성경을 풀어 주실 때에 우리 속에서 마음이 뜨겁지 아니하더냐"(눅 24:32)고 나누면서, 그들이 성경 말씀을 이해할 때 온전한

---

5) Walter C. Kaiser, Jr, *Mission in the Old Testament*, 임윤택 역, 『구약성경과 선교: 이방의 빛 이스라엘』(서울: 기독교문서선교회, 2013), 8.

6) George Peters, *A Biblical Theology of Missions*, 김성욱 역, 『선교성경신학』, 132.

7) Christopher J. H. Wright, *The Mission of God*, 정옥배, 한화룡 역, 『하나님의 선교』, 24-25.

8) J. Blauw, *The missionary Nature of the Church* (New York: McGraw-Hill, 1962), 23.

선교사의 사역을 감당했던 것을 볼 때, 성경을 배우고 그 안에서 선교의 진리를 찾는 것이 예수님의 방법이었음을 알 수 있다. 초대교회의 선교 부흥은 이러한 성경에 근거한 예수 그리스도에 대한 인격적인 수용과 체험, 그리고 헌신적인 증거로 말미암았다. 예수께서 구약성경을 가지고 제자들을 가르치셔서 선교의 일꾼으로 삼아 초대교회 위대한 선교사역을 감당한 것처럼, 오늘날에 한국교회는 성경을 토대로 하는 선교사역을 계속 감당해야 할 것이다.

본 논문은 효율적인 한국교회의 지속적인 선교사역과 선교신학의 발전을 위하여 최근에 일어나는 성경적 선교신학을 연구하고자 시작하였다. 먼저, 로잔운동(1974, 1989, 2010)에 나타난 성경적 선교의 중요성과 구약성경, 곧 모세오경, 시편, 그리고 선지서(눅 24:27)에 나타난 주요 선교 메시지에 대해 살펴보고자 한다.

II. 로잔운동과 구약 선교 이해

A. 로잔운동과 성경중심적 선교

로잔운동은 처음부터 성경중심적인 선교의 중요성을 제기하면서 현대 복음주의 선교운동을 전개하였다. 무분별한 자유주의 신학의 범람으로 인해 성경중심적 선교의 하나님나라 확장사역에 대한 혼란이 가중될 때에 시작된 로잔선교운동은 오늘도 건강한 현대교회의 선교사역과 선교신학의 흐

름에 큰 공헌을 하고 있다.[9)]

제1차 로잔대회(1974)에서 발표된 로잔언약(Lausanne Covenant)에 나타난 선교주제는 철저한 성경적 선교를 위해 온 세계 교회가 협력할 것을 선언한다. 로잔언약 15개 항 가운데 첫째 주제는 "하나님의 목적"(The Purpose of God)이며, 그 다음 두 번째 주제가 "성경의 권위와 능력"(The Authority and Power of the Bible)으로 자리 잡으면서 현대 선교학의 중심은 성경중심적인 선교학임을 강조하였다. "우리는 신구약 성경이 하나님의 영감으로 기록되었음을 믿으며, 그 진실성과 권위를 믿는다. 성경 전체는 기록된 유일한 하나님의 말씀으로써 그 모든 가르치는 바에 전혀 오류가 없으며, 신앙과 실천의 유일하고도 정확무오한 척도임을 믿는다."[10)] 제1차 로잔대회에 한국교회 대표로 참석한 김의환 교수는 그의 논문을 통해 성경적 선교의 중요성을 강조하였다. 모든 사람들이 영적으로 전적으로 무능력하기 때문에 하나님의 기록된 특별한 계시가 가장 필요하며, 특히 성경의 영감론은 예수 그리스도께서 가르치신 것으로 성경의 무오성(Inerrancy)과 무결함성(Infallibility) 강조하였다. "무오성은 영감의 교리에서 나오는 당연한 결과이다. 영감은 성경의 오류들과 양립할 수 없는 것이다. 성경 원본에 기록된 말씀들이 성령으로 영감된 바로 그 말씀들이라면, 그것들은 필연적으로 오류가 없으며 틀림이 없다. 이것이 역사적 복음주의적 그리스도인들에 의하여 오늘날 현재까지 모든 시대에 있어서 주장된 성경에 대한 태도이다."[11)]

제2차 로잔대회(1989)에서 나타난 마닐라선언(Manila Manifesto)에서도 이러한 성경중심적인 선교는 명확하게 나타나 있다. 마닐라 선언 21개 항의 고백

9) 조종남, 『세계 복음화를 위한 로잔운동의 역사와 신학』(서울: 선교횃불, 2013), 9.

10) 로잔운동, 『케이프타운 서약: 하나님의 선교를 위한 복음주의 헌장』(서울: IVP, 2014), 216.

11) J. D. Douglas, *Let the Earth Hear His Voice* (Minneapolis: World Wide Publications, 1975), 989.

가운데 두 번째와 세 번째 고백은 신구약 성경에 대한 주제를 차지하고 있다. 두 번째 고백은 다음과 같다. "우리는 하나님이 신구약성경에서 우리에게 하나님의 성품과 뜻 그리고 그분의 구속 행위와 그 의미를 권위 있게 드러내실 뿐 아니라 선교를 명하고 계신 것을 단언한다."[12] 그리고 세 번째 고백에서도 성경적 선교의 중요성이 다음과 같이 드러나 있다. "우리는 성경의 복음이 하나님께서 계속하여 우리 세계에 주시는 메시지임을 확언하며, 이 복음을 변호하고, 선포하며, 이를 구체적으로 표현할 것을 단언한다."[13]

제3차 로잔대회(2010)에서 나타난 케이프타운 서약(Cape Town Commitment)의 제1부 10개 케이프타운 신앙고백 가운데 삼위일체 성부, 성자, 성령 하나님께 대한 사랑의 고백 다음으로 신구약성경에 대한 신앙고백을 통해 성경적 선교의 핵심주제를 강조하였다. 10개 신앙고백 가운데 여섯 번째 주제인 "우리는 하나님의 말씀을 사랑한다"는 고백은 구약의 시편 119편을 인용하여 1차 대회와 2차 대회의 성경적 선교를 이어가고 있음을 보여준다. "우리는 신구약성경에 담긴 하나님의 말씀을 사랑한다."[14] "우리는 성경 전체를 인간 저자들이 하나님의 영에 의해 받아 말하고 쓴 하나님의 말씀으로 받아들인다. 우리는 성경을 우리의 믿음과 행위를 주관하는 최고의 유일한 권위로 인정하며 복종한다."[15] 그리고 성경이야말로 "최종적으로 기록된 하나님의 말씀이므로 그것을 능가하는 어떤 계시가 장래에 있지 않음을 확언한다."[16] 이어서 성경의 메시지는 땅 위의 모든 사람을 위한 것으로 모든 수단을 다해서 성경을 알려야 함을 강조하고 문자가 없는 구술문화가 지배적인 지역을 포함해 모든 문화와 언어에서 성경을 번역하는 사역에 헌신할 것을 다짐하였

12) 로잔운동, 『케이프타운 서약: 하나님의 선교를 위한 복음주의 헌장』, 231.

13) 위의 책, 231.

14) 위의 책, 39.

15) 위의 책.

16) 위의 책.

다. 선교사역의 가장 효율적인 방법이 "성경이 요구하는 삶"임을 강조하여 성경적 삶의 방식으로, "정의, 긍휼, 정직, 진실함, 순결, 관대함, 친절, 자기 부인, 환대, 화평 캐 함, 보복하지 않음, 선행, 용서, 기쁨, 자족과 사랑"을 강조하면서 "성경적 삶이 없다면 성경적 선교도 없다"라고 덧붙였다.[17)]

B. 구약성경과 선교 이해

선교에 대한 온전한 이해는 하나님의 말씀인 성경을 통해서 가능하다. 그 이유는 성경은 신자에게 있어 신학의 기초요, 삶의 모범이요, 모든 생활 지혜의 근거이기 때문이다. 예수님은 초대교회 제자들에게 선교의 당위성을 말씀하실 때 구약성경을 사용하셨다(눅 24:25-44). 오늘의 선교연구에 구약의 권위를 인정함은 예수께서 그것의 권위를 인정하셨기 때문이다. 아서 글래서(Arthur Glasser)는 선교에 대한 온전한 이해를 위해 신구약 성경 전체에 걸쳐서 살펴보아야 한다고 다음과 같이 주장한다. "개인과 국가를 다루시는 하나님의 영원한 목적을 이해하게 해주는 구약성경의 기여 없이는 신약성경이 묘사하는 '이미' 임하였으나 '아직' 도래하지 아니하였고 장차 '완성'될 하나님의 나라에 대한 이해는 완전히 파악될 수 없다."[18)]

구약성경은 기독교 선교활동의 토대이다. 구약성경이 없는 신약성경은 불가능한 것 같이 선교에서도 선교의 대사명은 하루아침에 하늘에서 떨어진 것이 아니라 구약성경의 연속인 것이다. 그러므로 성경의 선교론을 논할 때 결코 구약성경을 무시할 수 없다. Richard R. De Ridder는 그의 저서

---

17) 로잔운동, 『케이프타운 서약: 하나님의 선교를 위한 복음주의 헌장』, 42.

18) Arthur Glasser, and Donald McGavran, *Contemporary Theologies of Mission* (Grand Rapids: Baker, 1983), 32.

“Discipling the Nations”에서 “구약의 선교를 생각하지 않고는 신약의 선교는 불가능하다”라고 주장했다.[19] J. H. Bavinck 역시 그의 “선교학개론”에서 “얼핏 보기에 구약에는 선교사상의 기초가 없는 것 처럼 보인다…. 그러나 구약성경을 충분히 연구하면 이방 나라의 장래가 중요한 관심사임이 분명해진다…. 참으로 성경의 첫 장부터 마지막 장까지 성경은 온 세상을 그 대상으로 삼았으며 하나님의 구원계획이 온 세계에 미치는 것으로 전개되었다.”[20]고 언급하였다. 구약의 선지서 기자들도 이스라엘의 하나님은 이방의 하나님도 되시며 이스라엘의 구원은 이방 나라의 희망이 된다고 선포하였다(사 2:1-4; 슥 8:22-23; 합 2:14; 미 4:1-3). “여호와는 처음부터 하늘의 하나님과 땅의 하나님이시며, 처음부터 아브라함의 축복은 이방을 위한 것으로 정하셨다”고 주장했다. Arthur Glasser는 참된 선교를 이해함에 있어서 구약성경의 공헌도에 대해서 특별히 강조했다. “인간의 과실과 하나님을 대항한 공개적인 반역의 비극적인 기록에도 불구하고 구약은 우리들로 하여금 역사 위에 임하는 하나님의 나라에 대한 보이지 않는 실재를 믿게 하며, 역사 안에서 보이시는 하나님의 섭리의 손길을 인식하고 믿게 하며, 역사를 넘어서서 종말에 하나님의 나라를 완성시키시는 것에 대하여 믿게 하여 준다.”[21]

---

19) Richard R. De Ridder, *Discipling the Nations* (Grand Rapids: Baker, 1975), 2.

20) J. H. Bavinck, *An Introduction to the Science of Missions* (Philadelphia: Presbyterian and Reformed Publishing Co., 1960), 11.

21) Arthur Glasser, and Donald McGavran, *Contemporary Theologies of Mission*, 『현대선교신학』 (서울: 기독교문서선교회, 1983), 69.

III. 구약성경과 선교 메시지

A. 창세기에 나타난 선교 메시지

성경은 하나님의 계시로 선교신학의 기초이며 교회의 최대 사명인 선교의 완전한 성취를 위하여 오늘도 상고할 하나님의 말씀이다. 성경 전체의 서론인 창세기의 말씀은 특히 모든 신학의 기초이다. 이것은 하나님의 우주 창조와 인간의 타락, 그리고 타락한 인간에 대한 하나님의 은혜 언약의 기록이다. 즉, 인간의 영원한 구원을 주시는 원초적 복음(Proto Evangelism; 창 3:15) 메시지라 할 수 있다. 혹자는 구약은 율법이요, 신약은 은혜의 복음이라 구분하여 구약을 등한시하지만, 성경은 첫 부분인 창세기부터 선교의 "기쁜 소식"을 증거한다.

특히 창세기 1장부터 11장에서 하나님께서 어떤 특정된 민족이나 국가의 하나님이 아니라 열국의 하나님임을 말한다. 창조주 하나님은 온 우주를 창조하신 만물의 근원이시며, 온 피조계를 다스리시는 왕이시다. 하나님의 우주 창조는 구약 전체 내용에서 매우 주요한 주제로 자리 잡고 있다(시 99:1; 시 100:1; 시 98:4; 시 97:1; 시 24:1). "땅과 거기 충만한 것과 세계와 그 중에 거하는 자가 다 주의 것이라"(시 24:1). 창조기사는 만물이 하나님에게서 나왔으며, 세상에 하나님의 주권을 선포해야 하는 선교의 기초가 된다. 하나님께서 처음부터 온 세상을 관심을 가지시고 통치하심은 오늘 모든 성도에게 전 세계에 대한 선교의식을 가진 "세계를 품은 그리스도인"(World Christian)의 삶으로 인도한다.

J. H. Bavinck는 창 1:1절 이하에서 하나님의 창조는 마 28:19-20에 나

타난 예수님의 지상명령의 필연적인 기반이며, 사도 바울의 선교적 메시지(행 17:26-27) 속에 적용된 것이라고 주장한다.[22] "인류의 모든 족속을 한 혈통으로 만드사 온 땅에 거하게 하시고 저희의 연대를 정하시며, 거주의 경계를 한하셨으니, 이는 사람으로 하나님을 혹 더듬어 찾아 발견케 하려 하심이로다. 그는 각 사람에게서 멀리 떠나 계시지 아니하도다."(행 17:26-27). George Peters는 창세기 3장의 인간의 타락 사건은 선교의 원인으로 해석하고 선교신학의 기초로 설명한다(고후 11:3; 요 8:44). 오늘날 인간의 모든 문제들도 타락사건의 결과로서 "죄와 고통과 사망"이 임하기 때문에 타락한 인생에게 가장 절실한 것은 "교육이 아니라 구원"[23]임을 제시한다. 인간 타락의 결과는 인간의 개인적 고통과 사망뿐만 아니라, 나아가 우주적으로 공해, 경제 불의, 착취 등의 사회악과 환경문제에까지 확대하여 나타났다(롬 8:22-23). 피터스는 현대교회가 선교에 착심하는 이유도 바로 인간의 실존이 죄에 매여 불행한 삶을 살고 있기 때문이라고 주장한다.

창 12장 이후는 하나님께서 인간의 구원을 위한 보다 확실한 언약을 아브라함과 세우시고 타락한 인간에게 구원의 놀라운 계획을 진행시켜 나감을 보여준다.[24] 창 12:1-3에서 하나님은 아브라함을 부르시고 축복하신다. 그가 받은 축복은 자신만의 것이 아니라 많은 이방인들에게 축복의 통로가 되는 복이었다. 아브라함 언약의 특성은 아브라함 후손들인 이스라엘이 하나님께 대하여 특별한 권리와 함께 더 많은 책임을 지게 되었다는 점이다. 그들은 장차 이방 족속들이 구원을 얻게 되도록 하는 하나님의 도구가 되는

---

22) J. H. Bavinck, *Introduction to the Science of Missions* (Phillipsburg: Presbyterian and Reformed Pub, 1960), 12.

23) George W. Peters, *A Biblical Theology of Missions* (Chicago: Moody Press, 1990), 15: "There would be no need for Christian missions if sin were not a serious."

24) O. Palmer Robertson, *The Christ of Covenants* (Phillipsburg: Presbyterian and Reformed Pub, 1990), 127.

역할을 가진다는 것이다. 하나님께서 아브라함을 부르심은 구약에 나타난 첫 이방 선교의 명령이라고 볼 수 있다.[25]

아브라함에게 하나님께서 약속하신 축복은 (1) 후손의 축복, (2) 명예의 축복, (3) 땅을 소유하는 축복, 그리고 (4) 만민을 위한 "복의 근원"이 되는 축복이다. 여기서 모든 그리스도인은 하나님이 계획하신 선교의 소명을 찾을 수 있다. 결국 "아브라함의 선택은 자신의 영광을 위함이 아니며, 그의 후손들의 행운을 위한 것도 아니며, 그의 원수들의 불행을 위한 것도 아니다. 하나님은 아브라함으로부터 인간 역사에서 새 장을 시작하셨다. 아브라함은 세계 구속을 위한 도구이다."[26] 아브라함의 선택의 참된 뜻은 "하나님의 백성이 되는 특권과 함께 봉사와 선교의 책임"에 있다고 할 수 있다. 하나님의 축복받은 백성으로서 이스라엘은 하나님의 도구로써 이방 선교에 대한 하나님의 구원계획을 위한 막중한 책임이 있음을 증거한다.[27]

B. 출애굽기에 나타난 선교 메시지

로울리(H. H. Rowley)는 "모세는 우리가 아는 최초의 선교사"라고 소개하면서,[28] 출애굽기는 이스라엘 백성을 이방에게서 구원하는 하나님의 소식을 알림으로 이스라엘 민족을 구원한 사건을 가지고 구약의 선교적 메시지를

25) Walter C. Kaiser, Jr, *Mission in the Old Testament*, 임윤택 역, 『구약성경과 선교: 이방의 빛 이스라엘』, 41.

26) Robert Martin-Achard, *A Light to the Nations* (Naperville: A. R. Allenson Pub, 1962), 35.

27) Christopher J. H. Wright, *The Mission of God*, 정옥배, 한화룡 역, 『하나님의 선교』, 245.

28) H. H. Rowley, *The Missionary Message of the Old Testament* (London: The Carey Kingsgate Press, 1955), 150.

보여준다. 출애굽기는 하나님의 이방 민족에 대한 선교적 관심을 구체적으로 제시한다. 출애굽기는 아브라함의 자손들의 수가 늘어나서 하나의 국가 형태로 나타나는 과정에서 이스라엘에 대한 하나님의 선교적인 의도를 보여준다. 특히 이스라엘은 모세를 통하여 하나님과 이스라엘 족속 사이에 시내산에서 언약을 수립하게 되고 이 언약은 이스라엘의 분명한 이 땅에서의 위치를 나타낸다.

출 19:5-6은 모세 언약의 핵심이며 아브라함의 후손으로 언약 백성인 이스라엘의 특권과 책임을 분명하게 보여준다.[29] "세계가 다 내게 속하였나니 너희가 내 말을 잘 듣고 내 언약을 지키면 너희는 열국 중에서 내 소유가 되겠고 너희가 내게 대하여 제사장 나라가 되며 거룩한 백성이 되리라 너는 이 말을 이스라엘 자손에게 고할지니라." 이 본문에서는 이스라엘 백성에 대한 하나님께서 붙여 준 이름이 세 가지로 나타나 있다. 곧, "열국 중에서 나의 소유", "제사장 나라", 그리고 "거룩한 백성" 등이다. 이 세 가지 이름들은 바로 이스라엘이 가지는 그들의 정체성과 함께 그들의 선교적인 책임을 부각시킨다고 할 수 있다.[30]

먼저, "열국 중에서 나의 소유"라는 이름은 이스라엘이 많은 민족들 가운데서 하나님의 택함을 입은 존재임을 증거한다. "너는 여호와 네 하나님의 성민이라 네 하나님 여호와께서 지상 만민 중에서 너를 자기 기업의 백성으로 택하셨나니"(신 7:6). 이스라엘이 하나님의 택함받은 이유는 그들이 "다른 민족보다 수효가 많은 연고가 아니라"(신 7:7) 단지 여호와 하나님께서 그들을 기뻐하시고 그들을 "사랑하심을 인하여"(신 7:8) 성민(聖民)으로 불러 주셨다. 그들의 이름은 "열국 중에서" "하나님의 소유"라고 부르는데, 여기

29) Christopher J. H. Wright, *The Mission of God*, 정옥배, 한화룡 역, 『하나님의 선교』, 329.

30) 위의 책, 414.

서 “소유”라는 말은 히브리어 표기로 “세굴라”(Seculla)이며, 이것의 의미는 왕이 아끼는 보물함(전 2:8)을 가리키는 말이다.[31] 이스라엘이 하나님의 소유라는 말은 이스라엘이 하나님께는 가장 소중한 사랑의 존재임을 나타내는 말이요, 이스라엘은 이 땅에서 이처럼 하나님의 사랑의 대상임을, 그리고 그들은 이 땅에서 존귀함이 있는 이스라엘의 가치를 증거한다(말 3:17). 또한, 그들은 열국 중에서 하나님의 소유로써 열국에게 복음을 증거하는 백성임을 여기서 살펴볼 수 있다. 오늘날 세속화되어 가는 한국 교계를 바라볼 때, 이 본문은 다시 한 번 우리에게 성경이 말하는 하나님 백성들의 선교적 소명을 확인할 수 있다.

두 번째로 사용된 이스라엘의 이름은 “제사장 나라”이다. 하나님과 열국 백성 앞에서 제사장으로서의 사명을 갖는 이 표현은 하나님의 백성들에게 많은 과제와 선교적 역할을 부여하시는 표현이다. 종교개혁의 지도자들이 일찍이 성경에 나타난 “만인제사장론”을 주장하였지만 제대로 적용되지 않고 있는 현실속에서 다시 성경에 주의해서 하나님의 백성의 역할이 “제사장 나라”로써의 분명한 인식이 필요하다고 본다. 구약의 제사장은 하나님의 성전에서 백성의 예배를 위해 봉사하고 그들을 위해 중보기도하고 축복을 선포한다(민 6:24-26).[32] 아울러 제사장은 하나님의 말씀을 가르치고 전파하는 사역을 감당한다. 이제 이스라엘은 하나님과 열방 앞에 이러한 하나님의 복음을 전파하는 위치에 있음을 말씀하신다. 이 표현 또한 이스라엘이 갖는 분명한 선교적 역할을 지적하고 있다.[33]

---

31) Walter C. Kaiser, Jr, *Mission in the Old Testament*, 임윤택 역, 『구약성경과 선교: 이방의 빛 이스라엘』, 50; 김성욱, 『하나님의 백성과 선교』 (서울: 기독교문서선교회, 2001), 69.

32) Christopher J. H. Wright, *The Mission of God*, 정옥배, 한화룡 역, 『하나님의 선교』, 596.

33) 위의 책, 329.

세 번째는 "거룩한 백성"이라는 이름으로 이스라엘은 이 세상에서 구분되어 하나님의 백성으로 선택된 하나님의 소유로써 그리고 복음을 전파하는 제사장적인 사명을 가진 "구별된 백성"으로서 불러 주신다. 여기서 사용된 "거룩한"이란 말은 어떤 종교적, 도덕적 정결함보다 하나님의 특별한 목적을 위하여 구별함을 받은 백성이란 뜻이다.[34] 곧 이스라엘은 하나님의 쓰심을 위하여 구별한 백성으로 하나님의 사역을 위한 구별된 백성으로서 그들의 위치를 구분할 수 있어야 한다는 말이다. 이스라엘은 하나님의 특별 소유로써 선교적 사명을 가진 제사장나라요, 하나님의 거룩한 뜻을 수행하기 위한 거룩한 백성으로 세계를 선교하시는 하나님의 선교를 위한 하나님의 복음전파의 도구임을 보여준다.

C. 시편에 나타난 선교 메시지

아브라함과 모세를 통해 주신 하나님의 백성의 선교적 특권은 이스라엘의 역사 속에서 그들의 일상생활 속에서 삶으로 나타나는데, 이러한 모습은 구약의 시편에 잘 묘사되어 있다. 구약의 시편은 몇 가지 큰 주제로 구성되어 있다. 각각의 주제는 장차 오실 메시야에 대한 예언으로써 온 세상을 말씀으로 지으신 창조주 하나님의 광대하심과 그 엄위하심, 그리고 이스라엘을 애굽의 압제와 광야의 위험에서 구원하신 그 은혜와 신실하게 언약을 지키시는 여호와의 구속주 되심을 찬양하는 시들이 많은 부분을 차지한다. 그 외에도 개인적인 경건을 위해서 하나님과 깊이 교제하는 기도와 간구의 시편들, 어렵고 힘든 환란 날에 전능하신 하나님께 부르짖는 간절한 기도와

34) 김성욱, 『하나님의 백성과 선교』, 71.

하나님의 보호와 인도를 구하는 시편들이 있다.[35)]

George Peters는 이러한 시편은 아주 탁월한 선교적 설교라고 주장하였다:[36)] "시편은 선교의 관점에서 보지 않아도 세계에서 가장 위대한 선교책 중의 하나이다. 시편에서는 구원의 보편적인 내용이 들어 있을 뿐만 아니라 모든 시는 선교 메시지요 도전이다."[37)] 시편 가운데 온 세상을 구속하시는 메시야에 대한 시편 시 2, 시 118:22-23 등은 열국 백성들의 구원을 위한 예수 그리스도의 오심을 노래함에서 인간구원의 선교 메시지이다. 또한, 시 67:3-5는 선교의 궁극적 목적이 하나님을 위한 것이고 사람을 위한 것이 아님을 노래한다.[38)] 시 67:2의 "주의 도를 땅위에 주의 구원을 만민 중에 알리소서"라는 기도는 소위 "구약의 주기도문"으로 불리며 구약에서 선교가 가장 잘 나타난 본문으로 여겨진다.

시편에 나타난 광대하신 하나님과 온 땅을 다스리시는 창조주의 왕권을 노래하는 시편들은 하나님께 대한 영광을 돌림과 동시에 이방 민족에 대한 하나님의 심판을 말한다. 시 9:19-20에서 시인은 "열방으로 주의 목전에 심판을 받게 하소서 여호와여 저희로 두렵게 하시며, 열방으로 자기는 인생뿐인 줄 알게 하옵소서"라고 기도한다. 또한, 시 96:4-5에서는 "여호와는 광대하시니 극진히 찬양할 것이요 모든 신보다 경외할 것임이여"라고, 그리고 시 96:5에서는 분명한 목소리로 "만방의 모든 신은 헛것이요 여호와께서는 하늘을 지으셨음이로다"라고 담대하게 선포함은 오늘의 종교다원주의적인 환경에 둘러싸인 교회에게도 선교의 주요한 메시지가 무엇임을 보여준다고

35) Tremper Longman III, *The Psalms* (Downers Grove: IVP, 1988). 20-36.

36) George Peters, *A Biblical Theology of Missions* (Chicago: Moody Press, 1972), 119.

37) 위의 책, 116.

38) Walter C. Kaiser, Jr, *Mission in the Old Testament*, 임윤택 역, 『구약성경과 선교: 이방의 빛 이스라엘』, 75.

할 수 있다.[39] 시 96:9-10에서 시인은, "온 땅이여 그 앞에서 떨지어다 열방 중에서는 이르기를 여호와께서 통치하시니 세계가 굳게 서고 흔들리지 못할지라 저가 만민을 공평히 판단하시리라 할 지로다"라고 외친다(시 99:1). "너희 만민들아 손바닥을 치고 즐거운 소리로 하나님께 외칠 지어다"(시 47:1).

D. 선지서에 나타난 선교 메시지

구약의 선지서는 성도들이 가장 잘 읽지 않는 구약성경의 한 부분이지만 예수께서 이 선지서를 그의 공생애 사역에서 애용하셨고, 구원의 역사를 설명하시기 위해서 자주 인용하셨다(눅 24:27, 44). 특히 선지서는 하나님의 선지자들이 현실의 어려운 상황 속에서 어떻게 말씀사역을 감당하였는지를 보여주는 하나님의 말씀이다. W. VanGemeren은 구약의 선지서는 삶의 현장에서 성도들이 예수님의 제자로서 어떻게 복음전파의 사역을 보여주는지 뛰어난 말씀으로 오늘도 생생히 선교의 현장에 적용되어야 하는 메시지라고 주장한다.[40]

구약의 선지자들은 세계 속에 역사하시는 하나님의 통치하심을 증거했는데 곧 그들은 오실 메시야와 관련된 예언을 통한 하나님의 선교의 사상들을 분명하게 피력했다. 선지자 예레미야는 "새 언약과 그리스도"(렘 31:31-34)로, 요엘 선지자는 여호와의 날의 임함으로 나타날 구원과 심판의 내용을 통해서 선교적 메시지를 나타내고 있다. "오호라 그 날이여, 여호와의 날이 가까왔나니 곧 멸망같이 전능자에게로서 이르리로다"(욜 1:15). "그의 임하는

39) Christopher J. H. Wright, *The Mission of God*, 정옥배, 한화룡 역, 『하나님의 선교』, 215.

40) Willem VanGemeren, *Interpreting Prophetic Words*, 김의원 역, 『예언서 연구』 (서울: 엠마오출판사, 2005).

날을 누가 능히 당하며, 그의 나타나는 때에 누가 능히 서리요"(말 3:2).

구약의 역사서가 "이스라엘을 통하여 역사하시는 하나님"(the God who acts)을 증거한다면, 선지서는 "이스라엘을 통하여 말씀하시는 하나님"이심을 묘사한다(사 50:4; 렘 23:28; 암 3:8). "사자가 부르짖은즉 누가 두려워하지 아니하겠느냐 주 여호와께서 말씀하신즉 누가 예언하지 아니하겠느냐"(암 3:8). 그들은 여호와의 말씀을 받아 선포함으로 그들의 역할을 감당했다. 이러한 선지자들의 사역은 오늘의 선교사역의 중요한 모델이 된다고 볼 수 있다. 선지자 예레미야는 특히 말씀의 사역에 있어서 "내가 다시는 여호와를 선포하지 아니하며 그 이름으로 말하지 아니하리라 하면 나의 중심이 불붙는 것 같아서 골수에 사무치니 답답하여 견딜 수 없나이다"(렘 20:9)라고 고백하였다. 선지자들은 이스라엘의 하나님은 이제는 이방인의 하나님도 되셔서 이방이 구원받을 것을 말함과 동시에 이스라엘은 특권에 상응하는 책임을 다하지 못함으로 남은 자만 구원받을 것을 예고한다.

선지서에 나타난 주요한 세계 선교 사상은 다음과 같이 요약할 수 있다. 첫째, 선지자들은 하나님은 온 세상을 창조하신 자요, 만민의 하나님이심을 통해서 선교의 메시지를 선포한다(사 2:1-4, 민 4:1-4, 렘 3:17, 사 25:6-9, 60장, 슥 8:20). "그 때에 예루살렘이 여호와의 보좌라 일컬음이 되며 열방이 그리로 모이리니 곧 여호와의 이름으로 인하여 예루살렘에 모이고 다시는 그들의 악한 마음의 강퍅한 대로 행치 아니할 것이며"(렘 3:17). 둘째, 선지서에 나타난 선교의 특징은 신약과 달리 구약에서는 이방인들이 자발적으로 구원을 사모하여 하나님께로 나아오는 사실로 묘사한다. 때가 되면 이방인들이 "자발적으로" 하나님의 성 시온에로 몰려올 것을 예언한다(Spontaneous Coming of Heathens)(사 2:2, 55:5, 56:7, 60:3, 62:1-2, 66:18-21, 슥 8:22, 학 2:7, 렘 3:17).[41] "많은 백성과 강대한 나라

41) Christopher J. H. Wright, *The Mission of God*, 정옥배, 한화룡 역, 『하나님의 선교』, 612.

들이 예루살렘으로 와서 만군의 여호와를 찾고 여호와께 은혜를 구하리라(슥 8:22). 셋째, 선지서의 선교는 종말적 사건으로 묘사한다. 선지자 이사야는 예루살렘이 하나님의 백성이 만방에서부터 모이는 위대한 집합지가 되는 것은 마지막 날이라고 명시하였다(사 66:1-4). 마지막으로 선지서의 선교는 메시야의 고난을 통하여 성취 될 사건으로 증거한다(사 52:13-15). "후에는 그가 열방을 놀랠 것이며 열 왕은 그를 인하여 입을 봉하리니 이는 그들이 아직 전파되지 않은 것을 볼 것이요 아직 듣지 못한 것을 깨달을 것임이라 하시니라"(사 52:15). 이처럼 구약의 선지서는 세계 이방선교가 그 핵심이라 할 만큼 선교내용이 풍성함을 볼 수 있다. 아울러 말씀의 사역자로서 선지자들의 다양하고 헌신된 삶은 오늘의 복음 선교를 맡은 사역자들에게 많은 도전을 준다.

1. 이사야서에 나타난 선교 메시지

이사야서에 나타난 선교는 신구약 전체 성경 가운데 그 어느 책보다도 방대한 내용을 가지고 있다. 이사야 선지자의 소명에 대한 기록은 오늘도 많은 감동을 주는 말씀으로써 "내가 누구를 보내며 누가 우리를 위하여 갈꼬"라는 주의 목소리를 듣고 "내가 여기 있나이다 나를 보내소서"(사 6:8)라고 고백하는 선지자 이사야의 헌신은 오늘의 선교를 위한 주님의 부르심에 마땅히 헌신해야 함을 보여주는 본문이라 할 수 있다. 어려운 시대에 이사야는 하나님의 나라를 선포하는 사역에 부름받았으나 그는 그 누구보다도 효과적으로 담대히 하나님의 말씀을 전파하였다(사 50:4-6). W. VanGemeren은 이사야를 특별히 구별하여 "복음적인 선지자"(Evangelical Prophet)로 구별하여 부르고 있다.[42]

이사야의 예언은 포로 후기에 주된 역할을 하였는데, 이 책의 영역은 이

42) Willem VanGemeren, *Interpreting Prophetic Words*, 김의원 역, 『예언서 연구』, 287.

사야의 시대를 넘어 또 포로 후기의 재건 시대를 넘어 새 하늘과 새 땅까지 걸쳐 있다. 이사야 예언 전체에서 나타나는 복음의 본질은 "진실로 구원은 우리 주님께 속한다"는 것이다. 이사야서에 나타난 구원은 크게 두 가지로서, 첫째로 의로운 남은 자들에 대한 하나님의 돌보심과 둘째로 불경건한 자들이 당하는 수치와 보복으로 나타난다. 선지자 이사야는 "구원은 유대인에게만 국한되지 않는다"고 외치면서 복음주의 전도자로서 이사야는 구원이 이방인에게도 전파됨을 선언한다. 곧 사람의 배경이나 인종적 기원에 상관없이 그리스도 안의 새 공동체는 여호와의 구원 약속에 포함됨을 전파했던 것이다.

이사야서에 있는 중요한 선교적 본문들은 다음과 같다. 사 19:23-25에서는 과거에 원수되었던 주변의 이방나라들이 복음으로 변화되어 하나님의 권속으로 나타남을 예언한다. "그 날에 이스라엘이 애굽과 앗수르로 더불어 셋이 세계 중에 복이 되리니 이는 만군의 여호와께서 복을 주어 가라사대 나의 백성 애굽이여, 나의 손으로 지은 앗수르여, 나의 산업 이스라엘이여 복이 있을 찌어다 하실 것임이니라"(참고: 사 2:2-3). 사 66:18-19에서 "때가 이르면 열방과 열국을 모으리니 그들이 와서 나의 영광을 볼 것이며, 내가 그들 중에 장로를 세워서 그들 중 도피한 자를 열방 곧 다시스와 뿔과 활을 당기는 룻과 및 두발과 야완과 또 나의 명성을 듣지 못하고 또 나의 명성을 듣지 못하고 나의 영광을 보지도 못한 먼 성들로 보내리니 그들이 나의 영광을 열방에 전파하리라"라는 말씀은 구약선교의 최고 절정이라 불릴 만큼 장엄한 주님의 세계선교에 대한 비전을 제시하여 준다. 여기서는 이사야 선지자는 이방인들의 구원에의 참여 및 하나님의 영광을 다른 백성들에게 전파하는 선교사들로서 나타날 것을 보여주었다. 사 52:3에 나타난 "네 장막터를 넓히며 네 처소의 휘장을 아끼지 말고 널리 펴되 너의 줄을 길게 하며 너의 말뚝을 견고히 할찌어다"라는 말씀은 18세기 위대한 선교사 William

Carey가 영국 그리스도인들에게 선교 메시지를 힘있게 설교했던 말씀, 곧 "하나님께로부터 위대한 것을 기대하고, 하나님을 위하여 위대한 일을 시도하라"(Expect Great Things from God, Attempt Great Things for God)(1792)"고 증거했던 그 본문이다. 또한 사 52:7은 사도 바울이 로마교회에 편지할 때 인용했던 말씀으로(롬 10:15) 하나님의 복음을 전하는 교회와 선교사가 얼마나 아름다운 존재인가에 대해서 밝히 묘사하는 말씀이다. "좋은 소식을 가져오며 평화를 공포하며 복된 좋은 소식을 가져오며 구원을 공포하며 시온을 향하여 이르기를 네 하나님이 통치하신다하는 자의 산을 넘는 발이 어찌 그리 아름다운고"(사 52:7). 이사야 선지자는 모든 하나님의 백성은 이처럼 하나님의 복음을 전파하는 자리에 한결같이 참여하기 위해 지음 받았으며 이것이 성도의 본분임을 분명하게 확증하는 선교메시지를 제시하였다.[43] "이 백성은 나를 위하여 지었나니 나의 찬송을 부르게 함이라"(사 43:21; 참고: 벧전 2:9).

2. 요나서에 나타난 선교 메시지

한 때 구약성경에도 선교사상이 존재하는가에 대하여 학자들의 주장이 맹렬할 때도 요나서에 나타난 선교만큼은 누구나 인정하는 매우 분명한 구약성경이다. 요나서는 구약의 이스라엘 백성이 가지고 있던 왜곡된 선민의식을 지적하고 앗시리아에도 은혜를 베푸시고 이스라엘을 심판함에 있어 하나님이 얼마나 자유하신지를 나타낸다. 선지자 요나는 주전 8세기경 여로보암 2세(793-753 B.C.)때 활동했던 선지자였다(왕하 14:25). 일부 자유주의 신학자들은 요나서의 역사성에 의문을 제기하지만 요나서의 정경의 역사성은 성경안에서 자증(自証)되는 진리이다(마 12:39-41). 요나는 구약시대에 이방으로 선교하러 간 유대인 선지자였으며 비록 그가 마지못해 행하기는 했어도 이것은 뚜렷한 선교의 실례이면서, 오늘날 현대교회가 하나님의 선교명령(마

43) 김성욱, 『하나님의 백성과 선교』, 72-73.

28:19-20)에 순종함의 중요성을 깨닫게 한다(롬 10:14).[44)]

H. H. Rowley는 요나서는 복음선교의 사신(使臣)의 필요성을 말해준다고 강조한다("If men were to be won to repentance and to be brought into the faith of Jehovah there must be messengers of His grace").[45)] David Bosch는 그의 "선교신학"에서 요나서는 "위대한 선교사 열전이라기보다 착각에 빠진 이스라엘에게 자기 소명을 인식케 하는 하나님의 뜻의 표현이요, 잃어버린 자를 포기치 아니하고 끝까지 찾으시는 하나님의 사랑의 표현"이라고 지적하였다.[46)] 이 성경은 구약 이스라엘의 편협한 민족주의를 시정하기 위하여 기록되었다고 설명한다. 구약 주석가 C. F. Keil도 요나의 사명은 이스라엘로 하여금 하나님의 나라에서 이방 나라의 위치를 깨닫도록 하고 이방 나라도 하나님의 말씀을 순종할 때 이스라엘에게 준비된 구원에 장차 참여시킬 것을 가르친다고 설명했다.[47)]

요나서의 내용은 주로 8가지 장면으로 나눌 수 있는데 1) 니느웨로 가라는 하나님의 명령에 거절하는 요나의 모습(1:1-3) 2) 하나님의 보내신 강풍으로 요나의 도주에 응답하셨고(1:4-16) 3) 큰 물고기를 준비하셨으며(1:17) 4) 요나의 구원에의 간구와(2:1-10) 5) "구원은 여호와로부터 남이라"고 강조하였다(3:1-4). 또한 6) 니느웨 백성이 왕과 함께 전체적으로 회개하였다(3:5-10). "하나님이 그들의 행한 것 곧 그 악한 길에서 돌이키사 그들에게 내리리라 말씀하신 재앙을 내리지 아니하시니라"(3:10) 7) 선교 임무 수행 중 가장 큰 장애는 요나 자신임을 발견하는데(4:1-4) 곧 선교사의 마음에 선교가 없는 선교사의 죄악을 보게 한다. 마지막으로 8) 하나님의 우둔한 선교사에게 주는 교훈(4:5-11)이 다음과 같이 나타난다. "네가 박 넝쿨로 인하여 성냄이 어찌 합당

---

44) Walter C. Kaiser, Jr, *Mission in the Old Testament*, 임윤택 역, 『구약성경과 선교: 이방의 빛 이스라엘』, 137.

45) H. H. Rowley, *Missionary Message in the Old Testament*, 68.

46) David Bosch, *Witness to the World* (Great Britain: John Knox Press, 1980), 53.

47) C. F. Keil, *Biblical Commentary on the Old Testament*, Vol. I, 1967, 383.

하냐 네가 수고도 아니하였고 배양도 아니하였고 하룻밤에 났다가 하룻밤에 망한 이 박 넝쿨을 네가 아꼈거든 하물며 이 큰 성읍, 니느웨에는 좌우를 분별치 못하는 자가 십 이만 여명이요 육축도 많이 있나니 내가 아끼는 것이 어찌 합당치 아니하냐." 이러한 요나서의 주요 메시지는 우주적이며 문화를 초월하는 성격을 띤다(롬 3:29). Roger Hedlund는 "요나서는 하나님은 이방인들에게도 관심을 가지시며 그들도 하나님의 사랑을 알기를 원하심을 우리에게 가르친다고 주장한다."[48] 여기서 하나님은 그의 백성이 결코 그를 가둘 수 없음을 보여주며, 하나님은 그의 피조물에게 긍휼을 베푸는 일에 자유로우심을 나타낸다고 할 수 있다.

요나서의 선교적 의의는 여호와는 은혜롭고 자비하며, 심판과 긍휼에 자유하다는 그 메시지에 있다고 하겠다. 선지자로서 하나님의 구속에 대한 자신의 좁은 인식으로 하나님을 제한하지 말아야 하며, 하나님의 은혜가 언약공동체 밖으로 확장되는 것을 보는 축복을 놓치지 말아야 한다는 메시지를 보여준다. 구약의 요나는 선택받은 자가 축복과 유익은 갈망하지만, 그 책임은 회피하려는 모든 그리스도인들의 부끄러운 모습이다. 그러므로 교회가 선교를 감당하려면 편견을 극복하고 기존의 이해관계와 자기중심적인 선입견을 버려야 한다는 것을 요나서를 통해서 배울 수 있다.

3. 포로시대 선지서에 나타난 선교 메시지

이스라엘 역사 속에서 포로기는 W. VanGemeren의 주장대로 예루살렘의 멸망으로 성전의 황폐와 하나님으로부터 소외되고 약속의 땅으로부터 백성들이 분리되는 시대인 동시에 이 기간은 또한 이스라엘 백성을 위한 하

48) Roger Hedlund, *The Mission of the Church in the World* (Grand Rapids: Baker, 1991), 125: "The Book of Jonah teaches that God cares for Gentiles as well as Jews, and he wants Gentiles to know his loving concern."

나의 정화(Purification)와 회복(Restoration)의 시기였다.[49] 포로기는 이스라엘과 유다의 경건한 자들에게 일체감을 가져다주는 긍정적인 영향을 끼쳤다. 이 시대에도 하나님은 하나님의 사람들을 통하여 위대한 하나님 나라의 확장을 위한 선교활동을 계속하였음을 볼 수 있다. 예레미야는 유다의 위기 상황 가운데 하나님의 계획을 전달하고 그 포로시대에서 어떻게 대처해야 할 것인가를 선포하였다. 에스겔과 다니엘은 실제로 고향을 떠나서 먼 이국땅에서 살아 역사하시는 하나님의 나라를 이방나라의 심장부에서 담대히 증거하였다.

먼저 다니엘은 이방나라의 세속적인 문화 속에서 하나님 나라의 인격적인 말씀으로 그들에게 조금도 굴함이 없이, 오히려 그의 동시대인들보다 단연 뛰어난 사역자로 하나님의 왕국과 하나님의 통치하심을 실제적으로 그의 삶과 사역에서 선포하였다. 그는 이방나라의 왕권 앞에서 하늘의 하나님만이 우주의 주권을 가지신 왕이심을 증거하였다. 이교도인 왕이 "너희 하나님은 참으로 모든 신의 신이시오. 모든 왕의 주재시로다 네가 능히 이 은밀한 것을 나타내었으니 네 하나님은 또 은밀한 것을 나타내시는 이시로다"(단 2:47; 3:28-29)라고 인정함으로 하나님의 영광을 나타내었다.[50] 다니엘이 받은 메시지는 역사의 주관자는 하나님이시고, 인간왕국은 덧없으며 영원하신 하나님의 목적을 이루는데 수단일 뿐임을 나타내었으며 오늘의 모든 하나님의 일꾼들은 다니엘의 경건한 소망, 곧 "당신의 나라가 임하옵시며"라고 하나님 나라의 확립을 바라보아야 함을 제시한다. "이 열왕의 때에 하늘의 하나님이 한 나라를 세우시리니 이것은 영원히 망하지도 아니할 것이요 그 국권이 다른 백성에게로 돌아가지도 아니할 것이요 도리어 이 모든 나라를

49) Willem VanGemeren, *Interpreting Prophetic Words*, 183.

50) Christopher J. H. Wright, *The Mission of God*, 정옥배, 한화룡 역, 『하나님의 선교』, 198.

쳐서 멸하고 영원히 설 것이라"(단 2:44). 이렇게 선지자 다니엘은 예루살렘이 멸망하기 약 이십 년 전에 망명하여 바벨론이 몰락할 때까지 왕들에게 하나님의 왕국에 대해 증언하고 예루살렘의 회복을 위해 기도하였다. 뿐만 아니라 하나님의 왕국이 승리를 거두며 전진하는 것에 대한 계시를 받았다.

이스라엘의 포로기에 활동한 선지자 에스겔은 구속사의 옛 시대와 새 시대에 사이에 서서 변화된 영광스러운 시대를 예고한 하나님의 대언자였다.[51] 에스겔은 이방나라에서 아무 소망 없는 자로서 지낼 뻔하였으나 그발강 가에서 하나님의 음성을 듣고 포로기에 있는 하나님의 백성을 위한 말씀사역을 힘있게 봉사했다. 에스겔은 절망적이라 할 수 있는 포로 상태에서 하나님 나라의 영광의 환상을 보았다. 모세(출 33:18; 34:29-35)나 이사야(사 6:1-5)처럼, 역사상 위대한 하나님의 종들이 위기의 현실 속에서 하나님 나라의 영광스러운 환상을 바라봄으로 흔들림이 없는 사역을 감당하였듯이 에스겔도 역사의 현장에서 주권적으로 통치하시는 하나님의 영광된 보좌를 바라보고 담대히 선지자로서의 사역을 감당하였다.

그의 메시지는 이스라엘 역사의 곤혹스러운 시기에 이방나라에서 하나님의 선교적 관심을 대변하고 있다. 곧, 여호와 하나님은 성실하시므로 그의 백성들을 구원하고 그들의 필요를 채우며 그들을 축복하고 보호하는 위대하신 왕으로 열방에 전파되심을 증언한다. "열국 가운데서 더럽힘을 받은 이름 곧 너희가 그들 중에서 더럽힌 나의 큰 이름을 내가 거룩하게 할지라 내가 그들의 목전에서 너희로 인하여 나의 거룩함을 나타내리니 열국 사람이 나를 여호와인 줄 알리라 나 주 여호와의 말이니라"(겔 36:23). "이와 같이 내가 여러 나라의 눈에 내 존대함과 내 거룩함을 나타내어 나를 알게 하리니 그들이 나를 여호와인줄 알리라"(겔 38:23). 이처럼 에스겔의 메시지는 이스라엘의 포로됨과 귀환의 약속 성취를 통한 나타난 하나님의 성실하심을 통

51) 위의 책, 425.

해서 주변 열방들에게 여호와의 영광스러움을 드러내고 있다.[52] 이스라엘의 포로기에 이방나라의 심장부에서 하나님의 말씀을 대언한 선지자들은 오늘날 복잡한 현대사회 속에서 선교의 사명을 감당하는 모든 선교사역자들에게 훌륭한 모범과 확실한 도전으로 충분히 다가온다.

4. 포로후기 선지서에 나타난 선교 메시지

구약역사 속에서 가장 잊혀 진 부분이 이스라엘이 포로로 바벨론에 끌려갔다가 돌아온 후에 관한 내용이다. 특히 여기서는 마지막 시대에 이루어질 하나님의 나라 확장을 위한 구체적인 선교적 메시지가 충만하다.[53] 포로기 이후의 선지자들은 포로전기 선지자들의 예언이 성취되는 새 시대를 열어갔다. 이스라엘에게 포로기는 정화의 과정으로서 그동안에 하나님은 부지런히 그를 찾으며 의와 정의와 사랑을 추구하는 모든 자들로 새 공동체를 구성케 하였다.

학개 선지자는 하나님의 백성들에게 하나님의 임재와 하나님 나라의 실존의 모체로써 교회에 대한 관심을 불러일으킨다. 포로에서 귀환한 이후 많은 시간이 흘렀음에도 불구하고 많은 백성들은 "여호와의 전을 건축할 시기가 이르지 아니하였다"(1:2)면서 자신들의 물질적 상태에만 몰두하고 그들의 집을 짓고 확장하는 일에만 분주하여 성전은 아직 폐허로 방치되어 있었다. 학개는 그들에게 "이 전이 황무하였거늘 너희가 이때에 판벽한 집(paneled houses)에 거하는 것이 가하냐?"(학 1:4)라고 지적하면서 새 공동체가 믿음에 담대하여서 하나님의 함께하심을 믿고 오직 여호와께 충성할 것을 촉구하였다.

스가랴 선지자는 구약의 계시록이라 할 만큼 많은 묵시를 전파한 선지

52) 위의 책, 592.

53) Christopher J. H. Wright, *The Mission of God*, 정옥배, 한화룡 역, 『하나님의 선교』, 426.

자이며, 하나님의 나라로서 시온의 영광스러움을 전파했다. 스가랴는 학개 선지자와 함께 성전의 완공과 이스라엘의 영적 생활의 회복에 관심을 가지고 사역했다. 이스라엘 백성이 하나님의 임재의 축복을 경험하는 데 풍성할 뿐만 아니라 열국 백성 가운데서 경건한 자들을 일으키실 것을 예언한다(슥 8:22-23; 슥 14:16-21).[54] "많은 백성과 강대한 나라들이 예루살렘으로 와서 만군의 여호와를 찾고 여호와께 은혜를 구하리라. 만군의 여호와가 말하노라 그 날에는 방언이 다른 열국 백성 열 명이 유다 사람 하나의 옷자락을 잡을 것이라 곧 잡고 말하기를 하나님이 너희와 함께하심을 들었나니 우리가 너희와 함께 가려 하노라 하리라 하시니라"(슥 8:22-23). 그리고 스가랴는 자신의 시대에 모든 성도들에게 하나님의 가시적인 진행의 역사가 비록 더디게 보일지라도 회복은 분명히 이루어질 것임을 증거하고, 보증으로 성령은 하나님의 전체 계획이 실행되기까지 쉬지 않고 역사할 것을 전파했다(슥 4:6-7; 6:8). "그가 내게 일러 가로되 여호와께서 스룹바벨에게 하신 말씀이 이러하니라 만군의 여호와께서 말씀하시되 이는 힘으로 되지 아니하며 능으로 되지 아니하고 오직 나의 신으로 되느니라 큰 산아 네가 무엇이냐 네가 스룹바벨 앞에서 평지가 되리라 그가 머릿돌을 내어놓을 때에 무리가 외치기를 은총 은총이 그에게 있을지어다 하리라 하셨고"(슥 4:6-7). 또한 스가랴는 우리가 전할 복음의 전부가 되시는 메시야의 오심에 대해서 그리고 땅 끝까지 통치하심에 대해서 분명한 메시지를 선포한다.[55] "시온의 딸아 크게 기뻐할 지어다. 예루살렘의 딸아 즐거이 부를지어다 보라 네 왕이 네게 임하나니 그는 공의로우며 구원을 베풀며 겸손하여서 나귀를 타나니 나귀의 작은 것 곧 나귀새끼니라... 그가 이방사람에게 화평을 전할 것이요 그의 정권은 바다에서 바

54) Walter C. Kaiser, Jr, *Mission in the Old Testament*, 임윤택 역, 『구약성경과 선교: 이방의 빛 이스라엘』, 154.

55) Christopher J. H. Wright, *The Mission of God*, 정옥배, 한화룡 역, 『하나님의 선교』, 149.

다까지 이르고 유브라데 강에서 땅 끝까지 이르리라(from sea to sea, and from the River to the ends of earth)"(슥 9:9-10).

말라기 선지자는 긴장의 시기에서 이스라엘에게 말씀을 전하였다. 학개와 스가랴를 통해서 받은 메시지가 온전히 그들에게 적용되지 않고 여전히 그들에게 혼합주의적인 삶으로 비참한 지경에 놓여있을 때, 말라기는 "인간의 실패와 하나님의 약속"을 제시하였다. 영적으로 근시안적인 삶으로 고통당하는 이스라엘에게 여전히 하나님은 영원하신 아버지와 진정한 왕이 되심을 증거한다. 아울러 여호와는 하늘과 땅의 모든 군대를 통솔하는 거룩한 왕으로 온 세계가 하나님의 통치하심을 알게 되는 선교적 조망을 열어준다.[56] "만군의 여호와가 이르노라 해 뜨는 곳에서부터 해 지는 곳까지의 이방민족 중에서 내 이름이 크게 될 것이라. 각처에서 내 이름을 위하여 분향하며 깨끗한 제물을 드리리니 이는 내 이름이 이방민족 중에서 크게 될 것임이니라"(말 1:11).

Ⅳ. 결 론

로잔운동은 1970년대 혼탁한 선교계에 신선한 복음중심적 선교신학으로 주님의 지상명령을 충실하게 전파하는 데 큰 공헌을 하였다. 급진적인 에큐메니칼 선교에 대응하면서, 로잔운동의 중심에는 성경중심적인 선교신학이 근간을 이루고 있다. 오늘의 선교신학도 더욱 발전되어서 선교적 해석

56) Christopher J. H. Wright, *The Mission of God*, 정옥배, 한화룡 역, 『하나님의 선교』, 613.

학으로 나타나 깊이 있는 선교신학으로 발전하고 있다. 오늘의 선교신학을 더욱 효과적으로 연구하고 한국교회의 선교사역의 지속적인 성장을 위해서 구약성경을 중심으로 하는 성경적 선교신학이 필요한 시기이다. 주님이 주신 선교사명은 신약성경에서 시작된 것이 아니라 구약성경에서부터 나타난다. 구약의 선교에 대한 많은 오해가 있어왔던 것이 사실이지만, 구약성경을 자세히 살펴보면 구약성경은 선교학의 교과서라고 할 수 있다. 오늘날 혼탁한 현대신학의 흐름 속에서 성경적 메시지를 중심으로 선교신학을 정립하는 것은 매우 중요하다고 본다. 구약성경이 오늘날 모든 그리스도인들에게 제대로 사용되어서 하나님의 놀라우신 구원의 경륜과 선교적인 메시지가 드러날 수 있기를 바란다.

특히 구약성경은 하나님의 언약과 하나님의 언약백성들에게 주시는 선교적인 메시지로 이루어진 계시의 말씀임을 알 수 있다. 구약성경의 가슴과도 같은 모세오경에 나타난 아브라함의 언약과 모세언약에 나타난 선교 메시지, 구약의 역사서와 시편에 나타난 선교 메시지, 그리고 이사야와 요나 선지자를 중심으로 살펴본 선지서에 나타난 선교 메시지를 통하여 나타난다. 하나님은 아브라함을 부르시고 세계선교의 축복의 통로가 되며, 모세언약을 통해 세계를 복음화하는 제사장나라로 부르셨음을 보았다. 이스라엘의 역사를 이어서, 포로기 그리고 포로 이후 시대로 이어지면서 메시야를 바라보는 구약성경에 나타난 선교적인 메시지는 오늘도 신약성도들에게 강하게 메아리친다. 그런 점에서 구약성경은 오늘의 그리스도인들에게도 선교사로서 정체성을 분명하게 제시하며 성경적인 선교사역의 실제를 보여준다. 구약성경은 온 땅을 창조하신 하나님의 섭리하심과 죄로 인해 사망의 고통에 있는 인류를 구원코자 하시는 하나님의 구원하시는 선교적 메시지로 가득 넘치는 선교학 그 자체이다.

참고문헌

Bavinck, J. H. *An Introduction to the Science of Missions*. Philadelphia: Presbyterian and Reformed Publishing Co, 1960.

Blauw, Johannes. *The Missionary Nature of the Church*. New York: McGraw-Hill, 1963.

Bosch, David. *Witness to the World*. Great Britain: John Knox Press, 1980.

De Ridder, Richard R. *Discipling the Nations*. Grand Rapids: Baker, 1975.

Douglas, J. D. *Let the Earth Hear His Voice*. Minneapolis: World Wide Publications, 1975.

Glasser, Arthur, and Donald McGavran. *Contemporary Theologies of Mission*. Grand Rapids: Baker, 1983.

Keil, C. F. *Biblical Commentary on the Old Testament*. Vol. I. 1967.

Longman. Tremper. III. *The Psalms*. Downers Grove: IVP, 1993.

Martin-Achard, Robert. *A Light to the Nations*. Naperville: A. R. Allenson Pub, 1962.

Rowley, H. H. *The Missionary Message of the Old Testament*. London: The Carey, 1955.

Glasser, Arthur. *Announcing the Kingdom*. 임윤택 역. 『성경에 나타난 하나님의 선교』. 서울: 생명의 말씀사, 2006.

Hedlund, Roger E. *The Mission of the Church in the World: A Biblical Theology*. 송용조 역. 『성경적 선교신학』. 서울: 성경학교출판부, 1991.

Kaiser, Walter C. Jr. *Mission in the Old Testament*. 임윤택 역. 『구약성경과 선교: 이방의 빛 이스라엘』. 서울: 기독교문서선교회, 2005.

Kane, Hebert. *Christian Mission in Biblical Perspective*. 이재범 역. 『선교신학의 성서적 기초』. 서울: 도서출판 나단, 1994.

Larkin, William Jr. *Mission in the Old & New Testaments: An Evangelical Approach*. 김성욱, 홍용표 역. 『성경의 선교신학』. 서울: 이레서원, 2001.

Lausanne Movement. 『케이프타운 서약: 하나님의 선교를 위한 복음주의 헌장』. 서울: IVP, 2014.

Peters, George. *A Biblical Theology of Missions*. 김성욱 역. 『선교성경신학』. 서울: 크리스챤출판사, 2004.

Robertson, Palmer. *The Christ of the Covenants*. 김의원 역. 『계약신학과 그리스도』. 서울: 기독교문서선교회, 1990.

VanGemeren, Willem. *Interpreting Prophetic Word*. 김의원 역. 『예언서연구』. 서울: 엠마오, 2000.

Wright, Christopher J. H. *The Mission of God*. 정옥배, 한화룡 역. 『하나님의 선교』. 서울: IVP, 2010.

김성욱. 『하나님의 백성과 선교』. 서울: 기독교문서선교회, 2001.

김은수. 『구약성경과 선교』. 서울: 생명나무출판사, 2017.

조종남. 『세계 복음화를 위한 로잔운동의 역사와 신학』. 서울: 선교횃불, 2013.

Longman, Tremper, III. "Reflections on the Old Testament Background to New Testament Missions." 『제54차 한국복음주의선교신학회 논문집』 (2010. 6. 28).

2010년 케이프타운 로잔3차대회의 의미와 과제[1]

김은수 • 전주대학교

I. 대회의 장소와 성격

이번 대회의 공식이름은 "Cape Town 2010, The Third Lausanne Congress on World Evangelization"이고, 세계복음주의연맹(WEA)과 공동으로 케이프타운국제회의장(Cape Town International Convention Centre)에서 10월 16일에서 25일까지 개최되었다. 전 세계 197개국 4200여 명의 대표단이 참가했으며, 금세기 최대 규모의 복음주의대회로 지난 1974년 스위스 로잔에서 열린 1차 대회, 89년 마닐라 2차대회 이후 21년 만에 열린 대회다.[2] 참석자 3분의 1이 여성이며, 대회가 열린 장소가 아프리카라는 것만으로도 복음주의 선교의 에큐메니칼 성격을 잘 나타내주고 있다.

아프리카교회가 장소뿐 아니라 대회의 전체 분위기를 주도하였는데, 찬

1) 본 논문은 2010년 12월 4일 서울 광림교회에서 열린 한국선교신학회 제4차 정기학술대회에서 발표한 내용을 수정하고 보완하여, 『선교신학』 26집 (2011): 37-68 게재된 것이다.

2) 참석자 가운데 1200명은 선교 지도자, 1200명은 목회자, 1200명은 학자들이었고, 한국에서는 한국로잔위원회 이종윤 의장을 비롯해 약 80여 명이 참석했다.

양, 무용, 연극, 연주 등 아프리카 특유의 리듬과 유연성을 유감없이 발휘하였다. 한국로잔의 이종윤 대표는 "이번 로잔 3차대회가 아프리카에서 모여서인지 아프리카인 특유의 문화를 담은 몸 찬양과 연극은 지나칠 만큼 현대 열린 예배형태를 가감 없이 도입 활용한 것처럼 보여 검토해 보아야 할 문제로 남아 있다."고 지적할 정도였다. 개회식에서 우간다 성공회 헨리 오롬비 대주교는 "아프리카는 기적의 땅위에 있다"며 환영하면서 아프리카의 변화에 다함께 주목해줄 것을 기대하였다.[3] 로잔 3차대회가 아프리카의 케이프타운에서 열린 것은 윌리엄 캐리의 1806년의 제안과 대회의 분위기 등에 미친 영향을 고려할 때 이번 대회를 이해하는데 중요한 요소가 된다.

A. 윌리엄 캐리의 제안과 케이프타운

제3차 로잔대회가 지니는 큰 의미를 세 가지 들 수 있는데, 그 첫째는 1910년 에딘버러 세계선교대회를 기념해서 열리는 것이고, 둘째는 아프리카에서 처음으로 개최되는 대회이며, 셋째는 윌리엄 캐리(William Carey)가 1810년 남아공 케이프타운에서 초교파적인 에큐메니칼 선교대회를 열자고 제의한 지 꼭 200년 만에 그 곳에서 드디어 열리게 된다는 사실이다.[4] 이 세 가지 모두는 대회가 열린 장소와 깊은 관련을 가진다. 첫째, 에딘버러대회의 100주년기념은 윌리엄 캐리의 제안으로 장소는 바뀌었으나 결국 꼭 100년

---

3) 로잔대회를 창립한 빌리 그레이엄 목사와 로잔언약을 기초한 존 스토트 목사는 나이가 많아 직접 참여할 수 없었지만, 편지와 메시지를 개막식에서 전달하였다. 그레이엄 목사는 "로잔 참석자들은 세계의 변화를 분석할 뿐 아니라 복음의 불변하는 진리를 기억해야 한다"면서 "예수 그리스도 안에서 신뢰와 신앙의 기반을 놓는 자리가 되길 바란다"고 전했다. 그레이엄 목사는 대회 동안 자신 역시 기도와 성경공부를 함께 하게 될 것이라고 덧붙였다.

4) 안희열 교수가 읽는 로잔운동, [제3차 로잔대회 기획] 로잔운동의 역사적 배경, 『크리스천투데이』 2010. 10. 06.

뒤에 성취된 해를, 또 100년이 되는 2010년에 기념하는 대회였고, 둘째 1차 대회가 서구 유럽의 스위스 로잔에서 개최되어, 아시아의 필리핀 마닐라로 옮겨 2차 로잔대회가 열렸으며, 3차는 케이프타운에서 열렸다는 것은 아프리카가 기독교 선교의 중심에 서 있다는 것을 의미하고, 셋째는 표현 그대로 제3차 로잔대회가 그가 제안한 바로 그 장소인 케이프타운에서 200년 만에 열리게 된 것이다.

2010년은 에딘버러세계선교대회의 100주년 기념대회가 세계 각국에서 여러 형태로 열린 한 해였다. 독일교회는 2010년 6월 에딘버러에서 열린 공식 기념대회에 참여하기 위해 오랫동안 준비해오면서 준비문서를 발간하였다. 그 문서는 세계에서 열린 4개의 대회를 에딘버러 100주년 기념대회로 소개하면서 2010년 케이프타운에서 열리는 로잔3차대회도 같은 성격으로 소개하고 있다.[5] 로잔3차대회의 문서에서도 이런 의미가 있음을 분명히 언급하고 있다.

윌리엄캐리는 1789년에는 레스터(Leicester)의 하비 레인(Harvey Lane)에 있는 한 침례교회의 목사가 되어 그 곳에서 1793년까지 사역을 계속하면서 해외선교에 대한 열정을 높여갔다. 1792년 5월 30일-31일 동안 캐리는 24개 연합교회의 17명의 사역자들과 노팅엄(Nottingham)에 모여 선교협회를 구성하기 위한 모임을 가졌고, 그 후 10월 2일에는 케터링(Kettering)에서 이교도들에게 복음을 전할 침례교협회를 구성하기 위한 모임을 가져 다섯 명의 집행부를

5) 독일교회 준비문서가 말하는 4개의 기념대회는 2010년 6월 에딘버러에서 열리는 공식기념대회 외에도 2010년 10월 케이프타운 로잔3차대회, 2010년 5월 도쿄대회, 2010년 11월 보스턴대회, 2009년 5월 독일대회라고 말하며, 한국의 서울, 인천, 부산에서 열린 대규모의 기념대회는 전혀 소개되고 있지 않았다. 시기적으로 준비문서의 발간이 한국대회의 개최를 모르는 때였는지, 한국교회의 대외적인 홍보의 문제였는지는 알 수 없다. 독일준비문서는 Evangelisches Missionswerk in Deutschland, 「Weltmission Heute」Wege nach Edinburgh, Hamburg 2010을 보라.

선정하였다.[6)]

캐리는 모라비안 선교사들에게 큰 감동을 받고 있었는데, 이 모임에서 모라비안 선교(Moravian Mission)의 가장 최근의 정기보고를 제출하였다. 그 보고서에는 서부인도를 여행하면서 많은 열매를 거두었던 세 명의 선교사가 벌이는 그리스도인의 승리의 행진, 즉 수백 명의 흑인성인에게 세례를 베풀고 희망봉(the Cape Town)으로 가고 있었고, 그 때 마침 다른 세 명의 선교사와 선교사 역할을 한 135명의 형제들을 만나게 되는 장면에서 큰 영감을 받은 바로 그 장소가 희망봉이 있는 케이프타운이었다. 그래서 그는 인도사역을 시작한지 13년 만인 1806년 5월 15일에 1810년 에큐메니칼 세계선교대회, 즉 "전(全)세계의 여러 지역에서 사역하는 모든 개신교파의 선교사를 위한 전체 모임"을 케이프타운에서 개최하자고 제안하였다.[7)] 실제 역사는 놀랍게도 그의 제안이 꼭 100년이 지난 1910년 스코틀랜드의 에딘버러에서 세계선교대회가 열려 성취되었고, 이제 200년이 지난 2010년에는 그가 제안한 장소 케이프타운에서 로잔3차 세계선교대회가 개최된 것이다.

특히 1910년 에딘버러 세계선교대회 이래로 한 세기 동안 세계 기독교의 중심이 거대한 전환을 하고 있음을 반영하고 있는데, '로잔서약' 전문(Preamble)은 이를 다음과 같이 표현하고 있다. "우리는 아프리카 교회의 놀라운 성장을 기뻐하고 아프리카의 형제자매들이 그리스도 안에서 이 대회를 유치하게 된 것에 감사한다."

---

6) 김은수, "1910년 에딘버러 선교대회의 상황과 선교적 의미," 한국선교신학회편, 『선교신학』 24집 상권 (2010. 7): 43-47.

7) E. D. Potts, *British Baptist Missionaries in India, 1793-1837* (London: Cambridge University Priss, 1967), 53.

B. 축제와 참여의 선교대회

로잔대회의 참여자들은 교회나 교권의 자격이 아닌 개인의 자격으로 참여할 수 있다. 이것은 회원교단의 대표들만 참석할 수 있는 에큐메니칼 선교대회인 '세계선교와 전도위원회'(CWME)보다 더 열린 모임이며, 이런 의미에서 본다면 로잔대회가 더 에큐메니칼적인 모임이라고 할 수 있다.[8]

대회의 주요프로그램을 보면, 매일 오전에는 성경연구가 있으며, 이어서 전체강연이 전체 회의장에서 이루어진다. 여기에서도 각 테이블별로 자신들의 경험과 의견을 나누는 토론의 시간이 반드시 있다. 이 테이블 모임이 로잔3차대회의 가장 큰 특징 가운데 하나이다.[9] 모든 참여자들은 한 테이블 당 6명의 다국적 대표들과 머리를 맞대고 매일 아침 함께 에베소서를 읽으며 하나님의 은혜와 구원, 교회의 하나 됨을 묵상한다. 로잔 특유의 텍스트와 컨텍스트 형식에 맞춰 본문에 대한 강연을 하고 질문을 던지면 모든 테이블은 그에 관해 토의를 진행한다. 특히 하나님의 말씀을 다양한 세계에

---

8) 안희열은 이러한 성격을 복음주의자들이 오랜 세월 동안 개인의 회심과 영적 성장, 스스로 성경을 해석하는 권리를 지니다 보니 개인주의가 상당히 발달하였기 때문이라고 하였다. 존 스토트 목사는 처음 로잔운동이 하나 이상의 선교전략에 집중하는 조직으로 만들어지길 바랐지만 종국에는 중앙의 통제 없는 운동으로 정착된 것을 상당히 기뻐했으며, 그 결과 로잔운동은 무엇을 통제하는 조직보다는 세계복음화 선교에 어떤 자문 역할 그 이상을 벗어나지 않으려고 힘쓰고 있다고 하였다. 다른 하나의 요인으로는 '전도를 위한 연합'(cooperation in evangelism) 운동의 성격을 들고 있다. 로잔운동은 세계복음주의연맹(WEA), 빌리그래함전도협의회(The Billy Graham Evangelistic Association), 선명회(World Vision), IVF(Inter Varsity Christian Fellowship), CCC, 풀러신학교, 트리니티신학교, 에즈베리신학교 등이 연합하여 참여하고 있다. 안희열 교수가 읽는 로잔운동, [제3차로잔대회기획] 복음주의적 신학 기초를 제공한 운동『크리스천투데이』 2010. 10. 06.

9) 테이블 그룹(Table Groups): 제3차 로잔대회에 등록한 모두가 각자의 테이블 그룹 번호를 제공 받았다. 선호하는 언어와 직업, 사역 분야, 관심사를 배려해 나누어진 각 테이블 그룹에는 6명씩이며, 로잔대회측은 특별히 각 그룹이 성별과 국적, 연령대에 있어 다양성을 갖고 구성될 수 있도록 했다. 모든 본회의 끝에 이뤄지는 토론 시간에 그룹의 멤버들은 주어진 질문들을 놓고 함께 견해를 나누고 있다. 이런 방식으로 각 테이블에는 작은 세계교회를 경험하게 된다.

서 어떻게 선포할 것인지, 다른 신앙을 가진 사람들에게 어떻게 증거할 것인지를 중점적으로 의견을 나누고, 그룹별로 기도를 한다.

오후에 4개의 분과로 진행되는 멀티플렉스(Multiplexes)모임에서도 반드시 한 사람이 아닌 여러 사람의 강연자가 나와 자신의 의견과 경험을 함께 나눈다. 대회의 참여자들은 각자의 관심사가 다양하듯 멀티플렉스는 본 회의에서 다 다룰 수 없는 분야에 대한 전문화된 정보를 제공하고자 시도되었다. 각 날의 전체적 주제 안에서 세분화될 수 있는 이슈들은 매일 4개씩 운영되고 있어서 자신이 선택한 세미나에서 원하는 정보들을 접할 수 있다. 세계화, 빈곤, 기근, 환경, 세계화, 양성평등, 기술과 윤리, 교육 문제 등을 다루고 있는 총 24개의 세미나는 어떤 복음주의 대회보다도 다양성과 포괄성을 보여주었다.

멀티플렉스에 이어 18일과 24일을 제외한 매일 다이얼로그 세션(Dialogue Sessions)을 갖고 자신의 경험과 의견을 주로 나누고 개진하는 모임을 가졌다. 여기에서는 함께 고민하는 세계의 현안을 가지고 매일 1시간 반 가량 세계의 지도자들이 선정한 170여 개 주제에 따라 각각의 주제에 배정된 장소로 찾아가 자유로운 분위기에서 대화를 나누었다. '소명으로서 일의 가치', '동성애의 원인과 치유', '새로운 세대를 위한 영화 전도', '예술과 기독교적 사회 변혁' 등 흥미로운 주제들도 있었다.[10)]

저녁 전체모임에서는 각 대륙별 혹은 지역별 시간을 가졌고, 여기에서

10) 그 외에도 21세기의 신선한 증거방법, 다원세계와 세속사회에서 효과적 진리 제시 방법, 테크놀로지와 미디어 메시지, 국가들 간의 평화, 환경적 위기, 빈곤과 부, 지구촌화, 흩어진 백성에게 전도, 1/4의 잃어버린 백성(모슬렘 힌두 불교인등), 도시 선교, 그리스도를 닮은 신세대 지도자, 문자 없이 구두로만 배우는 4천만에게 전달, 윤리, 기술, 인간미래, 남녀의 문제, 가난, 번영, 복음, 성육신화 된 참여를 통한 교회의 희망, 글로벌시대에 지역교회 리더, 선교에서의 성경, 미전도 아이들 등의 다양한 주제들이 있었다.

는 자신들의 상황과 경험을 나누는 것이 가장 주된 내용이었다. 이번 대회에서 가장 감동적인 사건은 둘째 날인 10월 18일 저녁 북한 출신인 손○○ 학생의 간증이었다. 18세 손 양은 세계 1위 박해국가인 북한 땅에 하나님은 여전히 역사하시고 있음을 알리는 살아있는 증인이었다. 손 양의 아버지는 북한 공산당 요직에 있는 사람이었지만 예수 그리스도를 영접한 뒤 중국으로 넘어와 성경공부를 인도하다가 체포돼 강제 북송 되었다. 그는 다시 탈북에 성공하지만 북한 땅에 있는 동포들에게 복음을 전하기 위해 돌아갔다가 결국 처형당했다. 손 양은 아버지의 뜨거운 신앙을 옆에서 지켜본 사람이었다. 그녀는 간증 마지막에 "하나님은 여전히 북한 사람들을 아끼고 사랑하기 때문에 여러분도 함께 기도해 달라"고 요청했고, 참석한 모든 사람들은 눈물을 흘리며 박수를 보냈다. 한치 앞도 알 수 없는 한반도 정세에 하나님은 그의 선교를 계속하고 있음을 알 수 있었다.

대회의 전체모임 시작에는 언제나 찬양팀의 찬양이 진행되었고, 저녁모임에는 찬양시간이 프로그램에 들어있어서 더욱 열정적이고 많은 찬양과 몸 찬양이 진행되었다. 또한 프로그램마다 영상자료가 준비되어 강연이 끝나거나 찬양이 끝나면 바로 이어졌고, 중요한 대목에는 젊은이들로 구성된 연극팀이 나와 단막극을 공연하였다. 축제의 성격이 강한 대회임을 누구나 알 수 있었다.

대회의 진행에 있어서 남아공의 치안상태는 세계적으로 우려할 만한 지역임에도 불구하고 CTICC 밖에서 이루어지는 모임이 많았으며, 때로는 모임장소의 변경에 대한 사전 공지와 홍보부족으로 길거리에서 우왕좌왕하는 경우들이 있었다.[11] 저녁에는 각 대륙별 선교 상황을 알리는 전체모임이 있어서 다양한 프로그램들을 통해 참가자들에게 전달되었으며, 2차 로잔이 열

11) 10월 18일 지역별 모임의 경우 회의장 밖의 교회에 모였으나 장소가 바뀌어 필자와 아시아지역인들은 어려움을 겪었다.

리던 때에는 없었던 나라들이 3차 로잔의 무대에서 처음으로 자기 나라의 선교 상황을 소개하는 등 신선한 일들이 있었다. 하지만 때로는 한 지역이나 나라에 치우쳐 있거나 강의와 패널들의 내용이 빈약한 경우들이 많았다. 역시 영어를 모국어로 말하는 나라들이 부각될 수밖에 없고, 그렇지 않은 나라들은 내용이 있어도 전달에 어려움을 겪는 구조적 한계를 가지고 있었다. 특히 아시아의 경우 국제대회에서 인도와 필리핀의 빈번한 등장과 발언에 비해 한국은 그렇지 못함이 크게 대조를 이루는 실정이 그 예라 할 수 있다.

II. 대회의 주제와 분과별 토의

로잔3차대회의 주제는 고린도후서 5장 19절의 말씀 가운데 '그리스도 안에서 세상과 화해하시는 하나님'(God in Christ, Reconciling the World to Himself)이었으며, 우리가 속한 사회 속에서 예수 그리스도의 가르침을 어떻게 증거 할 것인가를 집중적으로 토론하였다.

개회식이 열린 일요일 저녁을 제외하고 다음날인 월요일부터 수요일까지, 그리고 대회중간 하루 전체 의 모든 모임을 쉬었던 목요일을 제외하고, 금요일부터 일요일까지 총 6일 간은 아침부터 밤까지 대회가 열렸으며, 매일 하나씩 이번 대회에서 다룰 현안을 총 6개로 정리해서 요일별 주제로 제시하였다. 18일(월)에는 '진리(Truth): 다원화되고 세계화된 세계 속에서의 그리스도의 증거', 19일(화)은 '화해(Reconciliation): 분열되고 파괴된 세계 속에서 그리스도의 평화를 구축', 20일(수)은 '세계의 종교(World Faiths): 다른 종교를 가진 이들에게 그리스도의 사랑을 증거하기', 21일은 쉬고 22일(금)에는 '우선순위

(Priorites): 우리 세기 안에 세계를 복음화하기 위해 하나님의 뜻을 분별하기', 23일(토)은 '통합(Integrity): 겸손과 통합, 단순함으로 그리스도의 교회를 하나로 모으기', 24일(일)은 '협력(Partnership): 새로운 세계의 균형을 위해 그리스도의 몸 안에서 협력하기'란 주제로 진행되었다.[12)]

또한 대회가 열린 6일간은 매일 4개씩 총 24가지 소주제를 가지고 Multiplex에서 90분씩 오후마다 토론을 벌여 우리 시대의 교회가 처해 있는 다양한 이슈를 복음주의적 관점에서 해석하고 세계교회에 제시하려고 시도하였다.[13)]

대회의 전체 주제는 화해였으나, 19일의 주제로 제시되었던 화요일에 전면에 부각되었다. 주제 강의에 나선 르완다(Ruanda)의 안토이니 루타이사이어(Antoine Rutayisire) 대표는 1990년대 극에 달했던 르완다 학살 사건을 예로 들며 교회는 '화해의 복음을 전하는 대사' 역할을 해야 한다고 역설했다. 1991년 당시 르완다의 기독교인은 전체인구의 89%에 달했었다. 1901년 가톨릭 선교사를 통해 기독교를 받아들인 뒤 1930년대에는 강력한 부흥운동이 일어났었고, 당시 이러한 부흥운동은 주변국가들 즉, 우간다, 탄자니아, 케냐, 부룬디 등으로 크게 확산되었다. 그러나 1959~63년 사이에 발생한 유혈 충돌로 인해 르완다의 기독교 부흥운동은 멈추게 되었다. 유혈충돌의 원인은 14%에 불과했던 투치족이 85%의 후투족을 지배하는 데 대한 불만으로 후투족이 독립운동을 시작한 까닭이다. 이 당시 르완다교회는 지배층인 투치족과 손을 잡고 성장을 거듭했으며, 르완다 정권의 인종차별정책을 묵인하

12) 대회공식 핸드북 *Cape Town 2010, The Third Lausanne Congress on World Evangelization* (October 2010), 16-25, Cape Town International Convention Centre, 30-33. 대회의 공식 핸드북은 7개 언어로 번역되어 배포되었고, 중요한 문서들도 각 언어로 번역되어 배포되었다.

13) 오후에 펼쳐진 24개의 주제들을 정리해보면 선교전략에 관한 것들이나 전도의 방법이나 사례들을 많이 소개하고 있어서 로잔대회의 주된 관심사가 어디에 있는지를 알 수가 있다. 대회공식 핸드북 64 이하.

는 잘못을 저질렀다. 이러한 결과로 후투족의 불만이 극에 달해 폭발하였고 1990~94년에 발생한 '인종 청소'로 이어졌다. 루타이사이어 대표는 "비극적인 르완다 현대사 속에서 기독교 복음은 부분적이고, 선택적이었음을 말하지 않을 수 없다"고 지적하며 "당시 교회는 부족 간 차별과 계층 간 왜곡, 사회 부정의를 바로잡기 위해 어떠한 메시지도 선포하지 않았다"고 비판했다. 그는 결론에서 "만약 우리가 속한 사회 안에 상처와 증오가 남아 있으면 교회의 비난과 비평은 당연한 것"이라고 말하고, "교회는 화해의 복음을 선포하고 상처를 치유하는 실천을 보여줘야 한다"고 강조했다. 또한 르완다의 후투족이나 투치족뿐 아니라 전체 세계의 지평에서 교회는 "흑인이나 백인, 이스라엘이나 팔레스타인, 한국이나 북한의 갈등을 치유하고, 화해의 복음"을 전해야 하며, "오직 주 예수 그리스도 안에서 거룩한 나라가 되도록 화해를 선포"해야 한다고 말하였다.

이날 주제 발표에는 이스라엘과 팔레스타인에서의 복음운동에 대한 사례가 소개되었는데, 한 팔레스타인 출신 발표자는 그리스도인으로서 자신의 부친을 죽인 이스라엘 군인을 용서하고 위안을 찾았다고 말했다. 또한 그 군인 역시 2차 세계대전 당시 나치의 유대인 학살에서 가족을 잃었다는 점에서 일체감을 갖게 됐다고 밝히기도 하였다.

로잔3차대회의 전체주제로서의 화해에 대해 전반적으로 빈약하게 다루어졌음을 곳곳에서 발견할 수 있다. 덕 버드셀 총재는 유승관 목사(로잔전략위원 · 사랑의 교회 선교담당)와의 인터뷰에서 이번 대회에서는 무엇보다 화해와 연합(reconciliation and unity)이 강조되었다는 유목사의 지적에 대해서는 특별한 언급을 하지 않은 채, "사랑의 교회가 로잔에 소개한 18세의 작은 소녀가 우리 모두의 마음을 녹였다. 아마 로잔대회 참가자들은 북한을 생각할 때마다 그녀의 복음과 선교에 대한 열정을 기억할 것이다."고 말하고, "하나님은 18세의 영성 깊은 무명의 소녀를 북한의 최고 지도자 보다 더 강하게 사용하실 수 있다."고 마무리함으로써 화해에 대한 구체적인 그리스도인의 행동이나 방향을 제시하기 보다는 매우 막연한 소망을 피력하였다.[14)]

이러한 감상적인 '화해(Reconciliation)에 대한 접근'은 한국로잔 김태연 총무의 표현에서도 나타난다. 그는 민중신학을 "사람 간의 화해를 위한" 시도라고 규정하고 "하나님과 인간과의 화해를 추구"하는 "복음주의자들의 마음속에서의 열망은 언제나 화해하지 못하는 것에 대한 아픔과 동경으로 가득 차 있다"고 하였다. 그는 "집안의 탕자의 마음이 아니라 아버지의 마음으로 대하면 되는 것을 아버지의 마음을 갖지 못하는 피조물의 한계점을 하나님이 친히 화해자로 오셔서 우리로 화목케 하심으로 우리는 화해의 대사가 이미 된 것이다"고 말하고 "이제는 화해를 실천하는 자가 되는 것이 중요하다"고 하면서도 실천에 대한 구체적인 언급은 없었다. 다만 화해하지 못하는 이유를 '제한된 비전'(limited vision)과 '제한된 속죄론'(limited atonement)에서 찾으며, '한 눈은 2개월 뒤를, 한 눈은 2년 뒤를 보라'는 피터 드러커의 말을 인용하면서 "조금만 기다리면 차세대 리더가 리더가 되는 시간이 오는데 부모가 죽으라고 사모곡을 열린 음악으로 부르는 신 고려장의 세대들처럼 우리는 너무나 화해하기에 게으른 자들"이라고 지적하였다.[15)]

대회의 주제인 '화해'에 대한 논의가 심도 있게 다루어지지 않은 점은 이미 대회의 시작부터 감지되었다. 대회장인 버드셀 로잔국제총재는 개막식에서 "이 순간을 오랫동안 기다렸다"고 각국 대표단을 환영하면서 "다음 대

14) "덕 버드셀 국제로잔 총재에게 제3차 로잔대회 이후를 묻다" 인터뷰, 정리=김성원 kerneli@kmib.co.kr [2010. 10. 27 17:51]

15) 한국로잔의 세대교체와 새로운 리더의 필요성이 강하게 제기되고 있는 상황에서 그의 사모곡이나 고려장에 대한 언급은 매우 흥미롭다. 세계와 그리스도 안에서의 화해하시는 하나님의 선교의 실천보다는 한국 상황에 몰입된 태도가 더 '제한된 비전'이 아닐까. 『크리스천투데이』 2010. 11. 10. 세계CEO전문인선교회(대표 박형렬, 이하 WCPM) 주최 '세계CEO전문인선교회 2010 전문인 선교대상 시상식'에서 김태연 박사(한국로잔 총무, 전 명지대 교수)가 발제한 "로잔 1차에서 3차까지에 대한 선교적 해석학 – 로잔과 전문인 선교의 상관성을 향하여" 내용에서 인용.

회에는 전 세계 모든 미전도종족에게 복음이 전해지도록 하자"고 화해보다는 미전도종족에 대한 강한 관심을 표명하였다. 이것은 같은 주제인 '화해'를 다루면서도 오랫동안 준비하며 구체적 대안을 제시하려고 시도하였던 '세계선교와 전도위원회'(CWME)의 2005년 아테네대회와는 많은 차이를 보여준다.[16]

III. 케이프타운 서약(The Capetown Commitment)

'로잔케이프타운 서약(The Cape Town Commitment)'에 대한 한 인터뷰에서 덕 버드셀 총재는 로잔언약에는 항상 두 가지 부분이 있으며, '신학적 확언(theological affirmation)'과 '선교적 우선(missiological priorities)'으로 구성된다고 했다. 전자는 신학적인 지지 기반으로서 1, 2차 로잔 언약에 기초하여 새롭게 교체되기 보다는 21세기에 처한 여러 선교적 상황을 고려하여 언어를 추가해 나가는 것이다. 후자는 실천(action)항목으로서 우선순위를 정하는 것이다. 즉 '향후 10년, 15년 동안 우리가 어떤 일을 어떻게 추진할 것인가'에 대한 것이

16) 1989년 산안토니오 CWME 이후 시작된 '화해'에 대한 논의는 1991년 캔버라 WCC 총회의 선교의 성령론적 통찰을 통해 더욱 구체화되었다. 특히 1998년 하라레 WCC 총회가 '폭력극복의 10년: 화해와 평화를 추구하는 교회'(Decade to Overcome Violence: Churches Seeking Reconciliation and Peace, 2001-2010)를 선포한 이후 '화해'는 세계교회의 가장 중요한 목표가 되었고, 2001년 CWME는 2005년 아테네 대회의 주제로 '화해와 치유'를 삼기로 결정하였다. 아테네 CWME를 준비하는 연구문서 '화해의 목회인 선교'(Mission as Ministry of Reconciliation)는 2004년 1월 10명의 선교신학자들에 의해 초안이 작성되었고, 그해 10월에 제출된 초안은 2005년 1월 수정, 보완되어 제출되었고, 그 전문(全文)은 ed. WCC, "You are The Light of The World," 김동선 역, 『통전적 선교를 위한 신학과 실천』(서울: 대한기독교서회, 2007), 149-196에 실려 있다. 김은수, 『현대선교의 흐름과 주제』(서울: 대한기독교서회, 2010), 386-406.

다.[17] 이를 위해 지난 한 해 동안 크리스토퍼 라이트와 전 세계에서 모인 신학자들이 초안을 만들었음을 밝힌 린지 브라운 국제총무는 케이프타운 서약의 구조는 하나님을 사랑하고 이웃을 사랑하라는 예수님의 두 명령에 대한 우리의 응답에 근거해 있으며, 바울이 지속적으로 교리적 확신에 대해 개관하고 우리의 삶의 방식과 연관된 신앙의 함의들을 설명한 로마와 골로새 교회 교인들에게 보낸 서신의 형태를 따라서 작성하였다고 말했다.

대회가 막바지에 이르던 10월 23일(토) 배포된 서약문은 1부만 포함되어 있으며, 2부는 11월말 배포될 예정이다. 2부는 로잔위원회의 홈페이지와 복음주의연맹의 홈페이지에 공개될 것이다. 여기에서는 1부를 중심으로 살펴보고자 한다.[18]

서약은 전문(Preamble)으로 시작하고 1부는 모두 10장으로 구성되어 있다. 전문은 로잔운동의 비전과 목표들에 대한 헌신을 확인하면서 이 서약이 두 가지 의미를 갖고 있음을 말한다. 첫째, 제1차 로잔대회(1974)는 세계 복음화의 과제를 위해 소집되었고, 이 대회의 주요 선물은 로잔언약이며, 1989년 필리핀 마닐라에서 열린 제2차 로잔대회는 세계 복음화에 있어서 300개 이상의 전략적 동반자 협력관계를 탄생시켰음을 상기시키며 이 과제에 지속적으로 헌신할 것을 말한다.

둘째, 로잔운동의 핵심 문서인 로잔 언약(1974)과 마닐라 선언(1989)에 지속

17) "덕 버드셀 국제로잔 총재에게 제3차 로잔대회 이후를 묻다" [2010.10.27 17:51] 인터뷰 참조, 전문에서 제1차 및 제2차 로잔 대회의 유산을 명시하였는데, 1974년 제1차 로잔 대회에서 세계교회에게 준 귀중한 선물들은 로잔 언약과 미전도 종족에 대한 새로운 인식, 그리고 성경적 복음과 기독교 선교에 대한 통전적 성격에 관한 참신한 발견이었고, 2차 로잔대회는 마닐라 선언을 낳았으며, 전 세계 국가들 간에 300개 이상의 전략적 동반자협력 관계를 형성하였고 린지 브라운(국제로잔복음화운동 국제총무)은 폐회예배설교에서 밝히고 있다.

18) 전문(全文)은 The Cape Town Commitment, A Declaration of Belief and A Call to Action, Cape Town 2010, The Third Lausanne Congress on World Evangelization, Draft Advance Copy Evangelisches Missionswerk in Deutschland, 『Weltmission Heute』 Wege nach Edinburgh (Hamburg: 2010).

적으로 헌신할 것을 말하면서 이 문서들 가운데 나타난 다짐들에 충실하지 않았음을 고백한다. 하지만 끊임없이 변화하는 세계에서 영원한 복음의 진리를 표현하고 적용하는 방법을 인식하며 변화하는 실재들과 변화하지 않는 실재들을 비교한다.

변화하는 실재 가운데 가장 기쁜 사실은 제3차 로잔대회가 아프리카에서 개최된 것이며, 이것은 전 세계 그리스도인들 가운데 3/4이 비서구인인 다수(majority)를 차지하고 있는 사실이다. 변화하는 세계에서 변화하지 않는 실재들은 성경적 원리이다. 즉 인간은 잃어버린 존재로써 비참한 상태에 있기 때문에 그리스도 없이는 희망이 없다. 따라서 복음은 기쁜 소식이며, 그리스도의 왕국이 도래하는 날까지 하나님의 선교에 참여하는 교회의 선교는 지속될 것이다.

케이프타운 서약은 사랑의 언어로 구성되어 있어서 1장에서 10장까지의 모든 제목이 '사랑한다'(love)로 되어 있다. 이 사랑은 주께 대한 신뢰와 순종과 열정으로서 로잔언약에 나타난 "온 교회가 온전한 복음을 온 세상에 전하는" 복음화에 대한 사랑으로 표현되고 있다. 즉 기쁜 소식으로서 온전한 복음에 대한 우리의 사랑, 하나님의 백성으로서 온 교회에 대한 우리의 사랑 그리고 온 세상에 대한 우리의 사랑이다.

1부: 우리가 사랑하는 주를 위한 신앙서약

케이프타운 서약의 1부의 제목은 '우리가 사랑하는 주를 위한 신앙서약'이다. 사랑으로 표현된 이 신앙서약은 신학적인 틀로 구성되어 있다. 즉 우리를 향한 하나님의 사랑이 먼저 전제되며(1장), 우리가 사랑하는 하나님이 삼위일체의 각 위격으로 표현되고 있고(2-5장), 그 다음은 주제별로 하나님의 말씀, 하나님의 세계, 하나님의 복음, 하나님의 백성 그리고 하나님의 선교를 사랑한다고 서약한다.(6-10장)

1장은 하나님이 우리를 먼저 사랑한 사실을 하나님의 사랑에서 흘러나온 "하나님의 선교"에서 찾는다. 즉 "하나님의 백성의 선교는 하나님을 대한 우리의 사랑과 하나님이 사랑하시는 모든 이들에 대한 사랑에서" 흘러나오기 때문에 "세계복음화는 우리에 대한 하나님의 사랑과 우리를 통한 하나님의 사랑이 흘러넘치는 것"이라고 정의한다. 하나님에 대한 사랑과 이웃에 대한 사랑은 가장 위대한 명령이며, 하나님의 사랑은 그의 전 피조물로 확장되며 계속되고 있기 때문에 우리는 인내 가운데 재차 헌신할 것을 다짐하고 있다.

2장부터 5장까지는 하나님에 대한 사랑을 삼위일체적으로 표현하고 있다. 살아계신 하나님을 사랑한다는 2장의 서두에서도 "아버지와 아들과 성령의 연합 안에서 하나님 홀로 창조자이며 지배자이며 심판자이고 세상의 구세주"로 표현하고 있다. 이 삼위일체 하나님을 창조세계 안에서 감사하며 하나님의 주권적인 섭리에 복종하고 그의 공의와 구원을 찬양하며 사랑한다. 하지만 "하나님을 섬기기보다 맘몬을 섬기며 탐욕과 권세와 성공이라는 우상에 현혹되는 혼합주의"와 "종교 다원주의의 압력에 굴복"하고 타협하려는 유혹을 경계해야 한다고 주장한다. 따라서 존 스토트(John Stott)가 주장하는 선교의 동기를 다시 상기시키고 있다. "모든 선교적 동기들 가운데 최상의 것은 지상대위임령(중요하기는 하지만)에 대한 복종도 아니고 소외되고 멸망하는 죄인들에 대한 사랑(특히 우리가 하나님의 진노를 숙고해 보면 그러한 자극은 강력하다)도 아니다. 오히려 그것은 예수 그리스도의 영광을 위한 열망, 불타는 열정적인 열망이다. 이러한 기독교 선교에 대한 최상의 목표 앞에 모든 무가치한 동기들은 사라지게 된다"[19] 혼합주의와 종교다원주의의 도전과 위협에 놓인 선

19) John Stott, *The Message of Romans*, The Bible Speaks Today (Leicester and Downers Grove: Inter Varsity Press, 2001), 53.

교의 위기를 존 스토트는 기독론을 강조함으로써 극복하고자 하였다. 이것은 오랫동안 서구신학이 타종교의 도전에 대처해온 방법이자 가장 중요시해온 주제이다.

기독론의 강조는 '하나님 아버지'를 다루는 3장에서도 같은 방법으로 서술한다. 즉 첫 문장이 "하나님의 아들 예수 그리스도를 통하여-그리고 길이요, 진리요 생명이신 그를 통하여서만-우리는 아버지인 하나님을 알고 사랑하게 된다."로 시작되고 있는데, '하나님 아버지'를 알고 사랑하게 되는 길 역시 '아들'을 통해서이다. 이러한 맥락에서 "우리는 종종 하나님의 아버지되심에 대한 진리를 무시하고" 있음을 고백하는 솔직함이 이 서약문에 담겨 있음을 발견하게 된다.

아들이신 하나님을 사랑한다는 4장은 '그리스도를 신뢰'하는 풍성한 표현으로 가득하다. 일곱 부분으로 표현된 그리스도에 대한 신앙고백은 탄생, 생애, 사역과 기적, 죽으심과 십자가, 육체적 부활, 승천 그리고 심판으로 구성되어 있다. 특히 그리스도가 명령한 자신의 십자가를 지고 자기를 부인하는 종으로서 제자직의 부르심에 따르라는 말씀에 복종하기를 서약한다. 또한 그리스도를 선포할 것을 서약하면서 '그리스도 한 분만을 통하여' 구원을 성취하실 뿐 아니라, "다른 이로써는 구원을 받을 수 없나니 천하사람 중에 구원을 얻을만한 다른 이름을 우리에게 주신 일이 없음이라"는 베드로와 요한의 고백을 따라야만 함을 강조하면서 다른 종교나 신앙을 통한 그 어떤 구원의 가능성도 철저히 배격한다.

성령을 사랑한다는 5장은 성령을 사랑한다고 고백한다. 하나님의 선교는 곧 성령의 선교이며 바람과 같이 다양한 성령의 활동처럼 그의 선교의 사역을 구체적이며 폭넓게 정의한다. 성령은 "하나님의 선교적 교회에 대한 생명과 능력을 불어넣는 선교적 아버지와 아들의 선교적 영이다." 성령의 사역에 참여하는 우리는 선교의 모든 차원들에 참여하게 되며, 이것은 "복음전도 진리에 증거를 담지하는 것, 제자삼기, 평화를 이루는 것, 사회참여, 윤리적 변혁, 창조세계에 대한 돌봄, 악한 세력들을 제압하는 것, 악한 영들을 쫓아내는 것, 병자들을 치유하는 사역, 박해 가운데 고통을 참아내는 것에 있어서 분명하게 나타난다" 말한다. 이는 매우 중요한 신학적 인식으로서 삼위일체 하나님의 선교는 오늘날 성령의 선교라는 것이며, 이것은 다양한 사역에서 보여주듯이 과거의 복음전도와 영혼구원만을 말하지 아니하고 사회참여와 평화를 만들어가는 통전적 선교임을 분명하게 보여주고 있기 때문이다.

6장부터는 각 주제들이 하나씩 소개되고 있다. 하지만 크게 두 가지의 주제로 구분할 수 있는데 6장의 '하나님의 말씀'과 8장의 '하나님의 복음'과 10장의 '하나님의 선교'를 사랑한다는 주제는 하나님의 선교에서 선포되어야 할 말씀과 복음에 관한 것이며, 7장의 '하나님이 창조하신 세상'과 9장의 '하나님의 백성'은 말씀과 복음이 선포되는 대상을 말한다. 이러한 맥락에서 우리는 6, 8, 10장을 먼저 다루고, 7, 9장을 다루는 것이 전통적인 복음주의 선교의 신학적 틀에 더 적합할 것이다.

6장은 먼저 하나님의 말씀을 사랑한다고 고백한다. 성경은 하나님의 인격을 계시하며, 성경은 세상을 창조하시고 구원하시는 이야기이며, 성경은 진리를 가르치며, 또한 우리가 살아야 할 삶을 요구하고 있다. 무엇보다 성경의 이야기는 신학을 형성할 뿐 아니라 하나님의 선교이야기라고 말한다. 즉 "이러한 전반적인 내러티브는 우리에게 분명한 성경적 세계관을 제공하며 우리의 신학을 형성"하며, "이 이야기는 우리가 누구이며, 무엇을 위해 존재하며 어디로 가고 있는지에 대해 우리에게 말하고 있다."는 것이다. 성경의 이야기는 곧 "하나님의 선교에 대한 이야기"로서 "우리의 정체성을 규정하고 우리의 선교를 이끌며 마지막이 하나님의 손에 붙잡혀 있다는 사실을 확증한다."고 말한다. 성경의 이야기는 하나님이 이 세상을 사랑하셔서 그의 뜻과 섭리에 따라 구원하고 계신다는 하나님의 선교의 가장 기본적이며 구속사적인 이해를 분명하게 보여주는 탁월한 서술이다. 하지만 신학은 성경말씀 그 자체보다는 말씀에 대한 해석학에 의해 형성된다고 해야 할 것이다.

8장은 하나님의 복음을 사랑한다고 고백한다. 복음의 사람들로서 우리의 정체성의 핵심을 "예수 그리스도를 통한 하나님의 구원 사역이라는 성경적 기쁜 소식에 대한 우리의 열망"으로 보았다. "하나님에 대해 반역하고 하나님의 권위를 거부하고 하나님의 말씀에 불순종"한 죄악으로 말미암아 "하나님으로부터 소외되었고, 서로 소외를 시켰으며 창조 질서로부터 소외"된 우리를 위해 하나님 자신이 "그리스도의 십자가에서 그의 아들의 모습으로 우리를 대신하여 우리의 죄로 인해 심판을 받으시려" 못 박히신 것을 선포하는 것이 복음임을 분명히 한다.

여기에서 2010케이프타운 로잔3차대회의 전체 주제가 등장한다. 즉 하나님은 "모든 장벽들과 반목들을 넘어서 하나님과 믿는 자들과의 화해와 그들 서로 간의 화해를 이루셨다. 또한 십자가를 통하여 하나님께서는 모든 피조물들의 궁극적인 화해의 목적을 이루셨고 예수님의 육체적 부활 가운데 새 창조의 첫 열매를 우리에게 주셨다." 그리스도를 통해 세상과 화해하시는 하나님이라는 로잔3차대회의 주제를 다음과 같이 선언한다. "하나님께서 그리스도 안에서 자신을 세상과 화해시키셨다."

로잔3차의 대주제인 화해를 다루는 서약의 내용도 적지만 화해의 사명을 감당해야 하는 우리들의 적극적인 노력과 실천에 대한 표현도 빈약하다. 다만 매우 소극적인 표현으로 "믿음으로 의롭게 되므로 우리는 하나님과 화평을 이루게 되었고 더 이상 비난(condemnation)에 직면하지 않게 되었다"는 것이며, "우리는 우리의 죄의 용서를 받았다"는 수동적인 표현에 그치고 있다.

10장은 하나님의 선교를 사랑한다고 서약한다.

> 우리는 세계선교에 헌신한다. 그 이유는, 세계선교가 하나님과 성경, 교회와 인간 역사와 종국적인 미래를 이해하는데 핵심이 되기 때문이다. 온전한 성경은 십자가의 보혈을 통해 화해를 이루시는 그리스도 아래 하늘과 땅의 모든 것들이 하나가 되게 하고 하나님의 영광과 은혜를 찬양하기 위해 하나님의 선교를 계시한다.

케이프타운서약은 하나님의 선교에의 참여를 위해 그의 백성들을 부르시고 교회도 부름을 받았다고 말한다. "교회는 영원토록 하나님을 예배하고 하나님께 영광을 돌리며, 역사 안에서 변혁하는 하나님의 선교에 참여하기 위해 존재한다. 우리의 선교는 전적으로 하나님의 선교로부터 나오고 하나님의 창조 전반을 다루며, 그 중심으로서 십자가의 구속적인 승리에 근거한다." 하나님의 선교에 대해 케이프타운서약은 교회적이고 구속사적인 이해를 분명히 하고 있다. 이것은 1960-70년대의 현재적이고 종말론적인 이해에 치우쳐있었던 에큐메니칼 선교와 분명히 비교되는 것이다.[20)]

케이프타운서약은 하나님의 선교를 분명히 함으로써 과거 복음전도의 우선에 치우쳐있었던 선교의 이해에서 벗어나 통전적 선교이해를 획득하게 되었다. "우리의 모든 선교는 복음전도와 세상에의 참여가 통합된 형태를 반영한다. 하나님의 복음의 온전한 성경적 계시는 복음전도와 세상에의 참여를 명령하고 이끌어 나간다." 통전적 선교(integral mission) 안에서 우리의 선포

20) 김은수,『현대선교의 흐름과 주제』. 특히 '제3부 에큐메니칼 선교와 복음주의 선교'의 1963년 멕시코대회, 1968년 웁살라대회, 1973년 방콕대회를 참조하라.

는 사회적 중요성을 갖는다. 즉, "우리가 세상을 무시한다면 세상을 섬기라고 우리를 보내신 하나님의 말씀을 배반하는 것이다. 만일 우리가 하나님의 말씀을 무시한다면, 우리는 세상에 가져갈 아무 것도 없게 된다."[21]

이상에서 살펴본 서약 6, 8, 10장은 하나님의 선교에서 선포되는 말씀을 다루었다면, 서약 7, 8장은 복음이 선포되는 세상과 백성을 말한다.

7장은 하나님이 창조하신 세상을 사랑한다고 말한다. 세상은 에큐메니칼 선교의 패러다임(하나님 - 교회 - 세상에서 하나님 - 세상 - 교회로)을 바꾼 중요한 주제이다. 케이프타운서약 역시 세상을 주제로 다루면서 가장 먼저 땅은 하나님의 것이라는 고백을 한다. "이 땅은 우리가 사랑하고 복종하는 하나님의 소유이다. 우리는 가장 단순하게 이 땅을 돌보아야 하는데, 그 이유는 그것이 우리가 주님으로 부르는 그 분에게 속한 것이기 때문이다. 이 땅은 그리스도에 의해 창조되었고 지탱되고 구속된다."(7.a) 케이프타운서약의 "땅은 주님의 것"(The Earth is the Lord's)이라는 선언은 1989년 세계선교와 전도위원회(CWME) 제3분과의 주제이기도 하다. 이러한 인식은 CWME의 JPIC(Justice, Peace, Integrity of Creation)운동의 '창조세계의 보전'운동과 맥을 같은 하는 것이다. "우리는 창조와 구속과 상속의 정의에 따라 그리스도에게 속한 것들을 남용하는 한 하나님을 사랑한다고 주장할 수 없다…(중략)… 따라서 피조물을 돌보는 것은 그리스도의 주되심 안에서 복음의 이슈이다."(7.a)

세상에서의 선교적 과제를 분명히 하게 된 케이프타운서약은 전통적인 교회의 선교 틀 안에서는 수용할 수 없기 때문에 하나님의 선교를 선언한 로잔은 하나님의 선교의 3가지 영역을 말한다. "통전적 선교는 복음이 개인들과 사회와 피조세계에 대해 그리스도의 십자가와 부활을 통한 하나님의 기쁜 소식이라는 성경적 진리를 분별하고 선포하며 살아내는 것을 의미한

21) The Micah Declaration on Integral Mission.

다. 개인과 사회와 피조세계 모두는 죄로 인해 깨어지고 고통을 당하고 있다. 이 세 가지 모두는 구속적 사랑과 하나님의 선교에 포함된다."

피조세계가 선교의 영역임을 분명히 하게 된 케이프타운서약은 가난한 자들과 고통받는 자들을 사랑하며 그들과 연대할 것을 선언한다. "가난한 자들에 대한 이러한 사랑은 우리가 자비와 긍휼의 행위들을 사랑할 뿐 아니라 가난한 자들을 억압하고 착취하는 모든 것들을 드러내고 반대하는 행위를 통해 정의를 행할 것을 요구한다. 우리는 악이 존재하는 곳마다 악과 불의를 고발하는 것을 두려워하지 말아야만 된다.[22] 우리는 이러한 점에서 하나님의 열정을 공유하는데 실패하고 하나님의 사랑을 구현하는 데 실패하며 하나님의 본성을 반영하는데 실패하고 하나님의 뜻을 행하는데 실패하고 있음을 부끄러움으로 고백한다. 우리는 소외되고 억압받는 자들을 대신하는 연대성과 옹호를 포함하여 정의를 촉진하는데 우리 자신을 새롭게 바친다."(7.c) 이러한 맥락에서 가난한 사람들과 타종교인들에게 저지르기 쉬운 폭력적 선교를 단호하게 거부할 것을 말한다. "우리는 복음을 전파하는데 있어서 폭력을 단호하게 거부하고 우리에게 잘못을 저지르는 사람들에 대한 보복의 유혹을 비난한다."(7.d) 오늘날 폭력선교는 매우 교묘하고 다양하게 전개되고 있어서 이러한 선언은 전투적인 선교를 감행하는 일부 선교단체에 매우 중요한 경고임과 동시에 로잔운동의 건전한 세계복음화의 길을 가겠다는 매우 중요한 의미를 갖는다.

9장은 하나님의 백성을 사랑한다고 말하면서 가장 먼저 연합할 것을 말한다.

예수님의 제자들이 서로 사랑해야 한다는 그의 계명은 그들이 하나가 되어야만

---

22) Lausanne Covenant Paragraph 5.

> 한다는 그의 기도와 연결된다. 이 계명과 기도는 선교적이다 – '너희가 내 제자라는 것을 세상이 알게 될 것이다,' '당신[아버지]께서 나를 보내신 것을 세상이 알 것이다.' 복음의 진리에 대하여 가장 강력하게 확신하는 표지는, 그리스도인들이 세상의 고질적인 분열의 장벽들 – 인종과 피부색, 사회계층, 경제적 특권이나 정치적 노선의 장벽들 – 을 넘어서 사랑 안에서 하나가 될 때 나타난다.

이 서약문은 에큐메니칼 운동에 있어서 제자들이 하나 되기를 간절히 기도한 요한복음 17장에서 출발하는 것과 같다. 여기에 세계선교를 위해 에큐메니칼선교와 함께 협력해야 할 당위성과 공동의 신학적 근거를 발견할 수 있다.

그럼에도 불구하고 우리를 서로 갈라놓는 모든 것들을 버리지 못했고, 박해받는 형제자매들과 사랑의 연대성을 보여주지 못했음을 고백하며, 이러한 잘못을 말로만이 아니라 실제 행위로 보여주며 하나님의 선교에 참여할 것을 말한다. "우리는 말로만이 아니라 서로 사랑하는 행위로 나타나기 위해서 뿐 아니라 세상에서 그리스도의 이름과 하나님의 선교를 위해서 이것을 추구한다."

현재 이 땅에서 오늘날 박해받는 자들과 삶으로 복음을 증거한다는 인식은 종말론에 대한 이해의 폭을 넓히고 있다. 그리스도의 재림과 미래적 천국에 강조점을 두고 있는 복음주의 선교가 현재적이며 이 땅에서의 종말적 시각에서 하나님의 선교를 이해하는 중요한 계기가 되었다. "하나님의 왕국의 가장 명백한 현재적 표현으로써 교회는 더 이상 자신들을 위해 살지 않고 그들을 사랑하시고 그들을 위해 자기 자신을 내어주신 구세주를 위해 살아가는 화해를 이룬 신자들의 공동체이다."(9.c) 이것은 하나님의 선교의 목표인 하나님의 왕국의 현재적 표현으로서 교회의 위치를 정확히 표현하며, 화해의 공동체로서의 교회의 사명을 분명히 표현함으로써 교회와 하나님의 선교 그리고 케이프타운 로잔3차대회의 전체주제인 화해와 연결하는 매우 탁월한 서약의 내용이다.

IV. 대회의 신학적 발전과 과제

로잔대회의 탁월성은 고백과 회개에 정직하다는 것이다. 케이프타운 서약은 중요부분마다 이를 밝히고 있다. "우리는 이러한 포괄적인 성경적 사랑이 예수님의 제자들의 정체성을 규정하는 보증이 되어야만 한다는 것을 확증한다. 예수님의 기도와 명령에 대한 응답 가운데 우리는 그것이 우리를 위한 것이 될 것을 열망한다. 슬프게도 우리는 너무 자주 그렇지 못함을 고백한다."(1장)

또한 "우리는 성경이 가르치는 삶-그리스도를 통한 하나님에 대한 값진 실천적 복종의 삶-을 사랑함이 없이 쉽게 성경을 사랑한다고 주장한 것을 고백한다."(6장)

생태계의 위기에 대한 서약에서도 먼저 창조세계를 보전하지 못하고 파괴한 것에 대한 회개를 함으로써 에큐메니칼 선교와 연대할 수 있는 길을 열어놓는다. "하나님의 창조세계에 대한 이러한 사랑은, 우리가 지구상의 자원들을 파괴하고 허비하며 오염시키는데 우리가 일조하며 소비주의에 대한 해악적 숭배에 우리가 공조한다는 것에 대한 회개이다."(7.a)

특히 교회일치에 힘쓰지 못하고 "우리는 우리를 나누는 모든 것들을 버리지 못했음을 고백"하며, "몸 된 교회 안에서 수치스러운 극단적인 물질적 불평등으로 심히 고민"하고(9.a) 우리는 "자신의 안전을 더욱 챙기면서 우리

의 박해받는 형제자매들과 사랑의 연대성을 항상 보여주지 못했음을 고백" 한다.(9.c)

전통적인 복음전도에 대해서도 "우리는 이 세상에 아직도 예수 그리스도 안에 있는 하나님의 사랑의 메시지를 전혀 들어보지 못한 수많은 사람들이 있다는 것에 대해 부끄러움으로 고백한다."(7.b)

로잔3차대회는 하나님에 대한 사랑을 삼위일체적으로 표현하며 성령의 사역을 분명히 하고 있다. "아버지와 아들과 성령의 연합 안에서 하나님 홀로 창조자이며, 지배자이며, 심판자이고, 세상의 구세주"라고 표현하고 있다.(2장) 특히 성령은 "하나님의 선교적 교회에 대한 생명과 능력을 불어넣는 선교적 아버지와 아들의 선교적 영이다."(5장)라고 말한다.

이러한 신학적 서술은 삼위일체 하나님의 선교를 더욱 발전시켰다. "우리의 선교는 전적으로 하나님의 선교로부터 나오고 하나님의 창조 전반을 다루며, 그 중심으로서 십자가의 구속적인 승리에 근거한다."(10장 a) 이러한 하나님의 선교에 대한 구속사적 이해는 구속사에서 차지하는 이스라엘에 대한 평가에도 잘 드러난다. "이스라엘의 예언자들과 예수님 자신보다 하나님의 백성들을 사랑했던 사람들은 없었다. 그러나 그들의 언약의 주님에 대항하여 실패하고 우상숭배하며 반역한 사실에 대하여 그들보다 더욱 솔직하게 직면했던 사람들도 없었다. 그리고 그러한 가운데 그들은 하나님의 백성에게 회개를 요청하므로 이스라엘 백성들은 용서를 받았고 하나님의 선교를 섬기도록 회복될 수 있었다. 동일한 예언자적 사랑의 음성이 동일한 이유로 오늘날 선포되어야만 한다."(9.b)

하나님의 선교에 대한 구속사적 이해에만 머무르지 않고 종말론적인 이해도 나타난다. "이번 로잔 대회의 목적은 전 세계 교회가 온 세상에-지리적으로가 아니라 모든 사회적 분야와 모든 사상적 분야에서 예수 그리스도와 그의 모든 가르침에 대한 증거를 품는 참신한 도전을 제기하는 것이다. 우리는 모든 인간 활동분야에서 그리스도의 주권에 헌신해야만 한다."[23] 그리스도의 주권을 온 세상에 세워가는 것은 하나님의 선교의 첫 표현이며 출발점이었다.[24] 이러한 맥락에서 케이프타운 서약은 하나님의 선교의 영역을 3가지로 표현한다. "개인과 사회와 피조세계 ... 이 세 가지 모두는 구속적 사랑과 하나님의 선교에 포함된다. 또한 이들은 하나님의 백성의 포괄적 선교의 일부가 되어야만 한다."(7.a)

구속사적인 하나님의 선교에 대한 이해가 강한 로잔대회는 하나님의 선교에 참여하는 교회의 선교가 강조된다.

> 하나님의 선교는 지구상 끝까지 그리고 세상 끝 날까지 계속된다. 세상의 왕국들이 우리 하나님과 그리스도의 왕국이 될 때, 그리고 하나님께서 새로운 창조를 통해 그의 구속된 인류와 함께 거하게 될 때, 그 날이 도래할 것이다. 그 날이 올 때까지 하나님의 선교에 참여하는 교회의 선교는 즐거운 긴박감 가운데 지속되며, 우리 세대를 포함하여 모든 오는 세대들 가운데 참신하고 떨리는 기회들과 더불어 지속될 것이다.(서약 전문)

이러한 맥락에서 "우리의 선교는 전적으로 하나님의 선교로부터 나오고",(10.a) 성령은 "하나님의 선교적 교회에 대한 생명과 능력을 불어넣는 선교적 아버지와 아들의 선교적 영이다.(5)

---

23) 린지 브라운(국제로잔복음화운동 국제총무)의 폐회예배설교

24) "선교란 구원받은 전(全) 피조물 위에 그리스도의 주권을 세우려는 포괄적인 목표를 가지고 아들의 보내심(an der Sendung des Sohnes), 즉 하나님의 선교(der Missio Dei)에 참여하는 것이다." Karl Hartenstein, "Theologische Besinnung," in: ed. Walter Freytag, *Mission zwischen Gestern und Morgen*, Evang (Stuttgart: Missionsverlag, 1952), 54.

케이프타운에서 열린 제3차 로잔대회가 지난 25일 막을 내렸고, 이번 대회가 남긴 과제도 많다. 먼저, 중국 대표단의 불참이 큰 이슈가 되었다. 이에 대해 버드셀 총재는 안타까움을 표시하며, 출국을 허락하지 않은 중국 당국을 비난하기보다 왜 이런 일이 일어났는지 그리고 장·단기적으로 어떤 일들이 중국 교회를 위해 유익할 것인가를 고민해야 한다고 말했다. 또한 중국교회를 위해 기도해야 할 때라고 말하고, 3차 로잔대회에 중국교회는 미국교회(500명) 다음으로 많은 200명의 대의원을 파송할 예정이었지만 단 한 명도 참석하지 못한 외부적 이유는 노벨평화상 문제로 국제행사에 대의원을 파송하는 것을 용인할 수 없었기 때문이라고 하였다. 그러나 로잔위원회가 중국교회와 접촉할 때 삼자교회가 아닌 가정교회와 접촉하였기 때문임을 인정하면서도 뚜렷한 입장이나 방안에 대한 언급 없이 풀어야 할 숙제라고만 하였다.[25] 중국의 삼자교회와 가정교회에 대한 로잔의 태도는 앞으로 중국교회와의 관계에 가장 큰 변수가 될 것이다. 로잔은 WCC와는 달리 공교회가 아닌 개인자격도 열려있음에도 불구하고 삼자교회가 WCC의 회원이라는 점 때문에 로잔이 적극적으로 협의하지 않는 것은 세계복음화를 위한 협력정신에 장애가 될 수밖에 없다.

버드셀 총재는 한국교회의 막강한 기도의 능력, 언어와 문화적으로 무장된 800여만 명의 디아스포라 한인(해외 한인)들을 주목하며 이들의 역할을 기대하였다. 또한 한국교회에 대한 두 가지를 제안은 모두 새로운 리더들의 발굴과 바울이 디모데를 키운 것처럼 다음세대를 준비시키기를 희망하였다.[26] 바로 여기에 한국교회의 가장 큰 과제가 있다. 로잔3차대회를 위해 미

25) "덕 버드셀 국제로잔 총재에게 제3차 로잔대회 이후를 묻다" [2010.10.27 17:51] 인터뷰 참조.

26) 위의 인터뷰.

국에 이어 2번째로 많은 재정을 부담하면서도 수십 명의 주강사 가운데 단 한명의 한국인이 있었을 뿐이고, 강연내용과 시간도 매우 미흡하였다.

문상철 원장 역시 한국교회의 새로운 리더십 발굴과 등장에 소극적이었다고 지적하고, 차세대 리더 그룹의 참여가 부족했고 새로운 목소리의 발굴도 조직적이지 못한 아쉬움이 크다고 하였다. 또한 한국인들의 로잔 참여가 많음에도 불구하고 한국어 통역이 되지 않은 점과 국제무대에서 한국교회의 역량이 발휘되지 못하는 점을 지적하였다. 그는 불충분한 신학적 논의, 특정 이슈에 대한 구체적 전략 도출 부족 등도 아쉬운 점이라고 지적하였다.[27)]

3차 로잔대회는 1,2차 로잔에 비해 신학적 진전이 부족하였다. 문상철은 "새로운 선교 패러다임 생성에 대해 다소 부족한 면을 보였다"고 지적하며, 2차 로잔대회에서는 "존 스토트의 주제 강연과 로잔언약, 랄프 윈터의 미전도 종족 등 새로운 면"이 많았음에 비해 3차 로잔은 "새로운 면, 특히 선교학적 진전을 이루는 면은 부족했다"고 지적했다.[28)] 성기호 전 성결대 총장은 "이번 대회는 1974년 1차 로잔대회의 열매라 할 수 있는 로잔언약의 재확인 외에는 신학적 이슈가 거의 없었다"며 "박해받는 교회와 에이즈, 가난과 전쟁에 대한 복음주의권의 구체적 해결책이 제시되지 못한 점이 아쉽다" 고 회고했다.[29)] 이동주 아세아연합신학대학원대학교 교수도 "복음이 사회참여를 포함한다는 로잔언약의 기조에는 동의하지만 세계교회협의회(WCC) 역시 이 같은 문제를 다루고 있기 때문에 로잔과 WCC의 차이를 분명히 설

27) 한국선교연구원 문상철 원장, "제3차 로잔대회, 선교학적 진전은 부족,"『크리스천투데이』 2010. 11. 10.

28) 위의 신문.

29) 3차 로잔대회 보고회, "기독교 중심 비서구권으로 완전 이동… '교회 박해 · 가난' 해결책 없어 아쉬움,"『국민일보』 2010. 11. 11.

명하는 기회가 적었다"고 말했다.[30] 조종남 전 서울신대 총장은 3차 로잔대회의 결과물인 '케이프타운 서약' 초안을 평가하면서 "복음주의가 추구하는 신앙과 삶에 대한 기술은 약한 측면이 있다"며 "복음에 대해 더 간단명료하면서도 강력한 호소를 담은 서약 내용이 보충돼야 한다."고 말했다.[31]

로잔 3차 대회의 큰 특징 가운데 하나는 테이블토론이 자주 이루어져서 서로의 의견을 나누는 역할을 했던 것과 모든 강좌마다 다수의 강의자가 나와서 자신의 생각과 경험을 말하는 것이었다. 즉 다양한 일에 종사하는 그리스도인, 각 대륙별 안배를 통한 신앙적 경험의 교환에는 기여를 하였지만, 서로 다른 신학적 지식과 배경을 가졌을 뿐 아니라 전문가와 비전문가로 이루어져 있어서 깊이 있는 신학적 발전이나 선교적 대안 제시를 위한 토론에는 태생적인 한계를 가지고 있었음을 지적하지 않을 수 없다.

30) 위의 신문.

31) 위의 신문.

참고문헌

E. D. Potts. *British Baptist Missionaries in India, 1793-1837*. London: Cambridge University Press, 1967.

John Stott. *The Message of Romans*. The Bible Speaks Today. Leicester and Downers Grove: Inter Varsity Press, 2001.

Karl Hartenstein. "Theologische Besinnung." in: Walter Freytag(ed.). *Mission zwischen Gestern und Morgen*, Evang. Stuttgart: Missionsverlag, 1952.

Lausanne Dokumente. *Alle Welt soll sein Wort hören*. Stuttgart: 1974.

The Cape Town Commitment, A Declaration of Belief and A Call to Action, Cape Town 2010, The Third Lausanne Congress on World Evangelization, Draft Advance Copy Evangelisches Missionswerk in Deutschland, 『Weltmission Heute』 Wege nach Edinburgh, Hamburg, 2010.

WCC. *Come Holy Spirit, Heal and Reconcile!: Called in Christ to be Reconciling and Healing Communities*: Report of the WCC Conference on World Mission and Evangelism, Athen, Greece, May 9-16, 2005. Geneva: WCC Publications, 2008.

_____. *Minutes of the 44th Meeting of the WCC Central Committee*. Geneva. 1992.

Doug Birdsall. *(A) new heart for the evangelization of Asia*. "로잔운동의 비전." 변창욱 역. 『아시아복음화를 위한 새 마음』. 서울: 미션아카데미, 2007.

WCC ed. "You are The Light of The World." 김동선 역. 『통전적 선교를 위한 신학과 실천』. 서울: 대한기독교서회, 2007.

김은수. 『현대선교의 흐름과 주제』. 서울: 대한기독교서회, 2015(개정증보3쇄).

A. F. Glasser. "Mission in the 1990s: Two Views." *International Bulletin of Missionary Research*. vol.13, No.1 (January 1989).

김은수. "1910년 에딘버러 선교대회의 상황과 선교적 의미." 한국선교신학회 편. 『선교신학』 제24집 상권(2010. 7).

Cape Town 2010: The Third Lausanne Congress on World Evangelization (October 2010), 16-25 Cape Town International Convention Centre, 7개 언어로 된 대회의 공식 핸드북

로잔운동에 나타난 에큐메니칼 선교신학의 영향

안승오 • 영남신학대학교

I. 들어가는 말

1974년에 1차 로잔 대회를 기점으로 시작된 로잔운동은 어언 40년이 넘는 세월 동안 이어져 온 선교운동이다. 로잔운동은 세계교회협의회(WCC) 에큐메니칼 운동과 더불어 기독교 선교 운동의 명실상부한 양대 산맥을 이루는 운동인데, 두 운동은 서로 많은 영향을 주고받으며 나름대로의 선교신학을 발전시켜 오고 있다. 1952년에 Missio Dei (하나님의 선교) 개념이 태동되고 1968년 웁살라 대회에서 '인간화' 개념이 주장되고 1973년 방콕대회에서 통합적 구원의 개념이 출현하면서 선교가 복음 운동보다는 사회운동으로 흐르는 경향을 보이자,[1] 1974년에 로잔운동이 복음전도의 중요성을 외치면서 개

1) 1910년에 열린 에딘버러 대회가 현대 에큐메니칼 운동의 효시로 인정되지만 1952년 하나님의 선교 개념이 출현하기 전까지는 에큐메니칼 운동 역시 전통적인 선교 개념과 큰 차이를 보이지는 않았다. 에큐메니칼 선교 역시 기본적으로 세계복음화를 우선순위에 두는 경향이 강했다. 김동선은 "1910년 에딘버러 대회에서는 '세계복음화'를 그 이상으로 천명했으며, 세계 상황의 변화와 더불어 교회의 사회적 책임이 광범위하게 논의되기는 하였지만, 1948년 세계교회협의회가 태동될 때까지만 해도 전도는 선교의 중심과제였다."라고 분석한다. 김

최되었고, 이러한 로잔운동의 영향으로 1975년 나이로비 대회는 로잔의 영향으로 일정 부분 궤도 수정을 하면서 통전적 선교의 모습을 보여주었다.[2)]

이와 같은 상황 속에서 본 연구는 주로 로잔운동이 에큐메니칼 운동으로부터 받은 영향을 집중적으로 분석하고자 한다. 이를 위해 로잔 1차부터 3차에 걸친 문서들을 중점적으로 살펴보면서 로잔 문서에 에큐메니칼 선교신학의 영향이 어떻게 나타났으며, 그로 인하여 로잔의 신학이 어떤 변화를 나타내 오고 있는지를 살펴보고자 한다.[3)] 특별히 에큐메니칼 선교신학의 영향으로 로잔의 세상 이해, 선교 대상과 과제에 대한 로잔의 이해, 사회적 책임에 대한 로잔의 이해, 선교에 있어서 핵심사역에 대한 로잔의 이해, 선교에 있어서 복음전도의 긴급성에 대한 로잔의 이해 등에서 어떤 변화가 일어났는지를 살펴보고자 한다. 이러한 연구는 로잔운동이 그 동안 큰 흐름에서 어떠한 선교적 관점의 변화를 추구해왔는지를 보는데 도움이 될 것이며, 이러한 변화를 파악하는 것은 앞으로 로잔운동의 바람직한 미래 방향을 제시하는데 하나의 기초적인 작업이 될 수 있을 것이다.

동선, 『하나님의 선교: 그 신학과 실천』 (서울: 한국장로교출판사, 2003), 44.

2) 신경규, "복음주의 관점에서 본 에큐메니칼 선교신학," 『복음과 선교』 제25권 (2014): 105, 115.

3) 에큐메니칼 신학의 영향을 논하려면 에큐메니칼 신학이 어떤 신학인지를 먼저 논해야 할 것이다. 에큐메니칼 신학은 워낙 방대한 신학체계이므로 간단히 정리하는 것이 쉽지 않다. 또 에큐메니칼 신학을 어떤 각도에서 바라보느냐에 따라서 현저하게 다른 관점이 나올 수 있으므로 이것 역시 객관성을 담보하는 것이 결코 쉽지 않은 문제다. 이러한 한계점을 인식하면서 본 연구는 에큐메니칼 신학의 특징을 도출하는 비교 준거점으로 에큐메니칼 운동이 본격적으로 태동하기 전의 전통적 선교신학을 잡았다. 즉 1952년 하나님의 선교 개념이 태동하기 이전의 전통적인 선교신학을 준거점으로 하여 에큐메니칼 선교신학의 특징을 분석하고, 이러한 특징이 로잔운동에 어떻게 영향을 미치면서 로잔운동의 방향을 변화시켜왔는지를 살펴보고자 한다.

II. 세상에 대한 긍정적 견해 강화

전통적인 선교신학과 대비되는 에큐메니칼 선교신학의 특징을 간단히 정리한다는 것은 참 쉽지 않은 작업이다. 하지만 좀 단순화시켜 생각해보면 가장 먼저 생각할 수 있는 에큐메니칼 신학의 가장 주된 특징은 교회의 사회적 책임을 강조한 것이다. 즉 전통적인 선교에서 복음전도의 책임을 강조한 것에 비하여 에큐메니칼 선교신학은 교회의 사회적 책임에 역점을 두었다. 그리고 이처럼 사회적 책임을 강조하면서 그 책임을 '이웃사랑'이나 '기독교 윤리'의 차원으로 이해하지 않고 선교의 개념 자체 속에 포함하면서 선교의 대상과 과제가 매우 폭넓어지게 되었다. 한편 이와 같은 강조점들이 나오게 된 배경은 세상을 단순히 하나의 멸망을 향해 달려가는 구원의 대상으로만 보지 않고 하나님의 샬롬이 실현되고 있는 장으로 보는 긍정적 세계관이라 할 수 있을 것이다. 아울러 이와 같은 특징은 자연히 전통적인 선교신학에 비하여 복음전도의 약화를 불러오고, 아울러 복음전도의 긴급성이나 복음전도를 위한 헌신의 약화로 이어졌다고 할 수 있다.[4] 본 연구에서는 이러한 사항들을 중심으로 에큐메니칼 선교신학의 특징이 로잔 진영에 얼마나 영향을 미쳤는지를 살펴보고자 한다.

먼저 에큐메니칼 신학의 세상에 대한 긍정적 견해를 살펴보자. 전통적인 선교 신학에서는 세상이 하나님의 사랑의 대상이지만 하나님께서 보내신 구원의 길인 그리스도를 받아들이지 않는 한 멸망의 대상이라는 점을 강조하는 경향이 강했다. 즉 전통적인 선교신학은 세상이 하나님의 사랑의 대

4) 참조, 신경규, "선교해석학적 관점에서 본 복음주의의 두 기본신학," 『복음과 선교』 제29권 (2015): 166-173.

상이라는 점을 언급하지만, 세상은 기본적으로 하나님께 무관심하고 하나님을 등지며 하나님이 구원의 길로 보내신 독생자를 배척하였다(요 1:9-11; 요일 2:15-16)는 점을 강조하면서 다소 부정적인 세상 이해를 가지는 경향이 강했다. 또한, 이 세상은 그리스도의 재림과 함께 사라지고 새 하늘과 새 땅으로 대체되어야 할 세상이라는 점을 강조한 면에서도 다소 부정적인 '세상이해'를 지녔다. 이러한 '세상이해'를 가졌기에 전통적인 신학에서는 교회가 세상을 섬기고 변혁하는 일에 우선적인 강조점을 두지 않았으며, 세상을 위하여 교회가 해야 할 가장 중요한 기여는 복음을 전하여 세상을 하나님께로 돌아오게 하는 일이었다.[5)]

하지만 이와 같은 견해는 Missio Dei (하나님의 선교) 개념의 탄생과 함께 서서히 바뀌기 시작했다. Missio Dei 개념에 의하면 세상은 단지 죄악으로 가득하고 멸망을 향해 달려가는 것이 아니다. 오히려 교회보다 더 특별한 하나님의 사랑의 대상이며, 하나님이 직접 역사하시면서 샬롬을 실현해 가시는 장이다. 즉 지금까지 전통적인 선교 신학에서 세상은 교회의 선교가 아니면 멸망할 수밖에 없다는 부정적인 대상으로 인식되었다면, 에큐메니칼 신학에서는 하나님의 직접적인 역사를 통하여 샬롬이 실현되는 긍정적 대상으로 인식되게 된 것이다.[6)]

이러한 이해 위에서 더 이상 교회가 세상보다 우위에 설 수가 없게 되었다. 즉 하나님의 선교 개념의 등장과 함께 이제 중요한 것은 교회가 아니라 세상이 되었다. 교회는 이제 더 이상 절대적이거나 독보적인 존재가 아니다.

---

5) Gerhard Kittel and Gerhard Friedrich, *Theological Dictionary of the New Testament*, 번역위원회 역, 『신약성서신학사전』(서울: 요단출판사, 1986), 527.

6) 이런 점에서 협의회는 말하기를, "하나님이 일하시는 목적, 즉 하나님의 선교의 궁극적 목표는 샬롬을 세우는 것이며, 이것은 모든 피조물의 잠재적 가능성의 실현과 피조물의 궁극적 화해 및 그리스도 안에서의 일치를 포함한다." 라고 언급한다. WCC, *The Church for Others and the Church for the World*, 박근원 역, 『세계를 위한 교회』(서울: 대한기독교서회, 1991), 28-29.

하나님의 주된 관심은 더 이상 교회가 아니라 세상이며, 교회는 세상의 샬롬을 위한 여러 기구들 중 하나의 위치로 이해되었기 때문이다. 하나님의 구원 역사는 하나님-교회-세상의 순서가 아니라 하나님-세상-교회의 순서로 이루어지게 되므로, 이제 세상이 중심이 되고 교회는 부차적인 기구로 인식되게 되었다.[7] 이러한 신학이 로잔운동에 어떤 영향을 주었는지 살펴보자.

먼저 1974년 제1차 로잔대회를 살펴보자. 이 대회는 기본적으로 인간화로 치닫는 에큐메니칼 선교에 대항하여 전통적인 복음주의 선교를 확실히 하고자 한 대회였다. 이 대회는 기본적으로 전통적인 세상 이해를 지니고 있었다. 예를 들어 로잔언약 10장은 "사람은 하나님의 피조물이기 때문에 인류 문화의 어떤 것은 매우 아름답고 선하다. 그러나 인간의 타락으로 인해 그 전부가 죄로 물들었고, 어떤 것은 악마적이기도 하다."[8]라고 하였고, 15장은 "우리 그리스도인들은 하나님이 그의 나라를 완성하실 것이요, 우리는 그 날을 간절히 사모하며 또 의가 거하고 하나님이 영원히 통치하실 새 하늘과 새 땅을 간절히 고대하고 있음을 확신한다."[9]고 말함으로써 이 세상의 발전보다는 하나님이 이루실 새 하늘과 새 땅을 기대하는 모습을 보여준다. 즉 로잔의 세상 이해는 전통적인 세상 이해처럼 다소 부정적인 것이었으며, 이처럼 죄악 된 세상이기에 이 세상의 문제를 해결할 수 있는 가장 근본적인 길은 어떤 사회참여보다도 복음전도가 우선적인 것이라고 인식하고 있음을 보게 된다.

---

7) WCC, 『세계를 위한 교회』, 32. 이러한 사고 속에서 협의회는 "하나님이 세계 속에서 꾸준히 활동하고 계시고 샬롬을 세우는 것이 하나님의 목적이라면, 교회의 사명은 이러한 징조를 알아차리고 지적해 주는 것이어야 할 것이다." 라고 말하면서 세상이 중심적인 장이고 교회는 그 중심을 돕는 주변부적인 기구로 인식하는 경향을 보인다. WCC, 『세계를 위한 교회』, 29.

8) Lausanne Movement, "로잔언약," in The Cape Town Commitment: Study Edition, 최형근 역, 『케이프타운 서약』 (서울: IVP, 2012), 224.

9) 위의 책, 229.

로잔 1차 대회 후 15년 만에 필리핀에서 열린 마닐라 대회는 어떤가? 마닐라 선언 역시 세상의 불행의 원인은 인간들의 죄에 있다는 것을 언급하면서 1부 1장에서 다음과 같이 언급한다.

> 이것이 오늘날 그토록 많은 사람들이 겪고 있는 고통, 방황, 고독의 근본적인 원인이다. 죄는 또한 반사회적 행동, 다른 사람들을 극심하게 착취하는 일, 그리고 하나님이 인간들에게 청지기로서 지키라고 주신 자원들을 고갈시키는 일을 감행한다. 따라서 인간은 변명의 여지가 없는 죄인이며 멸망으로 이끄는 넓은 길을 가고 있다.[10)]

그런데 마닐라 선언 1부 2장은 "그리고 하나님은 어느 날 우리가 하나님의 새 나라에 들어갈 것을 약속하신다. 그 때에 악은 모두 제거되고, 자연 세계가 구속되며, 하나님이 영원히 통치하실 것이다."[11)]라고 언급하면서 자연세계의 구속을 언급한다. 로잔언약에서는 철저히 새 하늘과 새 땅을 강조하던 로잔이 마닐라에 와서는 자연세계의 구속을 언급하면서 창조세계의 구원 가능성을 살짝 언급하고 지나가는데, 여기에 창조세계의 보존을 강조하는 에큐메니칼 진영의 영향이 엿보인다고 하겠다.

로잔 2차 대회인 마닐라 대회 이후 21년 만에 열린 케이프타운 대회에서도 여전히 로잔진영은 기본적으로 부정적인 '세상이해'를 견지하고 있다. 예를 들어 케이프타운 1부 8장은 "인류는 하나님을 거역하고 하나님의 권위를 거부하며 하나님의 말씀에 불순종했다."[12)]고 언급한 후, "이 타락은 모든 문

10) Lausanne Movement, "마닐라 선언," in *The Cape Town Commitment: Study Edition*, 최형근 역, 『케이프타운 서약』, 234.

11) 위의 책, 236.

12) Lausanne Movement, *The Cape Town Commitment: Study Edition*, 최형근 역, 『케이프타운 서약』, 50.

화와 역사의 모든 세대에 걸쳐 사람들의 문화, 경제, 사회, 정치, 종교에 침투해 들어갔다. 그것은 인류에게 헤아릴 수 없는 비참한 결과를 남겼으며 하나님의 창조세계를 심각하게 손상시켰다."[13]라고 진단한다.

하지만 케이프타운은 마닐라보다는 훨씬 더 진전된 긍정적 세상 이해를 보여준다. 예를 들어 케이프타운 선언 1부 7장 맨 마지막 부분은 "따라서 우리는 그리스도 안에서 모든 창조세계와 모든 문화가 구속되고 갱신되기를, 땅 끝까지 모든 나라로부터 하나님의 백성이 모여들기를, 모든 파괴와 가난과 증오가 사라지기를 바라는 거룩한 열망을 품고 이 세상을 사랑한다."[14]고 선언한다. 이 세상과 문화는 사라질 것이 아니라 구속되고 갱신되어야 할 것으로 언급되고 있으며 뒤이어 케이프타운은 "거룩한 열망을 품고 이 세상을 사랑한다."[15]라고 선언한다. 이러한 세상 이해는 에큐메니칼 진영의 긍정적인 세상 이해와 많이 근접한 것으로 보인다.

III. 폭넓어진 선교의 대상과 과제

전통적인 의미의 선교는 주로 구원을 전하는 사역으로 이해되었고, 이런 의미에서 선교의 주된 대상은 구원을 받지 못한 이들 즉 '그리스도를 알지 못하는 자들'이었다. 하지만 에큐메니칼 선교가 출현하면서 선교의 대상은 그리스도를 알지 못하는 자들을 넘어 매우 폭넓은 대상으로 확대되었다.

---

13) 위의 책, 50-51.

14) 위의 책, 49.

15) 위의 책.

특별히 하나님의 선교 개념의 출현과 더불어 에큐메니칼 선교는 하나님이 선교의 주역이심을 인식하고, 이 하나님은 사람들을 구원하여 교회로 인도하는 구령 사역만이 아니라 세상의 혁명운동, 민권운동, 평화운동, 창조질서회복 운동, 교육개혁운동 등의 활동들을 통하여 세상 속에서 샬롬을 구현해 가시는 분으로 이해된다. 이러한 하나님에 관한 이해 위에서 선교의 대상은 구원을 받지 못한 이들로 좁게 이해되는 것이 아니라 하나님의 참된 샬롬을 누리지 못하는 모든 피조물로 이해된다.[16)]

물론 이것은 에큐메니칼 신학이 전통적인 선교의 관심 대상인 비그리스도인들에게 관심을 갖지 않는다는 것을 의미하는 것이 아니다. 그와 같은 기본적인 관심과 동시에 좀 더 폭 넓은 대상들에게 관심을 기울인다는 의미이다. 좀 더 구체적으로 살펴보면 일반적으로 에큐메니칼 선교신학은 가난한 자들, 소외되고 억눌린 자들, 그리고 창조세계 안의 모든 피조물들에 특별한 관심을 기울이는 경향을 보인다.[17)]

이상과 같이 선교의 대상이 폭 넓게 이해되면서 선교사역의 성격도 복음전도 위주의 사역에서 가난한 자와 억눌리고 소외된 자의 샬롬을 위한 사역 그리고 모든 피조세계의 회복과 보존을 위한 사역으로 변화되는 경향이 나타난다. 에큐메니칼 신학의 이와 같은 경향은 로잔운동에도 일정 부분 영향을 준 것으로 보이는데, 이러한 영향이 어떻게 나타났는지 살펴보자.

먼저 로잔언약의 경우를 살펴보면, 5항 "그리스도인의 사회적 책임" 부분

---

16) David J. Bosch, *Transforming Mission: Paradigm Shifts in Theology of Mission*, 김병길 · 장훈태 역, 『변화하고 있는 선교』 (서울: 기독교문서선교회, 2000), 579. 하나님의 선교 개념에 의하면 하나님은 그리스도가 완성한 구속사업 안에서 이미 온 세상을 자기와 화해시켰으며, 이런 이유로 복음을 비기독교인들에게 전파하는 것 보다는 이 세상에 샬롬을 이루어가는 작업을 선교로 보는 경향이 강하다.

17) Seung oh An, "The Target of Mission in Ecumenical Mission Theology: A Crituque," *Currents in Theology and Mission*, 40/3(2013): 195-198.

에서 "때로 복음전도와 사회참여를 상반된 것으로 여겼던 것을 뉘우친다."[18] 고 말한 후 "... 우리는 복음전도와 사회 정치적 참여는 우리 그리스도인의 의무의 두 부분임을 확언한다."[19]라고 선언한다. 그리고 "그러므로 우리는 악과 불의가 있는 곳 어디에서든지 이것을 고발하는 일을 두려워해서는 안 된다."[20]라고 선언한다. 로잔은 에큐메니칼 진영의 영향을 받아 사회적 책임 역시 복음 전도 못지않게 교회와 그리스도인의 중요한 책임임을 자각한 것으로 보인다. 이와 같은 자각과 함께 악과 불의가 있는 곳의 문제를 고발하는 일을 해야 한다는 주장을 펼치는 것으로 보아 악과 불의의 피해자가 되고 있는 사람들에 대한 책임을 인식한 것으로 보인다. 하지만 로잔이 이러한 책임을 전통적 의미의 선교적 책임으로 인식하기보다는 교회와 그리스도인의 사회적 책임으로 인식한 것으로 보인다. 이것은 "... 사회 참여가 곧 복음전도일 수 없으며 정치적 해방이 곧 구원은 아닐지라도"[21]라는 표현 속에서 읽을 수 있다. 즉 로잔은 에큐메니칼 진영의 영향으로 말미암아 악과 불의의 피해자가 되고 있는 사람들에 대한 책임을 심각하게 인지하게 되었지만, 여전히 이들을 선교의 대상으로 보기보다는 그리스도인의 사회적 책임의 대상으로 인식하면서 두 책임이 모두 중요하다는 것을 강조한 것으로 보인다.

마닐라 선언에서는 사회악의 피해자들에 대한 관심이 좀 더 구체화되어 나타난다. 예를 들어 1부 4항은 "우리는 가난한 자들에게 관심을 가지면서 제3세계에 사는 그 많은 사람들이 부채로 인해 고통당하고 있는 사실을 마음 아파한다. 또한 우리는 ... 수백만의 사람들이 비인간적인 조건 속에서 살고 있다는 사실에 분개한다."[22]라고 말한다. 계속해서 4항은 이렇게 말한

18) Lausanne Movement, "로잔언약," 219.

19) 위의 책.

20) 위의 책, 220.

21) 위의 책, 219.

22) Lausanne Movement, "마닐라 선언," 241.

다. “참된 선교는 언제나 성육신적 이어야 한다. 참된 선교를 위해서는 겸허하게 그 사람들의 세계에 들어가서 그들의 사회적 현실, 비애와 고통 그리고 압제 세력에 항거하며 정의를 위해 투쟁하는 그들의 노력에 동참할 필요가 있는 것이다.”[23]라고 언급함으로써 압제 당하는 이들을 위한 투쟁에 동참하는 것이 곧 참된 선교의 길임을 언급하면서 가난하고 압제당하는 이들이 곧 선교의 대상임을 암시하는 발언을 한다. 마닐라는 억압당하는 자들을 선교의 대상으로 본다는 점에서 에큐메니칼 선교의 영향을 더 많이 받은 것으로 보인다.

케이프타운 서약에 오면 선교의 대상이 더욱 확대되어 나타난다. 예를 들면 케이프타운 서약 1부 7장은 선교의 대상에 대하여 “개인과 사회와 창조세계는 모두 죄로 인해 깨어지고 고통당하고 있으며, 또한 하나님의 구속적 사랑과 선교에 포함되므로, 이 셋은 모두 하나님 백성의 포괄적인 선교의 대상이 되어야만 한다.”[24]라고 말함으로써 선교의 대상을 개인, 사회, 창조세계로 확대하고 있는 것이다. 주로 개인을 선교의 대상으로 삼던 전통적인 선교로부터 사회와 창조세계까지 그 대상을 확대하고 있는 것이다.

케이프타운 행동 요청을 담은 제2부에서는 B장 “분열되고 깨어진 세상 속에서 그리스도의 평화를 이루기” 라는 제목 하에 선교에서 관심 가져야 할 대상으로 종족갈등 상황 하의 피해자들, 가난하고 억압받는 자들, 장애인들, 에이즈를 앓는 사람들, 그리고 고통 받는 창조세계를 언급하며, 이러한 대상들의 문제 해결에 헌신해야 함을 강조한다.[25] 로잔의 이와 같이 폭넓어진 선교의 대상과 과제에 대한 이해 속에서 에큐메니칼 신학의 영향을 엿볼 수 있다.

23) 위의 책, 242.

24) 위의 책, 45.

25) 위의 책, 80-90.

Ⅳ. 선교에 있어서 사회적 책임의 강화

교회와 그리스도인에게 주어진 명령은 크게 사도적 헌신과 봉사적 헌신으로 구분할 수 있다.[26] 사도적 헌신이 모든 민족으로 제자를 삼으라는 지상대위임령(마 28:18-20)과 연관된 것이라면, 봉사적 헌신은 "네 이웃을 네 몸과 같이 사랑하라"(마 22:39)는 계명과 연관된 것이라 할 수 있다. 선교는 기본적으로 이웃을 사랑하는 사회봉사를 수행하면서 복음전도를 수행하였기에 선교 안에는 사회봉사와 복음전도가 모두 포함되어 있었다. 하지만 선교의 목표는 모든 민족을 제자 삼는 것이므로 전통적인 선교에서는 복음전도가 핵심적인 사역이고 사회봉사는 부차적인 사역으로 인식되어왔다. 그리스도인에게 복음전도와 이웃사랑이 모두 사명이지만, 그 중 선교의 사명에서는 복음전도가 핵심적인 사명으로 이해되어왔다.

하지만 앞에서 살펴본 대로 하나님의 선교 개념의 탄생과 함께 세상에 대한 이해가 달라졌다. 하나님의 선교 개념에 의하면 세상은 더 이상 단순한 멸망의 대상이 아니다. 세상은 교회보다 더 중요한 하나님의 일차적 관심의 대상이고, 하나님은 이 세상 자체를 평화로운 곳 샬롬이 충만한 곳으로 만드시는 것에 깊은 관심을 가지고 계신다. 이러한 생각과 함께 사회봉사와 이웃 사랑 등의 사회적 책임은 더 이상 선교적 사명보다 뒤지는 것이 아니라 오히려 선교적 사명보다 더 우선순위에 두어야 할 사명으로 인식되었다. 이에 대하여 보쉬(David Bosch)는 벌코프(H. Berkhof)의 말을 인용하면서 "... 1950년대의 세계에 대한 사도적 헌신은 그 후의 세계에 접어들어서는 세계에 대한 봉사적 헌신으로 바뀌어졌다고 했는데, 그는 바른말을 해준 것이

26) David Bosch, *Witness to the World*, 전재옥 역, 『선교신학』(서울: 두란노, 1992), 225.

다."[27]라고 언급했다. 즉 에큐메니칼 선교는 1910년에 처음 시작할 때 사도적 헌신 즉 복음을 전하는 일에 매진하였는데, 1950년 이후로 세계에 대한 봉사로 그 초점이 바뀌었다는 것이다.[28]

그렇다면 사회적 책임을 강화한 에큐메니칼 신학의 영향이 로잔에 어떻게 영향을 미쳤는지 살펴보자. 먼저 1974년 로잔 언약을 살펴보자. 로잔운동은 에큐메니칼 선교가 선교의 개념을 복음화에서 인간화로 전환시키는 것을 우려하면서 모인 집회로 복음화의 우선성을 분명히 한 대회였지만,[29] 동시에 에큐메니칼 신학의 영향을 또한 받기도 하였는데, 특별히 에큐메니칼 신학의 영향으로 사회적 책임을 통감한 회의였다.[30] 예를 들어 제5장 그리스도인의 사회적 책임은 "그러므로 우리는 .... 인간을 모든 종류의 억압으로부터 해방시키려는 하나님의 관심에 동참하여야 한다. .... 이 사실을 우리는 등한시해왔고, 때로 복음전도와 사회참여를 서로 상반된 것으로 여겼던 것을 뉘우친다."[31]라고 하였고, "우리가 선포하는 구원은 우리로 하여금 개인적 책임과 사회적 책임을 총체적으로 수행하도록 우리를 변화시켜야 한다."[32]고 주장한다.

다음으로 1989년 마닐라 선언을 살펴보자. 마닐라 선언 역시 복음의 우

---

27) 위의 책.

28) 물론 에큐메니칼 진영은 1975년 나이로비 이후로 통전적 선교를 제시하면서 사도적 헌신과 봉사적 헌신을 동일한 중요도로 강조하고 있지만, 어찌되었든 전통적인 선교에서는 봉사적 헌신이 부차적인 사역으로 자리매김하던 사역이었던 것에 비하여 에큐메니칼 진영은 봉사적 헌신도 사도적 헌신과 동일한 중요도로 본다는 측면에서 사회적 책임을 강화한 것이다.

29) 로잔 언약 제6장에서 로잔언약은 "교회가 희생적으로 해야 할 일 중에서 복음 전도가 최우선이다."라고 선포한다. Lausanne Movement, "로잔언약," 220.

30) 로잔이 사회적 책임을 통감하고 '사회적 책임'이라는 용어를 로잔언약에 담았지만 이에 대해 보수적 복음주의자들은 상당한 저항을 하였다. 하지만 웁살라 대회에 참여하여 영향을 받은 존 스토트의 노력으로 이 용어가 로잔언약에 담기게 되었다. 박보경, "로잔운동에 나타난 전도와 사회적 책임의 관계,"『복음과 선교』22 (2013): 12-13.

31) Lausanne Movement, "로잔언약", 219.

32) 위의 책, 220.

선성을 양보하지는 않았지만 선교에 있어서 사회적 책임을 매우 강조한 회의였다. 예를 들어 마닐라 선언 1부 4장은 "참된 선교를 위해서는 겸허하게 그 사람들의 세계에 들어가서 그들의 사회적 현실, 비애와 고통 그리고 압제 세력에 항거하며 정의를 위해 투쟁하는 그들의 노력에 동참할 필요가 있는 것이다. 개인적인 희생 없이는 선교가 이루어질 수 없다."[33]라고 말한다. 이것은 로잔 언약보다 훨씬 더 강하게 사회적 책임을 강조하였으며, 다음과 같은 점에서 세계교회협의회의 영향을 더 많이 받은 것으로 파악할 수 있다.

첫째, 로잔언약은 사회적 책임을 선교로 포함시키기보다는 그리스도인의 또 하나의 책임으로 보았던 반면, 마닐라 선언은 "참된 선교를 위해서는.... 정의를 위해 투쟁하는 그들의 노력에 동참할 필요가 있는 것이다"[34] 라는 표현을 통해서 사회적 책임을 선교 개념 속에 포함시키고 있다.[35] 즉 마닐라 선언에 오면 더 이상 선교적 책임과 사회적 책임이 나누어지지 않고 사회적 책임이 곧 선교적 책임으로 인식되며, 이러한 인식의 변화로 인해 자연히 사회적 책임과 복음 전도적 책임 사이에 우선성을 논할 수 없게 된 것이다.

둘째, 사회적 책임이 단순히 사회봉사(Social Service) 차원으로 끝나지 않고, 사회행동(Social Action)을 포함하는 것으로 인식되고 있다.[36] 전통적인 선교에 있어서 사회행동에 해당되는 사역은 특별한 경우를 제외하고는 적극적으로 수행되지 않았다. 사회 행동이 목표로 하는 사회구조악의 해결은 복음화가 이루어

33) Lausanne Movement, "마닐라 선언", 242.

34) 위의 책, 242.

35) 전통적인 선교에서 사회봉사는 선교의 수단이나 과정으로 이해되었지만, 그 자체가 선교의 목적으로 이해되지는 않았다. 선교의 목적은 복음화와 교회개척 등으로 이해되었고 사회봉사는 그 목적을 위한 방법으로 수행되었던 것이었다.

36) 사회봉사란 주로 도움이 필요한 사람들에게 도움을 주는 일이라고 할 수 있는 반면, 사회행동이란 사회 구조악의 척결을 위한 투쟁과 같은 일이라고 할 수 있다. 전통적인 선교에서는 복음 전도를 위한 다리로서 사회봉사를 주로 많이 행했다. 즉 빈민사역, 학원사역, 복지 사역, 병원사역 등을 행하면서 이러한 사역들을 매개로 복음전도를 수행하였다.

진 결과로 점진적으로 이루어질 일이라는 사고와 사회행동을 수행하려면 기존 정치집단이나 기득권층과 투쟁을 해야 하는데 이것은 교회를 사랑과 평화의 집단이 아니라 투쟁과 폭력의 집단으로 만들 수 있는 가능성이 있기에 전통적인 선교에서는 거의 대부분 사회봉사를 수행하였다. 그런데 에큐메니칼 선교에서는 선교의 목표를 인간화로 잡으면서 사회행동을 주요한 선교의 방법으로 고려하였는데, 마닐라 선언이 이러한 영향을 받은 것으로 보인다.

이제 2010년 케이프타운 선언으로 가보자. 케이프타운 역시 선교에 있어서의 사회적 책임을 중시하는데, 다만 그 방향은 조금 다르게 나타나고 있다. 즉 1989년 마닐라 선언까지만 해도 사회적 책임 문제는 가난한 자를 돕는 사회봉사와 불의에 대항하는 사회행동 쪽으로 많이 논의가 되었다. 하지만 공산권의 몰락 이후 에큐메니칼 진영이 사회행동 즉 투쟁보다는 일치[37]와 화해[38] 등으로 방향을 선회하고, 해방신학에 근거한 전통적인 투쟁보다는 폭력을 극복하고 화해와 평화를 추구하는 방향으로 나갔는데,[39] 이러한 것들이 로잔 진영에도 영향을 미친 것으로 보인다.

예를 들면 케이프타운 선언 1부 5장은 "더욱 신중한 분별과 기만에 대한 분명한 경고와 불경건한 축재를 위해 영적 능력을 오용하며 자기를 섬기도

---

37) 에큐메니칼 일치 문서는 1996년 브라질 살바도르에서 열린 세계 선교대회에서 초안이 논의되었고, 2000년 3월 세계선교와 전도위원회(CWME)에서 "Mission and Evangelism in Unity Today"(일치를 통한 오늘날의 선교와 전도)라는 이름으로 채택되었다. CWME, "일치를 통한 오늘날의 세계와 전도," in WCC, *You are the Light of the World*, 김동선 역, 『통전적 선교를 위한 신학과 실천』(서울: 기독교서회, 2007), 108-112.

38) 에큐메니칼 화해 문서는 2005년 5월 아테네 세계선교대회를 앞두고 세계선교와 전도위원회(CWME)가 나눈 연구문서로서 "Mission as Ministry of Reconciliation"(화해의 사역인 선교)라는 제목으로 발표되었다. CWME, "화해의 사역인 선교," in WCC, *You are the Light of the World*, 김동선 역, 『통전적 선교를 위한 신학과 실천』(서울: 기독교서회, 2007), 150.

39) WCC는 화해와 평화를 추구하면서 2001년부터 2010년을 "폭력 극복의 10년"으로 선포하였다. 이와 같은 선포와 더불어 자연히 해방신학이 강조한 구조악과의 직접적인 투쟁을 멀리하는 방향 전환이 이루어진 것으로 보인다. 참고, CWME, "화해의 사역인 선교," 150.

록 남을 속이고 조작하는 자들에 대한 폭로가 절실히 필요하다."[40]고 강조하는데, 이것은 마닐라 선언에서 직접적인 '투쟁'에 대한 강조로부터 조금 부드러운 개념인 '폭로'로 변환된 것을 볼 수 있다.[41] 또한 케이프타운 선언 II부 행동요청에 나타난 6개장의 제목을 보더라도 마닐라 선언에 나타났던 사회행동(Social Action)과 연관된 내용은 거의 나타나지 않고, B장 "분열되고 깨어진 세상 속에서 그리스도의 평화를 이루기"[42]와 C장 "타종교인들 속에서 그리스도인의 사랑을 실천하기"[43] 그리고 F장 "선교의 하나 됨을 위해 그리스도의 몸 안에서 동역하기"[44] 등과 같이 일치, 평화, 사랑 등의 표현을 통해 사회적 책임을 강조한 것을 볼 수 있다. 즉 케이프타운 서약 역시 에큐메니칼 신학의 영향을 받아 사회적 책임을 강조하되 그 방향이 직접적인 투쟁보다는 화해와 일치 등으로 선회한 것이라 할 수 있다.

V. 약화된 선교의 핵심 사역

전통적인 선교에서 사회봉사를 하지 않은 것은 아니었다. 전통적인 선

40) Lausanne Movement, 『케이프타운 서약』, 38.

41) 물론 케이프타운 1부 7장 C항에서 "우리는 소외되고 억압 받는 자들과 연대하고 그들을 지지하는 행위를 포함하여 정의를 증진하는 일에 새롭게 헌신한다. 우리는 악에 대한 이러한 투쟁을 영적 전쟁의 차원으로 인식한다." 라는 말을 함으로써 여전히 투쟁과 같은 용어를 사용하기는 하지만 마닐라선언에 비하여 강도나 빈도가 다소 약해진 것은 사실이다. 위의 책, 47.

42) 위의 책, 78.

43) 위의 책, 91.

44) 위의 책, 121.

교 역시 사회봉사를 중심으로 하는 사회적 책임에 매우 열심이었다. 학교사역, 병원사역, 고아원사역, 각종 복지 사역 등 매우 다양한 봉사사역을 수행하였고, 일의 양으로만 보면 사회봉사를 더 많이 하였다고 할 수 있다. 순서에서도 항상 복음전도를 먼저 한 것은 아니었다. 상황을 따라서 먼저 사회적 책임을 다하고 여건이 형성될 때 복음전도를 한 것이 대부분이었다. 하지만 전통적인 선교는 선교의 궁극적인 목표를 영혼구원으로 정하였고 영혼구원을 위해서는 복음의 전파가 필수적인 사안이었으므로 복음전도가 늘 핵심사역의 위치를 점유하고 있었다.[45] 사회적 책임으로서의 봉사를 열심히 감당했지만, 사회적 책임은 여전히 핵심사역을 위한 부차적인 사역 혹은 복음 전도를 위한 다리로써의 사역으로 이해하였다고 할 수 있다.

그렇다면 에큐메니칼 선교는 전통적 의미의 선교와 어떤 차이를 지니는가? 에큐메니칼 선교는 1952년 하나님의 선교 개념의 탄생과 함께 복음전도를 핵심사역으로 보던 전통적인 선교로부터 사회적 책임을 선교의 핵심으로 보는 선교로 이동을 하였다. 결국, 1968년 웁살라 대회에서 '인간화'를 선교의 목표로 선언하였고, 1973년 방콕 대회에서는 영혼구원이 아닌 해방으로써의 구원을 강조하게 되었다. 이러한 경향에 대하여 복음주의자들의 반발이 강하게 일어나자 에큐메니칼 진영은 1975년 나이로비 대회 때부터 양쪽을 다 강조하는 선교신학 소위 말하는 '통전적 선교신학'을 전면에 내세우면서 복음화와 인간화가 동일하게 중요하고, 영혼구원과 사회구원이 동일하게 중요하다는 점을 부각하기 시작하였다.[46] 이런 점에서 통전적 선교신학과 전통적인 선교신학과의 차이점은 선교에 있어서 핵심사역에 대한

45) 신경규, "선교해석학적 관점에서 본 복음주의의 두 기본신학," 165.

46) 나이로비 대회에 대하여 이용원은 "한 마디로 나이로비의 관심은 통전적 선교(the wholistic mission)에 있었으니 복음전도와 사회적 책임과 봉사가 통합적 관계를 이루어야 한다는 것이다."라고 분석하였다. 이용원, "빌링겐에서 나이로비까지,"『선교와 신학』 제4집 (1999): 95.

견해차라 할 수 있다. 모든 것이 다 선교의 목표가 되고, 모든 사역이 다 동일한 중요도를 지닌 것으로 보는 것이다.[47] 에큐메니칼 신학과 에큐메니칼 진영의 주도로 제기된 통전적 선교신학은 균형을 강조한 장점이 있지만 핵심사역을 거부함으로 말미암아 결과적으로는 핵심사역이 현저하게 약화되는 결과를 가져오게 된 것이다.

그렇다면 핵심사역을 인정하지 않는 에큐메니칼 신학이 로잔신학에는 어떻게 영향을 미쳤는지 살펴보자. 쉽게 예상할 수 있는 대로 초창기에 로잔 진영은 핵심사역을 사회적 책임으로 바꾸거나 핵심사역을 인정하지 않는 에큐메니칼 신학을 거부하였다. 물론 로잔 진영 역시 사회적 책임이 교회와 그리스도인의 중요한 사명임을 인정하였지만,[48] 여전히 그 많은 일 중에서도 "교회가 희생적으로 해야 할 일 중에서 복음 전도가 최우선이다."[49]라는 말을 언약 6항에서 언급함으로 말미암아 복음전도가 가장 우선적이며 핵심적인 사역임을 언급한다. 물론 로잔이 복음전도와 사회적 책임의 관계를 명확하게 정립하지 않고 다소 불분명한 어조로 정리함으로 말미암아 둘 사이의 관계에 대한 논쟁의 불씨를 남긴 것은 사실이지만, 적어도 로잔은 복음전도가 우선적이고 핵심적인 사역임은 분명히 하였다.

마닐라 선언으로 가도 여전히 복음전도가 우선적이며 핵심적인 사역이라는 것은 언급된다. 예를 들어 1부 4항은 "복음과 사회적 책임"은 "우리의 주된 관심은 복음에 있으며, 모든 사람이 예수 그리스도를 구주로 영접할

---

47) 이와 같은 신학은 이론적으로는 매우 합리적으로 보일 수 있지만 실제로 나타나는 결과는 제한된 선교의 자원과 시간을 방만하게 사용함으로 말미암아 어떤 목표도 제대로 달성할 수 없는 한계점을 보인다. 이런 점에서 스티븐 니일은 모든 것을 다 담으려하는 에큐메니칼 선교신학에 대하여 "모든 것이 선교면 아무것도 선교가 아니다" (If everything is mission, nothing is mission)라는 명언을 남겼다. Stephen Neil, *Creative Tension* (London: Edinburgh House, 1959), 81.

48) ". . . . 우리는 복음전도와 사회 정치적 참여는 우리 그리스도인의 의무의 두 부분임을 확언한다."라고 로잔 언약 5항은 선언한다. Lausanne Movement, "로잔언약," 219.

49) 위의 책, 220.

기회를 갖도록 하는데 있기 때문에 복음전도가 우선이다."[50]라고 선언한다. 그리고 마지막 맺음말 역시 "로잔에서 우리는 온 세상의 복음화를 위해 함께 기도하고, 계획하고, 일할 것은 언약했다.[51]"라고 언급함으로써 복음화의 과제가 핵심적이고 중요한 사역임을 언급한다. 하지만 마닐라 선언에는 사회적 책임 역시 어느 정도 함께 강조되어 나타난다. 예를 들어 21개 항의 신앙고백 가운데 9항은 "우리는, 정의와 평화의 하나님 나라를 선포하고, 개인적인 것이든 구조적인 것이든 모든 불의와 억압을 고발하면서, 이 예언자적 증거에서 물러나지 않을 것을 단언한다."라고 선언한다. 에큐메니칼 진영의 통전적 선교 경향이 일정 부분 나타나는 것이라 할 수 있다.

그런데 케이프타운 서약으로 오면 에큐메니칼 신학의 영향이 더 강하게 나타나는 것으로 보인다. 물론 1부 7장 B항에서 "우리는 모든 민족에게 복음을 전하기 위해 모든 가능한 수단을 동원하고자 했던 로잔운동의 처음 목적에 다시 새롭게 헌신한다."[52]라고 언급함으로써 케이프타운이 로잔운동의 연장선상에 있음을 강조하고 복음전도가 로잔운동에서 매우 중요한 사안임을 언급한다. 그러나 케이프타운은 로잔의 신학이 더 이상 어떤 핵심이나 우선성을 인정하지 않는 총체적 신학임을 여러 곳에서 언급한다. 예를 들어 1부 7장 B항에서 케이프타운이 로잔운동의 처음 목적에 새롭게 헌신한다는 것을 언급한 바로 직후 C항에서 "우리는 소외되고 억압 받는 자들과 연대하고 그들을 지지하는 행위를 포함하여 정의를 증진하는 일에 새롭게 헌신한다. 우리는 악에 대한 이러한 투쟁을 영적 전쟁의 차원으로 인식한다."[53]라고 말함으로써 정의를 위한 투쟁이 단순한 사회적 책임이 아니라 영적 전

50) 위의 책, 241.

51) 위의 책, 261.

52) 위의 책, 46.

53) 위의 책, 47.

쟁임을 말함으로써 복음전도와 사회행동 사이에 어떤 구분을 두지 않고 우선성이 없음을 보여주고 있다. 1부 10장 B항 역시 "그러므로 우리의 모든 선교에서 복음전도와 세상에서의 헌신적인 참여가 통합되어야 하며, 이 둘은 모두 하나님의 복음에 관한 성경 전체의 계시가 명령하고 주도하는 일이다."[54]라고 말함으로써 핵심사역을 인정하지 않는 총체적 선교를 추구하고 있음을 보여준다.

1부 10장은 "하나님은 선교의 모든 차원을 총체적이고 역동적으로 실천하도록 그분의 교회를 부르셨으며, 우리는 이에 헌신한다."[55]라고 말함으로써 로잔이 추구하는 선교가 곧 총체적인 선교임을 언급하면서 다음과 같이 선언한다.

> 하나님은 우리에게 하나님의 계시의 진리와 예수 그리스도를 통한 하나님의 구원하시는 은혜의 복음을 모든 나라들에 전하고, 모든 사람을 회개, 믿음, 세례(침례), 그리고 순종의 제자도로 부르도록 명령하신다. 하나님은 가난한 자들을 긍휼의 마음으로 돌봄으로써 그분 자신의 성품을 드러내고, 정의와 평화를 위해 분투하고 하나님의 창조세계를 돌봄으로써 하나님의 나라의 가치와 능력을 드러내라고 명령하신다.[56]

54) 위의 책, 61.

55) 위의 책, 62. 로잔은 에큐메니칼 진영이 사용하는 용어 'holistic mission'(통전적 선교)라는 용어보다는 'integral mission'(총체적 선교)라는 용어를 사용한다. 선교의 목표 차원의 통전성보다는 선교의 방법 차원에서의 통전성을 강조하기 위함이라고 판단된다. 하지만 어떤 단어를 사용하든 선교에 있어서 우선성과 핵심을 거부한다는 차원에서는 거의 유사하다고 할 수 있다.

56) 위의 책. 케이프타운은 마태복음과 요한복음의 강조점 차이에 대하여 "마태복음에서 예수님은 우리에게 모든 민족으로 제자를 삼으라는 최우선의 명령을 주셨다. 요한복음에서 예수님은 우리에게 세상이 우리가 예수님의 제자임을 알도록 서로 사랑하라는 최우선의 방법을 주셨다." 라고 말하면서 총체적 선교를 추구하고 있다. 위의 책, 130.

위에서 볼 수 있는 대로 로잔은 복음전도와 사회적 책임을 모두 하나님의 선교에 동참하는 것으로 보면서 어떤 사역에 특별한 우선성이나 중요성을 두지 않는다. 그러면서 1부 7장에서 로잔이 추구하는 총체적 선교에 대하여 "총체적인 선교란 복음이 예수 그리스도의 십자가와 부활을 통해 성취된 하나님의 구원의 좋은 소식이며, 그 구원은 개인과 사회와 창조세계를 위한 것이라는 성경적 진리를 분별하고 선포하고 살아내는 것이다."[57] 라고 정의한다. 이러한 로잔의 선교 정의는 확실히 복음전도에 우선성을 두었던 전통적인 선교와는 달라진 정의이며, 이 정의에는 에큐메니칼 진영의 영향이 다분히 반영된 것으로 보인다.

Ⅵ. 약화된 복음전도의 긴급성과 헌신

전통적인 선교에서는 복음전도의 과제를 매우 긴급한 것으로 여기면서 가장 큰 헌신을 드려야 할 과제로 생각하는 경향이 강했다. 그리스도를 알지 못하는 영혼들이 영원한 멸망을 향해 달려가고 있기 때문에 이들을 구하는 일은 그 어떤 것보다 긴급한 일이며, 이 일을 위해서는 어떤 희생도 아깝지 않은 것으로 여겼다. 이러한 신학적 사고가 있었기에 전통적인 선교사들은 자신의 모든 것을 희생해가면서까지 선교사역에 임했다. 언제 어느 때 주님의 재림이 있을지 알 수 없으므로 그 재림의 날이 임하기 전에 한 영혼이라도 더 구해야 한다는 긴박감이 강했다.[58]

57) 위의 책, 44-45.

58) 이러한 긴박감은 모범적인 선교사인 바울에게서도 잘 나타나는데 바울은 복음 전도의 긴

하지만 에큐메니칼 진영에서는 이러한 긴박감을 찾아보기가 어렵다. 복음전도를 위해 모든 것을 헌신해야 한다는 말 역시 찾기가 어렵다. 앞에서도 잠시 다루었듯이 에큐메니칼 진영의 '세상이해'는 주님의 임박한 재림과 함께 모든 것이 끝나고 새 하늘과 새 땅으로 대체되는 세상 이해이기보다는 지속적으로 발전하여 이루어지는 세상 이해의 경향이 강하다. 이러한 세상이해 속에서는 한 영혼이라도 더 구원해야 하는 긴박감보다는 이 세상을 좀 더 평화롭고 살기 좋은 세상으로 만드는 일이 더 중요한 일로 보일 수 있다. 당연히 바람직한 선교의 방향은 복음 전도를 위해 모든 것을 희생하면서 갈등의 소지를 늘리는 전통적인 의미의 선교보다는 세상의 평화, 화해, 일치, 창조질서 보존 등을 위해 헌신하는 선교가 더 바람직한 선교로 보이게 되는 것이다.[59)]

이와 같은 에큐메니칼 신학이 로잔운동에는 어떻게 영향을 미쳤는지 살펴보자. 로잔 언약 15항을 살펴보면 로잔의 세상 이해를 엿볼 수가 있는데, 그 내용은 다음과 같다.

> 우리는 예수 그리스도께서 친히 권능과 영광중에 인격적으로 또 눈으로 볼 수 있게 재림하셔서 그의 구원과 심판을 완성하실 것을 믿는다. 이 재림의 약속은

박성 때문에 "너는 말씀을 전파하라 때를 얻든지 못 얻든지 항상 힘쓰라"(딤후 4:2)에서 강하게 권하고 있다. 바울은 이 신앙을 가지고 평생을 복음전도에 헌신하였다.

59) 이것은 에큐메니칼 진영의 선교 방향의 옳고 그름을 말하려는 것이 아니라, 에큐메니칼 세상 이해를 하게 될 때 자연스럽게 귀결되는 결과를 말하는 것이다. 에큐메니칼 진영의 복음 열정 약화에 대해서는 협의회의 학자들도 인정하는 사항이다. 예를 들어 에큐메니컬 신학의 대가로 알려진 이형기는 1948년 암스테르담 창립총회에 대한 평가를 하면서, "이와 같은 WCC가 교회의 사회참여를 점차 강조하기 시작하여 교회사에서 그 유래를 찾아볼 수 없는 교회의 역사와 사회 참여를 실천하기에 이른 것은 크나큰 교회사적 공헌이라 하겠다. 그러나 WCC가 1910년 에든버러의 WMC 이전의 복음주의적 선교열의로부터 점점 거리를 멀리하고 있는 것도 사실이다."라고 분석하였다. 이형기, "에큐메니즘의 역사적 고찰", WCC, *And So Set Up Signs: The World Council of Chuches first 40 years*, 이형기 역, 『세계교회협의회 40년사』(서울: 한국장로교출판사, 1993), 233.

우리의 복음 전도에 박차를 가한다..... 그러므로 우리는 인간이 이 땅 위에 유토피아를 건설할 수 있다는 생각은 오만한 자기 확신의 환상으로 간주해 이를 거부한다. 우리 그리스도인들은 하나님이 그의 나라를 완성하실 것이요, 우리는 그 날을 간절히 사모하며 또 의가 거하고 하나님이 영원히 통치하실 새 하늘과 새 땅을 간절히 고대하고 있음을 확신한다.[60]

로잔언약에 나타난 세상 이해는 다분히 전통적인 '세상이해'이며 이 세상의 발전을 통한 종말을 거부하고 하나님에 의한 새 하늘과 새 땅을 확신하고 있다. 이러한 '세상이해'와 함께 로잔은 로잔언약 9항에서 "복음전도의 긴박성"이란 제목 하에 "가능한 모든 수단을 총동원해서 되도록 빠른 시일 안에 한 사람도 빠짐없이 이 좋은 소식을 듣고, 깨닫고, 받아들일 기회를 얻는 것이 목표다. 희생 없이 이 목표를 성취하는 것을 기대할 수는 없다."[61] 라고 언급함으로써 전도의 긴급성과 이를 위한 희생을 분명하게 강조한다.

마닐라 선언 역시 복음전도의 긴급성과 헌신을 강조한다. 예를 들어 마닐라 선언 신앙고백 21항은 "그러므로 우리는 주님이 오실 때까지 신실하고 긴급하게 그리고 희생적으로 복음을 선포할 것을 결의한다."[62]라고 말하고 있고, 선언의 맺음말은 "마닐라에서 우리는 온 교회가 온 세상에 온전한 복음을 가지고 나아가 하나가 되어 희생적으로 주님이 재림하실 때까지 긴급하게 그리스도를 선포할 것을 선언하는 바이다."[63]라고 결론지으면서 로잔운동이 지향해야 할 선교는 복음전도를 위해 긴급하게 헌신해야 하는 선교임을 강조한다.

---

60) Lausanne Movement, "로잔언약," 229.

61) 위의 책, 223.

62) Lausanne Movement, "마닐라 선언," 233.

63) 위의 책, 261.

그러나 케이프타운에 오면 이러한 긴급성과 헌신을 찾아보기 어렵다. 물론 케이프타운에 복음전도에 대한 언급이 없는 것은 아니다. 케이프타운 1부 8장은 "인류는 하나님을 거역하고 하나님의 권위를 거부하며 하나님의 말씀에 불순종했다. .... 그것은 인류에게 헤아릴 수 없는 비참한 결과를 남겼으며 하나님의 창조세계를 심각하게 손상시켰다. 이러한 절망적인 상황에서 성경의 복음은 실로 복된 소식이 아닐 수 없다."[64]고 언급하면서, "바울의 선교적 목표는 모든 나라들 가운데 '믿음의 순종'을 일으키는 것이었다."[65]라고 언급한다. 그리고 1부 7장 B항에서 "우리는 모든 민족에게 복음을 전하기 위해 모든 가능한 수단을 동원하고자 했던 로잔운동의 처음 목적에 다시 새롭게 헌신한다."[66]라고 언급하면서 복음전도에의 헌신을 언급하지만 더 이상 복음전도가 가장 우선적이고 핵심적인 사역이라는 표현이 없으며, 그 결과 로잔이나 마닐라에서 보여주었던 복음전도의 긴급성과 이를 위한 헌신과 같은 자세를 찾아보기 어렵다. 로잔운동이 갈수록 더 에큐메니칼 신학의 영향을 많이 입고 있는 것이 아닌지 생각하게 하는 대목이다.

VII. 나가는 말

지금까지 로잔운동에 미친 에큐메니칼 신학의 영향을 분석해 보았다. 에큐메니칼 신학의 특징은 매우 광범위하지만 전통적인 선교신학을 기준으

64) 위의 책, 50-51.

65) 위의 책, 53.

66) 위의 책, 46.

로 하여 이와 대비되는 점들을 그 특징으로 잡고 크게 다섯 가지 정도의 특징을 살펴보았다. 그것은 세상에 대한 긍정적 견해, 폭넓어진 선교의 대상과 과제, 선교에 있어서 사회적 책임의 강화, 약화된 선교의 핵심 사역, 약화된 복음 전도의 긴급성과 헌신 등이었다. 본 연구는 에큐메니칼 신학의 긍정성 혹은 부정성을 판단하는 데 관심을 두지 않고, 주로 전통적인 선교신학과 다른 에큐메니칼 선교신학이 로잔 신학에 얼마나 영향을 미쳤는지를 객관적으로 분석하고자 하였다. 물론 이와 같은 다섯 가지 정도의 특징 선별 자체가 본 연구자의 신학적 견해를 반영하는 것이라는 점에서 한계가 있지만, 에큐메니칼 신학의 이런 특징들은 보편적으로 널리 인정되는 특징이므로 이런 점들을 기준으로 로잔에 미친 에큐메니칼의 영향을 분석하여 보았다.

본 연구자는 추후에 로잔운동이 나아가야 할 바람직한 방향에 대한 연구를 진행하고자 하는데, 이번 연구는 이러한 연구를 진행하기에 앞서 먼저 로잔이 에큐메니칼 진영과의 관계성 속에서 어떤 변화를 거쳐 왔는지를 큰 틀에서 살펴본 연구이다. 특별히 로잔이 에큐메니칼 신학과 서로 영향을 주고받으면서 에큐메니칼 신학으로부터는 어떤 영향을 받았는지를 살펴보았다. 세상의 모든 신학이 그렇듯이 에큐메니칼 신학 역시 공과 과가 있다. 에큐메니칼 신학은 교회의 사회참여 측면에서 일정 부분 기여한 바가 있지만, 사회적 책임을 강조하다가 복음전도의 우선성을 약화시킨 점이나 복음전도에의 헌신을 약화시킨 점도 있음을 부인하기 어렵다. 본 연구는 에큐메니칼 신학의 이러한 특징이 로잔운동에도 점차로 강하게 드러나고 있음을 살펴보았으며, 이러한 연구의 결과는 앞으로 로잔운동이 어떠한 방향으로 나아가야 하는가를 논할 때 오늘까지의 로잔의 흐름과 로잔운동의 현재의 좌표를 분석하는데 일정 부분 도움을 줄 수 있을 것으로 사료된다.

참고문헌

Neil, Stephen. *Creative Tension*. London: Edinburgh House, 1959.

WCC. *Breaking Barriers: The Official Report of the Fifth Assembly of the World Council of Churches*. Grand Rapids: Eerdmans, 1976.

Bosch, David J. *Transforming Mission: Paradigm Shifts in Theology of Mission*. 김병길 · 장훈태 역. 『변화하고 있는 선교』. 서울: 기독교문서선교회, 2000.

CWME. "Mission and Evangelism: An Ecumenical Affirmation." in WCC. *You Are the Light of the World*. 김동선 역. 『통전적 선교를 위한 신학과 실천』. 서울: 대한기독교서회, 2007.

______. "Mission and Evangelism in Unity Today." in WCC. *You are the Light of the World*. 김동선 역. 『통전적 선교를 위한 신학과 실천』. 서울: 기독교서회, 2007.

______. "Mission as Ministry of Reconciliation." in WCC. *You are the Light of the World*. 김동선 역. 『통전적 선교를 위한 신학과 실천』. 서울: 기독교서회, 2007.

Gerhard, Kittel and Friedrich Gerhard. *Theological Dictionary of the New Tejstament*. 번역위원회 역. 『신약성서신학사전』. 서울: 요단출판사, 1986.

Lausanne Movement. "로잔언약." in *The Cape Town Commitment: Study Edition*. 최형근 역. 『케이프타운 서약』. 서울: IVP, 2012.

____________. "마닐라 선언." in *The Cape Town Commitment: Study Edition*. 최형근 역. 『케이프타운 서약』. 서울: IVP, 2012.

____________. *The Cape Town Commitment: Study Edition*. 최형근 역. 『케이프타운 서약』. 서울: IVP, 2012.

WCC. *And So Set Up Signs: The World Council of Chruches first 40 years*. 이형기 역. "에큐메니즘의 역사적 고찰." 『세계교회협의회 40년사』. 서울: 한국장로교출판사, 1993.

___. *The Church for Others and the Church for the World*. 박근원 역. 『세계를 위한 교회』. 서울: 대한기독교서회, 1991.

JPIC. "JPIC 세계대회 신학문서." 한국기독교사회문제연구원 편. 『정의 평화 창조질서의 보전 세계대회 자료집』. 서울: 한국기독교사회문제연구원, 1990.

김동선. 『하나님의 선교: 그 신학과 실천』. 서울: 한국장로교출판사, 2003.

An, Seung oh. "The Target of Mission in Ecumenical Mission Theology: A Crituque." *Currents in Theology and Mission*. 40/3(2013): 195-201.

박보경. "로잔운동에 나타난 전도와 사회적 책임의 관계." 『복음과 선교』 제22권 (2013): 9-43.

신경규. "복음주의 관점에서 본 에큐메니칼 선교신학." 『복음과 선교』 제25권 (2014): 103-158.

______. "선교해석학적 관점에서 본 복음주의의 두 기본신학." 『복음과 선교』 제29권 (2015): 151-187.

이용원. "빌링겐에서 나이로비까지." 『선교와 신학』 제4집 (1999): 67-100.

만인사명자직의 성경적 이해

장성배 • 감리교신학대학교

I. 들어가는 말

교회의 역사 속에 인간에 대한 이해는 교회의 선교에 매우 중요한 영향을 끼쳤다. 예를 들어 인간의 자유의지를 인정하는 것과 그렇지 않은 것은 교회의 선교를 확연히 갈라놓았다. 인간이 구원받는 길에 대해서도 인간의 선행을 인정하는 것과 인간은 전적으로 타락한 존재로서 믿음으로만 구원받을 수 있다고 믿는 것은 전혀 다른 선교적 접근을 만든다. 또 한 예로 '만인사제직'(priesthood of all believers)에 대한 믿음은 혁명적인 인간관으로서 종교개혁의 근간이 되었다. 이렇게 인간에 대한 이해, 즉 '기독교 인간론'(Christian anthropology)은 교회의 선교에 있어서 너무도 중요한 변수이다.

로잔교수회는 로잔운동이 더욱 강력하고 활발하게 일어나도록 하기 위해서 보다 발전적이고 제안적인 연구들을 하고 있다. 이 글은 이러한 목적에 부응하는 '선교적 인간론'(missional anthropology)에 대해 논해 보고자 한다. 로잔운동은 인간을 어떻게 보고 있고, 보아야 하는가? 선교하시는 삼위일체 하나님 앞에서 인간은 어떤 존재인가? 우리의 전도 대상은 또한 어떤 존재인가?

이러한 관점에서 볼 때 로잔운동에서 새로운 인간관에 대한 제안이 나온 것을 찾지는 못했다. The Lausanne Covenant에서 인간론은 중심 주제가 되지 못했다.[1] The Manila Manifesto에는 인간의 죄성과 하나님께서 하신 일, 그리고 우리의 사명에 대해 부분적으로 언급되고 있기는 하다.[2] 그렇지만 선교적 인간관을 총체적으로 보여주는 데는 부족하다. The Cape Town Commitment의 Part I에 9번의 "We love the people of God" 항목에 인간에 대해 짧게 설명이 되고 있기는 하지만 이 글의 관심을 채우기에는 부족하다.[3]

LOP 문서들로는 'No. 41. A Call to Develop Christ-like Leaders'가 리더십 개발 차원에서 그리스도를 닮은 리더들의 성격, 목적, 전략, 문화적 고려 등에 대해 다루고 있고, 그 리더를 어떻게 개발할 것인가를 논하고 있다.[4] 'No. 53. Empowering Women and Men to Use Their Gifts Together in Advancing the Gospel'은 여성이 상대적으로 선교에 동원되지 못했던 점을 극복하기 위해서 그들 또한 중요한 파트너라는 점을 강조하는데 많은 지면을 할애하고 있다.[5]

그러기에 이 글은 선교의 대상이 되고, 또한 하나님의 선교의 파트너가 되기도 하는 인간에 대해 성경적 관점에서 정리해 보고자 한다. 결론부터 이야기하자면 이 글은 '만인사명자직'(missionaryhood of all human beings)을 주장한다. 앞에서도 언급했지만 '만인사제직'(priesthood of all believers)은 개신교 그룹 안에서 이론적으로는 당연하게 받아들여지고 있다. 그러나 영어 표현대로라면 '모

---

1) https://www.lausanne.org/content/covenant/lausanne-covenant

2) https://www.lausanne.org/content/manifesto/the-manila-manifesto

3) https://www.lausanne.org/content/ctc/ctcommitment

4) https://www.lausanne.org/content/lop/lop-41

5) https://www.lausanne.org/content/lop/lop-53

든 인간'의 사제직이 아니라 '모든 신자'의 사제직이라고 번역하는 것이 더 합당하다. 이러한 관점에서 필자는 구글 검색을 통해 '모든 신자의 선교사직'(missionaryhood of all believers)에 대한 극소수의 글을 찾을 수 있었다.[6] 그러나 '모든 인간의 사명자직'(missionaryhood of all human beings)에 대한 표현은 찾을 수 없었다. 그럼에도 불구하고 필자가 이 표현을 주장하는 이유는 그것이 보다 성경적인 인간관이고, 로잔운동에 큰 힘이 될 수 있는 중요한 인간 이해이기 때문이다.

이 글은 만인사명자직을 설명함에 있어서 성경적 근거를 찾아내는데 집중한다. 성경적 관점의 인간관이 무엇보다 중요하기 때문이다. 그러기 위해서 다른 참고문헌들을 제하고 오로지 성경적 근거를 찾는데 집중하려고 한다. 그러므로 그 사명자직이 세상에서 어떻게 적용되는지, 그들을 어떻게 양육해 낼 것인지 등과 같은 논의는 다음의 연구로 미룬다.

성경은 선교에 대한 책이다. 우리는 성경에서 네 가지 중요한 사항들을 발견할 수 있다. 첫째, 성경은 선교하시는 삼위일체 하나님을 보여준다. 둘째, 성경은 하나님의 사명을 감당한 사람들을 보여준다. 셋째, 성경은 하나님의 사명을 거부한 사람들을 보여준다. 넷째, 성경은 우리의 사명에 대해 이야기한다. 만인사명자직은 이러한 네 관점들이 서로 연결되어 나타난다.

물론 이 글도 전체 기독교 운동에서 본다면 부분적인 주장이 될 수 있다. 그러나 연구자가 지금까지 선교에 대해 연구하면서 정리한 선교학적 인간론이 앞으로의 로잔운동에 작은 도움이 되기를 바란다.

6) http://www.apnts.edu.ph/documents/bridge/BridgeV4N2.pdf

II. 만인사명자직의 성경적 근거

A. 하나님의 형상을 따라 지음 받은 존재

처음 성경을 펼치면 우리는 이 세상을 창조하시는 창조주 하나님을 만나게 된다.(창 1:1) 우리가 믿는 삼위일체 하나님은 온 우주와 지구, 그리고 지구 위의 모든 것들을 창조하시는 창조주 하나님이다. 누가 시킨 것도 아닌데 매일 최선을 다해 세상을 지어 가시는 하나님의 모습은 참으로 경이롭다. 그중에 창세기 1장 10절, 12절, 18절, 21절, 25절을 보면 하나님께서 자신이 지으신 결과물을 보시며 만족해하시는 것을 볼 수 있다. 성경은 그것을 "하나님이 보시기에 좋았더라"고 표현한다. 생각해 보자. 무엇인가 창작을 위해 수고한다는 것은 분명한 목적과 계획이 있다는 것을 뜻한다. 누구도 목적 없이 집중해서 노력하지 않는다. 또한, 땀 흘려 노력한 후에 그것에 만족한다면, 그 결과물이 자신의 목적에 맞았든지 더 훌륭했다는 것을 의미한다. 그러므로 이 세상의 모든 것은 하나님의 귀한 목적에 의해 창조되었고 그 결과물들은 하나님이 보시기에 좋았다는 것을 기억해야 한다. 그럴 때 우리는 우리 주위에 있는 세상이 우리의 착취의 대상이 아니라 하나님의 작품들이라는 사실을 깨닫게 될 것이다.

이렇게 세상을 창조하시던 마지막에 하나님께서는 자신의 형상을 따라 인간을 창조하시게 된다. 화룡점정! 하나님의 창조 클라이맥스에 인간이 더해졌고 그의 모든 창조 계획이 완성되었다. 그것을 창세기 1장 31절은 이렇게 표현한다. "하나님이 지으신 그 모든 것을 보시니 보시기에 심히 좋았더라.", "심히 좋았더라." 이 표현은 창조 시에 하나님께서 얼마나 노심초사하셨는지를 잘 보여주고 있다. 예를 들어 불후의 명작을 남기기 위해 노력하는 도자기를 빚는 예술가를 상상해 보자. 그는 이 작품을 위해 수많은 날을 고민하고 심상에 작품을 떠올리려고 노력할 것이다. 작품에 대한 영감이 떠오르면 있는 힘을 다해 집중하여 작품을 만들 것이다. 마지막 단계에서 떨리는 손으로 가마의 문을 여는 순간을 생각해 보라. 서서히 드러나는 세상에서 한 번도 보지 못한 명작! 그때 작가의 마음이 곧 하나님의 마음이 아니었을까?

그렇다면 우리는 우연히 이 세상에 존재하게 된 것이 아니라 창조주 하나님의 분명한 목적에 따라서 세심한 계획에 따라 창조된 존재이다. 그렇다면 우리의 사명은 무엇인가? 우리의 사명은 우리가 이 땅에 사는 동안 하나님께서 창조하신 그 목적을 이뤄드리는 것이다. 이런 관점에서 창조주 하나님 앞에서 이 세상에 존재하는 모든 피조물은 저마다의 사명이 있다. 모든 피조물 중에 사람들에게는 더욱 특별한 사명이 주어졌다. 이것이 만인사명자설의 첫 번째 근거이다. 다만 그것을 믿고 인정하는 사람이 있고, 그것을 부인하는 사람이 있을 뿐이다.

사람들에게 주어진 하나님의 명령은 창세기 1장 26-28절에 나타나 있고 선교학계에서는 이를 문화명령(cultural mandate)이라고 불러왔다. 먼저 26절의 말씀은 하나님의 계획을 잘 보여준다. 삼위일체 하나님이 당신의 형상을 따라 인간을 만들고 그들이 하나님의 모든 피조물을 다스리게 하자는 것이다. "하나님이 이르시되 우리의 형상을 따라 우리의 모양대로 우리가 사람을 만들고 그들로 바다의 물고기와 하늘의 새와 가축과 온 땅과 땅에 기는 모든 것을 다스리게 하자 하시고"(창 1:26)이 계획대로 하나님은 당신의 형상을 따라 사람을 창조하셨다. 그런데 성경은 그것을 남자와 여자라고 분명하게 구분하여 표현한다. "하나님이 자기 형상 곧 하나님의 형상대로 사람을 창조하시되 남자와 여자를 창조하시고"(창 1:27)이 말씀은 세상과 교회 안에서 남성 우월주의를 거부한다. 이 땅의 모든 남자와 여자가 모두 하나님의 형상대로 지음 받았다. 창조주 하나님은 이제 당신의 걸작품인 남자와 여자에게 똑같이 축복하시고 하나님의 창조물을 다스리라는 사명을 주신다. 우리의 사명은 축복이었다는 사실을 기억하라. 자격도 없는 피조물이 하나님의 창조물을 다스리는 영광을 얻게 된 것이다. 창세기 2장 19절을 보면 하나님께서 아담에게 당신의 창조물들의 이름을 짓게 하신다. 히브리적 사고에 의하면 이름은 곧 그의 운명이다. 그렇다면 하나님께서는 인간들에게 당신 창조물의 운명까지 결정할 수 있는 권한을 주신 것으로 생각할 수 있다. "하나님이 그들에게 복을 주시며 하나님이 그들에게 이르시되 생육하고 번성하여 땅에 충만하라, 땅을 정복하라, 바다의 물고기와 하늘의 새와 땅에 움직이는 모든 생물을 다스리라 하시니라."(창 1:28) 그리고 이러한 하나님의 사명을 선한 청지기같이 잘 감당하는 남자와 여자, 그리고 그로 말미암아 풍요함과 평화를 누리는 모든 창조물을 보시면서 하나님의 마음은 몹시도 기뻤다. "하나님이 지으신 그 모든 것을 보시니 보시기에 심히 좋았더라."(창 1:31)

B. 하나님의 뜻을 떠난 죄인

문제는 인간이 하나님의 뜻을 거부하고 자기 뜻대로 살기 시작하면서 생겨났다. 모든 것이 가하나 단 하나 선악과를 먹지 말라고 했는데, 인간이 그 명령을 어겼다. 그리고 스스로가 하나님으로부터 떨어져 나가 숨었다. 성경은 이것을 죄라고 부른다. 하나님께서 인간을 버리신 것이 아니라, 인간이 하나님의 뜻을 따르기를 원치 않아서 자기 뜻대로 살았다는 것이다. 문제가 하나님께 있는 것이 아니라 사람에게 있다는 것이다. 그것을 요한복음은 빛을 따라 나오는 사람과 어둠이 좋아서 어둠으로 숨는 사람의 모습으로 설명하고 있다. "그 정죄는 이것이니 곧 빛이 세상에 왔으되 사람들이 자기 행위가 악하므로 빛보다 어둠을 더 사랑한 것이니라. 악을 행하는 자마다 빛을 미워하여 빛으로 오지 아니하나니 이는 그 행위가 드러날까 함이요."(요 3:19-20) 빛과 진리와 생명은 전적으로 하나님께 있다. 사람이 그것을 만들지 못한다. 구원은 하나님께만 있다. 절대로 인간이 자신을 구원할 수 없다. 중요한 것은 인간이 그것을 인정하고 빛으로 나와야 한다는 것이다. 그것을 믿음이라고 한다. 믿으면 빛으로 나온다. 그러나 인간은 그러지 않았다. 그것을 로마서는 다음과 같이 표현한다.

> 하나님의 진노가 불의로 진리를 막는 사람들의 모든 경건치 않음과 불의에 대하여 하늘로 좇아 나타나나니, 이는 하나님을 알만한 것이 저희 속에 보임이라. 하나님께서 이를 저희에게 보이셨느니라. 창세로부터 그의 보이지 아니하는 것들 곧 그의 영원하신 능력과 신성이 그 만드신 만물에 분명히 보여 알게 되나니, 그러므로 저희가 핑계치 못할찌니라. 하나님을 알되 하나님으로 영화롭게도 아니하며, 감사치도 아니하고, 오히려 그 생각이 허망하여지며, 미련한 마음이 어두워졌나니, 스스로 지혜 있다 하나 우준하게 되어, 썩어지지 아니하는 하나님의 영광을 썩어질 사람과 금수와 버러지 형상의 우상으로 바꾸었느니라. 그러므로 하나님께서 저희를 마음의 정욕대로 더러움에 내어 버려두사 저희 몸을 서로 욕되게 하셨으니, 이는 저희가 하나님의 진리를 거짓 것으로 바꾸어 피조물을 조물주보다 더 경배하고 섬김이라.... (롬 1:18-25)

성경의 많은 부분이 죄 가운데 있는 사람들의 상태에 대한 이야기와 묘사로 채워져 있다. 특히 로마서 1:26-32절은 이러한 죄 가운에 있는 상태를 잘 표현하고 있다.

> 이를 인하여 하나님께서 저희를 부끄러운 욕심에 내어 버려 두셨으니 곧 저희

> 여인들도 순리대로 쓸 것을 바꾸어 역리로 쓰며, 이와 같이 남자들도 순리대로 여인 쓰기를 버리고 서로 향하여 음욕이 불 일듯 하매 남자가 남자로 더불어 부끄러운 일을 행하여 저희의 그릇됨에 상당한 보응을 그 자신에 받았느니라. 또한 저희가 마음에 하나님 두기를 싫어하매 하나님께서 저희를 그 상실한 마음대로 내어 버려두사 합당치 못한 일을 하게 하셨으니, 곧 모든 불의, 추악, 탐욕, 악의가 가득한 자요 시기, 살인, 분쟁, 사기, 악독이 가득한 자요 수군수군하는 자요, 비방하는 자요 하나님의 미워하시는 자요 능욕하는 자요 교만한 자요 자랑하는 자요 악을 도모하는 자요 부모를 거역하는 자요, 우매한 자요 배약하는 자요 무정한 자요 무자비한 자라. 저희가 이같은 일을 행하는 자는 사형에 해당하다고 하나님의 정하심을 알고도 자기들만 행할 뿐 아니라 또한 그 일을 행하는 자를 옳다 하느니라.(롬 1:26-32)

그 결과 이 세상에 의인은 하나도 없다는 결론에 이르게 된다. 이는 개신교의 가장 중요한 개념 중 하나가 된다.

> 기록된 바 의인은 없나니 하나도 없으며, 깨닫는 자도 없고 하나님을 찾는 자도 없고, 다 치우쳐 함께 무익하게 되고 선을 행하는 자는 없나니 하나도 없도다. 그들의 목구멍은 열린 무덤이요 그 혀로는 속임을 일삼으며 그 입술에는 독사의 독이 있고, 그 입에는 저주와 악독이 가득하고, 그 발은 피 흘리는 데 빠른지라. 파멸과 고생이 그 길에 있어, 평강의 길을 알지 못하였고, 그들의 눈 앞에 하나님을 두려워함이 없느니라.... (롬 3:10-18)

성경의 이러한 본문들을 통해 우리는 다음과 같은 사실을 정리할 수 있다. 첫째, 빛으로 오는 사람이 있고, 빛으로부터 도망치는 사람이 있다. 둘째, 빛으로부터 도망친 사람들은 그에 상응하는 삶을 산다. 셋째, 모두가 이렇게 살게 되니 우리는 죄의 문화 가운데서 태어나고, 자라나게 된다. 넷째, 결과적으로 의인은 없게 된다.

C. 십자가로 의롭다 인칭 받은 사람

인간이 하나님을 떠나서 죽을 수밖에 없는 상황으로 빠져 들어간 후부터 성경은 '짝사랑하시는 하나님'에 대한 이야기로 가득 채워진다. 짝사랑이 무엇인가? 짝사랑이란 상대는 사랑하지도 않고 관심하지도 않는데, 혼자 애타게 사랑하는 것을 말한다. 인간은 하나님을 관심하지도 않는데, 하나님께서 죽어가는 인간을 애타게 관심하시고 움직이시는 것이다. 죄 가운데 죽어가는 인간들을 어떻게든 살려 보려고 노아를 보내서 구원의 방주를 지어보시고, 아브라함을 세워 약속의 민족을 세워보시고, 그들이 제 역할을 감당하도록 모세를 보내시고, 여호수아를 보내시고, 사사들을 보내시고, 왕들을 세워보시고, 그들이 제 역할을 못 하자 예언자들을 보내시는 하나님. 이렇듯 성경은 짝사랑 때문에 혼자서 고민하시고, 쉬지 않고 일하시는 하나님에 대한 이야기로 가득 차 있다. 그리고 마지막으로 자신의 가장 귀한 독생자를 주신다. 이런 바보 같은 사랑이 어디에 있는가? 자신을 사랑하지도 않는 사람들을 위해서 절대자 그분이 상대적인 세상으로 들어오셨다. 영원한 그분이 없어져 버릴 시간 속으로 거룩한 그분이 죄 된 인간의 모습을 입으셨다. 그렇게 무리수를 두시는 이유가 무엇일까? 요한복음에 의하면 하나님이 자신을 희생하시는 것은 그분의 짝사랑 때문이라는 것이다. "하나님이 세상을 이처럼 사랑하사 독생자를 주셨으니 이는 그를 믿는 자마다 멸망하지 않고 영생을 얻게 하려 하심이라. 하나님이 그 아들을 세상에 보내신 것은 세상을 심판하려 하심이 아니요 그로 말미암아 세상이 구원을 받게 하려 하심이라."(요 3:16-17)

여기서 우리는 자기를 낮추시고 세상에 오셔서 죽기까지 복종하신 아들 하나님을 만난다. 우리를 살리기 위해서 이 세상에 인간으로 오신 아들 하나님. 우리를 심판하기 위해서가 아니라 구원을 얻게 하기 위해서 오신 예수 그리스도. 그 아들 하나님은 우리를 살리시려고 십자가에 달려 죽으심으로 우리의 구원을 이루셨다. 그분은 하나님으로 고통 없이 죽으신 것이 아니라 인간의 모습으로 처절하게 죽음의 공포를 맛보셨다. 겟세마네 동산에서 땀방울이 핏방울이 되도록 처절하게 몸부림치셨다. 살려달라고 외치셨다. 그러나 그는 드디어 자신에게 주어진 사명을 감당하시기로 결심하셨다. "제 뜻대로 마옵시고, 아버지의 뜻대로 하옵소서." 그리고는 채찍질을 받고, 손과 발과 옆구리를 찔리시면서, 처절하게 마지막 숨을 거두셨다. 그리고 우리의 구원을 이루셨다. 이 일에 인간이 한 일은 하나도 없다. 아버지 하나님, 아들 하나님께서 모든 구원을 이루셨다.

이제 인간이 사느냐 죽느냐는 하는 문제는 인간의 믿음의 선택에 달려있다. 하나님께서 희생적인 사랑으로 모든 구원을 이루셨다는 것을 믿고 받아들이면 살 것이고, 그것을 받아들이기를 거부하면 죽는 것이다.

> 그를 믿는 자는 심판을 받지 아니하는 것이요 믿지 아니하는 자는 하나님의 독생자의 이름을 믿지 아니하므로 벌써 심판을 받은 것이니라. 그 정죄는 이것이니 곧 빛이 세상에 왔으되 사람들이 자기 행위가 악하므로 빛보다 어둠을 더 사랑한 것이니라. 악을 행하는 자마다 빛을 미워하여 빛으로 오지 아니하나니 이는 그 행위가 드러날까 함이요. 진리를 따르는 자는 빛으로 오나니 이는 그 행위가 하나님 안에서 행한 것임을 나타내려 함이라 하시니라.(요 3:18-21)

성경은 여기에서도 두 종류의 사람이 있다고 말한다. 믿는 사람과 믿지 않는 사람, 빛으로 나오는 사람과 어둠으로 숨는 사람이다. 성경은 인간이 하나님께서 이루신 구원의 역사를 믿고 빛으로 나오면 산다고 말한다. “복음에는 하나님의 의가 나타나서 믿음으로 믿음에 이르게 하나니 기록된 바 오직 의인은 믿음으로 말미암아 살리라 함과 같으니라.”(롬 1:17) “하나님이 죄를 알지도 못하신 이를 우리를 대신하여 죄로 삼으신 것은 우리로 하여금 그 안에서 하나님의 의가 되게 하려 하심이라.”(고후 5:21) “만일 우리가 우리 죄를 자백하면 그는 미쁘시고 의로우사 우리 죄를 사하시며 우리를 모든 불의에서 깨끗하게 하실 것이요.”(요1 1:9) “그러므로 이제 그리스도 예수 안에 있는 자에게는 결코 정죄함이 없나니, 이는 그리스도 예수 안에 있는 생명의 성령의 법이 죄와 사망의 법에서 너를 해방하였음이라.”(롬 8:1-2)

더욱 중요한 것은 예수 그리스도의 십자가로 인해 인간은 새로운 피조물이 되었고, 세상을 하나님과 화목하게 하는 사명을 맡겨 주셨다는 것이다. ‘믿음’(faith), ‘의인’(justification), ‘신생’(new birth), ‘사명의 회복’(recovery of mission)이 함께 언급되고 있는 것이다.

> 그런즉 누구든지 그리스도 안에 있으면 새로운 피조물이라. 이전 것은 지나갔으니 보라 새 것이 되었도다. 모든 것이 하나님께로서 났으며 그가 그리스도로 말미암아 우리를 자기와 화목하게 하시고 또 우리에게 화목하게 하는 직분을 주셨으니, 곧 하나님께서 그리스도 안에 계시사 세상을 자기와 화목하게 하시며 그들의 죄를 그들에게 돌리지 아니하시고 화목하게 하는 말씀을 우리에게 부탁하셨느니라.(고후 5:17-19)

이러한 본문들은 다음과 같은 사항을 알려준다. 첫째, 하나님께서 먼저 우리를 사랑하셔서 독생자를 주셨다. 둘째, 이는 우리의 공로가 아니다. 셋째, 우리는 그의 사랑과 역사를 믿기만 하면 된다. 넷째, 이러한 하나님의 사랑에 대한 믿음 안에 있는 그리스도인에게는 결코 정죄함이 없다. 다섯째, 이제 인간은 새 피조물이 되어서 하나님의 형상을 회복하게 되었다.

D. 예수님을 사랑해서 그 명령을 지키는 사람

하나님께서 모든 구원을 이루셨다면 인간이 할 일은 전혀 없을까? 구원에 있어서 인간의 공로를 주장하는 것에 대해 걱정하는 사람들은 믿음으로 구원받는 것 외에 다른 것을 추가하는 것을 지극히 꺼리기도 한다. 물론 구원은 전적으로 하나님께로부터 온다. 그러나 이러한 구원을 체험한 사람들은 하나님의 사랑에 감격하게 되고, 십자가를 지신 예수 그리스도를 사랑하게 된다. 삼위일체 하나님을 향한 감사와 사랑은 구원받은 사람들의 당연한 반응이다.

그렇다면 하나님을 사랑한다는 것은 무엇을 말하는가? 예수님은 사람이 예수님을 사랑하면 그의 말을 지킬 것이라고 말한다. 반면에 예수님의 말씀을 지키지 않는 사람은 예수님을 사랑하지 않는 사람이라고 말한다. "예수께서 대답하여 이르시되 사람이 나를 사랑하면 내 말을 지키리니 내 아버지께서 그를 사랑하실 것이요 우리가 그에게 가서 거처를 그와 함께 하리라. 나를 사랑하지 아니하는 자는 내 말을 지키지 아니하나니 너희가 듣는 말은 내 말이 아니요 나를 보내신 아버지의 말씀이니라."(요 14:23-24)

이것은 율법을 의무적으로 지켜야 하는 것과는 전혀 다른 행함이다. "사람이 나를 사랑하면 내 말을 지키리니..." 우리가 자녀를 지극히 사랑한다고 해 보자. 그렇다면 우리는 그 자녀가 원하는 것이라면 무엇이든지 해 줄 수 있다. 비록 그것이 죽음으로 가는 길이라고 할지라도 진정으로 사랑하면 사랑하는 사람이 부탁한 말을 지킨다. 예수님의 말씀을 지키는 것은 율법적 의무 때문이 아니라 주님을 사랑하기 때문이라는 것이다. 그리고 이렇게 주님을 사랑해서 그의 말씀을 지키게 되면 아버지 하나님께서도 그를 사랑하실 것이고, 삼위일체 하나님께서 그의 삶에 함께 거하게 된다. 즉 온전한 사랑 안에서 하나님과 하나가 된다. 이러한 사실을 야고보는 더욱 구체적인 삶의 예를 들며 설명한다.

> 내 형제들아 만일 사람이 믿음이 있노라 하고 행함이 없으면 무슨 유익이 있으리요 그 믿음이 능히 자기를 구원하겠느냐. 만일 형제나 자매가 헐벗고 일용할 양식이 없는데 너희 중에 누구든지 그에게 이르되 평안히 가라, 덥게 하라, 배부르게 하라 하며 그 몸에 쓸 것을 주지 아니하면 무슨 유익이 있으리요. 이와 같이 행함이 없는 믿음은 그 자체가 죽은 것이라.(약 2:14-17)

사람이 사랑하면 행하게 되어 있다. 사람이 진정으로 믿어도 그대로 살게 된다. 그러므로 사랑과 믿음과 행함은 떨어질 수 없다. 그러기에 예수님의 '선한 사마리아 사람의 비유'(눅 10:25-37)나 '양과 염소의 비유'(마 25:31-46)는 구원을 행함과 연결해서 설명하고 있다. 그 외에 수많은 본문에서 예수님이 행함을 강조하신 것은 이러한 맥락 때문이다.

같은 맥락에서 요한서신은 우리가 서로 사랑하고 구체적인 삶으로 섬겨야 하는 이유를 하나님께서 먼저 우리를 사랑하셨기 때문이라고 말한다. 우리가 정말 하나님의 사랑을 믿으면, 보이는 이웃을 사랑하게 되리라는 것이다. 그리고 그 결과 하나님의 사랑이 우리 안에 온전히 이뤄지게 된다. 그리스도인들은 예수님을 사랑하기 때문에 기쁘게 이웃을 사랑으로 섬기는 사명자들이다.

> 사랑하는 자들아 우리가 서로 사랑하자 사랑은 하나님께 속한 것이니 사랑하는 자마다 하나님으로부터 나서 하나님을 알고 사랑하지 아니하는 자는 하나님을 알지 못하나니 이는 하나님은 사랑이심이라. 하나님의 사랑이 우리에게 이렇게 나타난 바 되었으니 하나님이 자기의 독생자를 세상에 보내심은 그로 말미

암아 우리를 살리려 하심이라. 사랑은 여기 있으니 우리가 하나님을 사랑한 것이 아니요 하나님이 우리를 사랑하사 우리 죄를 속하기 위하여 화목제물로 그 아들을 보내셨음이라. 사랑하는 자들아 하나님이 이같이 우리를 사랑하셨은즉 우리도 서로 사랑하는 것이 마땅하도다. 어느 때나 하나님을 본 사람이 없으되 만일 우리가 서로 사랑하면 하나님이 우리 안에 거하시고 그의 사랑이 우리 안에 온전히 이루어지느니라. (요일 4:7-12)

E. 택하신 족속, 왕 같은 제사장, 거룩한 나라, 그의 소유가 된 백성

예수 그리스도의 십자가 사건이 우리를 바꿔놓는 또 다른 한 가지는 우리의 신분이 죄인에서 전혀 다른 존재로 옮겨진다는 것이다. 죄인이었던 우리가 긍휼을 얻어 하나님의 자녀가 되고, 택하진 족속, 왕 같은 제사장, 거룩한 나라, 그의 소유가 된 백성이 된다.

이 네 가지 표현들은 구약의 이스라엘 백성에게 붙여졌다. 그들은 택하신 족속이었고, 제사장 나라였으며, 거룩한 나라, 그리고 그의 소유된 백성이었다. 이렇게 하나님께서 이스라엘을 세우신 이유는 모든 민족의 빛이 되는 민족으로, 모든 민족을 구원할 민족으로 사용하기 위해서였다. 그러나 이스라엘 백성은 하나님께서 자신들을 택하신 은혜를 잊어버리고 제사장 직분이라는 특권을 남을 정죄하는 일에 사용하고, 거룩성을 상실하고, 하나님의 소유가 아닌 다른 우상들의 소유가 되어 버리고 말았다. 이에 베드로는 그리스도인들이 이스라엘을 대신할 새 이스라엘이 되었다고 말하고 있다.

이제 그리스도인들은 택하신 족속이다. 주님께서 은혜로 택해 주셔서 하나님의 자녀가 되었기 때문이다. 둘째로, 왕 같은 제사장들이다. 이 또한 주님께서 세워주신 고귀한 신분이고 역할이다. 주님의 지성소에 들어가서 주님을 뵙고, 백성들의 죄와 질고, 감사와 기도 제목을 전달하는 것뿐만 아니라 다시 사람들에게 돌아와 주님의 용서와 회복의 말씀을 전달하는 사제가 되는 것이다. 셋째 거룩한 나라이다. 하나님을 만날 수 있는 자, 하나님의 사명을 감당하는 자, 하나님과 동행하는 자는 거룩해야 한다. 넷째 그의 소유된 백성이다. 하나님께서 값을 지급하고 그 백성들을 자신의 것으로 사셨다. 하나님은 예수 그리스도의 피 값으로 그리스도인들을 사셨다. 그러므로 주님께 소유된 사람들은 두 주인을 섬길 수 없다.

그렇다면 그리스도인들을 이렇게 아름다운 자리로 세우신 이유는 무엇인가? 성경은 하나님께서 그렇게 하신 이유를 명확하게 밝히신다. 그것은 하나님께서 하신 구원의 역사를 세상에 널리 알리기 위함이다. 그들은 사명자가 되어야 하는 것이다.

> 그러나 너희는 택하신 족속이요 왕 같은 제사장들이요 거룩한 나라요 그의 소유가 된 백성이니 이는 너희를 어두운 데서 불러 내어 그의 기이한 빛에 들어가게 하신 이의 아름다운 덕을 선포하게 하려 하심이라. 너희가 전에는 백성이 아니더니 이제는 하나님의 백성이요 전에는 긍휼을 얻지 못하였더니 이제는 긍휼을 얻은 자니라.(벧전 2:9-10)

F. 성령을 좇아 증인 되는 사람

성령께서는 태초부터 구약과 신약 전체를 통해 움직이셨지만, 교회가 성령을 더욱 강하게 체험한 것은 오순절 다락방 사건을 통해서이다. 제자들은 주님의 명령대로 성령이 오시기를 기다렸고, 오순절 날 성령께서 임하셨을 때 그리스도인들은 강한 확신과 능력으로 세상에 나가 복음을 전하게 되었다.(행 1-2장)

이는 예수님의 예언과 일치한다. "오직 성령이 너희에게 임하시면 너희가 권능을 받고 예루살렘과 온 유대와 사마리아와 땅 끝까지 이르러 내 증인이 되리라 하시니라."(행 1:8) 요한복음에는 부활하신 주님께서 제자들에게 나타나셔서 그들을 파송하실 때 성령을 주시며 사역의 권세와 능력을 주신 것으로 묘사되어 있다. "예수께서 또 이르시되 너희에게 평강이 있을지어다. 아버지께서 나를 보내신 것 같이 나도 너희를 보내노라. 이 말씀을 하시고 그들을 향하사 숨을 내쉬며 이르시되 성령을 받으라. 너희가 누구의 죄든지 사하면 사하여질 것이요 누구의 죄든지 그대로 두면 그대로 있으리라 하시니라."(요 20:21-23)

이는 예수께서 살아계실 때 제자들에게 능력을 주시며 세상으로 파송하셨던 것을 보다 강화하는 것이었다. "예수께서 열두 제자를 불러 모으사 모든 귀신을 제어하며 병을 고치는 능력과 권위를 주시고 하나님의 나라를 전파하며 앓는 자를 고치게 하려고 내보내시며..."(눅 9:1-2)

사도행전을 보면 성령께서 모든 교회의 선교를 더욱 강력하게 이끌고 가시는 것을 볼 수 있다. 베드로를 고넬료 집으로 인도하시고 그 집에 성령을 부어 주셨고, 빌립을 이디오피아 내시에게 인도하셔서 복음을 전하게 하셨다. 특히 바울은 성령의 인도하심을 받아 선교를 진전시키기도 하고, 멈추기도 하며, 능력을 행하기도 했다. 특히 성령은 예수 그리스도의 메시지와 사역을 강화하셨는데, 이는 성령이 그리스도의 영이기 때문이다. "보혜사 곧 아버지께서 내 이름으로 보내실 성령 그가 너희에게 모든 것을 가르치고 내가 너희에게 말한 모든 것을 생각나게 하리라."(요 14:26) 제자들은 주님의 명령을 더욱 분명하게 기억하고 이해하게 되었고 하나님의 나라와 부활하신 주님을 증거하기 위해 세상 끝까지 나갔다. "너희는 온 천하에 다니며 만민에게 복음을 전파하라."(막 16:15) "그러므로 너희는 가서 모든 민족을 제자로 삼아 아버지와 아들과 성령의 이름으로 세례를 베풀고, 내가 너희에게 분부한 모든 것을 가르쳐 지키게 하라 볼지어다 내가 세상 끝날까지 너희와

항상 함께 있으리라 하시니라."(마 28:19-20)

또한, 성령을 쫓아 행하는 사람은 자신의 성품에 성령의 열매를 맺는다. "너희는 성령을 좇아 행하라 그리하면 육체의 욕심을 이루지 아니하리라."(갈 5:16) "성령을 좇아 행하라"를 영어성경(NIV)으로 읽으면 "walk by the Spirit"이다. 느낌이 새롭다. 또한 "만일 우리가 성령으로 살면 또한 성령으로 행할찌니"(갈 5:25)라는 구절도 "Since we live by the Spirit, let us keep in step with the Spirit"로 되어 있는데, "live by the Spirit", "keep in step with the Spirit"이라는 표현도 성령과 함께하는 것이 어떤 것인지를 새롭게 느끼게 한다. 이렇게 성령과 동행하면 성령의 열매를 맺게 되는데, 그것들은 사랑과 희락과 화평과 오래 참음과 자비와 양선과 충성과 온유와 절제로 나타난다.(갈 5:22-23)

또한 성령과 함께하는 사람에게는 성령께서 그 뜻하시는 대로 은사를 주시는데, 로마서 12장의 예언, 섬기는 일, 교사, 권면, 헌금, 지도력, 긍휼의 은사, 고린도 전서 12장의 지혜, 지식, 믿음, 신유, 영분별, 방언, 방언 통역, 사도, 서로 돕는 일, 행정의 은사, 에베소서 4장의 복음 전하는 일, 목사, 그 외에도 독신, 자원하여 궁핍하게 되는 일, 순교, 대접하는 일, 선교사, 남을 위한 기도 등을 성령께서 교회에 주신 은사들로 보고 있다.

성령의 열매와 성령의 은사는 똑같이 성령과의 교제 속에서 나타나는데, 열매가 성품과 관계있다면 은사는 사역의 기능과 관계있는 것으로 이해한다. 그리고 이 모든 것들은 그리스도인들이 사명을 감당하는 힘을 강화하기 위해서 성령께서 주시는 선물이다.

G. 그리스도의 몸 된 사람들

교회의 시작에 대해 언급할 때 많은 사람이 오순절 사건을 떠올린다. 그러나 또 하나 중요한 사건은 베드로가 주님을 고백했던 때이다. 예수께서 길을 가시다가 "사람들이 나를 누구라고 하느냐?"고 물으셨다. 제자들은 자기들이 들은 이야기들을 전했다. 세례 요한, 엘리야, 예레미야나 선지자 중의 하나라고... 이때 주님이 핵심적인 질문을 하셨다. "너희는 나를 누구라 하느냐?" 모두가 대답하지 못하고 있는데, 시몬 베드로가 "주는 그리스도시요 살아 계신 하나님의 아들이십니다"라고 대답했다.(마 16:16) 주님이 이 대답을 귀하게 보시고 말씀하셨다.

> 바요나 시몬아 네가 복이 있도다 이를 네게 알게 한 이는 혈육이 아니요 하늘에 계신 내 아버지시니라. 또 내가 네게 이르노니 너는 베드로라 내가 이 반석 위에 내 교회를 세우리니 음부의 권세가 이기지 못하리라. 내가 천국 열쇠를 네게 주리니 네가 땅에서 무엇이든지 매면 하늘에서도 매일 것이요 네가 땅에서 무엇이든지 풀면 하늘에서도 풀리리라.(마 16:17-19)

교회는 예수를 그리스도라고 인정하는 신앙고백 위에 세워져 있다. 이 믿음의 고백이 있는 한 어떤 음부의 권세도 교회를 흔들지 못한다. 에베소서 2장은 이러한 교회를 하나의 건물이 지어져 가는 과정에 빗대어 설명하고 있다. 이 건물의 터는 사도들과 선지자들이며 예수께서 모퉁잇돌이 되시고, 성령 안에서 아버지 하나님이 거하실 처소가 되어간다. "너희는 사도들과 선지자들의 터 위에 세우심을 입은 자라. 그리스도 예수께서 친히 모퉁잇돌이 되셨느니라. 그의 안에서 건물마다 서로 연결하여 주 안에서 성전이 되어 가고, 너희도 성령 안에서 하나님이 거하실 처소가 되기 위하여 그리스도 예수 안에서 함께 지어져 가느니라."(엡 2:20-22)

또한 고린도전서 12장은 교회를 그리스도의 몸으로 비유한다. "너희는 그리스도의 몸이요 지체의 각 부분이라."(고전 12:27) 몸 안에 다양한 은사와 직분과 사역들이 주어지는데 이 모든 것은 교회에 유익을 끼치기 위한 것이다. "은사는 여러 가지나 성령은 같고, 직분은 여러 가지나 주는 같으며, 또 사역은 여러 가지나 모든 것을 모든 사람 가운데서 이루시는 하나님은 같으니, 각 사람에게 성령을 나타내심은 유익하게 하려 하심이라."(고전 12:4-7) 그리고 이러한 다양한 능력과 직분을 맡기시는 분은 성령님이시다. "이 모든 일은 같은 한 성령이 행하사 그의 뜻대로 각 사람에게 나누어 주시는 것이니라."(고전 12:11)

이러한 교회에 대한 실제적인 상황은 사도행전의 초대교회에 잘 나타나 있다. 오순절 사건을 체험한 제자들은 용감하게 나가서 부활하신 주님을 전했고, 하루에 삼천 명이 회개하는 역사를 이루었다. 그들은 함께 모여서 아름다운 공동체를 형성했는데, 그 모습은 아래와 같았다.

> 그들이 사도의 가르침을 받아 서로 교제하고 떡을 떼며 오로지 기도하기를 힘쓰니라. 사람마다 두려워하는데 사도들로 말미암아 기사와 표적이 많이 나타나니, 믿는 사람이 다 함께 있어 모든 물건을 서로 통용하고, 또 재산과 소유를 팔아 각 사람의 필요를 따라 나눠 주며, 날마다 마음을 같이하여 성전에 모이기를 힘쓰고 집에서 떡을 떼며 기쁨과 순전한 마음으로 음식을 먹고, 하나님을 찬미하며 또 온 백성에게 칭송을 받으니 주께서 구원 받는 사람을 날마다 더하게 하시니라.(행 2:42-47)

하나님께서는 그리스도인들이 혼자서 사명을 감당할 수 없는 것을 알고 계셨기 때문에 교회를 준비시키셨다. 교회의 머리 되시는 예수 그리스도의 분신이 되어 세상 속에서 예수님의 사역을 이어간다. 그때 예수께서는 성령의 형태로 교회와 함께 땅 끝까지 그리스도인들과 항상 함께 가신다. "볼지어다 내가 세상 끝날까지 너희와 항상 함께 있으리라."(마 28:20)

H. 서로 다른 역할의 사람들

죽어가는 영혼들을 구원하고, 이 땅에 하나님의 나라를 확장하며, 다가올 그의 나라를 준비하는 일은 모든 사람의 사명이라는 사실을 확인했다. 다만 현재로서는 예수 그리스도께 나아온 사람들이 먼저 그 일을 감당한다. 이렇게 큰 틀에서 모든 사람이 사명자임에도 불구하고 하나님께서는 그 성취를 위해 각 사람에게 서로 다른 역할들을 계획하신다. 성경에는 이러한 역할의 다양성에 대한 수많은 언급이 있다. 위에서 언급한 은사의 다양성도 그 한 가지 예이다. 이 글에서는 그 외에 세 가지만 더 살펴보기로 한다.

1. 모태에서부터 목적을 갖고 사람을 지으시는 하나님

시편 139:13-18의 말씀은 하나님께서 어머니 뱃속부터 목적에 따라 사람을 지으시고 그 길을 기록해 놓으셨음을 잘 묘사하고 있다. 그렇다면 사람이 사는 이유와 목적, 그리고 사명은 그의 삶을 통해 하나님의 계획을 성취하는 것이 된다. 수많은 사람이 하나님의 목적을 묻지 않은 채 목적 없이 살다가 사라져 간다. 그러한 사람들을 생각할 때마다 하나님의 마음이 얼마나 찢어지실까 생각된다. 반면에 우리가 하나님의 창조 목적을 성취한다면 우리의 삶은 하나님의 기쁨이 될 것이다.

> 주께서 내 내장을 지으시며 나의 모태에서 나를 만드셨나이다. 내가 주께 감사하옴은 나를 지으심이 심히 기묘하심이라. 주께서 하시는 일이 기이함을 내 영혼이 잘 아나이다. 내가 은밀한 데서 지음을 받고 땅의 깊은 곳에서 기이하게 지음을 받은 때에 나의 형체가 주의 앞에 숨겨지지 못하였나이다. 내 형질이 이루어지기 전에 주의 눈이 보셨으며 나를 위하여 정한 날이 하루도 되기 전에 주의 책에 다 기록이 되었나이다. 하나님이여 주의 생각이 내게 어찌 그리 보배로

우신지요. 그 수가 어찌 그리 많은지요. 내가 세려고 할지라도 그 수가 모래보다 많도소이다. 내가 깰 때에도 여전히 주와 함께 있나이다.(시 139:13-18)

2. 토기장이와 다양한 그릇들

이사야 선지자는 우리는 진흙이고 하나님은 토기장이시라는 비유를 한다.(사 64:8) 토기장이이신 하나님은 사람들을 그의 계획대로 빚어내신다. 디모데후서도 이런 맥락에서 서로 다른 그릇들에 대해 이야기 한다. "큰 집에는 금과 은의 그릇이 있을 뿐 아니요 나무와 질그릇도 있어 귀히 쓰는 것도 있고 천히 쓰는 것도 있나니"(딤후 2:20) 그러나 이 말씀은 "왜 저는 천히 쓰는 그릇으로 만드셨나요?"라는 반문을 불러일으킨다. 이에 대해 성경은 단호하게 대답한다. "이 사람아 네가 누구이기에 감히 하나님께 반문하느냐. 지음을 받은 물건이 지은 자에게 어찌 나를 이같이 만들었느냐 말하겠느냐. 토기장이가 진흙 한 덩이로 하나는 귀히 쓸 그릇을, 하나는 천히 쓸 그릇을 만들 권한이 없느냐."(롬 9:20-21) 그러므로 우리는 하나님의 뜻에 항거하거나 의문을 제기하기보다는 그의 뜻에 믿음으로 순종하는 것이 좋다. "그러므로 누구든지 이런 것에서 자기를 깨끗하게 하면 귀히 쓰는 그릇이 되어 거룩하고 주인의 쓰심에 합당하며 모든 선한 일에 예비함이 되리라."(딤후 2:21) 중요한 것은 상황이 어떠하든 내게 주어진 조건에서 최선을 다하는 것이다. 우리는 하나님께서 나를 지으신 뜻을 물어야 한다. 그리고 그 뜻을 발견했으면 그 뜻을 믿음으로 받아들이고 용기 있게 사명을 감당하며 살아가는 것이 중요하다.

3. 달란트의 비유

마 25:14-30에 나타난 달란트의 비유는 서로 다른 달란트를 받은 종들과 그 반응들에 대해 이야기하고 있다. 다섯 달란트를 받은 종은 열심히 일해서 열 달란트를 만들고 칭찬을 받았다. 두 달란트 받은 종도 네 달란트를 만들어서 똑같은 칭찬을 받았다. 그러나 한 달란트 받은 종은 그것을 땅에 묻어 두었다가 큰 꾸중을 듣고 한 달란트마저 빼앗긴 채 집 밖으로 쫓겨난다. 이 본문의 말씀이 우리에게 주는 요점은 이것이다. 지혜로운 사람의 반응 단계는 다음과 같다. 첫째, 하나님께서 달란트를 주셨다. 둘째, 달란트에 대한 하나님의 기대치가 있다. 셋째, 지혜로운 사람은 그것을 안다. 넷째, 두 배를 남기기 위해서 열심히 일한다. 다섯째, 두 배 이상을 남긴다. 여섯째, 하나님 앞에서 셈이 있다. 일곱째, 하나님의 칭찬이 있다. 그러나 불순종하는 사람의 반응 단계는 다음과 같다. 첫째, 하나님께서 달란트를 주셨다. 둘째, 달란트에 대한 하나님의 기대치가 있다. 셋째, 우둔한 종은 그것을 모르고 사명을 회피한다. 넷째, 사명에 대해 게으르고 무책임하게 대처한다. 다섯째, 받은 것의 두 배를 남기지 못한다. 여섯째, 하나님 앞에서 셈이 있다. 일곱째, 하나님의 큰 징벌이 있다.

위의 세 비유를 보면서 우리는 다음과 같은 점을 정리할 수 있다. 첫째, 우리는 모두 하나님의 피조물이다. 둘째, 모든 피조물에게는 사명이 있다. 셋째, 그중에 사람들에게는 문화명령이라는 더 큰 사명이 있다. 넷째, 먼저 부름을 받아 예수 그리스도의 제자가 된 사람들에게는 더 특별한 사명이 있다. 다섯째, 그러므로 사람들은 자신의 사명을 발견하고 그 사명을 성취하기 위해 최선을 다해야 한다.

어떤 사람에게는 큰 사명이, 어떤 사람에게는 작은 사명이 주어졌다. 사람에 따라 가정, 직장, 교회, 지역사회, 나라, 세계를 맡는 것과 같이 저마다 다른 사명의 크기를 받았다. 이제 받았으면 그것이 크든 작든 최선을 다해 잘 감당해야 한다. 우리의 삶을 마치는 때 분명히 셈이 있기 때문이다. 그리고 그 결과 우리의 인생은 축복과 저주로 나뉜다. 특별히 서로 다른 능력들은 함께 합하여 더 큰 시너지를 내라고 하는 것이다. 그러므로 사명자들은 서로 다른 능력들을 함께 모아 더 큰 일들을 감당해야 한다.

I. 교회 밖에 있는 사람들

우리는 교회 밖에 있는 사람들도 우리와 똑같이 하나님의 목적에 따라 지음 받았다는 사실을 잊어서는 안 된다. 그들은 우리와 똑같이 하나님의 사랑의 대상이고, 예수께서 그들을 위해 피를 흘리셨다. 예수께서는 아흔아홉 마리 양을 우리에 두시고 한 마리 잃은 양을 찾아 계곡을 헤매듯이 지금도 그들을 구원하기 위해 그들 옆으로 가고 계시다.(눅 11:3-7) 다만 우리가 조금 먼저 주님 앞으로 나왔을 뿐이다. 그들이 구원받는다면 하나님의 기쁨이 얼마나 클지 다음의 본문이 잘 보여준다. “이와 같이 죄인 한 사람이 회개하면 하늘에서는 회개할 것 없는 의인 아흔아홉으로 말미암아 기뻐하는 것보다 더하리라.”(눅 15:7) 잃은 드라크마를 찾은 여인 비유의 끝에도 다음과 같이 그 의미를 정리한다. “이와 같이 죄인 한 사람이 회개하면 하나님의 사자들 앞에 기쁨이 되느니라.”(눅 15:10)

그러므로 우리는 결코 교회 밖에 있는 사람들을 정죄하거나 무시해서는 안 된다. 우리도 똑같이 죄인이었고, 지금도 죄인과 다름없기 때문이다. 우리는 은혜로 의롭다하심을 입었을 뿐이다. 우리가 정말 하나님의 은혜에 감사한다면 당연히 우리 곁에 있는 아직 구원 받지 못한 사람들에게 관심하게 되고, 그들이 하나님의 은혜를 깨닫고 주님께 돌아오도록 인도하기 위해 노력하게 된다. 그렇지 않다면 실제로 구원의 은혜를 절실히 느끼고 있지 않은 것이다.

잃은 아들을 되찾은 아버지의 비유는 세상 밖의 사람들을 향한 하나님의 마음을 잘 보여준다. 아버지의 재산 중에 자신의 분깃을 미리 받아 집을 나가서 허랑방탕하게 써 버린 아들이 아들의 자격을 포기하고 다시 돌아왔을 때, 멀리서 돌아오는 아들을 보고 달려가서 목을 안고 입을 맞추고, 제일 좋은 옷을 입히고, 가락지를 끼우고, 잔치를 베푼 아버지시다. 성경은 그의 마음을 이렇게 표현하고 있다. "이 내 아들은 죽었다가 다시 살아났으며 내가 잃었다가 다시 얻었노라 하니 그들이 즐거워하더라."(눅 15:24) 이 모습은 성실하게 아버지의 집을 지킨 맏아들에게는 너무도 충격이었다. 이에 항의하는 맏아들에게 아버지는 이렇게 대답한다. "얘 너는 항상 나와 함께 있으니 내 것이 다 네 것이로되, 이 네 동생은 죽었다가 살아났으며 내가 잃었다가 얻었기로 우리가 즐거워하고 기뻐하는 것이 마땅하다."(눅 15:31-32)

교회 안에 있는 우리는 집을 나간 아들이 하나님의 용서를 받을 필요가 없다고 생각할지 모른다. 죄를 지은 그들은 고통받는 것이 마땅하고, 만약 그가 회개하고 교회 공동체에 들어온다고 할지라도 종이나 품꾼의 모습이어야 한다고 생각할지도 모른다. 그러나 하나님의 마음은 다르다. 그분은 우리가 샘이 날 정도로 잔치를 베풀고 즐거워하신다. 먼저 수고하던 우리처지에서는 이해가 되지 않는다.

그러나 우리가 자신을 탕자의 자리에 놓고 보면, 이는 참으로 은혜요 감사할 일이다. 이렇게 우리는 교회 밖의 사람들을 하나님의 눈에서 바라봐야 한다. 기억하자. 그들에게도 하나님의 분명한 목적이 있다. 그들도 분명히 사명자로 지음 받았다. 그러므로 우리의 사명은 하나님을 모르던 사람들이 다시 하나님 앞에서 자신의 사명을 회복하도록 돕는 것이다.

J. 하나님 나라와 그 나라를 채울 모든 민족들

하나님의 통치, 곧 하나님의 나라는 예수님의 메시지의 알파와 오메가였다. 그가 공생애를 시작하면서 세상에 외친 것은 하나님의 나라가 가까웠기 때문에 우리가 돌이켜 하나님 나라의 삶을 살아야 한다는 것이었다.(마 4:12; 막 1:14-15) 그의 제자들은 언제나 하나님의 나라가 이 땅에 임하고, 뜻이 하늘에서 이루어진 것 같이 땅에서도 이루어지기를 기도해야 한다고 배웠다.(마 6:9-10) 이방인들은 무엇을 먹을까, 마실까, 입을까 염려하지만, 주의 제자들은 먼저 하나님의 나라와 그의 의를 구해야 한다.(마 6:25-33) 예수님은 그의 생애 동안 쉬지 않고 하나님 나라를 전파하고 다니셨다. "예수께서 이르시되 내가 다른 동네들에서도 하나님의 나라 복음을 전하여야 하리니 나는 이 일을 위해 보내심을 받았노라 하시고 갈릴리 여러 회당에서 전도하시더라."(눅 4:43-44) "그 후에 예수께서 각 성과 마을에 두루 다니시며 하나님의 나라를 선포하시며 그 복음을 전하실새 열두 제자가 함께 하였고"(눅 8:1) 그 주님은 제자들도 하나님 나라를 전파하기 위해 둘씩 짝을 지어 보내셨다. "예수께서 열두 제자를 불러 모으사 모든 귀신을 제어하며 병을 고치는 능력과 권위를 주시고, 하나님의 나라를 전파하며 앓는 자를 고치게 하려고 내보내시며"(눅 9:1-2) 부활하신 주님은 인간의 육성으로 정리할 수 있는 마지막 메시지를 하나님 나라에 두었다. "그가 고난 받으신 후에 또한 그들에게 확실한 많은 증거로 친히 살아 계심을 나타내사 사십 일 동안 그들에게 보이시며 하나님 나라의 일을 말씀하시니라."(행 1:3)

예수께서 승천하신 후 제자들의 메시지는 두 가지에 집중되었는데, 그것은 첫째로 하나님 나라였고, 둘째로 부활하셔서 그 나라의 주인 되신 예수 그리스도였다. "빌립이 하나님 나라와 및 예수 그리스도의 이름에 관하여 전도함을 그들이 믿고 남녀가 다 세례를 받으니"(행 8:12) "바울이 온 이태를 자기 셋집에 머물면서 자기에게 오는 사람을 다 영접하고, 하나님의 나라를 전파하며 주 예수 그리스도에 관한 모든 것을 담대하게 거침없이 가르치더라."(행 28:30-31)

그 나라가 임하면 삼위일체 하나님 앞에 모든 민족과 만물이 하나가 될 것이다. 그때 우리 각 사람은 그 나라의 백성으로 모든 피조물과 새 하늘과 새 땅에서 살 것이다. 이것은 사람 중심적 구속사적 세계관을 뛰어넘는다. 즉 하나님은 인간들만 회복하는 것이 아니라 인간 때문에 신음하며 구원의 날을 기다리던 하나님의 피조물 모두를 회복할 것이다.(롬 8:18-30) “이 일 후에 내가 보니 각 나라와 족속과 백성과 방언에서 아무도 능히 셀 수 없는 큰 무리가 나와 흰 옷을 입고 손에 종려 가지를 들고 보좌 앞과 어린 양 앞에 서서”(계 7:9) 이러한 하나님 나라 회복의 꿈은 구약에서도 예언자들에 의해 선포되고 있다. “보라 내가 새 하늘과 새 땅을 창조하나니 이전 것은 기억되거나 마음에 생각나지 아니할 것이라.... 이리와 어린 양이 함께 먹을 것이며 사자가 소처럼 짚을 먹을 것이며 뱀은 흙을 양식으로 삼을 것이니 나의 성산에서는 해함도 없겠고 상함도 없으리라...”(사 65:17-25)

> 그 때에 이리가 어린 양과 함께 살며 표범이 어린 염소와 함께 누우며 송아지와 어린 사자와 살진 짐승이 함께 있어 어린 아이에게 끌리며 암소와 곰이 함께 먹으며 그것들의 새끼가 함께 엎드리며 사자가 소처럼 풀을 먹을 것이며 젖 먹는 아이가 독사의 구멍에서 장난하며 젖 뗀 어린 아이가 독사의 굴에 손을 넣을 것이라. 내 거룩한 산 모든 곳에서 해 됨도 없고 상함도 없을 것이니 이는 물이 바다를 덮음 같이 여호와를 아는 지식이 세상에 충만할 것임이니라.(사 11:6-9)

그러므로 이 땅의 모든 사명자들은 모든 나라와 백성들을 향해 나가서 그들을 제자삼고, 아버지와 아들과 성령의 이름으로 세계를 주고, 주님께서 분부한 모든 것을 가르쳐 지키게 해야 한다.(마 28:18-20) 그리고 그 나라에 하나님의 나라가 이뤄짐으로써 하나님의 모든 피조물이 창조시의 형상을 회복하도록 최선을 다해 노력해야 한다. 예수님께서는 성령의 모습으로 이러한 우리 사명자들과 세상 끝날까지 항상 함께하실 것이다.

III. 나가는 말

지금까지 이 짧은 글을 통해서 로잔운동을 뒷받침할 수 있는 '선교적 인간학'을 세워보고자 했다. 제한된 지면 때문에 깊은 연구보다는 성경적 맥락을 연결하는 데 만족해야 했다. 그럼에도 불구하고 '만인사명자직'이라는 새로운 제안을 할 수 있어서 기뻤다. 앞으로 이에 대한 연구가 이어져서 보다 견고한 이론적 근거를 형성하기를 기대한다.

이 글에서 사명자의 상태를 10가지로 설명해 보았다. 그것은 1) 하나님의 형상을 따라 지음 받은 존재 2) 하나님의 뜻을 떠난 죄인 3) 십자가로 의롭다 인칭 받은 사람 4) 예수님을 사랑해서 그 말씀을 지키는 사람 5) 택하신 족속, 왕 같은 제사장, 거룩한 나라, 그의 소유가 된 백성 6) 성령을 쫓아 증인 되는 사람 7) 그리스도의 몸 된 사람들 8) 서로 다른 역할의 사람들 9) 교회 밖에 있는 사람들 10) 하나님 나라와 그 나라를 채울 모든 민족들이라는 소제목으로 설명되었다.

'만인사제직'이라는 용어가 종교개혁을 구체화하는데 큰 공헌을 했듯이, '만인사명자직'이라는 용어가 이 땅의 모든 하나님의 사람들을 선교에 동참하게 하는 계기가 되기를 바란다. 또한, 교회 밖의 사람들에게 복음을 전할 때도 그들을 성경적 관점에서 바르게 대할 수 있는 변화가 일어나기를 바란다.

참고문헌

English Bible(NIV)

LOP No. 41. A Call to Develop Christ-like Leaders, https://www.lausanne.org/content/lop/lop-41

LOP No. 53. Empowering Women and Men to Use Their Gifts Together in Advancing the Gospel, https://www.lausanne.org/content/lop/lop-53

The Lausanne Covenant, https://www.lausanne.org/content/covenant/lausanne-covenant

The Manila Manifesto, https://www.lausanne.org/content/manifesto/the-manila-manifesto

The Cape Town Commitment, https://www.lausanne.org/content/ctc/ctcommitment

한국어 성경(개역한글판)

세계화와 토착화 사이에 있는 로잔운동[1]

홍기영 • 나사렛대학교

I. 들어가는 말

오늘날 세계는 급속도로 세계화 되어 가고 있다. 교통의 발달로 인하여 거의 일일생활권이 되어 가고 있으며 인터넷으로 인하여 수많은 정보가 개인들 집단들 사이에 오고 간다. 도서관에도 세계화에 대한 자료들이 많이 나오고 있다. 이제 "세계화"란 용어는 보편적인 유행어가 되었다.[2] 처음에 이 용어는 경제학과 밀접한 관계를 가지고 있었는데, 그것은 어떤 단일 국가의 경제가 아니라 세계경제와 관련을 맺고 있다. 국가경제를 국제경제 속으로 전환하는 것은 무역, 자본의 흐름, 이민, 그리고 기술을 통하여 가능하

1) 본 연구는 필자의 "Globalization and Christian Mission," 『복음과 선교』 제17권 (2012)의 논문을 번역하고 재정리한 것임.

2) 옥스퍼드 영어사전(Oxford English Dictionary)에 보면, "세계화"라는 단어는 1952년 『새로운 교육을 향하여(Towards New Education)』라는 출판물에서 처음 사용되었다. 여기서 이 단어는 교육에 있어서 인간경험의 통전적 관점이라는 뜻을 나타내고 있다. 이 단어는 1980년대 후반에 주요 출판사들 가운데서 광범위하게 사용되기 시작하였다. "세계화"라는 단어의 개념은 수많은 정의를 불러일으켜 왔다.

였다. 국제통화기금(IMF)은 세계화를 특히 무역과 재정의 흐름을 통하여 세계 속에서의 경제를 점차 통합하는 것이라고 정의하였다.[3] 오늘날 사람들은 소형 개인 컴퓨터라고도 볼 수 있는 스마트폰으로 수많은 자료와 정보를 얻으며 지식을 전달하고 있다. 세계화를 통하여 미국에 사는 사람들은 삼성에서 제조한 갤럭시 스마트 폰을 쓰고 한국에 사는 사람들은 애플에서 제조한 아이폰을 쓰면서 세계 각국에 있는 사람들과 국제통화를 하고 있다.

세계화를 한마디로 정의하는 것은 어렵다. 세계화는 국제화(internationalization)하고도 어떤 면에서는 중첩되는 의미도 있겠지만 서로 다르다.[4] 세계화는 인간 삶의 모든 영역에서 나타나고 있다. 그것은 경제뿐만 아니라 종교, 정치, 문화, 교육, 그리고 커뮤니케이션과 같은 영역에서도 활발하게 일어나고 있다.[5] 사람들은 국제화를 그것의 단면만을 보고 정의하기 쉽다. 마치 소경과 코끼리의 비유처럼 국제화를 자신들의 입장에서 다양하게 묘사하고 설명한다. 이미 앞에서 언급한 것처럼 "국제화"라는 말이 교육학에서 유래되었지만 오늘날에는 인간생활의 전 분야에서 일어나고 있다, 특히 기독교 선교는 기독교가 태동하면서부터 국제화를 실천하였다고 볼 수 있다. 선교사들은 교회사를 통하여 볼 때 국제화를 추구하였다. 오늘날에도 국제화는 선교

3) Wendy M. Jeffus, "Survey of the Theories of Globalization," http://www.wendyjeffus.com/images/Globalization.doc., 미간행 논문 (n. d.), 4, 2011년 5월 8일.

4) 위의 논문. 제푸스에 의하면, 국제화는 경제활동이 국가 간의 경계를 뛰어넘어 확장되는 과정을 의미하는 한편 세계화는 경제활동이 기능적으로 세계 속에서 통합되는 과정을 의미한다. 전자는 각국의 정체성과 자율성을 유지하는 반면 후자는 서로 다른 국가들을 통합하는 기능을 가진다고 볼 수 있다. 세계복음화를 추구하는 각 교단 (장로교, 감리교, 침례교, 성결교 등)은 세계화의 흐름 속에서 국제화를 위해 노력한다. 각각의 교단은 각국에서 교회의 자율성과 정체성을 유지하면서도 세계선교를 위하여 협력한다. 이러한 경우 각 교단은 교세를 전 세계에 확장할 뿐만 아니라 기능적으로도 통합하여 효과적인 선교를 하려고 한다. 기독교는 그리스도 안에서 하나가 되었다가 세계복음화를 위하여 다수가 되어 이방인 선교를 실천한다. 따라서 기독교 선교는 세계화와 국제화의 측면을 모두 가지고 있다고 볼 수 있다.

5) David Claydon, ed. *A New Vision A New Heart A Renewed Call*, vol. 1 (Pasadena, CA: William Carey Library, 2005), 20-22.

사들이 전도하고 교회를 세우고 하나님의 나라를 확장하는 동안 기독교 선교를 살아 있는 운동이 되도록 하고 있다. 필자는 이 연구에서 로잔운동을 세계화와 기독교 선교의 토착화 사이에서 일어나고 있는 운동으로 이해하고 그 운동에 초점을 맞추고자 한다.

II. 세계화의 성서적 함의

창세기 12장은 아브라함에 관하여 이야기한다. 아브라함은 하나님에 의하여 모든 사람에게 복의 근원이 되기 위해 부름을 받았다(창 12:3). 하나님께서 아브라함에게 말씀하셨다. "내가 너와 내 언약을 세우니 너는 열국의 아비가 될지라. 이제 후로는 네 이름을 아브람이라 하지 아니하고 아브라함이라 하리니 이는 내가 너로 열국의 아비가 되게 함이니라"(창 17:4-5). 사실 아브라함은 하나님과 맺은 언약에 입각하여 하나님의 축복을 모든 민족에게 나누어 주는 교차문화적 선교사가 되었다고 볼 수 있다. 하나님은 아브라함에게 계속하여 말씀하셨다. "네 아내 사래는 이름을 사래라 하지 말고 그 이름을 사라라 하라. 내가 그에게 복을 주어 그로 네게 아들을 낳아주게 하며 내가 그에게 복을 주어 그로 열국의 어미가 되게 하리니 민족의 열왕이 그에게서 나리라"(창 17:15-16). 오늘날 교차문화적 선교사는 하나님의 축복을 모든 민족과 나누기 위해 파송을 받았다. 아브라함과 사라처럼 선교사는 지리적, 문화적, 인종적, 종교적, 사회계층적 경계를 뛰어넘어 하나님의 축복, 즉 복음을 열방에게 나누어 주기 위해 세계도처에서 전도의 사명을 감당하고 있다.[6] 그렇기 때문에 우리 주 예수 그리스도께서도 제자들에게 "너희는 온 천하에 다니며 만민에게 복음을 전파하라"(막 16:15)고 말씀하셨으며, "그러므로 너희는 가서 모든 족속으로 제자를 삼아 아버지와 아들과 성령의 이름으로 세례를 주고 내가 너희에게 분부한 모든 것을 가르쳐 지키게 하라"(마 28:19)고 명령하셨다. 이와 같이 선교사는 단순히 복음을 선포하는 것으로 끝나지 아니하고 하나님의 축복을 모든 종류의 사람들(panta ta ethne)과 나누어야 한다.[7]

요나서는 그야말로 극적으로 교차문화적 선교사가 이스라엘의 국경을 넘어 외국에 건너가서 하나님의 메시지를 전했는지를 보여준다. 그것도 이스라엘과는 적대관계에 있는 앗시리아의 수도 니느웨에 가서 메시지를 전파해야 했다. 요나는 그 도시에 들어가서 하루 길을 걸어 다니며 "사십일이 지나면 니느웨가 무너지리라"(욘 3:4)고 외쳤다. 그 메시지를 듣고 니느웨 사람들은 하나님을 믿었다. 그리고 하나님은 그들이 악한 길에서 돌이키는 것을 보고 긍휼을 베푸셨다. 즉 하나님은 그 도시를 멸하시지 않았다(욘 3:10). 니느웨 사람들이 회개하고 하나님께 돌아오는 것을 본 요나는 심히 싫어하고 분노하였다(욘 4:1). 그 때에 하나님은 요나에게 "너의 성냄이 어찌 합당하냐?"고 물으셨으며 요나는 "내가 성내어 죽기까지 할지라도 합당하니이다"고 대답하였다(욘 4:4, 9). 그러나 하나님은 민족주의자인 요나에게 박 넝쿨의 교훈을 주시면서 "네가 수고도 아니하였고 배양도 아니 하였고 하룻밤에 났다가 하룻밤에 망한 이 박 넝쿨을 아꼈거든 하물며 이 큰 성읍 니느웨는 좌우를 분변치 못하는 자가 십이만 여명이요 육축도 많이 있나니 내가 아끼는 것이 어찌 합당치 아니하냐?"(욘 4:10-11)고 반문하셨다. 이 이야기는 여호와 하나님은 어떤 분이신가를 보여주며 하나님은 구원의 메시지를 교차문화적

---

6) David J. Bosch, *Witness to the World* (Atlanta, GA: John Knox Press, 1980), 18.

7) Donald A. McGavran, *Understanding Church Growth*, rev. ed. (Grand Rapids, MI: Eerdmans, 1980), 43.

으로 전달하기를 원하신다는 사실을 알려준다. 가장 분명한 것은 하나님은 세계의 모든 사람들이 구원받기를 원하신다는 사실이다.

사도행전은 어떻게 사도 베드로와 바울이 이방인들에게 복음을 전했는지를 보여준다. 베드로는 환상을 보았고 "베드로야 일어나 잡아먹으라"고 하는 소리를 들었다(행 10:13). 하나님의 계획에 따라 베드로는 가이사랴에 있는 고넬료의 집으로 가서 "내가 참으로 하나님은 사람의 외모를 취하지 아니하시고 각 나라 중 하나님을 경외하며 의를 행하는 사람은 하나님이 받으시는 줄 깨달았도다"라고 말하였다(행 10:33-34). 거기서 베드로는 모든 사람을 위하여 달려 돌아가신 십자가와 그의 부활에 관하여 전하였으며 예수 그리스도의 이름으로 세례를 주었다.

사도 바울은 성령이 아시아와 유럽을 거쳐 그를 인도하시는 대로 어디든지 교차문화적으로 복음을 전했다. 그가 바나바와 함께 예루살렘 회의에 참석하였을 때 "이방인에게 할례 주고 모세의 율법을 지키라 명하는 것이 마땅하다"는 말을 들었다(행 15:5). 그 때 바울은 하나님께서 이방인들 가운데서 일으키신 기적과 이사에 관하여 말하였다. 예루살렘 회의는 할례를 받지 않고도 그들의 문화 속에서 하나님을 믿을 수 있다는 것을 결정하였다(행 15:28).[8] 바울이 아덴에 도착하여 어떻게 아덴 사람들이 그들의 믿음에 관하여 생각하고 그것을 표현하는지에 따라서 복음을 전했다. 그는 "아덴 사람들아 너희를 보니 범사에 종교성이 많도다. 너희가 알지 못하고 위하는 그것을 내가 너희에게 알게 하리라"고 선포하였다(행 17:22-23). 우리가 잘 알고 있는 바와 같이 바울은 그가 로마에서 순교할 때까지 다양한 문화적 장벽을 넘어 세계적으로 복음을 전파하였다(행 28:30). 그의 설교의 초점은 새로운 창

---

8) George G. Hunter, "The Case for Culturally Relevant Congregations," *Global Good News*, ed. Howard A. Snyder (Nashville, TN: Abingdon Press, 2001), 100-102. Cf. Darrell L. Whiteman, "Effective Communication of the Gospel Amid Cultural Diversity," *Missiology: An International Review*, vol. 12, no. 3 (1984), 283.

조를 위한 회개와 믿음이었다.[9]

위와 같은 선교사들의 이야기들은 일관된 주제를 가지고 있다. 즉 그것은 나라와 인종과 언어와 믿음의 경계들을 넘는다는 것이다.[10] 성경이 보여주는 바와 같이 기독교 선교는 선교사들이 성령의 인도하심을 따라 모든 민족에게 (panta ta ethne) 복음을 전하기 위하여 다양한 문화를 뛰어넘는 것으로부터 시작되었다. 기독교의 입장에서 볼 때, 세계화는 모든 민족들에게 복음을 교차문화적으로 전하는 지속적인 과정으로 정의된다. 기독교는 성서적 예들이 보여주는 바와 같이 이방인 선교의 형태를 통하여 전 세계 안에서 수세기 동안 성장했다. 성서는 우리가 보편주의를 믿든지 특수주의를 믿든지 상관하지 않고 인류가 하나님의 은혜와 그들의 믿음을 통하여 구원 받을 수 있다는 그림을 분명히 보여준다.[11] 상기의 성서적 인물들은 하나님의 구원은 모든 민족을 위한 것이라는 사실을 이해한 사람들이었기에 그들은 희생적으로 문화의 경계를 뛰어넘어 복음을 전하는 일에 헌신하였으며 그 결과 기독교의 세계화에 기여하였다.

9) Roland Allen, *Missionary Methods: St. Paul's or Ours?* (Grand Rapids, MI: Eerdmans, 1962), 76-77.

10) David J. Bosch, *Witness to the World*, 19-20. 복음전도를 포함하는 기독교 선교는 경계를 뛰어넘는 것과 관계가 있다. 뛰어넘는 것은 분명히 기독교 역사를 볼 때 예수와 그의 제자들을 통하여 보여졌다.

11) Herbert J. Kane, *Christian Missions in Biblical Perspective* (Grand Rapids, MI: Baker Book House, 1976). Cf. Donald Senior and Carroll Stuhlmueller, *The Biblical Foundations for Mission* (Maryknoll, NY: Orbis Books, 1984). 대체적으로 전자는 보편성을 주장하는 반면 후자는 보편주의를 지지한다. 어떤 의미에서 민족중심의 특수주의는 보편주의 보다는 보편성에 양보한다.

III. 세계화와 토착화

태국 파타야에서 개최된 2004년 세계복음화 포럼의 기간에 이슈 그룹 1번은 "세계화와 복음: 현대 세계에서의 선교의 재고"라는 이슈를 다루었다. 결과적으로 로잔 오캐셔날 페어퍼 30인 "세계화와 복음"은 주요 집필인인 조쉬 예이트스(Josh Yates)에 의하여 준비되었다. 이 이슈 그룹은 세계화와 그롤컬리제이션을 구별하려고 시도하였다. 이 그룹에 의하면 세계화는 세계적인 프로세스들이 경제적이든지, 정치적이든지, 문화적이든지 기타 어느 것에든지 지방적인 실재들과 섞일 때 변화를 겪는 방법들 때문에 일어난다.[12] 토착화, 혼합화, 혼성화와 같은 다양한 말들은 학자들에 의하여 사용되었다. 토착화는 거의 세계화의 과정 속에서 불가피하다. 효과적인 교차문화적 커뮤니케이션은 복음이 선교사들이 부름 받아 섬겨야 할 토착민들에 의하여 이해되어야하기 때문에 토착화를 요구한다.[13] 한국에서 한 동안 세계화에 대한 논의가 진행되고 있을 때 "가장 좋은 토착화가 가장 좋은 세계화이

---

12) David Claydon, ed. *A New Vision A New Heart A Renewed Call*, vol. 1, 17.

13) Louis J. Luzbetak, *The Church and Cultures* (Maryknoll, NY: Orbis Books, 1988), 70. 루즈베탁에 의하면, 토착화는 지역교회가 복음을 문화를 이해하는 것과 통합하려고 할 때 일어난다. Cf. Donald K. Smith, *Creating Understanding* (Grand Rapids, MI: Zondervan, 1992), 65-81; Eugene A. Nida, *Message and Mission*, rev. ed. (Pasadena, CA: William Carey Library, 1990), 57-71. Cf. 정흥호, "문화와 상황화," 『선교를 위한 문화인류학』 (서울: 도서출판 이레서원, 2001), 277-78. 정흥호에 의하면, 토착화는 전통 문화 안에서 어떻게 효과적으로 복음을 전파할 것이냐? 에 초점을 맞추면서 하나의 문화권에 적합하고 의미 있는 언어와 전달형태를 가지고 복음을 전달하는 반면에 상황화는 역사적 정황 속에서 현실에 도전하고 변화시킬 목적으로 하나님의 말씀과 세상과의 접촉점을 찾으려고 한다. 결과적으로 루즈베탁이 말하는 것처럼 토착화나 상황화는 복음을 문화이해와 통합하려는 과정이다. 복음을 효과적으로 교차문화권에서 전달하려고 한다면 선교지의 문화를 이해하는 것은 불가피하며 그 과정에서 세계화와 토착화의 문제가 등장한다.

다"라는 말이 유행하였다. 이 말은 세계화는 토착화가 필요하다는 것을 뜻한다. 우리가 의미 있게 복음의 메시지를 전달하려고 할 때 우리는 항상 혼합주의의 위험이 있음에도 불구하고 선교지의 적합한 문화적 형태를 통하여 복음을 상황화해야 할 필요가 있다.[14] 이러한 맥락에서 볼 때, 종교적 혼합주의는 토착화의 부정적인 부산물이라고 볼 수 있다.[15]

토착화는 "삼자원리"뿐만 아니라 "자신학"에 의하여 특징지어지는 토착화 교회의 개척을 요청한다.[16] 윌리엄 스말리에 의하면, 토착화 교회는 "토착 사회의 양태를 따라 그들의 사회화된 기독교적 활동을 포함한 삶을 영위하며 성령의 인도와 성경의 가르침 속에서 그 사회의 변화가 그들의 느껴진 필요들로부터 나오는 신자들의 모임이다."[17] 이와 같은 맥락에서 알란 티펫은 "육자 원리," 즉 스스로의 이미지, 스스로 역할을 감당하는 것, 스스로 결정하는 능력, 재정적으로 스스로 서는 것, 스스로 전도하는 것, 그리고 스스로 주는 것을 제시하였다.[18] 진정으로 토착화된 교회는 역사적 문화적 컨

14) Darrell L. Whiteman, "Effective Communication of the Gospel Amid Cultural Diversity," *Missiology: An International Review*, vol. 12, no. 3, (1984), 275-85; "Contextualization: The Theory, the Gap, the Challenge," *International Bulletin of Missionary Research*, vol. 21, no. 1 (January 1997), 2-7. Cf. Charles H. Kraft, *Christianity in Culture* (Maryknoll, NY: Orbis Books, 1979), 147-66.

15) Robert J. Schreiter, *Constructing Local Theologies* (Maryknoll, NY: Orbis Books, 1985), 158. 그렇지만 슈라이터는 종교적 혼합주의를 별로 두려워하지 않았다. 왜냐하면 그는 그것을 상황화의 거의 불가피한 부산물로 보았기 때문이다. 이러한 견해는 폴 히버트와 찰스 크래프트의 견해와 다른 점이라고 볼 수 있다. 히버트나 크래프트는 상황화를 할 때 종교적 혼합주의를 매우 부정적으로 보았을 뿐만 아니라 그것을 주의해야 한다고 경고하였기 때문이다.

16) Paul G. Hiebert, *Anthropological Insights for Missionaries* (Grand Rapids, MI: Baker, 1985), 193-224. Cf. Bosch, *Witness to the World*, 152-53. 보쉬에 의하면, 선교의 목적은 루푸스 앤더슨(1796-1880)과 헨리 벤(1796-1873) 시대에는 "자립, 자치, 자전하는 교회"를 개척하는 것이었다.

17) William A. Smalley, "Implications of an Indigenous Church," *Readings in Missionary Anthropology II* (Pasadena, CA: William Carey Library, 1978), 366.

18) Alan R. Tippett, *Verdict Theology in Missionary Theory* (South Pasadena, CA: William Carey Library, 1917), 154-59.

텍스트 안에서 스스로 신학 할 수 있을 필요가 있다. 따라서 로버트 슈라이터는 지방신학의 개발의 중요성을 강조하였다. 그에게 있어서 서구신학도 지방신학이지 결코 우주적 신학이 아니다. 그는 지방신학을 개발하는 목적이 대중종교들에게 경청함으로써 이루어질 수 있을 것이라고 주장하였다.[19] 폴 틸리히도 그랬듯이 그는 종교를 문화의 핵심으로 보았으며 문화를 복음의 효과적인 교차문화적 매체로 보았다.[20] 그러나 그는 비록 종교적 혼합주의와 이중종교체계의 문제를 논의하였지만 폴 히버트나 찰스 크래프트 만큼 종교혼합주의의 위험을 심각하게 다루지 않았다.

기독교 선교는 우리의 거룩한 의무인 토착화 교회를 세우는 것은 물론 모든 민족에게 복음을 전해야한다는 이유로 인하여 세계화를 포함할 필요가 있다. 그렇게 할 때, 기독교 선교는 "순례자" 원리와 "토착화" 원리 사이에서 갈등을 경험한다.[21] 그러나 기독교 선교는 이 두 원리 사이에서 균형을 지켜야 할 필요가 있다. 그러므로 기독교 선교는 진정한 의미의 토착화 교회를 세우고 성장하도록 하기 위하여 "비판적 상황화"를 심각하게 고려하여야 한다. 같은 맥락에서 대럴 화이트맨은 "그러므로 상황화는 우리로 하여금 보다 확대되고 더욱 적합한 하나님의 견해, 즉 남녀 모든 사람의 하나님, 특히 가난한 자들의 울부짖음을 들으시는 하나님의 견해에 상응하는 광의의 충성을 가지도록 요구한다. 하나님은 더 이상 단순히 나 자신의, 나의 가족의, 나의 지역사회의, 나의 국가의 신이 아니다. 그러한 신은 궁극적으로

19) Schreiter, *Constructing Local Theologies*, 142-43.

20) Paul Tillich, *What is Religion?* ed. James Luther Adams (New York: Harper Torchbooks, 1969), 72-76; *Systematic Theology*. vol. 1 (Chicago: The University of Chicago Press, 1963), 97.

21) Andrew F. Walls, "The Gospel as the Prisoner and Liberator of Culture," *Missionalia*, vol. 10, no. 3, (November, 1982), 93-105. 전자는 기독교의 정체성을 유지하기 위하여 예언자적 목소리를 내야 할 것이지만 후자는 타문화를 가능한 한 수용하여야 하기 때문에 양자 간에 충돌이 발생할 수 있다.

나의 편협하고 제한된 이미지와 감성에 따라서 만들어진 우상 또는 신이다" 라고 진술하였다.[22] 이러한 관점에 따라 기독교 선교는 더욱 효과적인 세계 복음화를 위하여 세계화와 토착화를 통합할 필요가 있다.

IV. 세계화와 비서구 선교사들

세계화의 역사적 예들은 비서구 선교사 운동에 의하여 잘 드러나고 있다. 서구 선교사들은 서구 교회로부터 존 모트와 그의 동료들에 의하여 주창된 "세계는 이 세대 안에 반드시 복음화 되어야 한다"는 확신과 더불어 제3세계의 다양한 선교지들로 파송되었다.[23] 이와 같은 맥락에서 서구 선교사들은 지상최대위임령에 의하여 고취되어 식민주의의 기치 아래 제3세계에 복음을 전달하였다. 사람들은 인구가 거주하는 6대주에서 하나님을 믿기 시작하였다. 이것이 기독교를 세계적인 신앙으로 만들었다. 예를 들어, 국제 나사렛교회는 맥도날드 햄버거 회사가 세운 세계적인 지점들의 수만큼 많

---

22) Whiteman, "Contextualization: The Theory, the Gap, the Challenge," 4. 화이트맨은 피터 슈넬러(Peter Schineller)의 *A Handbook on Inculuration* (New York: Paulist Press, 1990)을 인용하였다. Cf. Vincent J. Donovan, *Christianity Rediscovered* (Maryknoll, NY: Orbis Books, 1978), 41-64.

23) Gray B. McGee, "Evangelical Movement," *Evangelical Dictionary of World Missions*, ed., A. Scott Moreau (Grand Rapids, MI: Baker Books, 2000), 339. 실제적으로 아더 피어슨은 "이 세대 안에 세계복음화"라는 표어를 가지고 학생들에게 도전하였다. 그는 "모든 이들은 가야만 하고 모든 사람들에게 가야만 한다"라고 독려하였다. Cf. Gerald H. Anderson, "American Protestants in Pursuit of Mission 1886-1986," *International Bulletin of Missionary Research*, vol. 12, no. 3, (July 1988), 98-99. 해외 선교를 위한 학생자원운동(SVM)은 존 모트와 로버트 윌더와 같은 지도자들과 더불어 일어났다.

은 선교사들을 많은 나라에 파송하였다.[24] 나사렛교회는 2010년에 많은 수확을 거두었다. 나사렛교회는 2010년에 방글라데시에서만 370개의 새로운 교회들을 개척하였다.[25] 이것은 그곳의 나사렛교회가 하루에 한 교회 이상을 조직하였다는 것을 의미한다. 세계복음화를 위하여 나사렛교회만이 아니라 타교단들도 많은 선교사를 5대양 6대주로 파송하였다. 데이빗 개리슨이 쓴 『교회개척운동(*Church Planting Movement*)』에 의하면, 하나님은 잃어버린바 된 세계를 구원하고 계신다. 『세계기독교백과사전(*World Christian Encyclopedia*)』에 의하면, 1982년에 중국은 130만 명의 기독교 인구를 가지고 있었으나 18년 후에는 9천만 명의 기독교 인구를 가지게 되었다.[26]

오늘날 많은 선교사가 제3세계에서만 일하는 것이 아니라 서구(유럽과 북미)에서도 일하고 있다. 바꾸어 말하자면 서구는 또 다른 선교지가 되었다. 왜냐하면 서구는 기독교의 유산을 잃어가고 있기 때문이다. 서구는 포스트모더니즘, 종교다원주의, 그리고 세속화로 인하여 많은 비기독교 인구를 가지게 되었다. 비서구인들도 역시 세계화의 결과로 이러한 경향에 의하여 영향을 받고 있다. 조지 헌터 교수는 서구에서 세속화에 영향을 미친 6대 사건을 르네상스, 종교개혁, 민족주의, 과학, 계몽주의, 그리고 도시화라고 지적하였다.[27] 기독교제국은 이러한 도전들에 대한 교회의 병적인 반응의 양태로

---

24) Floyd T. Cunningham, *Holiness Abroad: Nazarene Missions in Asia* (Lanham, Maryland: The Scarecrow Press, 2003), ch. 1. 커닝햄에 의하면, 나사렛교회는 20세기를 거쳐서 그 자신의 독특한 신학과 관행을 많은 나라들에로 수출하였다. 그 교회의 목표는 자율적인 선교지의 교회들을 세우는 것이라기보다는 하나의 국제적인 성결단체를 세우는 것이다. 나사렛 교인들은 그들의 목적이 선교지의 토착적 교회들을 세우는 것이 아니라 국제적인 교회를 세우는 것인 양 다양한 문화에 주목하지 않았다. 위의 책, 1-2. 그들은 그들이 나사렛교회의 정치와 철학을 논의할 때 "국제화"라는 용어를 쓰기를 선호하였다.

25) 방글라데시 나사렛교회 북서부지방 감독인 수카말 비스바스와의 개인면담(1011년 5월 18일). 그에 의하면 새로운 교회의 평균 정회원은 30명이다.

26) David Garrison, *Church Planting Movements* (Midlothian, VA: WIGTake, 2004), 52.

27) George G. Hunter, *How to Reach Secular People* (Nashville, TN: Abingdon Press, 1992), 26-29.

인하여, 즉 교회의 신뢰를 떨어뜨리며 사람들을 교회의 증거로부터 격리시키는 반응들로 인하여 쇠퇴하고 있다.[28)]

유럽과 북미에서 복음화 사역에 관련된 비서구 세계의 선교사들의 수는 결코 적지 않다. 결과적으로 1960년에서부터 1990년까지 비서구의 복음주의자들의 인구가 2900만으로부터 2억 8백만으로 증가할 동안 서구의 복음주의자들의 수는 5770만으로부터 9590만까지 증가하였다.[29)] 비서구 세계의 그리스도인들은 하나님의 부르심을 인식하였고 그들도 "보내는 자들"임을 깨달았다. 미국과 캐나다로부터 파송된 선교사들의 수는 1988년 50,500으로부터 1992년 41,142까지 감소하였다.[30)] 한편 한국과 인도는 세계를 향하여 많은 수의 선교사들을 파송하였다.[31)] 비서구 선교사들의 수는 서구 선교사들의 수보다도 빠르게 증가하여 왔다. 이와 같은 현상은 선교사역의 세계화라는 용어로 설명될 수 있다. 이러한 교회들은 세계 도처에서 교차문화적 선교사역에 몸담고 있는 동역자들이다. 기독교 선교는 효과적인 세계복음화를 위하여 서구 교회와 비서구 교회 사이의 동반자 관계의 발달을 요구한다.

거스리에 의하면, 네 가지 유형의 국제화된 조직화가 등장하였다. 즉 공통의 목표와 전략의 추구를 위한 협력적 파트너십, 업무지향적 파트너십, 국제적 에이전시들, 그리고 국제적 운동들이 그것들이다.[32)] 그와 같은 파트너십은 교차문화적으로 사람들에게 찾아가서 복음을 전하며 21세기 선교가

---

28) 위의 책, 29.

29) Stanley M. Guthrie, "Globalization," *Evangelical Dictionary of World Missions*, ed., A Scott Moreau (Grand Rapids, MI: Baker Books, 2000), 395. Cf. Walbert Buehlmann, *The Coming of the Third Church* (Maryknoll, NY: Orbis Books, 1976), 19-24.

30) Guthrie, "Globalization," 395.

31) Bob Moll, "Missions Incredible," *Christianity Today*, vol. 50, no. 3, (March 2006), 28-32.

32) Guthrie, "Globalization," 396.

가진 세계화의 분명한 모습을 보여준다.

V. 세계화의 몇 가지 위험들

대부분의 사람은 주로 경제적 이유로 인하여 세계화를 원한다. 그러나 세계화가 필요한 다른 이유도 있다. 이미 논의한 바와 같이 세계화는 경제 분야에서만 일어나지 않고 문화와 종교 같은 다른 분야들에서도 일어난다. 예를 들면, "한류는 유럽에서조차 매우 강하다. 많은 프랑스 젊은이들이 한국의 대중가요들과 춤들에게 매료되고 있다. 2011년에 수천 명의 프랑스 젊은이들이 파리 시내에서 공연하는 동안 한국 대중가요 가수들과 댄서들과 더불어 노래를 부르고 춤을 추었다.[33] 그 후 몇 명의 프랑스 젊은이들은 한국의 새 세대의 문화를 체험하기 위하여 한국을 방문하였으며 새로운 경향을 따르고 즐겼다. 한류는 아시아와 유럽에 확산되고 있다. 한국의 대중가요들과 춤 뿐만 아니라 한국의 영화들, 연극들, 그리고 음식(김치)이 사람들의 민족성을 불문하고 중국, 일본, 그리고 베트남과 같은 아시아 국가들에서 유행하고 있다. 마치 큰 바다의 파도처럼 한류는 세계 도처에 흘러가고 있다. 젊은이들은 맹목적으로 그와 같은 추세에 빠져들면서 그것을 쫓아가고 있다. 그렇게 하면서 그들은 그들의 정체성과 문화도 잃을 수 있다. 이미 지적한 바와 같이, 중요한 것은 세계화뿐만 아니라 토착화이다. 이 문제는 어떤 사람들이 제안하는 것처럼 "글로컬리제이션"이라는 말로 더 논

---

33) Heung Shin Park, "Wildfire of Han Ryu in Europe beyond France," 『Chosun Daily New Paper』, 2011.5.10, 45.

의될 것이다.

새로운 한류 문화뿐만 아니라 다른 나라들의 문화의 흐름도 지리적, 언어적, 인종적, 그리고 종교적 경계를 뛰어넘어 전파될 수 있다. 이와 같은 운동 속에서 세계의 서로 다른 문화들은 그들 자신의 전통과 고유성을 잃으면서 서로에게 영향을 주면서 비슷해져 왔다. 토착화는 형식적 일치를 요구하는 것이 아니라 다양성을 요구한다. 기독교는 어떤 사람들이 말하는 것처럼 "다양성 속에서 통일성"을 축하한다. 이와는 대조적으로 오늘날 세계의 새로운 문화적 경향은 다양화되기보다는 동일화되고 있다. 통일화는 역기능적일 수 있다. 선교역사가인 데이빗 쉥크는 이데올로기로서 막시즘이 하나의 보편적인 철학과 정치체계 안에서 전 세계적 공동체의 통일을 위한 프로그램을 제고함으로써 신이 되어왔다고 지적하였다.[34] 기독교는 선교사가 부름을 받는 선교지의 주민들에게 성서적 진리를 효과적으로 전달하기 위해서 많은 토착화 교회들을 요구한다.

세계화는 반드시 모든 것이 같아야 한다는 것을 의미하지 않는다. 오히려 세계화는 "5분지 4의 세계 교회들(제3세계 교회들)이 세계선교에 참여할 때 그들의 장점들과 그들 자신의 문화적 고유성에 바탕을 둔 구조들과 접근들을 자유롭게 개발할 수 있는 것을 의미한다."[35] 종종 서구 교회는 세계 도처에서 동일하게 보이는 패키지된 접근, 이른바 맥도널드 접근(맥 미션스)을 사용해 왔다. 이러한 방법론을 따르면서, "많은 선교부는 그들의 역량을 단일한 인구 그룹으로 구성된 교회들을 개발하는 데 모았다."[36] 이와 같은 접근

---

34) David W, Shenk, *Global Gods: Exploring the Role of Religions in Modern Societies* (Scottdale, Penn: Herald Press, 1995), 31-34.

35) David Claydon, ed. *A New Vision A New Heart A Renewed Call*, vol. 1, 50.

36) Moreau, et. al., Introducing World Missions, 15. Cf. Donald A. McGavran, Understanding Church Growth, rev. ed. (Grand Rapids, MI: Eerdmans, 1980), 223; C. Peter Wagner, Your Church Can Grow (Pasadena, CA: Regal Books, 1976), 127-43. 동질집단의 원리(H. U. P.)는 크게 교회성장운동에 기여하였다. 그러나 그것은 몇몇 자유주

은 "다양성으로부터 소외되고 그들의 민족성에 의하여 절연된 교회들을 세운다."[37]

경제적 세계화를 다루는데 있어서 조차 세계화에 대한 접근은 주의를 기울여야 한다. 예를 들면, 사업을 위한 관리자들은 서로 상이한 문화들을 다루는 것을 배워야 하며 지역적으로 감수성이 있어야 한다. 그들은 단순히 국제적인 부서에만 의존하기보다는 네트워크의 조직적인 능력을 개발해야 한다. 그들은 지역적으로 사고하고 행동해야 한다.[38] 마찬가지로 기독교적 세계화는 주의 깊은 접근이 필요하다. 그것은 지역 문화들을 주의 깊게 조사하는 것을 요구하는바 다양한 문화권들 안에서 지역교회들은 주님의 몸을 더욱 견고하게 세우기 위하여 성경을 해석한다. 마이클 포콕이 지적한 바와 같이, 세계화는 우리가 일하는 컨텍스트와 다양한 문화 속에서 살아가는 사람들이 서로를 이해하는 방법과 사람들이 사고하며 서로에게 다가 가는 방법을 근본적으로 변화시키기 때문에 더욱 중요한 것이다.[39] 과거에 한국 사람들은 예술, 이데올로기, 기술, 그리고 삶의 방식에 있어서 서구 사람들처럼 되기 위하여 맹목적으로 서구의 경향을 따르려고 했다. 예를 들면, 많은 한국의 신학자들은 그들이 서구에서 교육을 받았기 때문에 서구의 신학들을 모방해 왔다고 볼 수 있는데, 서구는 그들로 하여금 외국의 아이디어와 감정과 가치는 물론 다른 문화적 경향들을 무비판적으로 수용하도록 도왔다.[40] 이미 주장한 바와 같이, 다양한 문화들의 낯선 요소들에 대한 무

의 신학자들로부터 비판을 받았다. 그러나 동질집단의 원리는 문화의 다양성을 전제하고 있다고 본다.

37) 위의 책.

38) Jeffus, "Survey of the Theories of Globalization," 5-6.

39) Michael Pocock, et. al. *The Changing Face of World Missions* (Grand Rapids, MI: Baker Academic, 2005), 24.

40) Paul G. Hiebert, *Anthropological Insights for Missionaries* (Grand Rapids, MI: Baker, 1985), 30-35. 히버트에 의하면, 문화는 세 가지 차원들, 즉 인지적, 감정적, 그리고 가치

비판적인 수용은 그들로 하여금 무비판적인 상황화로 나아가게 할 수 있다. 그 결과 그것은 바람직하지 않은 상황화의 부산물을 불러올 수 있다. 그러므로 기독교 선교는 효과적인 교차문화적 선교를 위하여 건강한 상황화를 필요로 한다.

VI. 세계화의 선교학적 의미

그 동안 논의된 세계화는 교차문화적 선교에 있어서 매우 중요하다. 기독교는 수세기에 걸쳐서 오늘의 세계화 단계까지 발전해 왔다. 기독교 자체는 라민 사네가 복음의 "번역가능성"이라는 용어로 제시한 것과 같이 세계화의 성향을 갖고 있다.[41] 예를 들면, 나사렛교단의 예닮교회는 한국의 천안에 소재한 지역교회로서 약 50명의 교인을 갖고 있다. 그 교회는 한국인들, 미국인들, 중국인들, 필리핀인들, 베트남인들과 아프리카인들로 구성되어 있다. 때때로 그 교회는 서로 다른 종족을 대표하는 7개국의 출신들로 구성되어 있다. 그들은 민족성, 언어, 피부색, 그리고 문화의 측면에서 서로 다르지만 한 마음을 가지고 전능하신 하나님께 예배를 드려왔다. 부활절과 크리스마스와 같은 특별한 행사가 있을 때, 그들은 그들의 고유한 의상을 입고 주님께 찬양과 경배를 드렸다. 그들은 하나님의 은혜와 그들의 믿음을 통하여 받은 구원을 축하하기 위하여 다양한 춤을 추기도 한다. 그들은 교차문화적 의사소통을 위해서 영어로 말하지만, 개인적으로 기도할 때에는

적 차원을 갖는다.

41) Lamin Sanneh, *Translating the Message* (Maryknoll, NY: Orbis Books, 1989).

그들의 모국어를 사용한다. 그 교회는 작은 규모의 교회이지만 예배와 사역에 있어서 세계화된 교회이다. 그 교회는 한국에서 공부하는 유학생들을 재정적으로 도와주기도 하면서 필리핀에 있는 교회의 개척에도 참여하고 있다. 그 교회는 한국에서 다양한 사람들의 필요에 봉사하는 세계화된 교회라고 볼 수 있다. 기독교 선교의 차원에서 볼 때, 그 교회는 세계화의 좋은 예라고 보여 진다.

세계화는 복음과 문화 사이에서 균형을 맞춤으로써 효과적인 교차문화적 선교를 위한 토착화를 요구한다. 만약 기독교가 항상 문화를 고려하지 않고 복음만을 강조한다면 그것은 문화적 상관성을 상실한다. 그러므로 기독교는 세계화의 과정에서 일종의 균형이 필요하다. 기독교적 세계화를 추구하는 선교사들은 복음을 아직 그리스도인들이 되지 아니한 사람들에게 분명하게 의미 있도록 만들기 위해 비판적 상황화를 추구하는 동시에 복음을 중시하여야 한다. 복음전달의 궁극적 목적들은 하나님의 영광은 물론 회심과 교회개척과 하나님의 나라의 확장이다.[42] 진실로 세계화는 기독교가 세계로 하여금 모든 인류를 위하여 영생의 복음을 듣도록 하는 것을 가능하게 만든다.

이러한 맥락에서 기독교 선교는 세계화와 토착화를 함께 필요로 한다. 다른 말로 표현하자면 기독교는 복음의 메시지에 나타난 그리스도의 유일성을 희생하지 않고서 세계화를 비판적으로 받아들일 필요가 있다(요 14:6; 행 4:12; 딤전 2:5).[43] 예수 그리스도는 성서가 초점을 맞추고 있는 복음의 핵심이다.

---

42) David J. Bosch, *Witness to the World*, 143. 보쉬는 "네 단계들"로 이러한 목적들을 언급하였는데, 그것들은 영혼의 회심, 신자들의 공동체에로의 회집, 국가에서의 그리스도의 통치, 그리고 그리스도의 우주보편적인 통치이다.

43) Ajith Fernando, "The evangelist proclaims that Jesus Christ is the only way and calls for a response of faith," *The Mission of an Evangelist* (Minneapolis, MN: World Wide Publications, 2001), 93-102. Cf. R. Robertson, "Glocalization: Time-Space and Homogeneity-Heterogeneity," in M. Featherstone, S. Lash and R. Robertson ed.,

그는 지혜, 예언, 그리고 율법의 완성이시다. 그는 생명을 주는 자이실 뿐만 아니라 생명의 근원이시다. 교회들은 그를 영화롭게 하려고 그에게 영광과 찬양을 드려야 한다. 이것들은 하나님의 선교의 효과적인 도구들로써 그것들을 통하여 사람들은 지금 여기서 하나님 나라를 경험할 수 있다.[44] 기독교적 세계화는 하나님의 선교가 하나님의 나라의 효과적인 수단이 되는 동안 하나님의 선교의 지속적인 과정이다. 토착화 교회들은 하나님의 나라 확장을 위해 하나님의 구속 의지와 계획에 따라서 세워지고 자라야 한다. 프레드 파커가 말한 바와 같이 전통적인 세계적인 사역들 – 전도, 교육, 그리고 의료 – 은 하나님 나라의 지평을 확대하기 위해 재난재해 구제사역, 아동후원, 그리고 경제개발과 같은 새로운 사역들과 협력해야 한다.[45] 교회들은 하나님의 영광을 위하여 효과적으로 그의 선교에 동참하기 위해 그리스도의 몸으로서 연합해야 한다.

Global Modernities (London, 1995), 30.

44) Missio Dei("하나님의 보내심")는 1943년에 칼 하르텐슈타인에 의하여 처음 쓰여졌다. 그는 그 당시 자유주의 신학의 인간중심에 대항하는 Actio Dei("하나님의 활동")를 강조하는 칼 바르트에 영향을 받았다. 하르텐슈타인은 1952년 IMC 빌링겐대회에서 "신학적 각성"이란 그의 글에서 이 용어를 다시 사용하였다. 게오르그 비체돔은 1963년 멕시코시티에서의 CWME 모임에서 선교학을 위하여 이 개념을 대중화하였다. 그는『하나님의 선교: 선교신학입문』이란 저서를 발행하였다. Missio Dei의 개념에 관하여 더 자세한 내용을 알고자 한다면 John A. McIntosh, "Mission Dei," *Evangelical Dictionary of World Missions*, ed. A. Scott Moreau (Grand Rapids, MI: Baker, 2000), 631-33을 참고하라.

45) J. Fred Parker, *Mission to the World: A History of Missions in the Church of the Nazarene through 1985* (Kansas City, MO: Nazarene Publishing House, 1988).

VII. 세계화와 지방신학

세계는 세계화를 경험하고 있다. 기독교도 더 이상 예외가 아니다. 특히 기독교는 세계화의 관점에서 논의될 필요가 있다. 그렇지 않으면 신학의 고립화는 불가피하다. 민중신학은 한국의 문화적 상황에서 개발되었다. 민중신학은 한국의 정치적, 경제적, 그리고 사회적 상황에서 가난한 자들, 병자들, 그리고 억압당하는 자들의 한계적 삶을 반영하고 있다.[46] 물론 한국의 지방신학의 개발은 선교신학의 관점에서 볼 때 본질적이다. 로버트 슈라이터는 토착화 교회가 성장과 성숙을 경험하기 위하여 지방신학을 개발할 필요가 있다고 주장한다. 그렇게 함으로써 토착화 교회는 문화에 귀를 기울일 필요가 있다.[47] 더 나아가서 폴 히버트는 교회가 이른바 "삼자"원리를 극

---

46) David Kwang-sun Suh, "Minjung and Theology in Korea: A Biographical Sketch of an Asian Theological Consultation," *Minjung Theology: People as the Subjects of History* (Singapore: Christian Conference of Asia, 1981), 18-21. 서광선에 의하면, "민중"은 1970년대로부터 1980년에 이르기까지 정의를 위한 정치적 투쟁에 참여한 기독교적 경험으로부터 자라난 용어이다. 더 나아가서 민중은 한국의 정의가 없는 정치적 그리고 경제적 시스템에 의하여 야기된 고통과 억압의 느낌인 축적된 "한"을 가진다. Kwang-Don Chun, *Theology of Han: There was Han in the Beginning* (Seoul: The Christian Literature Society of Korea, 2007), 241-96. 전광돈은 이 저서에서 한의 7가지 주요 특징을 제시하고 있으며 인간의 감정의 용어로 한의 3가지 분출하는 특징을 제시하고 있다. 전광돈은 비록 그가 "신학적으로 말하여 한이 계급주의, 성차별주의, 식민주의, 그리고 인종차별주의의 복잡한 상호관계 속에 있는 억압의 죄악 된 구조로부터 출발한다"고 말하지만 한을 신학적이라기보다 심리학적으로 정의하고 있다. Kwang-don Chun, "A Critical Analysis of the Conception of Han in Relation to the Blues," Ph. D. Dissertation (Vanderbilt University, 1998). 실제적으로 한은 동학혁명, 3.1독립운동, 4.19의거, 그리고 5.18민주화운동에 의하여 나타나고 있는 바와 같이 한국의 역사 속에서 폭발되었다.

47) Robert J. Schreiter, *Constructing Local Theologies* (Maryknoll, NY: Orbis Books, 1985), 39. 슈라이터에 의하면, 지방신학의 개발은 거대한 교회의 전통을 지방 환경 속으로 번역하기 보다는 문화의 연구로부터 시작한다. 더 나아가서 이와 같은 과정 없이 교회는 문화 속에서 기독교를 낯선 몸으로 소개하고 유지하는 위험에 처하게 될 것이다.

복하는 동시 진정한 의미의 토착적 교회가 되기 위해 “제4의 자아”를 개발할 필요가 있다고 제안한다.[48] 윌리암 더니스가 말한 바와 같이, 제3세계에서 다양한 지방신학들이 발달하고 있다.[49] 아시아 신학은 종교철학적 맥락에서 개발될 수 있으며, 아프리카 신학은 문화적 전통에 바탕을 두고 발전할 수 있으며, 라틴 아메리카 신학은 정치적 압박과 경제적 착취의 정황에 근거하여 발달할 수 있다. 그러나 그들은 모두 함께 그리스도 안에서 성숙에 이르러야 한다. 지방신학들은 특수한 정황 속에서의 성서적 진리의 해석의 결과이다. 성서는 같은 진리를 갖고 있으나 그것의 해석은 다양한 교회전통들, 신학적 성향들, 그리고 방법론들에 따라 다를 수 있다. 이와 같은 맥락에서 민중신학은 대표적인 지방신학으로서 한국의 역사와 문화를 반영하고 있다.

이미 언급된 바와 같이, 민중신학은 크게는 한국의 정치적, 경제적 상황의 입장에서 한국 사람들의 한을 논의하였다. 민중신학은 성서를 해석할 때 민중의 삶의 정황을 강조하였다. 한국의 대표적인 민중신학자들인 안병무와 서남동은 억압당하는 민중의 고통스러운 삶의 이야기들을 통하여 한의 문제를 다루었다. 데이빗 보쉬가 보았던 것처럼, 그들은 대부분의 해방신학자가 그렇게 했던 것처럼 성서를 연역적으로가 아니라 귀납적으로 해석하려고 하였다.[50]

그 후 많은 신학자들은 민중신학에 관심을 가졌으며 한국의 특수한 정황

48) Paul G. Hiebert, *Anthropological Insights for Missionaries* (Grand Rapids, MI: Baker, 1985), 193-96. 히버트에게는 “제4의 자아”는 스스로 신학하는 것, 즉 지방신학의 개발이다. 한편 윌리암 스말리는 토착적 교회는 진정한 의미에 있어서 토착적 교회가 되기 위해 삼자원리, 즉 자립, 자치, 자전을 극복해야 한다고 주장한다. William A. Smalley, “Cultural Implications of an Indigenous Church,” *Readings in Missionary Anthropology II*, ed. by William A. Smalley (Pasadena, CA: William Carey Library, 1978), 366-67.

49) William A. Dyrness, *Learning about Theology from the Third World* (Grand Rapids, MI: Academic Books, 1990), 14-17.

50) David J. Bosch, *Transforming Mission: Paradigm Shifts in Theology of Mission* (Maryknoll, NY: Orbis Books, 1991), 438-40.

(Sitz im Leben)에서의 "스스로 신학하기"에 의한 민중운동에 합류하였다. 민중신학자들은 민중을 역사의 주체로 보고 그것을 강종하였으며 그들에 의한 구원을 역설하였다. 그와 같이 그들은 사람들이 물질적 개량과 사회정치적 변화를 위해서 능동적이고 책임 있는 대리인들이 된다는 구원관을 가졌다. 서남동은 민중은 메시아의 역할을 감당해야만 한다고 주장하였다.[51] 그러나 그들의 신학은 정통신학, 특히 복음주의 신학의 입장에서 볼 때 심각한 문제를 가지고 있다. 민중신학은 합리적 지식의 신학이라기보다는 실천의 신학이다.[52] 민중신학은 민중이 사회의 구조적 악으로부터 스스로를 구원하기 위하여 막시즘의 틀을 통하여 부정의한 사회를 변혁하려고 노력하였다. 민중신학은 민중이 하나님의 선교(Missio Dei)에 참여함으로 말미암아 그들의 삶의 의미를 찾을 수 있는 메시아적 공동체를 건설하려고 하였다.[53]

그러나 민중신학이 오늘날 유행하지 않고 있다고 하는 것은 비극적이다. 그 이유는 무엇일까? 민중신학은 세상에서 하나님의 선교의 총체성을 강조하는 통전적 선교보다는 단순히 정치적, 경제적, 그리고 사회적 이슈들에 초점을 맞추려는 경향이 있었기 때문이다. 더 나아가서 민중신학은 다양한 문화들 속에서의 신학적 대화로 특징 지워지는 신학의 세계화에 참여함을 무시하면서 타문화권들 속에 있는 다른 전통들과의 교제로부터 고립되어왔다.[54]

---

51) 서남동, 『민중신학의 탐구』 (서울: 한길사, 1983), 180-81. Suk Ho Moon, "A Study of the Motifs of Minjung Theology Focused on Jesus Christ," *Chongsin Review*, vol. 4, (1999): 85-87. 안병무, 『민중신학 이야기』 개정판 (서울: 한국신학연구소, 1988).

52) Gustavo Gutierrez, *A Theology of Liberation* (Maryknoll, NY: Orbis Books, 1988), 3-9.

53) 에큐메니칼들과 몇몇 자유주의 신학자들은 하나님의 선교, 즉 하나님 스스로가 선교사역의 주체라고 하는 개념에 대하여 종합적인 견해를 가진다. Bosch, *Transforming Mission: Paradigm Shifts in Theology of Mission*, 242-43.

54) Chung-Jin Park, "Mission of Korean Protestant Church in the Globalization Context," *University and Mission*, no. 10, June 2006, 109-21. 저자는 한국교회가 연대성, 복음의 증거, 그리고 화해의 입장에서 하나님의 선교에 참여할 필요가 있다고 주장하였다. 더 나아

한국교회는 오늘날 세계화의 시대에 세계화의 강점을 최대한 활용할 필요가 있다. 이미 진술한 바와 같이 기독교는 세계에서 교차문화적 선교라는 관점에서 세계화에 밀접하게 연관되어 있다. 기독교는 우리 주 예수 그리스도의 지상명령을 수행하기 위하여 이방인 선교라는 형태로 하나님의 선교에 동참했다. 슈라이터도 알고 있는 바와 같이, 서구신학은 우주보편적인 신학이 아니라 지방신학들 중 하나이다.[55] 이러한 견해는 세계 도처에서 많은 신학자들에 의하여 확인되었다. 서구신학은 제3세계 신학들과 신학적 교류를 가질 필요가 있다. 특히 민중신학은 한국의 특별한 정치, 경제적 상황으로부터 발달했지만 세계화의 시대에 신학적 고립을 피하고자 이와 같은 교류를 가질 필요가 있다. 이러한 맥락에서 한국교회는 주님의 지상명령을 이행함으로써 하나님의 나라를 확장하기 위하여 교차문화적 선교의 관점에서 세계화에 적극적으로 참여할 필요가 있다.

VIII. 맺는 말

우리는 세계화의 시대에 복음의 메시지를 세계도처에서 더욱 의미 있게 만들어야만 한다. 오늘날 우리는 세계화를 떠나서 기독교 선교를 생각할 수 없다. 세계화는 세계 도처에서 전파력을 가지고 있다.[56] 실제로 기독교 세계

가서 그는 한국교회가 세계화와 토착화와 관련된 강조점들 사이에서 우선순위를 정할 필요가 있다고 주장하였다.

55) Edward Schillebeckx, "Forward," in Robert J. Schreiter, *Constructing Local Theologies* (Maryknoll, NY: Orbis Books, 1985), ix-x.

56) Robert Reese, "Globalization and Missions," *Missiology: An International Review*, vol.

화는 교회의 탄생으로부터 시작되었다. 환언하면 세계화의 역사는 기독교의 역사이다. 그러나 기독교 세계화는 인터넷에 의하여 가능해진 상호연결성을 통하여 현실화되었다. 그렇다면 우리는 세계화의 시대에 무엇을 심각하게 고려해야 할까? 필자는 세계화의 맥락에서 기독교 선교에 관하여 다섯 가지 사항을 제안하고자 한다.

첫째, 기독교 선교는 그리스도인들이 혼돈에 빠지지 않도록 세계화를 분명하게 정의할 필요가 있다. 세계화를 분명하게 정의하려고 하는 소수의 학자가 있는 것 같다. 그리스도인들은 세계화에 대한 보다 분명한 목표와 개념을 가지고 효과적으로 세계복음화에 참여해야 한다. 기독교 세계화는 성서적으로 그리고 신학적으로 논의될 필요가 있다.

둘째, 기독교 선교에 관련된 사람들은 지상명령을 더욱 효과적으로 수행하기 위하여 세계화와 토착화 사이에서 균형을 유지할 필요가 있다. 기독교 선교는 세계화와 토착화를 전체적으로 통합할 필요가 있다. 세계화는 기독교를 확장하고자 하는 경향을 보이고 있으나 토착화는 지역교회를 더욱 건강하게 하려는 경향을 갖고 있다. 특히 자신학화 즉 지방신학의 발달이 강조될 필요가 있다.

셋째, 교차문화적 선교에 관련되어 있으며 서구 선교사들과 함께 일하는 비서구 선교사들은 인정받아야만 한다. 교회는 종교다원주의와 세속화로 인하여 서구가 하나님을 떠나고 있다는 사실을 인식해야만 한다. 세계선교를 위하여 역선교가 필요하다.

넷째, 선교사들과 선교학자들은 효과적인 교차문화적 선교를 위하여 다양한 전도방법들을 개발해야만 한다. 인터넷이 선교사들이 복음을 가지고 미전도종족들을 효과적으로 전도하도록 하기 위해 많은 선교관련 자료들을

36, no. 3 (July 2008): 307. 리즈는 "세계화는 단일한 세계경제를 향한 오늘날의 흐름이다. 기독교 선교 역시 세계적이며, 세계화는 선교에 지대한 영향을 미치고 있다"고 진술하였다.

신속하게 접근하도록 돕는다. 선교사들은 여러 가지 상황에 지혜롭고 기술적으로 대처할 수 있도록 교육을 받을 필요가 있다.

다섯째, 기독교 선교에 관련된 모든 이들은 세계 도처에서 교차문화적 선교에 효과적으로 동참하기 위하여 세계화의 장단점에 관하여 분명하게 이해할 필요가 있다.[57]

교회는 세계화를 위대한 기회이자 동시에 도전임을 알고 그것에 효과적으로 접근해야 한다. 실용주의에 기초하여 교회는 세계화를 효과적인 교차문화적 사역을 위한 기회로써 포착해야 할 필요가 있다. 그러나 진정한 토착화 교회를 세우지 않고는 진정으로 세계적인 기독교는 있을 수 없다. 더 나아가서 외국이나 한국에서 지방신학을 개발하지 않고서는 진정한 토착적 교회도 있을 수 없다.

57) Richard H. Bliese, "Globlalization," *Dictionary of Mission*, ed. by Karl Mueller, et. al. (Maryknoll, NY: Orbis Books, 1997), 176. 블리즈는 "세계화의 도전에 대한 교회의 6가지 선교적 영역들은 선교와 전도; 에큐메니즘; 종교간 대화; 도시선교; 교차문화적 사역; 평화, 정의, 그리고 생태이다"라고 진술하였다. 그러나 복음주의자들은 효과적인 세계복음화를 위하여 무엇을 다루어야 할지를 분명히 이해해야 한다. 교회는 하나님의 나라와 그의 무한한 사랑을 증거 하기 위하여 개인적으로 공동체적으로 그리고 세계적으로 지역적으로 부름 받았음을 확실히 알아야 한다,

참고문헌

Allen, Roland. *Missionary Methods: St. Paul's or Ours?* Grand Rapids, MI: Eerdmans, 1962.

Bosch, David J. *Transforming Mission: Paradigm Shifts in Theology of Mission*. Maryknoll, NY: Orbis Books, 1991.

Buehlmann, Walbert. *The Coming of the Third World*. Maryknoll, NY: Orbis Books, 1976.

Claydon, David. ed. *A New Vision A New Heart A Renewed Call*, Vol. 1. Pasadena, CA: William Carey Library, 2005.

Cunningham, Floyd T. *Holiness Abroad: Nazarene Missions in Asia*. Lanham, Maryland: The Scarescrow, 2003.

Donovan, Vincent J. *Christianity Rediscovered*. Maryknoll, NY: Orbis Books, 1978.

Fernando, Ajith. *The Mission of an Evangelist*. Minneapolis, MN: World Wide Publications, 2001.

Garryson, David. *Church Planting Movement*. Midlothian, VA: WIGTake, 2004.

Guthrie, Stanley M. "Globalization." *Evangelical Dictionary of World Missions*. ed. Scott Moreau. Grand Rapids, MI: Baker Books, 2000.

Gutierrez, Gustavo. *A Theology of Liberation*. Maryknoll, NY: Orbis Books, 1988.

Hiebert, Paul G. *Cultural Anthropology*. 2nd ed. Grand Rapids, MI: Baker Book House, 1976.

______________. *Anthropological Insights for Missionaries*. Grand Rapids, MI: Baker, 1985.

Hunter, George G. *How to Reach Secular People*. Nashville, TN: Abingdon Press, 1992.

Kane, Herbert J. *Christian Missions in Biblical Perspective*. Grand Rapids, MI: Baker Book House, 1976.

Luzbetak, Louis J. *The Church and Cultures*. Maryknoll, NY: Orbis Books, 1988.

McGee, Gary. "Evangelical Movement." *Evangelical Dictionary of World*

Missions. ed. A. Scott Moreau. Grand Rapids, MI: Baker Books, 2000.

McIntosch, John A. "Missio Dei." *Evangelical Dictionary of World Missions*. ed. A. Scott Moreau. Grand Rapids, MI: Baker Books, 2000.

Parker, J. Fred. *Mission to the World: A History of Missions in the Church of the Nazarene through 1985*. Kansas City, MO: Nazarene Publishing House, 1988.

Sanneh, Lamin. *Translating the Message*. Maryknoll, NY: Orbis Books, 1989.

Schillebeeckx, Edward. "Forward." in Robert J. Schreiter, *Constructing Local Theologies*. Maryknoll, NY: Orbis Books, 1985.

Schreiter, Robert J. *Constructing Local Theologies*. Maryknoll, NY: Orbis Books, 1985.

Senior, Donald and Carroll Stuhmueller. *The Biblical Foundations for Mission*. Maryknoll, NY: Orbis Books, 1984.

Smalley, William A. "Implications of an Indigenous Church." *Readings in Missionary Anthropology II*. Pasadena, CA: William Carey Library, 1978.

Tillich, Paul. *Systematic Theology*, Vol. 2. Chicago: The University of Chicago Press, 1963.

__________. *What is Religion?* tr. James Luther Adams. New York: Harper Torchbooks, 1969.

Tippett, Alan R. *Verdict Theology in Missionary Theory*. South Pasadena, CA: William Carey Library, 1973.

Walls, Andrew F. "The Gospel as Prisoner and Liberator of Culture." *New Directions in Mission and Evangelization*, Vol. 3. ed. James A. Scherer and Stephen B. Bevans. Maryknoll, NY: Orbis Books, 1999.

서남동. 『민중신학의 탐구』. 서울: 한길사, 1983.

안병무. 『민중신학 이야기』. 서울: 한국신학연구소, 1988.

Hiebert, Paul G. "Critical Contextualization." *International Bulletin of Missionary Research*, Vol. 11, No. 3, (July 1987): 104-111.

Moll, Bob. "Missions Incredible." *Christianity Today*. Vol. 50, No. 3, (March 2006): 28-32.

Reese, Robert. "Globalization and Mission." *Missiology: An International Review*. Vol. 36, No. 3 (July 2008): 307-315.

Whiteman, Darrell L. "Effective Communication of the Gospel Amid Cultural Diversity." *Missiology: An International Review*. Vol. 12, No. 3, (1984).

__________________. "Contextualization: The Theory, the Gap, the Challenge." *International Bulletin of Missionary Research*. Vol. 21, No. 1, (January 1997): 2-7.

Jeffus, Wendy M. "Survey of the Theories of Globalization." http://wendyjeffus.com/images/Globalization.doc., unpublished article (n.d.), 1-53. May 8, 2011.

Park, Heung-Shin, "Wildfire of Han Ryu in Europe beyond France." 『Dong A Daily Newspaper』, May 10, 2011, A-25.

신학교육의 목적과 방향에 관한 로잔운동의 입장[1)]

장남혁 • 서울장신대학교

I. 들어가는 말

신학교육 기관은 교회의 지도자들을 양성하기 위해 특별히 설립된 훈련 및 교육 프로그램을 시행한다. 그렇다면 그 기관들은 어떠한 지도자들을 배출해야 하는가? 특별히 오늘날 세계화가 급속도로 진전되며 기독교의 중심축이 서구세계에서 다수세계로 옮겨가는 세계 상황 속에서 신학교육은 어떠한 방향으로 나아가야 할 것인가?[2)] 오늘날 위기 상황에 처한 교회들에게 이러한 질문은 매우 시급하게 답변될 필요가 있다. 오늘 교회가 처한 위기를 타개해 나갈 지도자들을 배출하려면 어떠한 방향으로 신학교육이 수행되어야 하는가?

이러한 질문들에 대해서 답변하고자 많은 신학교육 기관들은 다양한 답

---

1) 이 글은『선교신학』48집 (한국선교신학회, 2017. 11월)에 게재된 글임을 밝힌다.

2) 방연상, 이만형, "세계기독교: 새로운 신학의 패러다임을 향하여,"『선교신학』제41집 (2016): 180-188.

변을 내어 놓았으며 다양한 대안들을 제시하고 있다. 특히 1980년대 초부터 1990년대 초사이에 북미에서 일어난 신학교육 관련 논쟁은 수많은 신학자들의 참여를 이끌었으며 신학교육 전반에 걸쳐서 제시되는 다양한 대안들 사이에 열띤 논의를 촉발시켰다.[3] 더욱이 세계화가 급속도로 진전이 되는 가운데 세계 기독교(world Christianity)의 출현으로 기독교 내의 지형변화가 발생하는 상황 속에서 서구를 중심으로 형성된 신학교육 방식을 다수세계 내의 교회들과 신학교육 기관들이 그대로 수용할 것인지 아니면 자신들의 상황에 적합한 신학교육 형태를 만들어낼 것인지는 아주 중요한 이슈가 되고 있다.[4]

이러한 질문들에 대해서 전 세계 복음주의 그리스도인들의 회합인 로잔운동은 어떠한 입장을 표명하고 있는가? 로잔운동은 세계 복음화라는 분명한 과제를 중심으로 소집된 그리스도인들의 회합이고 실천지향적인 운동이다. 이 운동은 1974년부터 오늘날까지 세 차례의 대규모 대회와 그 사이에 모인 다양한 형태의 중, 소규모 모임들을 통해서 세계 복음화를 위한 헌신을 결의하고 그것의 실천을 촉구해 왔다. 그런데 이 운동에서 신학교육의 목적과 방향에 대해서도 분명한 입장을 표명하는가? 그렇다면 그 입장과 견해는 무엇인가? 로잔운동은 세계 복음화라는 교회의 과제를 그대로 신학교육의 목적으로 삼는다. 그것은 급변하는 세계의 정황 속에서 세계 복음화에 기여하는 방향으로 신학교육이 이루어져야 한다는 점을 분명히 한다. 신학교육의 목적과 방향에 대한 로잔운동의 입장을 살펴보는 것은 오늘날 교회의 위기에 일조한 신학교육의 개혁 및 개선안을 찾는 데에 크게 기여할 것으로 사료된다.

---

3) Robert Banks, *Reenvisioning Theological Education: Exploring a Missional Alternative to Current Models* (Grand Rapids: Eerdmans, 1999), 10-11.

4) 장훈태, "로잔운동과 신학교육," 『선교신학』 제40집 (2015): 243.

II. 신학교육의 목적과 방향에 대한 논의의 배경

신학교육은 선교에 있어서 매우 중요한 한 차원이다.[5] 교회의 역사를 살펴보면 새로운 시대를 맞이하여 새로운 회중이 형성되면 그에 따라서 새로운 체계를 갖춘 신학교육 기관들이 생겨나게 된다.[6] 미국도 1600년대로부터 시작해서 여러 시대를 거쳐 가면서 새로운 인재상을 추구하는 다양한 틀을 갖춘 신학교육 기관들이 생겨나고 또한 사라져 갔다.[7] 그러한 변화과정 가운데 주목되는 점은 시대별로 다양한 지도자상이 제시되었다는 점이다. 크레이그 반 겔더(Craig Van Gelder)에 의하면, 1600년부터 1700년대 후반까지 '거류 신학자'(Resident Theologian)가 지도자상으로 제시된 데 비해 1700년대 후반에서 1800년대 중반까지는 '신사적 목회자'(Gentelman Pastor)가 새로운 지도자상으로 제시되었다. 그리고 1800년대 후반에서 1920년대 중반까지 '교회 목회자'(Churchly Pastor), 1940년대 중반에서 1970년대까지 '목회적 인도자'(Pastoral Director), 1960년대에서 1970년대 사이에는 '치료적 목회자'(Therapeutic Pastor)가 각각 새로운 지도자상으로 제시되었으며, 21세기 들어서 새로운 방향을 모색하는 가운데 '기업가적 지도자'(Entrepreneurial Leader)가 새롭게 제시되고 있다.[8] 반

---

5) 케이프타운 서약은 "가르침의 사역"으로서 신학교육을 "복음 전도를 넘어서는 사역이며 선교의 일부"로 이해한다. 로잔운동/ 최형근 역, 『케이프타운 서약: 하나님의 선교를 위한 복음주의 서약』(서울: IVP, 2012), 127. cf. CC-IIF-4항.

6) Craig Van Gelder, "Theological Education and Missional Leadership Formation: Can Seminaries Prepare Missional Leaders for Congregations?" in *The Missional Church & Leadership Formation: Helping Congregations Develop Leadership Capacity*, ed., by Craig Van Gelder (Grand Rapids: Eerdmans, 2009), 12.

7) 위의 책.

8) 위의 책, 18-32, 44.

겔더 자신은 1998년 이래로 활발해진 미셔널 논의의 연장선 상에서 '미셔널 지도자'(Missional Leader)를 오늘날에 합당한 지도자상으로 제시한다.[9]

그러한 가운데 주목되는 점은 1980년대 초부터 1990년대 초까지 신학교육의 목적과 목표에 대한 논쟁이 활발하게 일어난 것이다.[10] 열띤 논의는 에드워드 팔리(Edward Farley)의 문제제기로부터 시작되었다.[11] 그는 당시를 지배했던 '학문적 모델'(academic model)이 구체적인 상황으로부터 지식의 대상을 추상화시키고 교회 리더십을 개인적인 성직자의 기능과 동일시함으로써 신학교육을 파편화시켰다고 주장했다.[12] 또한 당시 널리 퍼진 신학교육의 사중적 구조 – 성경 연구, 교회사, 조직신학, 그리고 실천 신학 – 로 인해 생긴 커리큘럼의 분리 또한 파편화의 문제에 영향을 끼쳤다고 보았다.[13] 그런데 이러한 사중의 커리큘럼은 슐라이어마허(Schleiermacher)에게서부터 시작된 것으로 추정된다.[14] 유럽에서 생긴 그러한 구조가 그대로 북미로 이전되면서 신

9) 위의 책, 44.

10) Kyle J. A. Small, "Missional Theology for Schools of Theology: Re-engaging the Question 'What is Theological about a Theological School?'" in *The Missional Church & Leadership Formation: Helping Congregations Develop Leadership Capacity*, ed., by Craig Van Gelder (Grand Rapids: Eerdmans, 2009), 47.

11) 에드워드 팔리가 1983년도 출판된 그의 책 *Theologia: The Fragmentation and Unity of Theological Education*에서 파편화의 문제를 제기한 이래로 1990년대 초까지 수많은 신학자들이 논쟁에 참여해서 다양한 의견들을 개진하였다. 위의 책.

12) Robert Banks, *Reenvisioning Theological Education*, 20.

13) 위의 책.

14) 슐라이어마허는 초기 1800년대에 새롭게 설립된 베를린 대학 내에 전문적인 신학교(professional theological school)를 위치시킬 때 처음 삼중의 커리큘럼을 제시하였다. 처음에 제시된 대로는 아니지만, 신학 커리큘럼에 대한 그의 생각은 광범위한 영향력을 갖게 되었다. 실천신학을 타 학문분과에서 생성된 신학을 적용하는 것으로 이해한 그의 생각 밑바닥에는 계몽주의적 가정이 깊게 자리하고 있다. 이러한 이론과 실천 사이의 분리는 오늘날 신학교육에까지 심각한 영향을 미치는 현실이 되고 있다 Craig Van Gelder, "Theological Education," 35.; Bernhard Ott, "Mission and Theological Education," *Transformation* 18/2 (April 2001): 88. 안점식도 오늘날 선교지에서 신학교육을 수행하는데 있어서 이론과 실천이 분리되는 문제를 심각하게 지적한다. 안점식, "선교지의 신학 교육을 위한 제언," 『신학정론』 제28권 2호 (2011): 510-515.

학교육 내에서 분과사이의 분리와 경쟁은 더욱 가속화되고 파편화는 더욱 심화된 것으로 보인다.[15] 그리고 이러한 파편화를 극복하고 통일된 신학교육을 추구하기 위한 다양한 대안들이 제시되었다. 크레이그 반 겔더(Craig Van Gelder)는 신학교육을 그것이 추구하는 목적을 중심으로 (1) 성품 형성을 추구하는 신학교육(Paideia), (2) 연구조사를 통해서 신학적 지식의 창조를 추구하는 신학교육(Wissenshaft), (3) 교회를 위한 전문 사역자를 준비시키는 신학교육(vocatio) 등으로 분류하였다.[16]

한편, 로버트 뱅크스(Robert Banks)는 다양하게 제시되는 다양한 대안들을 '고전적 모델'(Classical Model), '직업 모델'(Vocational Model) 그리고 '종합 모델'(Synthetic Model)로 분류하였다.[17] 뱅크스는 먼저 팔리에 의해서 대안적으로 제시된 모델을 '아테네 모델' 혹은 '고전적 모델'로 지칭하였다. 그것은 성품 형성이라는 고전적인 교육 이념의 취지를 되살려서 성품과 도덕 형성을 신학교육의 목적으로 제시하는 입장이다.[18] 뱅크스가 두 번째로 지칭한 모델은 '직업 모델'인데 그것은 교회를 이끌 수 있는 전문인 학자를 배출하자는 입장이다.[19] 세 번째는 위의 두가지 모델을 종합하고자 다양하게 시도하는 방안들인데,

15) Richard H. Bliese, "Developing Evangelical Public Leadership for Apostolic Witness: A Missional Alternative to Traditional Pastoral Formation." in *The Missional Church & Leadership Formation: Helping Congregations Develop Leadership Capacity*, ed., by Craig Van Gelder (Grand Rapids: Eerdmans, 2009), 88.

16) Craig Van Gelder, "Theological Education," 36.

17) Robert Banks, *Reenvisioning Theological Education*, 17-57.

18) 위의 책, 19-22.

19) 슐라이어마허는 대학교 내에 변호사, 의사를 위한 전문 교육을 담당하는 학문과정이 필요하듯이 목사를 위한 전문 교육을 담당하는 과정이 필요하다고 보았다. 이것을 다른 말로 '베를린 모델'(Berlin Model)이라고도 하는데, Banks는 보다 총칭적으로 '직업 모델'(Vocational Model)이라는 말로 표현하였다. 뱅크스에 의하면, 엄격한 학문적 요소와 직업적 접근의 불편한 공존 혹은 조합으로 간주되는 이러한 접근법이 북미와 그 밖의 지역 대부분의 신학교들과 신학 부서들의 특징을 이루고 있다고 보았다. 위의 책, 34.

뱅크스는 이것을 '종합 모델'이라고 불렀다.[20] 이처럼 세가지 모델들을 제시한 후에 뱅크스는 이러한 것들과 대조되는 대안적 모델로 '미셔널 모델'(Missional Model)을 제안한다. '미셔널 모델'은 로잔운동에서 제시하는 입장과 매우 근접한 접근법이다.[21] '로잔특별문서 57번'(LOP 57)에서는 로버트 뱅크스가 '미셔널 모델'을 설명하는 부분을 직간접적으로 인용하면서 로잔운동의 입장을 밝힌다.[22]

이처럼 신학교육의 목적과 방향에 관한 문제제기와 논의들 그리고 그 가운데 제시된 다양한 입장들과 대조 또는 비교하면서 로잔운동의 입장을 들여다볼 때, 그것이 주장하는 바가 보다 선명히 부각될 수 있을 것으로 보인다.

신학교육에 대한 논의에 있어서 간과할 수 없는 또 하나의 측면은 세계화로 인해서 급속하게 변화하는 세계상황 속에서 어떠한 형태의 신학교육을 수행할 것인가 하는 문제이다. 특히 서구가 기독교의 중심 역할을 수행해 오던 시기를 지나서 이제는 기독교의 중심축이 다수세계로 옮겨지게 되고 그곳에서 폭발적인 교회의 부흥과 성장이 일어나는 상황이다. 이러한 새로운 토양에서 신학교육은 어떠해야 할 것인가? 전통적인 서구중심의 신학교육 형태를 그대로 답습할 것인가? 아니면 보다 현지 상황에 충실한 상황화된 신학교육을 추구해야 하는가? 서구의 의식있는 신학자들과 교회 지도자들은 서구교회에서 형성된 문화적 형태에 크리스텐덤적 사고방식과 계몽

20) 위의 책, 46-50.

21) 로버트 뱅크스 외에도 Craig Van Gelder를 비롯한 많은 학자들이 선교가 신학교육에서 중심을 차지해야 한다는 점을 강하게 피력한다. Craig Van Gelder, "Theological Education."; Peter Rowan, "Mission in Theological Education: Exotic accessory or essential ingredient?" *Evangel* 25:1 (Spring 2007); Ott Bernhard, "Mission and Theological Education."

22) 이 외에도 주요 교단의 전통과 신앙고백을 강조하는 '고백적 모델' 또한 존재한다. 위의 책, 142-144.

주의적 전제가 강력하게 뿌리를 내리고 있다는 것을 반성하고 교회의 본질에 보다 충실하고자 지속적으로 교회의 개혁을 추구하고 있다.[23] 이제는 유럽을 비롯한 북미를 선교지로 규정하고 그곳에서 형성되는 문화들에 대해서 선교적 대면을 시도하는 상황이다.[24] 이렇게 새롭게 형성되는 세계 기독교 상황에서 신학교육은 어떠한 목적을 위해서 그리고 어떠한 방향으로 추진되어야 하는가? 이러한 질문들은 시급하고도 분명한 답변을 요구한다.

III. 신학교육의 목적 및 목표

앞 장에서 살펴본 논의를 배경으로 살펴볼 때, 로잔운동은 서구의 전통적인 신학교육에 대해서 분명하게 비판하고 새로운 상황에 적합한 창조적인 신학교육 프로그램이 필요하다는 점을 밝힌다. 이러한 로잔운동의 입장은 로버트 뱅크스가 대안적으로 제시하는 '미셔널 모델'과 마찬가지로 전체적으로 혹은 부분적으로 현장에 기반하고, 연구 분야에 어느 정도 실천을 포함시키며(삶의 개입), 참여관찰을 넘어서 관찰적 참여의 입장을 내세운다.[25]

---

23) Darrell L. Guder, *Called to Witness: Doing Missional Theology* (Grand Rapids: Eerdmans, 2015), 20-24.; Michael W. Goheen, *Introducing Christian Mission Today: Scripture, History and Issues* (Downers Grove: Inter Varsity Press, 2014), 128-150.

24) Darrell L. Guder, et al.,/정승현 역, *A Vision for the Sending of the Church in North America*, 『선교적 교회: 북미 교회의 파송을 위한 비전』 (인천: 주안대학원대학교출판부, 2013), 26-46.

25) 로잔특별문서 57번(LOP 57)은 로버트 뱅크스의 입장을 인용해서 '선교적'(missional)이란 용어의 뜻을 분명히 드러내고자 한다. LOP 57, "Effective Theological Education for World Evangelication," 13.; Robert Banks, *Reenvisioning Theological Education*, 142-143.

로잔특별문서 57번(LOP 57)은 신학교육에 대한 뱅크스의 견해를 그대로 인용하면서 자신의 견해를 표명한다.

> 신학교육은 선교의 한 차원이며 강력한 선교학적 내용을 갖는다. 그것은 교회의 교육 사역의 한 측면으로서 하나님의 나라에 대한 특별한 증언을 내포한다. 그것은 (i) 성품, 재능, 그리고 생각을 형성하고 (ii) 정신, 실천, 그리고 성찰에 필요한 정보를 제공하며, (iii) 가치, 사람, 그리고 공동체를 변화시킴으로써 신앙의 교육적 섬김 기능을 수행한다.... 신학교육은 선교와 긴밀한 연결을 유지할 때에만 변화하는 상황에 적절한 것이 되고, 교회와 신학을 형성시킨 선교적 자극에 진실할 수 있다.[26)]

1974년 스위스 로잔에서 모인 제1차 로잔대회의 선언문인 '로잔 언약'은 그 머리말에서 세계복음화 과제를 감당하기 위해서 모였다는 점을 분명히 밝힌다. "우리는 복음이 온 세상을 위한 하나님의 좋은 소식임을 믿고 이 복음을 온 인류에게 선포하여 모든 민족을 제자 삼으라고 분부하신 그리스도의 명령에 순종할 것을 그의 은혜로 결심한다."[27)] 이러한 입장은 신학교육의 목적과 목표에 대한 입장으로 그대로 연결된다. 로잔 언약은 기존의 신학교육에 대한 불만족을 토로한다. "우리는 신학 교육, 특히 교회 지도자들을 위한 신학 교육이 개선되어야 할 필요가 있다는 점을 인정한다."[28)] 이어서 개선방향을 제시하는데, "훈련 프로그램은 틀에 박힌 전형적인 방법에 의존할 것이 아니라 성경적 기준을 따라 지역적인 독창성을 바탕으로 개발" 하여야

---

26) LOP 57, "Effective Theological Education," 13-14.; Robert Banks, *Reenvisioning Theological Education*, 131-132.

27) LC, 머리말.

28) LC-8항.

한다고 보았다.[29]

1989년 필리핀 마닐라에서 회집한 제2차 로잔대회의 선언문인 '마닐라 선언' 또한 많은 교회가 선교적 목적을 상실하고 잘못된 방향으로 나아가는 점을 비판적으로 바라보면서, 보다 외부 지향적으로 그 사역의 방향을 전환할 것을 촉구하고 다짐하였다.

> 우리는 많은 교회들이 내부 지향적이어서 선교보다는 자체 유지를 위해 조직되어 있고 복음 전도를 희생시키면서까지 개 교회중심 활동에만 몰두하고 있던 것에 대해 깊이 회개한다. 우리는 교회를 갱신하여 주께서 구원받는 사람을 날마다 더하게 하실 때까지 (행 2:47) 계속 밖으로 뻗어나가는 일에 전념할 것을 결의한다.[30]

2004년 태국 파타야에서 열린 "세계복음화를 위한 포럼"에서는 31개의 이슈 그룹으로 나누어져서 분야별 토론과 논의를 하고 그 결과물들을 발표하였다. 그 가운데 한 그룹은 "세계 복음화를 위한 효과적인 신학교육"(Effective Theological Education for World Evangelization)이란 이슈를 집중적으로 논의하고 그 결과를 같은 제목이 붙은 57번째 로잔특별 문서로 발표하였다.[31]

LOP 57도 앞의 두개의 선언문들의 연장선상에서 선교가 모든 신학 작업의 중심에 있어야 함을 분명히 한다.[32] 이 문서에서는 신학의 순수 학문적

---

29) 위의 책.

30) MM-II-8항.

31) LOP 57. 이 문서는 5개의 장으로 구성되어 있다. 1장에서는 세계 복음화를 위한 신학교육의 필요성을 논하고, 2장에서는 세계 복음화를 위한 효과적인 신학교육을 통해서 무엇을 성취할 것인지를 다룬다. 3장에서는 어떻게 이러한 결과를 성취할 수 있는지를 다루고, 4장에서는 그러한 목적을 추구하는 선교단체들과 신학교들의 사례를 제시한다. 그리고 5장에서는 세계복음화에 효과적인 신학교육이 되는데 필요한 실행전략을 제시한다.

32) "선교는 모든 신학 작업의 중심에 있어야 한다." LOP 57, "Effective Theological

추구를 반대한다. 로버트 훼리스(Robert Ferris)의 말을 빌어서 신학이 "과학으로서의 신학"(theology-as-science)이 아니라, "개입으로서의 신학"(theology-as-engagement)이 되어야 한다고 주장한다.[33] 동시에 선교가 모든 신학교육의 중심에 있지 못하는 안타까운 현실에 대해서 유감을 표명한다. "불행히도 선교는 신학교육의 변두리에 위치하였다. 그것은 교회에서도 마찬가지로 주변부에 위치했기 때문이다."[34]

LOP 57은 신학교육이 바람직하지 못하게 수행되는 원인을 내부적 요인과 외부적 요인으로 나누어서 검토한다. 내적인 요인으로 지적되는 사항은 첫째로 교회의 선교에 대한 성경적 이해가 부족한 점이고, 둘째는 지도자가 선교적인 삶의 모델을 보여주지 못한 점이다. 셋째는 미셔널한 통합적인 훈련 프로그램이 부재한 점이고, 넷째는 신학대학과 학교들이 계몽주의 사상과 모더니티의 세속적 가치들을 그대로 수용한 점이다. 그리고 다섯째로 거론되는 문제는 학생 충원과 교수/직원 채용시 선교적 기준이 부재한 점이다.[35] 그리고 외적인 요인으로는 전도의 열정을 잃은 교단과 특정 인가기관의 통제를 거론한다.[36] LOP 57에 의하면 현 상황을 타개할 개선안을 마련하는 데 있어서 급선무는 신학교육에서 선교가 차지하는 중심성에 대해서 교회 지도자와 평신도, 신학교육 담당자들 사이에 분명한 의견상의 일치를 끌어내는 일이다.[37]

2010년 남아프리카 공화국의 케이프타운에서 개최된 로잔 제3차 대회에서 발표된 "케이프타운 서약"(Cape Town Commitment) 또한 신학교육의 목적이 선

Education," 18.

33) 이 문서는 과학으로서의 신학을 추구하는 것을 계몽주의의 유산으로 간주한다. 위의 책.

34) 위의 책.

35) 위의 책, 10-11.

36) 위의 책, 11-12.

37) 위의 책, 23.

교에 있다는 점을 분명히 한다. "지상교회의 선교는 하나님의 선교를 섬기기 위한 것이고, 신학교육의 사명은 선교와 함께하며 그것을 북돋우기 위한 것이다."[38] 특히 교회 지도자들에게 신학교육의 목적과 목표를 분명히 파악할 것을 촉구한다.

> 우리 중 교회와 선교단체의 지도자들은 신학교육이 본래 선교적인 것임을 인식해야 한다. 우리 중 신학교육을 담당하는 자들은 의도적으로 신학교육이 선교적인 교육이 되게 할 필요가 있다. 학문기관에서 신학교육의 지위는 그 자체가 목적이 아니라, 이 세상 속에서의 교회의 선교에 봉사하기 위한 것이기 때문이다.[39]

이처럼 로잔운동은 하나님께서 선교하시는 하나님이시고 교회의 목적이 하나님의 선교에 참여하는 데에 있기 때문에 신학교육 또한 그러한 방향으로 하나님의 백성들을 훈련하고 구비시키는 지도자를 배출하는 데 있다고 주장한다. 로잔운동은 그리스도의 주되심에 전심으로 순종하는 그리스도의 제자로서 그리스도께서 파송하신 목적을 따라 위탁된 사명을 감당하는 지도자상을 제시한다.

38) CC-IIF-4항.

39) CC-IIF-4항-A

Ⅳ. 바람직한 신학교육의 내용

로잔운동은 신학교육의 목적과 목표에 대한 원칙적 입장을 천명하는 데에서 그치지 않고, 바람직한 신학교육의 내용과 방법에 대해서도 분명한 입장을 밝힌다. 로잔운동은 기존의 신학교육이 세속적인 서구문화의 영향을 깊게 받는 가운데 계몽주의로 대표되는 세속적 틀에 의거해서 수행된 점을 깊게 반성한다. 그리고 새로운 상황 속에서 말씀을 새롭게 이해하고 해석하는 가운데 그 상황에 적합한 복음을 선포할 수 있는 일꾼들을 배출해야 한다는 점을 분명히 한다.

로잔 언약은 복음을 전하는 과정에서 특정 문화적 형식을 그대로 이전하는 형태의 선교를 거부한다. 로잔언약 10항은 "지금까지의 선교는 복음과 함께 이국의 문화를 수출하는 일이 너무 많았고, 때로는 교회가 성경보다 문화에 속박되는 경우가 많았다"고 반성한다.[40] 로잔 언약은 다양한 문화적 상황들에 대해서 신중하게 고려하는 태도를 취한다. "하나님의 뜻을 따라 전도한다면, 그리스도 안에 깊이 뿌리내리면서도 자신들의 문화에 적합하게 맞추어진 여러 교회들이 일어날 것이다."[41] 또한 "우리는 토착화 원칙을 믿고 있으며 모든 교회가 현지 지도자들을 세워 지배자로서가 아닌 봉사자로서의 기독교 지도자상을 제시할 수 있기를 열망한다"고 피력한다.[42] 이처럼 로잔언약은 현지의 상황에 익숙한 현지 지도자들을 세우는 형태의 신학교육을 제창하였다.

---

40) LC-10항.

41) 위의 책.

42) LC-11항.

마닐라 선언도 외래적인 신학을 그대로 수용하는 대신 교회가 위치한 사회에 대한 깊이 있는 이해를 바탕으로 현장의 문제에 대한 성경적 답을 추구해 나갈 것을 강력하게 표방한다. "우리는 우리가 사는 사회의 구조와 가치관과 필요 등을 이해하기 위해 이 사회를 연구하여 적절한 선교 전략을 개발하여 나가는 것이 우리의 책임임을 단언한다."[43] 마닐라 선언은 복음과 상황 사이의 균형을 이루기 위해서 노력한다.[44] 그것은 현대성, 세속주의, 도시화, 이주, 도시 선교 등 변화하는 현실을 고려하는 동시에,[45] 그 속에서 복음의 진리를 변호하며 선포하는 작업을 수행하고자 한다.[46]

로잔언약과 마닐라선언에서 전반적으로 신학교육이 토착화와 상황화의 맥락에서 수행되어야 한다는 것을 강조하는 반면, LOP 57은 보다 구체적으로 어떠한 학습 방법과 내용에 근거해서 이루어져야 하는지를 언급한다. LOP 57은 그 학습 방법의 모델을 예수 그리스도에게서 찾는다.[47] 이 문서에 의하면, 예수께서 제자들을 훈련하셨던 것과 같이 신학교육은 소그룹에 초점을 맞추고, 삶으로써 모델을 보여주며, 공동체를 세우고, 이야기와 예화를 적절히 활용하며, 행함을 통해서 배우고, 통전적이고 균형잡힌 접근이 되어야 한다.[48]

이 문서는 훈련 프로그램이 다루어야만 하는 전략적인 이슈들로 1) 교회와 훈련 기관과의 관계, 2) 헌신된 훈련 요원, 3) 다양한 차원의 훈련, 4) 신

43) MM-I-18항.

44) "우리는 복음과 상황 사이의 균형을 조심스럽게 유지하여야 한다. 복음을 전하기 위해서는 그 상황을 이해해야 하지만, 그러나 상황이 복음을 왜곡시키게 해서는 안 된다." (MM-II-10항).

45) 위의 책.

46) MM-II-2항.

47) LOP 57, "Effective Theological Education," 18.

48) 위의 책, 19-20.

학에서 선교의 위치, 5) 훈련비용에 대한 고려 등을 거론한다.[49] 또한 세계 복음화를 위한 효과적인 훈련이 되려면 1) 이론과 실천 사이의 균형, 2) 경험적 학습, 3) 성육신적이고 참여적인 학습, 4) 학제간의 균형, 5) 역동성과 창조성, 6) 결과 중심적인 평가 과정이 필요하다고 본다.[50] 이 문서는 세계 복음화에 대한 헌신을 높이기 위해서 1) 성경적 명령에 대한 가르침, 2) 방법과 전략에 대한 학습과 숙련, 3) 구원에 대한 필요를 직접 체험하는 것, 4) 복음화를 위한 기회를 인식하는 것을 배우는 것 등의 필요성을 역설한다.[51]

또한 LOP 57은 많은 지면을 할애해서 신학교육에서 다루어야 할 학습의 내용물들을 거론한다. 특히 타문화권 복음전도자로서 사역할 사람들을 위한 핵심 학습 영역으로 교차 문화 커뮤니케이션, 상황화, 선교에 대한 통전적 이해, 종교신학, 대화, 종교적 세계관, 교차문화적 관계 개발 등을 언급한다.[52] 그리고 21세기의 변화된 상황 속에서 새롭게 주어지는 도전과 이슈로서 1) 선교학과 선교 중심적인 커리큘럼 개발, 2) 기독교의 외래성을 극복하고 선교적이며 상황적인 훈련을 시행하는 것 등을 제시한다.[53] 이처럼 LOP 57은 하나님의 백성들을 구비시켜서 세계 복음화에 헌신하게 하는 지도자들을 배출하기 위한 학습방법과 내용들을 제시한다.

케이프타운 서약 또한 신학교육의 방법과 내용에 대해서 언급하되, 21세기에 새롭게 전개되는 상황 속에서 적절하며 효과적인 신학교육이 될 것을 요구한다. 특별히 새로운 기술들이 쏟아져 나오는 상황 속에서 신학생들에게 "새로운 기술에 대한 정확한 기독교적 비평능력"을 개발할 것을 요청

49) 위의 책, 22-23.

50) 위의 책, 23-24.

51) 위의 책, 24-25.

52) 국내에 남아서 타문화권 사역자를 위해서 후원하는 사람들은 지역교회와 선교단체를 통해서 필요한 훈련을 받을 수 있다는 점을 언급하면서 "세계 기독교 운동에 대한 관점"(Perspectives on the World Christian Movement)이란 과정을 추천한다. 위의 책, 26-27.

53) 위의 책, 27-28.

하는 동시에,[54] 여전히 존재하는 많은 구술 문화권의 사람들을 위해서 구술적 방법론에 대한 훈련의 필요성을 제기한다.[55]

케이프타운 서약은 신학교육에 영적 전쟁을 포함시키며(고후 10:4-5),[56] 신학교육을 모든 형태의 선교적 활동과 동반자적 협력 관계에 있는 것으로 본다.[57] 또한 교과과정과 조직, 그리고 정신에 대해서 신학교육이 자신들이 속한 문화에서 정말로 교회가 직면한 필요와 기회를 섬기고 있는지 선교적 차원의 검증을 실시할 것을 요청한다.[58]

케이프타운 서약에서 특별히 강조하는 부분은 리더십 선발 및 계발 분야에서 제자삼는 사역이 더욱 크게 강화되어야 한다는 점이다.[59] 케이프타운 서약은 현대 교회의 위기는 리더십 계발의 실패에서 기인한다고 본다. "많은 지역의 급속한 교회 성장이 피상적이고 취약한 성장이 되는 이유는 한편으로는 제자화된 지도자들이 부족하기 때문이고, 다른 한편으로는 많은 이들이 세속적인 권력과 높은 신분을 얻기 위해, 또는 개인적 축재를 위해 그들의 지위를 이용하기 때문이다."[60] 케이프타운 서약은 피상적인 리더십 훈련 프로그램의 대안을 제자훈련과 말씀사역에서 찾는다. 첫째, "오늘날 지도자의 지위에 있는 많은 사람이 제자의 모습을 거의 드러내지 못하고 있다면, 그들의 리더십 계발에 기본적 제자 훈련을 포함시키는 것 외에는 대안이 없다."[61] 둘째, "어떤 리더십 훈련 프로그램은 바울이 지도자의 자질 목록에 포함시킨 가장 중요한 기술, 곧 하나님의 말씀을 그분의 백성들에게

54) CC-IIA-6항.
55) CC-IID-2항.
56) CC-IIF-4항.
57) CC-IIF-4항-B.
58) CC-IIF-4항-C.
59) CC-IID-3항-A.
60) CC-IID-3항.
61) 위의 책.

가르치는 능력에 대한 구체적인 훈련이 결여되어 있다."[62] 케이프타운 서약은 교회의 지도자들이 성숙하고 종된 지도자가 되어야 함을 강조한다. "우리는 제자 삼는 사역이 크게 강화되는 것을 보기를 원한다. 새신자에 대한 장기간의 가르침과 양육이 이루어져서, 장차 하나님이 교회의 지도자로 부르시고 세우실 이들이 성숙함과 종 됨에서 성경적 기준에 부합하게 되기를 소원한다."[63] 또한 세속적 리더십이 만연하게 된 현실을 극복하기 위해서 리더십 계발 프로그램이 "단순한 지식 전달이나 점수를 매기는 것보다 영성과 인격 형성에 치중해야 할 것을 강력하게 요청한다."[64] 이처럼 케이프타운 서약은 예수 그리스도의 제자로서 종된 성품을 드러내는 '전인적' 리더십 계발을 요청한다.[65]

V. 세계화 시대의 신학교육의 방향

20세기 말을 거쳐서 21세기로 진입하면서 세계화가 급속도로 심화되는 상황에서 로잔운동은 세계화로 인해서 제기되는 문제들에 대해서 적극적으로 대응할 뿐만 아니라, 세계화로 인해서 주어지는 새로운 기회를 최대한 활용하여 "복음의 세계화"를 추구할 것을 요청한다.[66] 로잔운동은 세계화가

62) 위의 책.

63) CC-IID-3항-A.

64) CC-IID-3항-C.

65) CC-IID-3항-D.

66) 최형근, "로잔운동과 세계화,"『로잔운동과 선교』(서울: 한국로잔위원회, 2014), 227-228.

진전되고, 서구 중심의 기독교에서 "선교의 세계화"로 인해 세계 기독교로 상황이 바뀌어가는 시점에서 신학교육이 어떠한 형태로 이루어져야 하는지에 대해서도 분명한 입장을 천명한다.[67] 로잔운동은 서구신학과 서구적 형태를 취한 기독교를 그대로 선교지에 이식하는 것이 아니라 토착적이고 상황화된 형식을 개발하는 과제를 매우 중시하며 강조한다. 특히 신학교육에서도 전통적인 서구의 신학교육 형태를 그대로 선교지로 수출하는 것이 아니라, 새로운 상황에 필요한 신학교육이 되도록 상황화된 신학교육의 필요성을 강하게 드러낸다. 성경을 서구적인 토양에서 해석한 그대로 전달하는 것이 아니라 성경을 현지인의 눈으로 해석하고 적용하는 자신학화의 과제를 강조한다. 그리고 세계화되는 상황 속에서 새롭게 제기되는 문제들에 대한 성경적인 답을 찾는 작업을 위해서 전 세계의 교회가 협력하고 네트워킹할 필요성을 강조한다.

선교는 문화적, 사회적 상황과 무관하게 이루어질 수 없는 것임을 로잔운동은 일관되게 천명해 왔다. 로잔 언약이 발표된 1974년, 로잔운동은 이미 세계 복음화의 과제를 달성하고자 전 세계 그리스도인들의 전 세계적인 협력을 촉구하였다.[68] 로잔 언약은 세계 복음화의 책임이 그리스도의 몸 전체에 속해 있다는 점을 언급하면서 다양한 지체들 사이의 협력을 강조하였다.[69] 또한 1989년에 있었던 마닐라 대회에서는 "우리 시대에 있어서 새로운 사실은 선교의 세계화"이며 "우리는 점차 다원화되어 가는 세상에 그리스도를 선포하도록 부름을 받았다"고 피력하였다.[70]

2004년 발표된 LOP 57 또한 신학교육에서 상황을 심각하게 고려할 것

67) "선교의 세계화"는 마닐라 선언에 나오는 표현이다(MM-II-3항).

68) LC-6항, 8항.

69) "모든 교회는 자기가 속해 있는 지역을 복음화함과 동시에 세계의 다른 지역에도 선교사를 보내기 위해 무엇을 해야 하는지 하나님과 자신에게 질문해야 한다." (LC-8항).

70) MM-II-3항.

을 요청한다. "훈련 프로그램은 상황을 반영하기 위해서 끊임없이 평가되어야만" 하고 "상황이 바뀜에 따라 훈련 프로그램도 바뀌어야 한다"고 주장한다.[71] 특히 "지역상황과 지구적 상황에 대한 개입"과 "세상의 필요를 이해" 할 것을 강력하게 요청한다.[72] 그 문서에 의하면 "오늘날의 세계는 크리스텐덤(기독교 국가)에서 크리스텐덤 이후의 시대로, 모던 시대에서 포스트모던 시대로 전환되었다."[73] 따라서 신학교육 또한 이러한 시대의 변화를 고려해서 다원주의 환경(pluralistic environment) 속에서 유능하게 일할 수 있는 일꾼을 구비시키는 것이 되어야 한다고 주장한다.[74]

LOP 57은 신학교육을 담당하는 자들은 21세기에 들어와서 새롭게 제기되는 도전들을 직면하고 그것들에 응답해야 할 것을 요청한다. 그러한 도전들에는 아동들의 복음화; 청소년; 비-전통적인 가족들; 구두 학습자들인 세계의 많은 사람들; 장애를 가진 사람들; 가난한 자들; 에이즈로 고통당하는 자들; 일터에서 증거하는 도전; 포스트모던 세상 속에서 종교적 그리고 비종교적인 영성; 갈등으로 가득찬 세상에서 화해와 평화; 종교적 근본주의; 세계화; 도시화; 사역과 선교에서 파트너십을 위한 결정적인 필요성; 그리고 많은 다른 문제들이 언급된다.[75] 그리고 이러한 도전들에 대해서 교회와 신앙 공동체들이 효과적으로 대응하도록 그들을 구비시키려면 신학교육 또한 새롭게 비전을 설정하고 자신을 재구조화할 필요가 있다고 본다.[76]

LOP 57은 학교들, 훈련 프로그램들, 교회들, 선교 기관들, 그리고 보다 광범위한 사회 속의 특정 인물들과 조직들 사이의 전략적 파트너십을 강

71) LOP 57, "Effective Theological Education," 25.
72) 위의 책.
73) 위의 책, 26.
74) 위의 책.
75) 위의 책, 46.
76) 위의 책.

화해 나아갈 것을 제안한다.[77] 그리고 "세계화와 복음"이란 주제를 다루는 LOP 30은 세계화 시대에 새롭게 제기되는 지구상의 문제들을 총체적으로 대처해 나아가는 데 있어서 서구와 비서구 그리스도인들 사이의 파트너십과 교류가 강화되어야 한다는 것을 역설한다.[78]

2010년 개최된 케이프타운 대회는 세상의 변화하는 현실과 새롭게 제기되는 이슈들을 직면하는 특징을 앞선 대회들보다 더욱 두드러지게 보여준다. 케이프타운 서약은 1, 2부로 나누어지는 데 1부는 "우리가 사랑하는 주님을 위하여: 케이프타운 신앙고백"이라는 고백문이고, 2부는 "우리가 섬기는 세상을 위하여: 케이프타운 행동 요청"이란 행동계획으로 구성되었다. 이러한 구성은 신앙고백에서 그치지 않고 실천으로 나아가고자 하는 강력한 의지를 잘 보여준다. 그런데 케이프타운 서약의 머리말에는 2부가 어떠한 과정을 거쳐서 형성되었는지를 언급한다.

> 제2부의 작성 과정은 이렇다. 대회가 열리기 3년여 전부터 폭넓은 의견 수렴의 과정이 진행되었다. 로잔운동의 지역 담당 국제 부총무들은 그들이 속한 지역에서 협의회를 구성했고, 지역의 기독교 지도자들에게 교회가 직면하고 있는 주요 문제가 무엇인지 확인해 달라는 요청을 하였다. 이 과정에서 여섯 가지 핵심 이슈가 드러났다. 이 이슈들은 (1) 대회 프로그램의 내용이 되었고, 이후 발표된 (2) 행동 요청 부분의 골격이 되었다.[79]

---

77) 위의 책, 45. 김한성도 선교지에서 효과적인 신학교육이 이루어지기 위해서는 다양한 신학 교육기관들 사이의 연합이 필요하다는 점을 역설한다. 김한성, "네팔에서의 신학교육 현황과 제안,"『선교신학』 제41집 (2016): 136-140.

78) Lausanne Committee for World Evangelization, "Globalization and the Gospel: Rethinking Mission in the Contemporary World," *Lausanne Occasional Paper*, No. 30 (2004), 35. 노영상도 같은 맥락에서 세계화 시대에 학생 교환이나 신학교수의 교환 그리고 학생들의 타문화권 이해를 위한 여행과 같은 과목들이 필요하다는 점을 강조한다. 노영상, "대학 학부 과정에 있어서의 신학교육,"『신학연구』 제6집 (1997): 8-9.

79) CC, 머리말.

이처럼 변화하는 상황에 대한 깊은 관심은 케이프타운 서약 II부에서 다루는 내용이 주로 21세기의 세상이 직면하는 문제들에 대해서 깊숙이 개입할 것을 요청하는 데에서 분명히 드러난다. II부의 6개 단락 가운데 첫번째 단락 ― "다원주의적이며 세계화된 세상 속에서 그리스도의 진리를 증거하기"―은 새롭게 변화하는 세상 속에서 복음의 진리를 변증하는 과제를 감당하고자 시도한다.[80] 특히 과학과 기술계의 변화에 대해서도 주목한다. 케이프타운 서약에 의하면, "21세기는 바이오, 정보/디지털, 나노, 가상현실, 인공지능과 로봇 기술과 같이 새롭게 떠오르는 모든 기술의 진보를 이룬 '바이오 기술의 세기'"이다.[81] 케이프타운 서약은 신학교들이 "미래의 교회 지도자들과 신학교육자들로 하여금 새로운 기술에 대해 정확한 기독교적 비평능력"을 갖도록 이러한 분야들을 커리큘럼에 포함시킬 것을 요청한다.[82] 또한 케이프타운 서약은 다양한 인종, 종족, 계층, 종교를 둘러싸고 갈등이 심화되는 21세기의 세계화 상황속에서 화해(reconciliation)의 역할을 감당할 것을 강력하게 요청한다.[83] 특히 세계화로 인해서 전례 없는 규모로 이주가 일어나는 가운데 새롭게 제기되는 문제들(e.g., 인신 매매, 성 매매를 위한 여성과 아동의 광범위한 노예화, 강제노동이나 군 징집을 통한 아동 학대)에 대해서 예언자적으로 발언하고 행동할 것을 요청한다.[84] 이처럼 케이프타운 서약은 21세기의 세계화 상황 속에서 새롭게 제기되는 제반의 문제들을 적극적으로 직면하고 개입해서 그에 대한 복음적 응답을 제시하고자 한다.

이처럼 로잔운동은 급변하는 세상 속에서 효과적으로 세계 복음화에 기여하는 일꾼을 배출하고자 하며, 이러한 변화에 응답하기 위해서 신학교육

---

80) CC-IIA.

81) CC-IIA-6항.

82) 위의 책.

83) CC-IIB.

84) CC-IIB-3항.

또한 지속적으로 변화되어야 한다는 점을 잘 보여준다.

VI. 바람직한 신학교육을 위한 실행전략

로잔운동은 바람직한 신학교육이 어떠한 것이 되어야 하는지를 표방하는 데에서 그치지 않고 그러한 신학교육이 이루어지려면 어떠한 변화의 과정을 밟아가야 하는지를 분명히 한다. 그럼으로써 세계 복음화를 위한 효과적인 신학교육을 실천하고자 하는 강력한 의지를 표출한다.

로잔 언약은 교회를 비롯한 기관들이 세계 복음화의 과제를 지속적으로 실천하고 있는지에 대한 지속적인 검토를 요청하였다. "우리의 선교적 책임과 선교적 역할에 대한 재평가는 계속되어야 한다."[85] 마닐라 선언도 세계 복음화를 위해서 모든 성도를 동원하고 훈련할 필요성을 언급한다. "우리는 하나님이 모든 교회와 모든 성도에게 그리스도를 온 세상에 알리는 과제를 부여하셨음을 믿기 때문에 평신도나 성직자나 모두가 다 이 일을 위해 동원되고 훈련되어야 함을 단언한다."[86] 그리고 세계 복음화를 수행하기 위한 보다 구체적인 방안들을 언급한다.

> 우리는 선교에 대한 더 적절한 전략을 수립하기 위해 모든 회중이 개 교회의 교인들이나 프로그램뿐만 아니라 지역 사회의 모든 특성을 정기적으로 연구할 것을 권한다. 이런 사역을 위해 교인들은 그 지역 내의 모든 구석구석을 찾아갈

85) LC-8항.

86) MM-I-12항.

> 방문단을 조직해서, 사람들이 모이는 특정 지역에도 침투할 수 있을 것이다. 그리고 일련의 전도 집회, 강좌 또는 연주회를 마련하거나, 지역의 빈민가를 변화시키기 위해 가난한 자들과 함께 일할 수도 있다. 또는 주변 지역이나 이웃 마을에 새로운 교회를 개척할 수도 있을 것이다.[87]

변화를 추구할 때에 많은 저항에 직면하게 되는데 이것은 세계 복음화를 추구하는 신학교육을 실천하려고 할 때도 예외가 아니다. 로잔운동은 그러한 저항들을 충분히 고려하면서 바람직한 방향으로 변화를 이루어 내고자 한다. 이러한 실행 전략은 LOP 57에 잘 나타난다.[88] 이 문서는 효과적인 신학교육을 위해서 노력하는 가운데 직면하는 저항 요소들로 기존의 교수요원들, 직원들, 이사진들과 같은 인적 요소, 그리고 제도적인 장벽들(e.g., 인증기관, 국가의 규제), 재원의 문제, 경제적 요인과 훈련 기관간의 경쟁, 전통적인 교육 방법론과 교육철학과의 충돌, 훈련의 결핍, 그리고 목회 현장과 신학교육 현장의 분리와 같은 다양한 장애물들을 거론한다.[89] 이러한 장애물을 극복하려면 신학교육의 목적과 목표를 분명히 드러내고 인적 자원 선발 시 이러한 기준을 적극적으로 활용하는 일이 필요하다고 본다. 그리고 커리큘럼 작성 시에도 이러한 기준을 토대로 모든 교과목이 선교적 차원을 반영하도록 함으로써, 전체적으로 선교적 틀에 의거해서 통합된 신학교육이 되도록 해야 한다고 주장한다.[90] 동시에 선교적 의도를 보다 직접 드러내는 과목들(e.g., 전도학, 교회개척, 선교신학, 그리고 선교학의 최근동향 등)을 추가해 나가는 일도 필요하다고 역설한다.[91]

---

87) MM-II-8항.

88) LOP 57, "Effective Theological Education," 40-46.

89) 위의 책, 40-41.

90) 위의 책, 42-44.

91) LOP 57에서는 기존의 신학교육의 문제점들을 극복하고 보다 선교적인 틀에 의해 신학교

케이프타운 서약도 선교적 목적을 달성하는 신학교육이 되는데 필요한 행동들을 언급하고 그것의 실천을 강력하게 요청한다. 특히 두드러진 점은 성경의 권위를 최대한 높이는 가운데 보다 통합적이고 실천지향적인 신학교육을 추구하는 점이다.

> 우리는 모든 교회 개척자들과 신학 교육자들이 그저 교리적 진술이 아니라 실제로, 성경을 동반자적 협력의 중심에 두게 되기를 소원한다. 복음 전도자들은 성경을 그들이 전하는 메시지의 내용과 권위의 최고 원천으로 사용해야 한다. 신학 교육자들은 성경 연구가 다시 중심에 자리 잡고 기독교 신학의 핵심 훈련이 되게 하며, 그것이 다른 모든 분야의 연구와 적용을 통합하며 각 분야에 스며들게 하여야 한다. 무엇보다도 신학 교육은 목회자-교사들을 구비시켜 성경을 전하고 가르치는 주된 책임을 감당하게 하여야만 한다.[92]

VII. 나가는 말

이상에서 신학교육의 목적과 방향에 대한 로잔운동의 입장을 살펴보았다. 로잔운동은 로잔언약, 마닐라 선언, LOP 57, 케이프타운 서약 등을 통해서 일관된 방향으로 신학교육의 목적과 방향에 대한 입장을 표방한다. 이

육을 수행하는 여러 기관들의 사례들을 제시한다. 2개의 선교단체에서 수행하는 제자훈련 과정과 한 곳의 선교단체의 전략 그리고 4군데 신학교육 기관의 사례들을 제시하고 있다. Ibid., 29-39. 이러한 사례들은 변화의 과정을 어떻게 수행해 나갈 것인지 고민하는 많은 기관들과 프로그램들에 대해서 많은 시사점과 지침들을 제공해 준다.

92) CC-IIF-4항-D.

러한 점은 오늘날 위기에 처한 교회들이 선교적 본질을 되찾으려고 몸부림치는 시점에서 시사하는 바가 크다. 로잔운동이 내세우는 입장은 서구에서 다수세계로 기독교의 중심축이 이동되고 세계화가 급속하게 진행되는 상황 속에서 신학교육을 수행해야 하는 기관들에게 분명한 목표와 방향을 제시해 준다.

로잔운동에 의하면, 신학교육의 목적은 하나님의 백성들을 구비시켜서 그들로 하여금 세계 복음화를 위해서 헌신하게 하는 교회 지도자들과 성도들을 배출하는 데 있다. 신학교육 기관들은 이 세상 속에서 수행되는 하나님의 선교에 동참하도록 리더십을 발휘하는 교회 지도자들을 배출해 낼 수 있어야 한다. 특히 세계화가 급속도로 진행되고 기독교 중심축이 다수세계로 옮겨가는 세계기독교 상황 속에서 신학교육은 서구의 신학교육 체계를 그대로 옮겨놓는 것이 아니라 새로운 상황 속에서 성경을 바르게 해석하고 적용하며, 복음을 통전적으로 증거하는 제자화된 지도자들을 배출할 수 있어야 한다. 이러한 신학교육이 효과적으로 이루어지려면 그것의 목적과 목표 그리고 내용과 방법이 선교적 틀에 입각해 있어야 하며, 새로운 상황에 적절한 형태로 상황화된 것이어야 한다.

오늘날 교회가 직면하는 위기의 상황 속에서 선교적 교회론자들은 교회의 선교적 본질을 회복하기 위해서 몸부림치고 있으며 많은 교회가 그러한 접근법을 수용하고 새로운 실험을 하고 있다. 이러한 선교적 교회론자들의 노력은 신학교육을 담당하는 자들에게 많은 시사점을 준다. 신학교육 또한 교회의 본래적 목적과 사명을 깨닫고 하나님의 선교를 분별하고 참여하는 하나님의 백성들을 배출하는 것이 되도록 지속적으로 갱신되고 개혁되어야 할 것이다.

참고문헌

Banks, Robert. *Reenvisioning Theological Education: Exploring a Missional Alternative to Current Models*. Grand Rapids: Eerdmans, 1999.

Bliese, Richard H. "Developing Evangelical Public Leadership for Apostolic Witness: A Missional Alternative to Traditional Pastoral Formation." In *The Missional Church & Leadership Formation: Helping Congregations Develop Leadership Capacity*. Edited by Craig Van Gelder. Grand Rapids: Eerdmans, 2009.

Guder, Darrell L. *Called to Witness: Doing Missional Theology*. Grand Rapids: Eerdmans, 2015.

Goheen, Michael W. *Introducing Christian Mission Today: Scripture, History and Issues*. Downers Grove: Inter Varsity Press, 2014.

Small, Kyle J. A. "Missional Theology for Schools of Theology: Re-engaging the Question 'What is Theological about a Theological School?'" In *The Missional Church & Leadership Formation: Helping Congregations Develop Leadership Capacity*. Edited by Craig Van Gelder. Grand Rapids: Eerdmans, 2009.

Van Gelder, Craig. "Theological Education and Missional Leadership Formation: Can Seminaries Prepare Missional Leaders for Congregations?" In *The Missional Church & Leadership Formation: Helping Congregations Develop Leadership Capacity*. Edited by Craig Van Gelder. Grand Rapids: Eerdmans, 2009.

Guder, Darrell L. et al. *Missional Church: A Vision for the Sending of the Church in North America*. 정승현 역. 『선교적 교회: 북미 교회의 파송을 위한 비전』. 인천: 주안대학원대학교출판부, 2013.

로잔운동. 최형근 역. 『케이프타운 서약: 하나님의 선교를 위한 복음주의 헌장』. 서울: IVP, 2012.

Lausanne Committee for World Evangelization. "Globalization and the Gospel: Rethinking Mission in the Contemporary World." *Lausanne Occasional Paper* No. 30, 2004.

______________________. "Effective Theological Education for World Evangelization." *Lausanne Occasional Paper* No. 57, 2004.

Ott, Bernhard. "Mission and Theological Education." *Transformation* 18/2 (April 2001): 87-98.

Rowan, Peter. "Mission in Theological Education: Exotic accessory or essential ingredient?" *Evangel* 25.1 (Spring 2007): 14-20.

김한성. "네팔에서의 신학교육 현황과 제안." 『선교신학』 제41집 (2016): 105-145.

노영상. "대학 학부 과정에 있어서의 신학교육." 『신학연구』 제6집 (1997): 1-20.

방연상, 이만형. "세계기독교: 새로운 신학의 패러다임을 향하여." 『선교신학』 제41집 (2016): 179-220.

안점식. "선교지의 신학교육을 위한 제언." 『신학정론』 28/2 (2011): 507-536.

장훈태. "로잔운동과 신학교육." 『선교신학』 제40집 (2015): 241-274.

최형근. "로잔운동과 세계화." 『로잔운동과 선교』. 서울: 한국로잔위원회, 2014.

제2부

로잔운동과 현대선교전략

로잔운동과 레바논 주재 한국인 선교사들의 시리아 난민선교

소윤정 • 아세아연합신학대학교

정병훈 • 바울선교회

I. 들어가는 말

2011년부터 오늘까지 계속되는 시리아 내전으로 인하여 500만여 명의 난민들[1]이 발생하게 되었다. 그 누구도 시리아 사태가 이렇게 오래 지속될지 예견하지 못했다. 필자[2]는 금방 끝날 상황으로 보이는데 특별히 난민 선교 사역을 할 필요가 있냐는 이야기를 2012년 처음 시리아 난민 사역을 시작할 무렵에 듣게 되었다. 당시만 해도 한국 사역자 중에 난민 사역 경험자

1) http://m.yna.co.kr/kr/contents/?cid=AKR20170330190700088&mobile,『연합뉴스』2017. 03. 30, [2017. 11. 19 접속].

2) 필자는 현재 레바논에 거주하고 있는 정병훈 선교사를 지칭한다. 교신저자인 소윤정은 정병훈 선교사를 지도하여 본 연구논문을 쓸 수 있도록 연구계획서를 작성하게 하였고 전반적으로 소논문작성 지도를 하였다. 또한 소논문 제출 이후 〈복음과 선교〉 학술지 투고를 위하여 전체적인 문장수정 및 논문작성에 있어서 형식점검, 서론과 결론, 국문 초록, 영문초록을 작성하였다. 본 논문은 〈복음과 선교〉 40집에 게재된 논문을 소윤정이 수정, 보완하여 한국로잔위원회에 제출한 편집본임을 밝혀둔다.

는 단 한 명도 없었다. 불안정한 정세, 잦은 이동, 강도 높은 도움의 요구 등 난민 사역에는 여러 장애물이 있었다. 시리아 인접국인 레바논에는 비공식 통계로 150만 가량의 시리아 난민들이 현재 거주 중인데 2017년 레바논의 한국인 사역자 20유닛 가운데 2유닛[3]을 제외하고는 모두 시리아 난민 사역에 참여하고 있다. 난민 사역에 대한 경험이 전무하고 상황이 급변하는 것에 대하여 대비가 부족한 점을 자주 목격하고 듣게 되었다. 무엇보다도 난민 사역에 대한 명확한 성경적, 신학적, 선교 전략적인 기반이 있지 않은 상태에서 급하게 난민 사역을 하다 보니 사역적인 방향성과 질적인 어려움이 있음을 개인적으로도 그렇고 동료 사역자들도 인정하고 있다. 이에 본 연구를 통해서 한국 사역자들이 참여하고 있는 시리아 난민 사역에 대한 현황과 전망, 가능성 그리고 어떤 한계와 필요를 가졌는지, 또한 선교 전략적으로 현재 난민 사역 상황을 고려하여 어떻게 하면 효과적인 결과를 가져올 수 있을지 로잔운동 선교신학을 기반으로 연구하고자 한다. 본 연구를 통하여 먼저는 개인적인 난민사역을 점검하는 기회가 될 것이며 아울러 레바논의 한국인 동료 사역자들에게 향후 실제적 도움을 주는 연구가 될 수 있도록 하고자 한다.

연구방법으로는 레바논의 한국인 사역자 16유닛을 대상으로[4] 질적 연구방식으로 구글 설문시스템을 통하여 2017년 8월 한 달간 조사를 실시하였다. 전체적인 레바논 거주 한인 사역자들의 시리아 난민 사역 현황을 살피고 기대와 전망 그리고 필요들이 무엇인지를 살핀 후 그 내용을 분석할 것이다. 그리고 나아가서 효과적인 선교사역을 위한 토대구축을 위하여 난민 사역의 성경적, 선교 신학적, 선교 전략적인 면을 살펴 볼 것이다. 이를 위

3) 난민사역을 하지 않는 2유닛은 한인교회 사역 및 대사관 근무(UBF) 관계로 설문에서 제외되었다.

4) 18유닛 중 1유닛은 설문에 참여하지 않았고 다른 1유닛은 입국한 지 채 2개월도 안 되어 실제적인 사역이 없으므로 설문에 참여치 않았다.

하여 필자는 특별히 시리아 난민 사역을 위하여 복음주의 선교운동인 로잔 대회의 문건을 살펴보고 그 내용과 현재 레바논의 시리아 난민 사역현황을 비교 점검하고자 한다.

II. 난민 사역 현황

A. 질적 연구내용 및 분석

1. 난민 사역은 얼마 동안 하셨는지요?

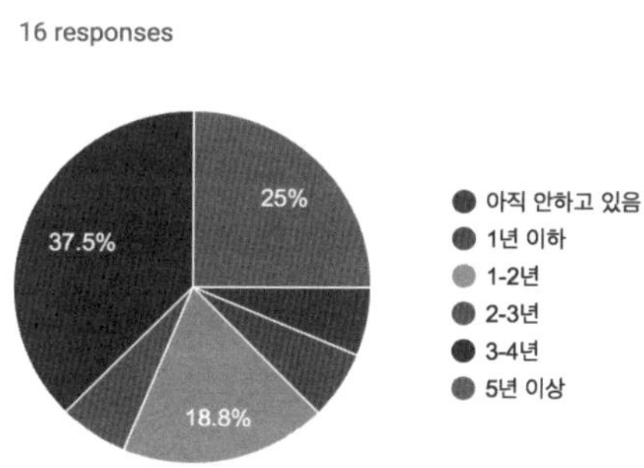

분석: 2~4년 동안 난민 사역 56.3%인데 기존에 다른 사역의 방향을 하던 중에 난민 사역으로 전환한 분들이 절반 이상이다. 또한, 이 중에는 난민 사역을 위해서 레바논에 입국한 분들도 소수 된다. 주로 5년 이상 된 선임 사역자들의 사역을 보고 참여하게 된 경우가 여럿 된다. 레바논 한인 사역자들의 대부분은 주로 타 중동국가에 있다가 자발적, 비자발적인 이동을 겪은 사역자들이 응답자 16유닛 중의 8유닛이다.

2. 섬기는 난민은 어느 나라 분들인가요? (복수 선택)

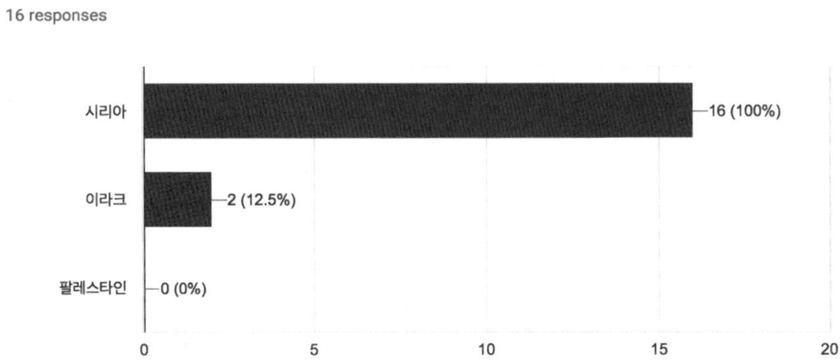

분석: 16유닛 모두 시리아 난민을 대상으로 사역을 하고 있는데 2유닛은 이라크 난민들도 함께 포함되어있다. 레바논에는 40,000명 이상의 이라크 난민들이 있고 이중 상당수가 기독교 배경 난민들이다.[5]

3. 현재 하시는 사역은 어떤 것들인지요?(복수 선택)

분석: 난민 가정방문을 12유닛이 사역하는데 레바논 경우에는 공식 시리아 난민 캠프가 없다. 비공식 사설 난민촌이 레바논 전국에 4,164개 (Informal tented settlements)가 있고 난민촌의 사이즈는 작게는 4개 가정부터 100여 개까지 이르기도 한다. 사설 난민촌은 특별히 정부의 허가 없이도 자유롭게 방문을 할 수 있다.[6] 가정방문 시 사역자들은 전도, 양육 등을 실시하는 경우가 대부분이며 이것이 가정교회 개척 등으로 이어지고 있다. 중동 아랍권에서 무슬림 가정을 방문해서 복음을 전하는 것은 그리 쉬운 일은 아니지

5) Samira Trad and Ghida Frangieh, "Iragi refugees in Lebanon: Continuous lack of protection," http://www.fmreview.org/sites/fmr/files/FMRdownloads/en/FMRpdfs/Iraq/15.pdf, [2017. 10. 13 접속].

6) Francesca Civili, "Lebanon and the Syria crisis: Facts and Figures," http://docs.unocha.org/sites/dms/Syria/, [2017. 10. 7 접속].

16 responses

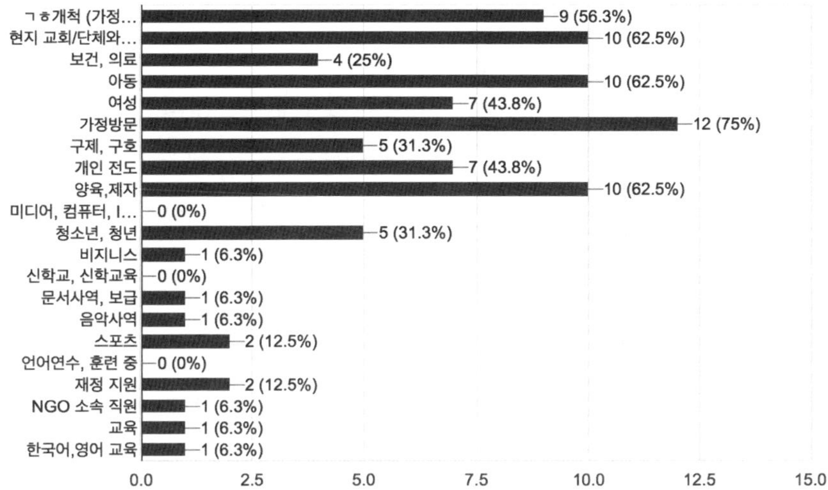

만, 난민의 특성상 찾아가서 만나고 기도와 복음 전도를 받는 일이 레바논에서 종교 비자만 가지고 있으면 가능하다. 16유닛 중의 10유닛은 종교비자를 보유하고 있다.

UN OCHA 레바논 사무실에서는 "시리아 난민 53%가 18세 이하 아동이다"라고 밝히고 있다.[7] 시리아 내전이 시작한 이래 레바논 내에는 약 500,000만 취학 아동 중 250,000명가량은 레바논에서 학교를 다니지 못하고 있다. 상당수는 교실 문턱을 넘어 보지도 못했다. "우리 아이들이 교육 없이 자라고 있어요." 한 시리아 여성은 절규하면서 아동 교육의 현실을 말하기도 했다.[8] 따라서 아동교육 사역은 매우 시급한 사역인데, 10유닛 사역자들은 기

7) Francesca Civili, "Vulnerability of Refugees in Lebanon: Facts and Figures," http://www.unocha.org/syrian-arab-republic/syria-country-profile/lebanon-country-office, [2017. 3. 25 접속].

8) "Growing Up Without an Education-Barriers to Education for Syrian Refugee Children in Lebanon," Human Rights Watch, 2016 https://www.hrw.org/report/2016/07/19/

초초등교육 및 영어, 아랍어에 집중하면서 교육사역을 시행하고 있다. 주요 난민 사역들은 아동교육 사역과 연계해서 연결되는 일들이 대부분으로 볼 수 있다.

구제와 구호 사역은 31.3%(5유닛)가 하고 있는데 일반적으로 난민 사역이라 할 때 구제, 구호, 긍휼 사역 등으로 이해하는 경우가 많은데 사역자들의 대부분은 이미 1~2년 이상을 사역해서 그런지 정기적인 접촉점으로 삼을 수 있는 사역을 하는 경향이 있다. 그리고 구제, 구호 사역은 자금적 부담이 가중되기 때문에 지속적으로 할 수 없는 제약이 있다.

4. 현재 가장 집중하고 있는 사역 대상은 누구인가요? (최대 2개만 선택)

16 responses

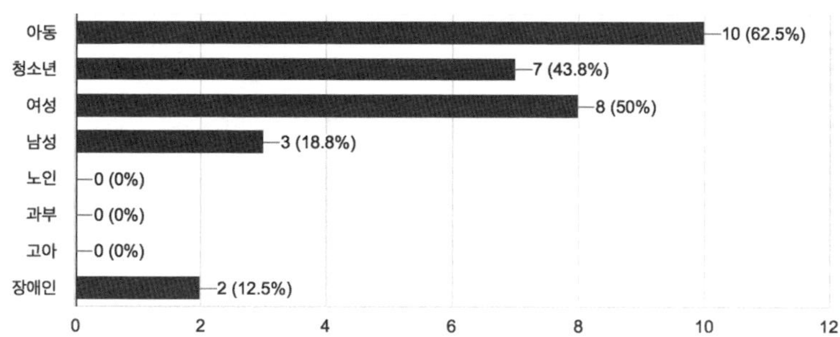

분석: 아동, 여성 청소년 순으로 나타난다. 위의 사역 유형에서도 보이듯이 레바논 내에서 아동 사역이 대세이고 이와 맞물려서 여성 사역이 이어지고 있다. 여성이라면은 학부모들을 의미하기도 한다. 초창기 난민 사역의 아동 수혜자들은 이미 청소년이 되었는데 이들을 위한 사역은 보고된 것으로 볼 때 연속성을 가지고 있지는 않다. 사역적 투자 면에서는 아동이 청소년을

---

growing-without-education/barriers-education-syrian-refugee-children-lebanon, [2017. 3. 25 접속].

앓지른다. 청소년(나이 12세 이상)은 대부분이 생계형 일을 해야만 하기 때문에 중고등학교에 다니는 난민 청소년은 발견하기가 쉽지 않다. 주로 경제적인 여유가 있고 도시에 거주하는 난민들은 중고등학교로 보내는 경우가 종종 발견되지만 가난한 천막촌에 거주하는 청소년들은 그 기회가 거의 없다고 볼 수 있다. 남성을 사역 대상으로 삼는 경유는 적게 나오는 이유는 낮에는 직업적인 이유 때문에 만나기가 어렵고 복음에 대한 수용성이 아동들보다 떨어지기 때문에 사역이 활발히 진행되지 못하고 있다. 눈에 띄는 것은 장애인 부분인데 전체 난민 가정 중 27% 정도는 최소 한 명의 신체 및 지적 장애인이 있어서 특별한 보호 및 필요들이 있다고 알려져 있다.[9] 이들을 위한 사역은 레바논 밀알복지재단에서 진행하고 있고 소수 몇 가정을 돕고 있다.

5. 현재 사역 베이스는 무엇인지요?

16 responses

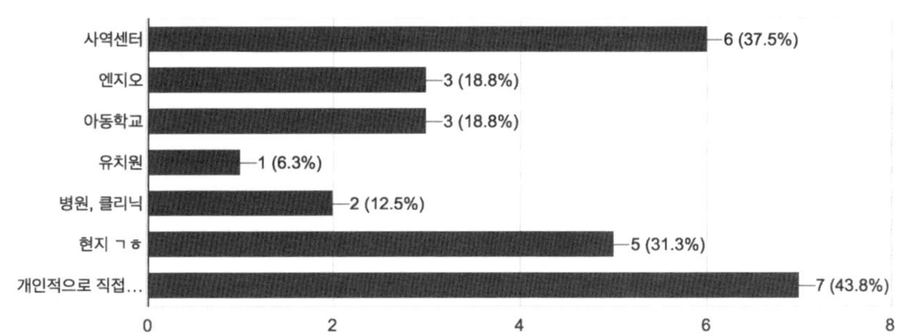

분석: 개인 접촉 방문, 사역센터, 현지교회 활용 순으로 사역을 진행하고 있다. 개인적으로 직접 난민촌 방문 사역을 하는 분들은 비거주 형태로 베이루트에서 레바논 동부 시리아 국경 쪽과 북부 트리폴리 지역에서 실시

9) Francesca Civili, "Vulnerability of Refugees in Lebanon: Facts and Figures," [2017. 3. 25 접속].

하고 있다. 사역센터 운영 사역자는 아동교육, 청소년, 직업 교육 등의 활동을 하고 있다. 레바논 개신교회들의 대부분은 시리아 난민 사역을 하고 있는데 한인 사역자 중에 비자 스폰서를 해 주는 교회 내에 난민 사역을 돕고 있는 형태로 분석이 된다. 중장기적 난민 사역에서는 센터, 교회, 병원, 학교 등 베이스를 기반으로 사역을 한다. 보통 2년 이상 난민 사역하는 사역자들이 이러한 하드웨어적인 베이스를 가지고 있다.

6. 사역팀에는 몇 명의 스태프, 교사 등이 함께 일하고 있나요?

16 responses

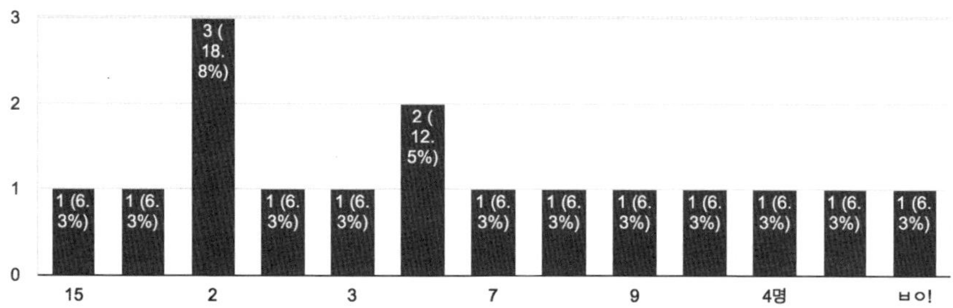

분석: 3유닛은 15명 이상의 일군들이 한 팀으로 사역을 하고 있는데 이들은 학교와 사역센터 사역자들이며 현지 단체 파트너십으로 함께 하는 사역들도 있다. 13유닛은 작게는 2명(부부) 단위로 난민 사역을 하며 주로 현지 교회 협력, 개인적인 접촉 방문 등의 사역을 하고 있다. 현지인 스태프를 고용하는 것은 재정적인 부분과 깊은 관련이 있다. 정기적인 사역 후원 또는 엔지오 사역을 하지 않는 다면은 스태프들을 고용해서 사역하는 것은 현실적인 어려움이 크게 나타난다.

7. 자원봉사자로 참여하는 분들은 얼마나 되나요?

13 responses

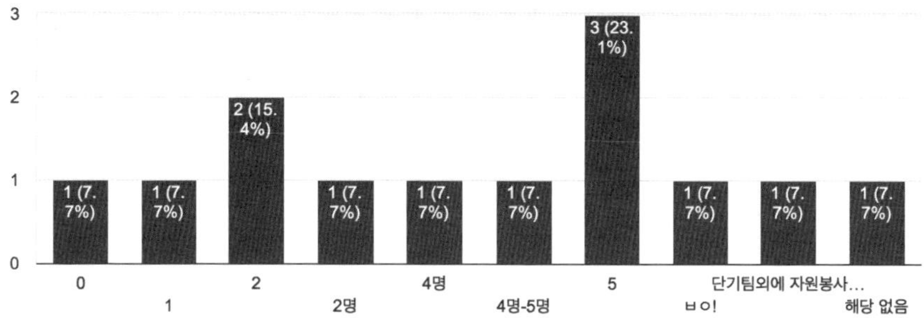

분석: 9유닛은 소수이지만 자원봉사자들이 참여해서 난민 사역을 동역하고 있다. 대부분의 자원봉사자는 레바논인 또는 시리아 인들이며 이들은 주로 인근 지역 또는 사역지 내에서 발굴된 사람들이다. 또한 몇몇 한인들도 종종 봉사자로 참여하는 경우도 있다.

8. 주중 며칠 난민 사역을 하시는지요?

16 responses

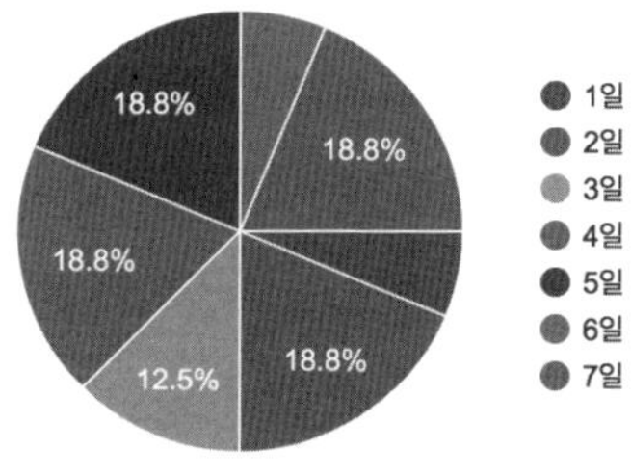

분석: 10유닛은 주 4일 이상 난민 사역을 하고 있다. 학교 및 정기적 센터 사역하는 것이 대부분이고 주 7일 내내 난민 사역에 임하는 3유닛은 대단한 헌신과 시간을 쏟고 있다. 4일 이상 사역하는 유닛의 특징은 난민촌 가까운 인근에 거주지를 삼고 있거나 사역센터를 숙소 겸 사용해서 출퇴근하지 않고 주말에만 가정으로 돌아오는 몇몇 유닛들도 있다.

9. 난민 사역을 하게 된 동기는 무엇인지요?

분석: 62.5%(10유닛)은 난민들의 사역적 필요 때문에 사역하게 되었다. 하나님의 직접적인 인도하심을 통해서 난민 사역을 하게 된 것은 37.5%(6유닛)

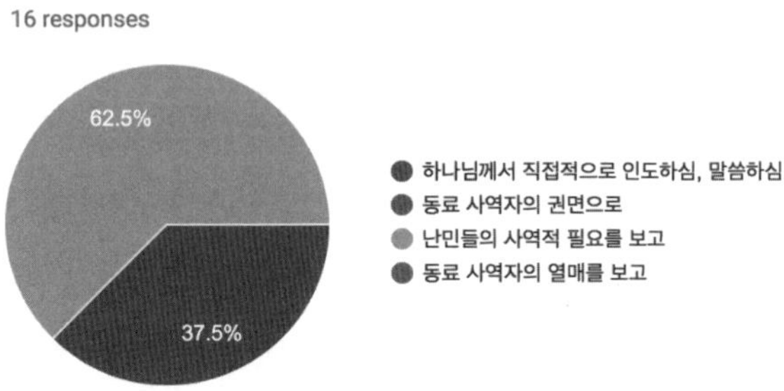

이다. 난민 사역적 필요 때문에 일을 하게 된 케이스는 외부 자원, 단체의 권유나 타의적인 이유 때문에 난민 사역을 하게 된 경우가 많다. 또한 먼저 난민 사역을 시작한 일꾼들의 보고나 소식을 듣고 사역에 참여한 것으로 볼 수 있다. 하나님의 직접적인 인도하심을 받은 경우에는 하나님의 카이로스적인 시기와 시대적인 사명을 인식하고 말씀 가운데서 약속을 붙잡고 난민 사역을 하게 되었고 이러한 사역자들의 특징은 어려움이 있어서 꿋꿋이 주안에서 돌파구를 찾아가는 모습을 발견하게 된다.

10. 직, 간접적으로 사역의 혜택을 받는 난민의 숫자는 몇 명 정도인가요?

분석: 56.3%(9유닛)가 200명 이상의 사역 수혜자들이 있다고 말했다. 1,000명 이상의 수혜자는 3유닛이 된다고 했는데 이들은 학교, 사역센터를 운영하면서 사역을 하기 때문에 수량적으로 크다. 직접적인 수혜

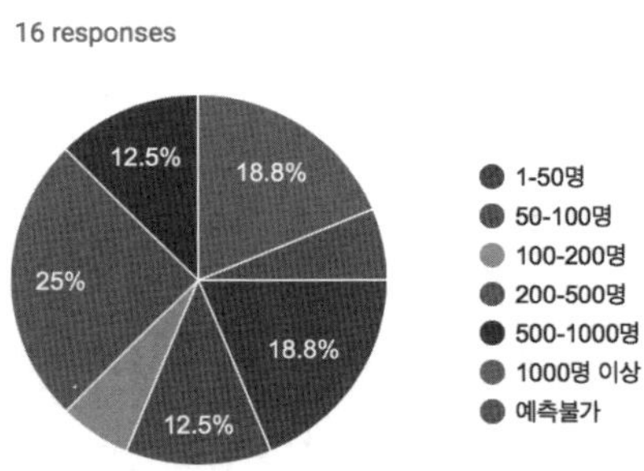

자는 학교 아동, 청소년, 모임에 참여하는 여성 그리고 양육 모임이나 교회 모임에 참여하는 사람들을 의미하는 것을 보인다. 간접적인 영향은 보건 교육 같은 것을 받으면 가족이나 이웃에게 전달하는 것을 포함하고 구제 사역

을 했을 때 식량의 경우는 온 가족이 혜택을 받기 때문에 이 정도 숫자가 나온 것으로 파악된다. 물론 정확한 숫자는 알 수 없다. 그리고 사역자가 대략 생각하는 숫자이기 때문에 오차 범위가 클 수도 있다.

11. 난민 예배 공동체, 회심자 모임, 성경공부 모임을 하고 계신가요?

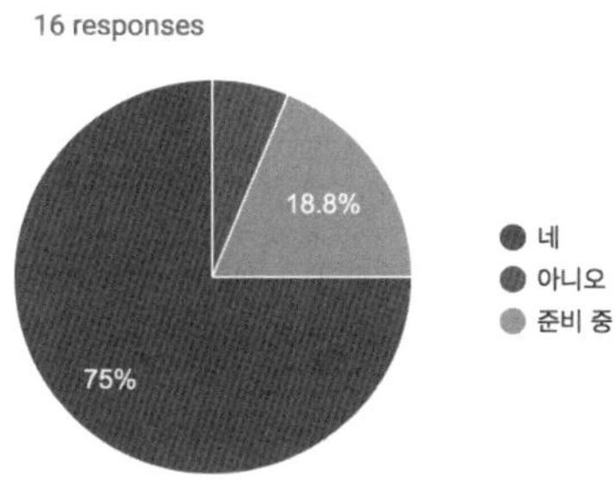

분석: 12유닛은 난민 사역의 결과로 영적인 모임을 하고 있다. 모임의 사이즈는 일대일 성경공부로 있고 주일 교회 예배 모임까지 광범위하게 포함하고 있다. 난민 사역의 궁극적인 목표는 전도, 양육, 제자삼기로 이어지고 어떠한 형태이던 영적 모임을 하는 데 있다고 파악한다. 위에서 언급하였듯이 레바논에서는 종교비자를 가지고 있으면 영적 모임을 해도 큰 문제가 되지 않기 때문에 사역자의 역량에 따라서 얼마든지 가능하다. 12유닛 중 3유닛은 시리아 난민 대상으로 주일 예배까지 하고 있다.

12. 위의 모임들은 직접 진행하는 것인가요?

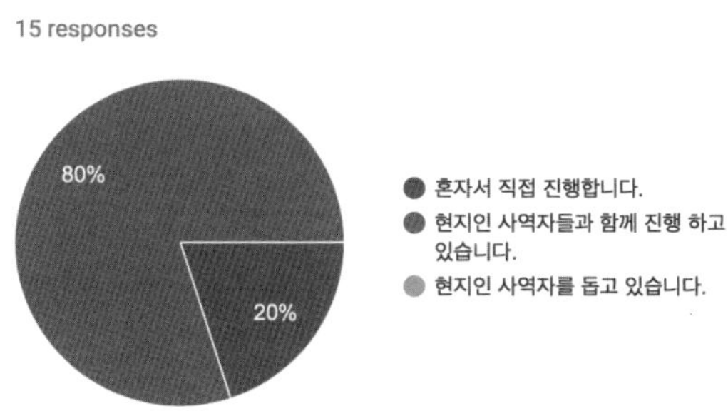

분석: 현지인과 함께 모임을 진행이 80%(12유닛)이다. 현지인 스태프가 있는 사역자들은 일반적으로 영적인 모임까지도 그들과 함께 하는 것으로 파악이 된다. 현지인들과 함께 인도하는 이유는 모임에 참여하는 난민들이 많아 인력이 필요해서, 현지인 스태프들을 양성하려는 목적으로 함께 사역하고 있고

혼자서 직접 하는 3유닛은 주로 가정 모임 및 일대일 성경공부 형식을 취하기 때문이라고 분석된다.

13. 예배, 회심자 또는 성경공부에 참여하는 사람은 몇 명가량인가요?

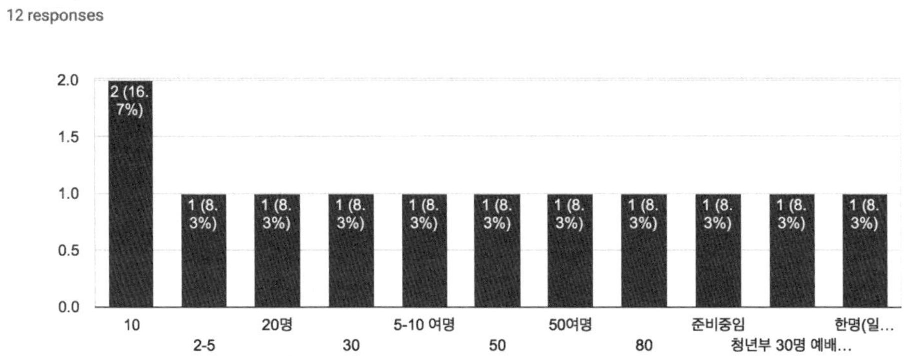

분석: 12유닛이 응답하기를 50명 이상 되는 3유닛 경우는 주일 예배 모임을 실시하고 있기에 이러한 숫자로 나오게 되었다. 20~30명 참여자가 있는 경우는 다수의 가정 모임을 진행하고 있기 때문으로 분석이 된다. 그 외 소수 가정 모임 및 성경공부 모임 방식으로 하기 때문에 참여자 숫자가 10명 미만으로 나타난다.

14. 지금 현재 난민 사역에 어느 정도 만족하나요?

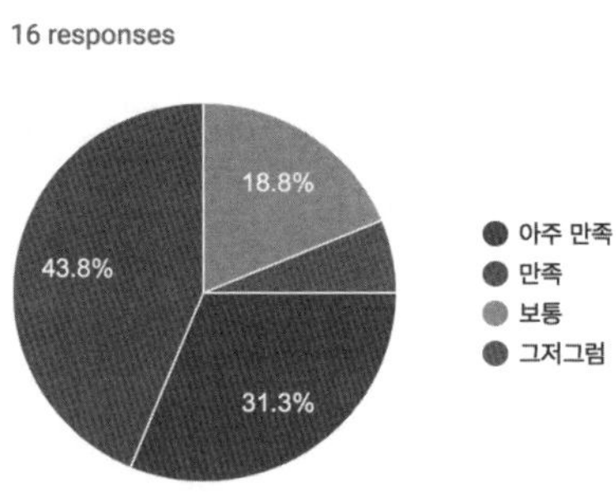

분석: 12유닛은 현재 사역을 만족하고 있다고 한다. 처음 난민 사역을 시작했을 당시에 영적인 열매를 보고 싶은 마음들이 있었고 무슬림 사역 자체가 열매가 없다고 생각하는 경우도 있었기에 사역 중에 발생하는 전도의 기회와

정기적인 양육, 교회 개척으로 이어지는 것들이 만족감을 주는 것으로 분석할 수 있다. 반면 4유닛은 보통, 그저 그러므로 말하고 있는데 이는 언어적 불편함, 재정적인 압박, 사역적 열매의 부실 등이 원인이라고 볼 수 있다.

15. 현재 사역 중 가장 우려되는 점은 무엇인지요? (2개만 선정)

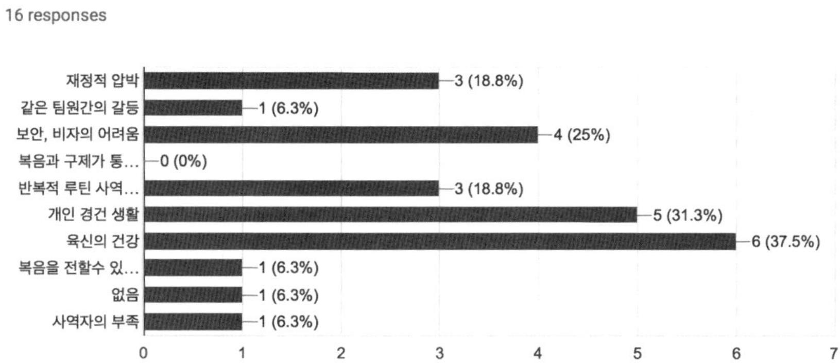

분석: 육신의 건강과 개인 경건 생활에 대한 어려움이 68.8%를 나타내고 있다. 많은 시간과 에너지가 필요한 것이 난민 사역인데 정기적인 사역들을 진행하면서 영육간에 소진 현상이 나타나고 있다. 실제로 난민 사역 중 질병이 발생하고 건강의 이상으로 치료를 받는 경우도 최근에 3~4차례 발견되기로 했다. 또한 종교 비자가 아닌 여행 비자 또는 학생 비자로 사역을 하는 경우에 보안적 어려움이 있다고 말하고 있으며 재정적 압박 문제는 교육사역, 센터 사역, 의료 사역 등을 하는 사역자들이 매월 목돈이 필요하기 때문으로 볼 수 있다. 난민 사역을 하면은 전력질주하는 느낌이 들 때가 있다. 마치 100, 200m 달리기하는 것 같은. 과거 무슬림 사역에서는 마라톤하는 개념으로 오랜 세월 지켜보고 관계를 맺고 가는 형태였지만 난민 사역은 그야말로 속도와 집중력이 중요하기 때문에 전력 질주 현상으로 영육간에 지침이 두드러진다.

16. 복음 전도가 실제적으로 어려운 이유는 무엇인지요? (최대 2개만)

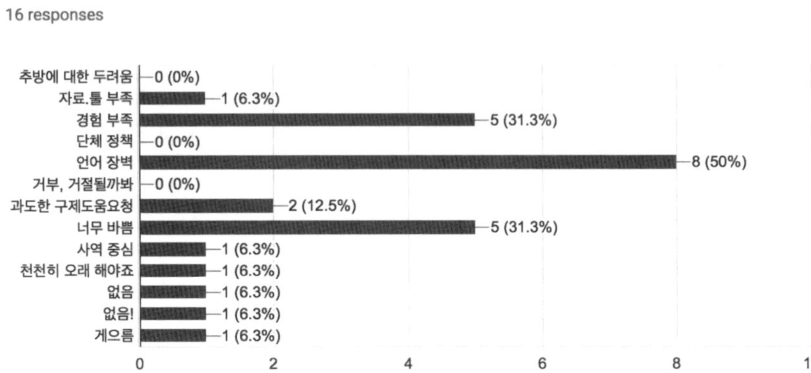

분석: 언어장벽이 50%(8유닛)나 높게 나타났다. 난민들은 거의 다 무슬림들이다. 실제로 중동 아랍 지역 한인 사역자들은 무슬림 전도 경험을 가지고 선교지로 온 경우는 거의 없다. 또한 아랍어의 특이함이 사역자들의 발목을 잡는 경우가 많다. 이슬람 국가에서 어설픈 말로 전도하면 추방되는 것도 있고 복음을 무슬림 거부할 것 같은 막연한 두려움이 있다. 그러한 것들은 사실 언어적인 장벽의 영향이 지배적이다. 경험 부족도 31.3%로 어려움을 사역자들이 호소한다. 또한 31.3%는 너무 바쁘기 때문에 전도할 수 있는 시간이 없다는 것이다. 너무나 많은 사역, 프로젝트들 그리고 최근 들어서 방문객, 비전트립 팀 등이 많이 찾아오기 때문에 이벤트성 사역이 되는 경우가 많아지고 있다. 난민 사역은 이 시대에 하나님께 하시는 일이라고 모두가 말한다. 그런데 정작 내부적 장애물들이 사역자들을 붙잡고 있음이 분석된다. 언어장벽, 경험 부족, 너무 바쁨.

17. 단기 사역팀/비전트립 팀을 받은 적 있는지요? 있다면 몇 팀 정도인가요?

분석: 13유닛은 받은 적이 있다고 말했다. 한국에서 오는 팀이 가장 많

았고 미국, 중국계, 유럽, 아랍, 캐나다, 호주 등이다. 개인적인 방문까지 포함해서 13유닛이지만 팀 단위로 받은 경우는 전체 11유닛인데 이 중에 한 해 동안 평균 6-10팀 이상을 받은 경우는 3유닛이고 10팀 이상 받는 경우는 2유닛이 있다. 국제적인 이슈인 난민에 대해서 관심도는 그 어느 때보다 높기 때문이기도 하다. 특히 한번 레바논 난민 사역지를 방문하고 나면은 소문을 내서 2차 3차 팀이 연속적으로 방문하는 경우도 늘고 있다. 긍정적인 면은 이슬람 선교가 난민들을 통해서 새로운 형태로 되는 것을 보는 것이 동원에 큰 영향을 주고 있고 또한 다녀간 방문자 중에 헌신해서 난민 사역지로 단기로 헌신하는 경우도 늘고 있다. 이슬람 권에서 단기팀, 비전트립팀이 방문하면은 일반적으로 간접적인 사역을 중심으로 봉사 위주로 한다. 영적인 사역을 할 수 없기 때문에 조심스러움이 많았었다. 한국 교회들이 난민 사역에 대한 관심이 계속 상승되면서 선교 훈련 프로그램을 난민 사역지에서 하고자 하는 움직임도 생기고 있다.

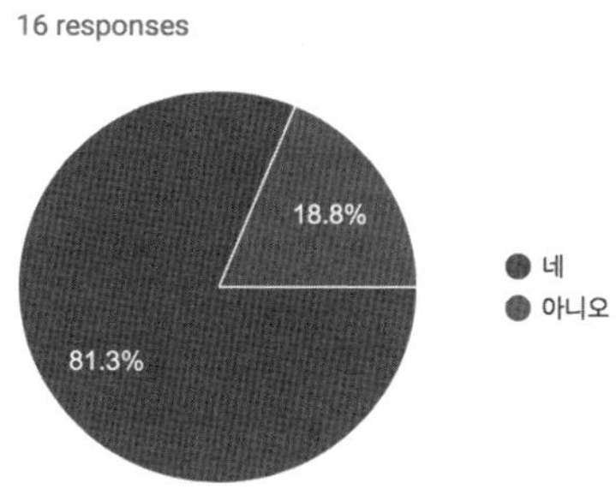

18. 현재 3개월 또는 1년 단기 사역자가 필요한지요?

분석: 12유닛은 필요하다고 했고 4유닛 그렇지 않다고 했다. 학교, 센터 사역 경우에는 인력적인 필요들이 높기 때문에 사역자를 찾고 있지만, 개인적인 사역, 방문하는 사역자에게는 단기 사역자들이 굳이 필요하지 않다고 생각하고 있다.

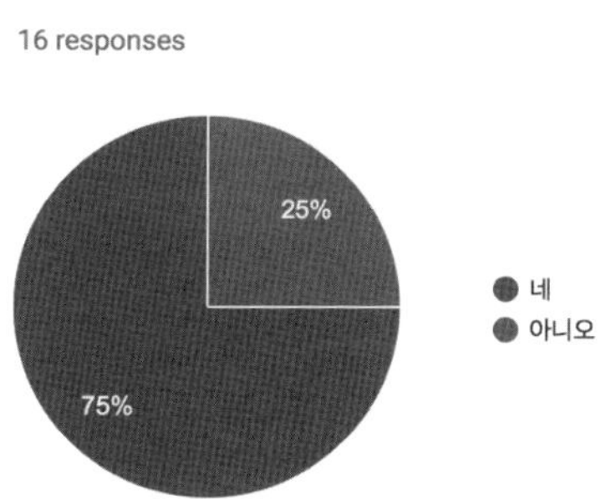

19. 단기 사역자를 받을 때 가장 우려되는 점은 무엇인지요?

분석: 언어와 숙소에 대한 우려 점이 높게 나타났다. 현장 사역자 자신도 언어적 부담이 있기 때문에 단기 사역자마저 아랍어를 준비해서 오는 경우가 아니면은 오히려 단기 사역자가 부담으로 작용할 수 있다. 숙소의 경우에 재정적인 부분과 연결이 되지만 지속적으로 단기 사역자들을 받는 경우가 아니면 숙소를 마련하는 것은 어려운 일이다. 또한 낯선 사람이 사역팀에 합류해서 함께 지내는 것은 또 다른 스트레스를 야기할 수도 있다. 그래서 몇몇 사역자들은 모 교회나 지인 중에서 단기 사역자들을 발굴해서 동역하는 경우가 3유닛에게서 찾아 볼 수 있다.

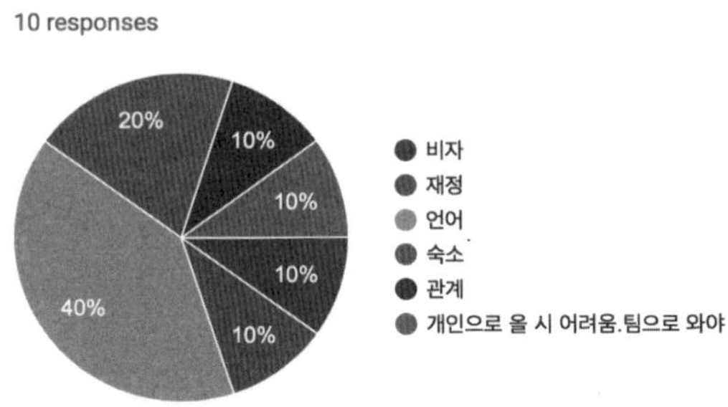

20. 현재 하고 있는 사역의 발전을 위해서 꼭 필요한 것은 무엇인지요?

분석: 68.8%(11유닛)가 동역할 일꾼이 필요하다고 말했다. 위에서 살펴본 단기 사역자 즉, 한국이나 타국에서 오는 일꾼을 말하는 것이지만 여기서는 현지인 아랍어 사용 가능 동역자들이 필요한 것으로 분석할 수 있다. 난민 사역은 할 일들이 매우 많다. 그러기 때문에 일꾼 수급이 중요한데 재정적으로 사례비를 제공하지 않고 난민 사역 동역자들을 찾는 것은 매우 어려운 현실이다. 레바논 현지교회 교인들도 봉사 차원에서 사역에 참여하는 경우가 매우 제한되어 있다. 선교전략

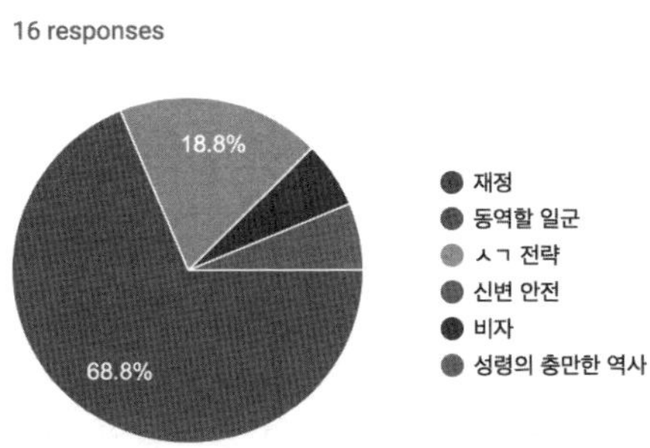

18.8%가 필요하다고 말하는데 사역적 돌파구가 필요하고 사역자들은 지속적인 훈련과 정보가 필요하다. 난민들도 바빠지고 있고 초창기의 필요가 아닌 다른 형태의 필요가 대두되고 있다. 따라서 계속 사역을 연구하고 발전시켜 나가야 할 필요가 있다고 분석 된다.

21. 난민 사역 관련 포럼 또는 컨퍼런스에 참여한 적이 있는지요?

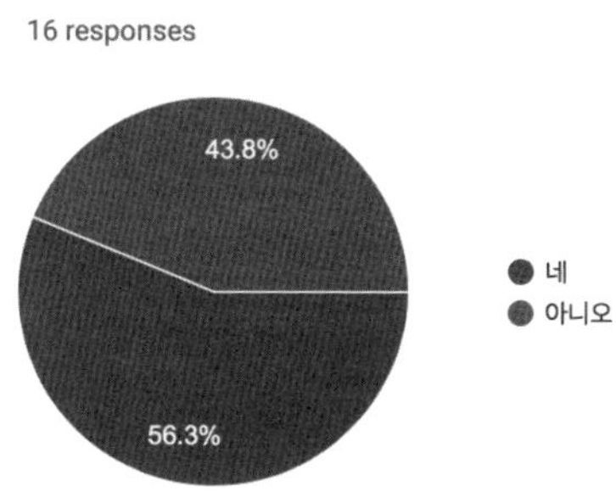

분석: 9유닛은 참여 경험이 있고 7유닛은 없다. 최근 들어서 난민 사역을 활성화하는 포럼, 컨퍼런스, 네트워크 등이 곳곳에서 생겨나고 있다. 한국 사역자들 대상으로 하는 모임들도 지난 3~4년 사이에 다수의 모임이 있었지만, 소수의 사역자들만 참여했다. 하지만 난민 사역에 대한 나눔이 실제적으로 이루어지지 않는 문제점이 있었다. 난민 사역자들은 지속적으로 배움의 기회를 갖고 교류하기를 원하는 것으로 대부분 반응 보였다. 13유닛은 향후 난민 사역 컨퍼런스나 포럼 등에 참여할 용의가 있다는 말을 했는데 사역적 발전과 돌파구를 찾고 싶어하는 마음을 읽을 수 있다.

22. 타 지역 또는 타 단체 난민 사역자들과 협력 필요성을 느끼고 계신지요?

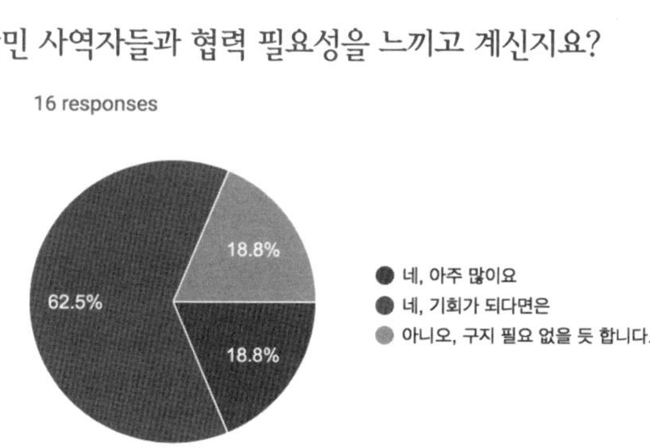

분석: 13유닛은 협력의 필요성을 말했다. 난민 사역자들은 바쁜 일정과 다양한 사역을 하게 되는 경우가 많다. 그렇기에 혼자서 사역을 다 할 수 있는 것은 아니다.

실제로 이 중에 3유닛만 아주 필요하다고 말했는데 사역적 협력의 경험이 있는 사역자들이며 도움을 받는 것보다 도움을 주는 형태의 협력까지도 생각하는 것으로 볼 수 있다. 그 외에 10유닛은 도움을 받는 협력을 기대하는 것을 분석이 된다.

23. 협력이 가장 필요한 영역은 무엇인지요?

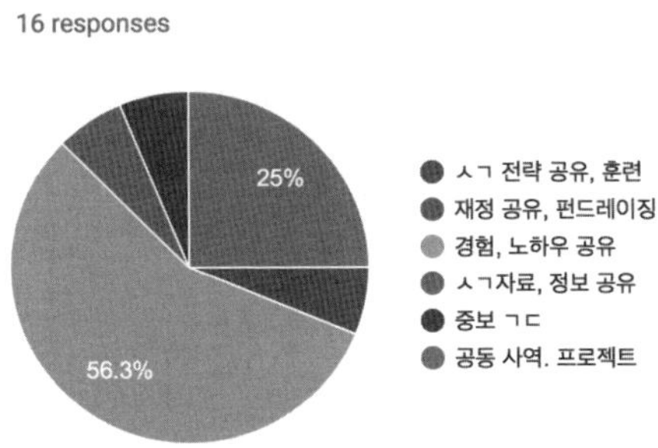

분석: 경험 노하우 공유가 필요하다고 56.3%(9유닛)가 말했다. 난민 사역은 경험을 가지고 시작한 사역자는 한 명도 없었다. 그래서 시행착오 및 사역 방향에 대한 혼선, 사역 지역 및 대상 선정, 재정관리, 현지 인력관리 등 난민 사역을 이루어 가는데 필요한 것에 대한 도움이 3년 이하 난민 사역자들에게는 필요한 것으로 분석이 된다. 그래서 5년 이상 난민 사역을 경험한 사역자들이 그러한 필요들을 공유하고 나눠주기를 기대하는 것으로 분석이 된다. 또한 공동 사역, 프로젝트를 함께 하는 것에 대한 의사 표시를 한 사역자들도 있다. 새로운 난민 사역지를 개척한다든지 기존 사역을 강화하기 위한 협력 프로젝트를 하는 것에 대한 필요를 말하고 있는 것을 볼 수 있다.

24. 난민 사역을 계속하시는 이유는 무엇인지요?

분석: 응답자 15유닛 중 12유닛은 하나님께서 인도하시기 때문이라고 답했다. 그리고 3유닛은 사역적 열매를 보기 때문이라고 했다. 난민 사역은 하나님께서 이 시대에 행하시는 일임을 사역자들은 느끼고 알고 있다. 또한 한국 사역자들뿐만 아니라 서양 사역자들, 레바논 현지교회들도 난민 사

15 responses

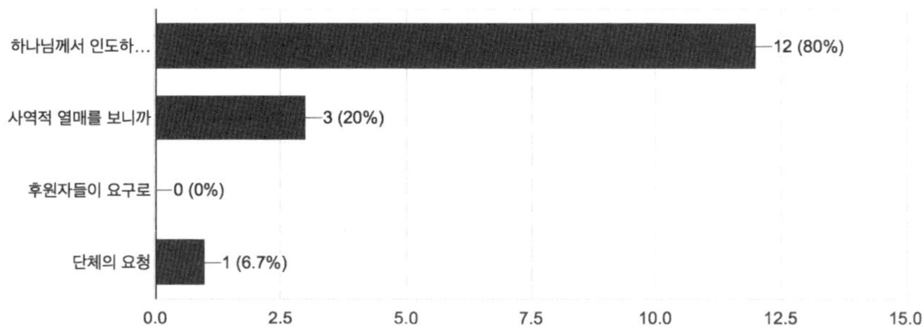

역에 참여하고 있고 그로 인한 현재 레바논 내에 선교적, 사역적, 교회적인 긍정적인 열매들이 보이고 있다. 레바논 전국이 난민 사역지라고 해도 과언이 아니기 때문에 하나님의 일하신다는 생각을 충분히 가질 수 있다. 그래서 일시적인 사역이 아닌 하나님께서 인도하시는 사역이라고 확신을 가지고 난민 사역에 임하는 것으로 볼 수 있다.

III. 난민 사역과 '하나님의 선교'

A. '하나님의 선교'

1. 성경적 근거

성경은 처음부터 끝까지 난민들의 이야기라고 해도 과언이 아니다. '게르'라는 단어는 전쟁(삼하 4:3, 사 16:4)이나 기근(룻 1:1), 전염병 때문에 다른 곳으로 이주한 사람들이며 레위기 25장 47절에 의하면 매우 가난하고 경제적으로 착취당한 사람들로 분류되어 있으며 한국어로는 나그네(Alien) 또는 거류하는 자(Stranger)라고 번역되어 있다.[10] '게르'는 지금 시대에 난민으로 볼 수 있으며 그들은 향한 하나님의 약속들이 성경 곳곳에서 발견되고 있다.[11]

구약 성경에서 대표적으로 난민에 대해서 말하고 있는 구절은 신명기 10:18-19이라고 볼 수 있다. "고아와 과부를 위하여 정의를 행하시며 나그네를 사랑하여 그에게 떡과 옷을 주시나니 너희는 나그네를 사랑하라 전에 너희도 애굽 땅에서 나그네 되었음이니라". 여기에 등장하는 단어 '나그네'(게르) 표현은 난민으로 번역할 수 있으며 연역적으로 난민을 돕는 것은 선택의 문제가 아니고 하나님의 명령에 대한 순종의 문제이다.[12]

구약성경은 난민들의 이야기이다. 난민 문제는 구약성경의 핵심주제로 아브라함과 모세를 비롯하여 다윗에 이르기까지 난민선교에 관련된 이야기들이며 난민을 통하여 우리에게 주는 교훈은 인간은 누구나 하나님께 소망을 두고 하나님과 동행하는 난민이라는 것이다.[13]

초대 기독교인들은 거의 모두 난민이었다. 그들은 믿음으로 인해 박해를 받아서 비자발적으로 고향을 떠나서 타향으로 가게 되었다. 사도행전 곳곳에 보면 초대교회는 핍박으로 인하여 신자들이 뿔뿔이 흩어지게 되었고 그런 과정 중에 교회를 세우고 복음 증거를 하였다.[14] 또한 예수님은 사회적 약자들을 향한 긍휼을 행함에 관하여 구약적 전통을 철저하게 따르셨다. 복음서의 등장인물 중 75~80%는 궁핍한 사람들이었다. 여기에는 그 땅에 거

10) 소윤정, "유럽 이주 무슬림 정착 문제와 기독교 선교,"『성경과 신학』vol. 78 (2016): 267.

11) 영어 성경(NIV)에서 나그네(Alien)가 등장하는 성경구절은 총 102회(구약 96회, 신약 6회)이며 거류하는 자(Stranger)는 37회(구약 24회, 신약 13회)가 나온다. 도피한 자, 도망한 자(Refugee)는 2회 등장, 렘 50:28; 사 16:3.

12) 성남용, "한국인의 입장에서 해석한 난민 사역에 관한 성경적 관점,"『난민을 생각하며, 2015년 암만 난민사역 써미트 자료집』, 25.

13) 유운종, "구약성서에 나타난 이주민 신학," 소윤정,『성경과 신학』vol. 78 (2016): 267에서 재인용. 발췌 내용에서는 '이주민'이라는 표현을 썼는데 이 글에서는 '난민'으로 바꾸어서 사용하였음.

14) 행 5:17-42; 6:6-7:60; 11:19; 12:1-18; 벧전 1:1, 6-7.

주하는 외국인들도 포함되어있다.[15] 예수님 자신도 태어나자마자 당시 헤롯왕의 살해 위협을 받고 이집트로 피난을 가셨다.[16] 예수님의 가르침과 삶에는 가난한 자들이 많은 비중을 차지하고 있다. 그러므로 사회적인 약자였던 난민들도 예수님 사역의 범주에 포함되는 것이 당연한 것이다. 마태복음 25:35-46에서 "내가 나그네 되었을 때 나를 입혀 주었고, 먹여 주었고, 마시게 하였도다…. 중략, 지극히 작은 자 하나에게 한 것이 나에게 한 것이니라" 예수님은 기독교인들이 어떻게 구체적으로 현실의 삶에서 사랑을 행하면서 살아야 하는지 가르치고 계시다. 마태복음 25장은 특히 종말의 때에 일어날 일에 대한 말씀과 두 가지 형태의 사람들을 보여주고 있다. 결국, 예수님께서 관심을 가지는 부류의 사람 중 하나는 난민(나그네 된 자)이다. 그리고 그들을 어떻게 대하는지에 따라서 의인이기도 하고 악인이 되기도 한다. 그래서 난민사역은 우리의 연민의 감정보다는 오히려 그들을 돌보고 하나님의 사랑을 나누라고 요구하시는 하나님의 말씀에 기반 한다.[17]

2. 신학적 근거

'하나님의 선교'라는 말은 세상을 변화시키는 선교라는 면에서 삼위일체의 기반 위에 이 세상에 대한 하나님의 심판과 이 세상을 개선하려는 하나님의 행위와 섭리를 가리키는 신조어로 사용되었다.[18] 이는 근본적으로 선교의 주체는 교회와 사람들이 아니라 삼위일체 되신 하나님 자신이라는 것을 강조하려 했던 것이며 교회와 사람은 선교의 주체가 되신 하나님의 선교

---

15) Rupen Das, "난민 사역의 기초와 철학,"『난민을 생각하며, 2015년 암만 난민사역 써미트 자료집』, 12-14.

16) 마태복음 3:14-21.

17) Dr. Peter Vimalasekaren, '난민 선교에 대한 성경적 근거 및 유럽 지역에서의 난민 사역,' 113.

18) 정흥호,『복음과 상황화』(서울: CLC, 2004), 50.

에 참여해야 한다는 것을 인식시키는 의미를 둔다. 다시 말하면, 선교는 근본적으로 단순히 교회의 활동으로 볼 것이 아니라 선교사로서의 속성을 가지신 하나님 자신의 일이라는 것이다.[19] 선교하시는 하나님은 인간의 도움이 필요한 것이 아니다. 하나님 자신이 모든 일을 다 하실 수 있다. 하지만 하나님께서는 그리스도의 몸 된 교회가 바른 선교적 인식과 함께 모든 사람의 상황에 반응해야 한다는 것이 중요한데 난민 문제에 대해서 교회가 함께 반응해야 한다.[20]

"선교는 하나님의 마음으로부터 생겨나서, 그분의 마음에서 우리의 마음으로 전달되는 것이다. 선교는 세계적인 하나님의 세계적인 백성이 세계적으로 활동하는 것이다."[21] 아울러서 "하나님은 자신의 교회를 위해 세상에 선교를 두신 것이 아니라, 자신의 선교를 위해 교회를 두셨다. 선교가 교회를 위해 시작된 것이 아니다. 교회가 선교, 곧 하나님의 선교를 위해 시작된 것이다."[22] 하나님의 마음을 헤아리고, 하나님이 이 시대에 무엇에 관심을 가지고 계시는지 아는 것은 매우 중요하다고 할 수 있다. 구약 왕의 주요한 책임 중에 하나는 약하고 힘없는 자들의 편에서 행하는 것이고 부당한 취급을 받은 자가 정당한 대우를 받고, 억눌린 자가 구조되고, 힘없고 연약한 자가 자기 목소리를 내게 하는 것이다.[23] 이 시대에 가장 힘없는 자, 부당한 취급을 받는 자, 억눌린 자는 과연 누구인가? 바로 난민들이다. 따라서 난민선교는 왕의 사역이며 의무이다. 하지만 난민 선교 사역이 인간적인 관심과 수단으로 이루어져서는 안 된다. 또한 하나님께서 난민들 가운데

19) 위의 책, 51.

20) 위의 책, 53.

21) Christopher J. H. Wright, *The mission of God's People*, 정옥배 역, 『하나님 백성의 선교』 (서울: IVP, 2012), 19에서 재인용.

22) 위의 책.

23) 위의 책, 61-62.

서 행하시는 선교는 단순히 그들을 구제하고 경제적으로 돕고 기회가 되면 복음을 전하는 그런 차원의 선교가 아니다. 난민들이 발생하게 된 근본적인 이유를 치유하고, 잃어버리고 파괴된 하나님의 아름다운 창조 모습, 즉, 화목의 모습이 난민들의 삶 속에서 일어나는 것까지 이루어져야 한다. 새 창조의 약속이 난민선교에서 성취되어야 한다.[24] 따라서 난민선교는 포괄적인 선교를 포함하고 있다. 영혼 구원 차원에서의 난민선교 개념을 넘어 총체적인 선교를 통한 개인과 가정, 지역사회 및 국가에 치유와 회복을 줄 수 있는 선교활동이 요구된다.

3. 선교전략적 의의

첫째로 난민선교는 하나님께서 교회에 주신 선교의 놀라운 기회이다. 수많은 무슬림 난민들이 주님께 돌아오고 있다는 것이다. 둘째로 선교의 관점에서 원심적(Centrifugal) 선교가 선교사를 해외로 파송하는 선교라고 한다면 난민선교는 자국을 떠나 외국에 몰려오는 사람들을 선교하는 점에서 구심적(Centripetal) 선교이다. 셋째로 선교의 열매와 결실이 크다는 점에서 선교의 효율성이 매우 높다. 넷째로 난민선교는 난민들이 처한 상황이 영적, 정신적, 육체적, 물질적, 모든 면에서 겪는 고통이 크기 때문에 고통의 문제를 치유하는 차원에서 총체적 접근으로 나아가야 한다. 다섯째로 이러한 총체적 사역은 교회 내 많은 영적, 인적, 물적 자원들이 유기적으로 철저하게 협력 사역이 이루어져야 한다.[25] 하나님께서는 인간의 죄악으로 말미암아 발생한 전쟁으로 인하여 비자발적으로 고향을 떠날 수밖에 없는 난민들에게 하나님 나라의 복음을 주시기로 작정하신 것이다. 세상은 인간의 죄악이 점점 더 악해지지만, 하나님께서는 그런 중에도 선교의 기회들을 만들어 내

---

24) 위의 책, 83.

25) 이병수, "난민선교와 총체적 선교,"『남서울 은혜교회 난민선교 학교 강의안 발췌』, 2017.

시고, 선교사들이 불안한 정세 및 열악한 선교 환경 때문에 복음을 쉽게 전하지 못하였다 해도 신실한 하나님은 난민들이 복음을 들을 수 있는 곳으로 인도하셨다. 아울러서 총체적인 필요를 가지고 있는 난민들에게 영적인 접근뿐만 아니라 육체적, 물질적, 사회적, 정서면에서 통합적으로 접근해서 하나님의 사랑을 실천할 때에 난민들의 가난한 마음은 천국으로 더욱 향하게 된다.[26] 난민선교는 한 사람이 할 수 있는 일이 아니기에 하나님께서는 난민 사역자와 후원, 파송 국가 사역자들 사이에 유기적으로 자연스러운 협력, 네트워크[27]를 이끌어 가심을 볼 수 있다. 과거 무슬림 지역 선교를 비유로 말하자면 낚시질이다. 한 명씩 관계를 맺고 사역을 하는 형태이다. 하지만 난민선교는 그물로 고기를 잡는 형태이다. 그물을 던지고 끌어 올릴 때 여러 명이 함께 힘을 모아서 끌어 올려야 고기를 잡을 수 있다. 이것이 레바논에서 일어나는 현재 난민선교의 모습이다. 난민선교는 난민들을 위한 것뿐만이 아니라 난민선교에 참여하는 사역자는 사역적인 발전을 도모하게 되고, 함께 일하는 분위기가 사역지에 발생되고, 결과적으로 서로를 돌아보고 축복하는 긍정적인 효과를 볼 수 있다. 아울러서 글로벌 교회들의 실제적인 협력과 동역이 난민 사역지를 풍성하게 하며 활기 띠게 한다.

---

26) 마태복음 5:3 "심령이 가난한 자는 복이 있나니 천국이 그들(난민)의 것임이요." 필자가 임의로 강조함.

27) 현재 난민 호스트 국, 경유지, 정착국 내에 사역하는 사역자들의 네트워크 모임이 그 실례로 나타나고 있다. A-PEN(Arab-Persian Europe Network)은 중동, 유럽 등지에 있는 난민 이주민들 대상 한인 사역자들이 협력하는 네트워크이며 2016년 파리 난민 이주민 포럼(파리제일장로교회, 김요한 목사 주관)을 기점으로 시작하게 되었고 현재 온라인과 오프라인에서 왕성한 활동 중이다. 필자는 현재 A-PEN 아랍어권 코디 팀장으로 13명의 현장 코디들을 섬기고 있다(2017년 10월 현재).

B. 로잔운동과 난민

1. 로잔 선교대회와 난민 문제

로잔운동에서 난민 문제는 디아스포라 선교의 특수 영역으로 비자발적 이주민을 대상으로 복음을 전하는 중요한 사역이다.[28] 1974년 로잔 언약(The Lausanne Covenant)에서는 전체 12개 항목 중 5번, '그리스도인의 사회적 책임'(Christian Social Responsibility)에서 인간 사회 어느 곳에서나 정의와 화해를 구현하고 인간을 모든 종류의 억압으로부터 해방시키려는 하나님의 관심에 동참하여야 한다고 한다. 이는 개인적 책임과 사회적 책임을 총체적으로 수행하기 위하여 우리가 먼저 변화되어야 한다는 점을 강조하면서 이 조항에서 직접 난민 문제를 언급하고 있다고 볼 수 있다. 그리고 행함이 없는 믿음은 죽은 것이라는 성구를 강조하였다.[29] 1974년 당시만 해도 난민 문제가 국제적인 큰 이슈는 아니었다. 이후 로잔은 1980년에 난민 문제에 대한 분명한 선교 신학적 입장을 밝혔는데 복음전도와 사회적 책임이 그리스도인의 두 가지 책무라는 것이다. 이와 같이 로잔 선교신학의 통전성은 난민에게 복음을 전하고, 난민들의 필요를 채워주면서, 사회에서 난민문제가 발생하는 원인인 정치적 불의를 해결하는 데 그리스도인들이 앞장서야 함을 분명히 알려주고 있다.[30]

1989년 마닐라 선언문[31]에서는 "예수님도 하나님의 나라를 선포하셨을

---

28) 김광성, "로잔운동이 제시한 총체적 선교 관점에서 바라본 대한민국 교회의 난민사역 고찰,"『복음과 선교』 제35집: 14.

29) https://www.lausanne.org/ko/content-ko/covenant-ko/lausanne-covenant-ko, 로잔 언약, 5번 [2017. 9. 15 접속].

30) 김광성, "로잔운동이 제시한 총체적 선교 관점에서 바라본 대한민국 교회의 난민사역 고찰," 23.

31) 로잔운동은 1974년 7월 스위스 로잔에서 세계 복음화 국제 대회가 개최되면서 시작되었다. 1989년 7월에는 약 170개국에서 3,000여 명이 같은 목적으로 마닐라에 모여서 마닐라

뿐만 아니라 하나님 나라의 도래를 자비와 능력의 역사로 보여주셨다. 오늘 우리 역시 이와같이 겸손한 마음으로 말씀을 전파하고 가르치며, 병자를 돌보며 굶주린 자에게 먹을 것을 주고, 갇힌 자들을 살피며, 억울한 자와 장애가 있는 이들을 도와주며, 억압당하는 자들을 구하는 일을 해야 한다."[32)] 라고 말하고 있다. 사실 '난민'이라는 구체적인 언급은 하지 않았지만 1974년 로잔 언약에서보다 적극적인 내용을 다루며 사회적 책임을 강조하고 있음을 볼 수 있다. 이 조항은 오늘날 수많은 난민이 겪고 있는 상황과 직결이 된다. 예수님은 사회적 약자들과 누군가의 도움이 필요한 사람들에 대해서 실천적 행동을 할 것을 가르치셨다. 굶주린 자에게 먹을 것을 주는 것과 전쟁으로 고통받고 사회적 억압을 당하고 있는 난민들에게 하나님 나라의 백성인 우리가 자비와 하나님의 능력을 실천하는 것이 예수님이 이 시대 우리에게 말씀하시는 것이라고 해석하고 적용할 수 있겠다.[33)] 예수님은 난민과 같이 어려움을 겪고 있는 자들에게 희생적인 사랑으로 봉사하는 것을 통하여 복음의 능력이 그들 속에서 역사할 것이라고 교훈하신다.[34)]

마지막으로 2010년 케이프타운 선언문에서는 전례 없는 대규모 인구 이동 현상에 주목하고 있다. 이주 문제를 이 시대의 중대한 세계적 이슈 중 한 현상으로 보고 있다. 대부분의 이주민(난민)들은 기독교가 아닌 타종교 사람들인데 그들을 향한 진정한 **예수 그리스도의 사랑이 전파되어야 한다고 말한다.**[35)] "오늘날 그리스도인을 포함하여 다양한 종교적 배경을 가진 수많은

선언문을 발표하게 되었다.

32) The Manila Manifesto, Ⅱ. A. The Whole Gospel, 4. The Gospel and Social Responsibility (한글 번역본 발췌), https://www.lausanne.org/content/manifesto/the-manila-manifesto, [2017. 10. 8 접속].

33) 마 25:34-46.

34) The Manila Manifesto, Ⅱ. A., B. The Whole Church, 7. The Integrity of the Witnesses, https://www.lausanne.org/content/manifesto/the-manila-manifesto, [2017. 10. 8 접속].

35) https://www.lausanne.org/ko/content-ko/ctc-ko/ctcommitment-ko#P2-3, [2017. 10. 8

사람이 디아스포라의 상태로 살고 있다. 일거리를 찾는 경제적 이주자들, 전쟁이나 자연재해로 인해 내부적으로 격리된 사람들, 난민과 망명자들, 인종청소와 종교적 박해의 피해자들, 가뭄이나 홍수, 전쟁으로 인한 기근 피해자들, 도시로 이주한 빈농 희생자들이 모두 그런 이들이다. 우리는 현대의 이주현상에 수반될 수 있는 악과 고통을 무시하지 말며, 그 모든 것이 하나님의 주권적인 선교적 목적 안에 있음을 확증한다."[36]라고 강조하고 있다. 하나님은 모든 일에 주관자이시기 때문에 오늘날 세계 곳곳에서 일어나고 있는 일들 가운데서 하나님의 선교적 목적을 우리는 발견할 수 있다. 이러한 목적을 극대화하고 효과적으로 반응하기 위해서 로잔운동에서는 크게 3가지로 이주민(난민)을 향한 실천적 사랑이 권고되고 있다. 1) 이주민 사역자들에게 대한 전략적 계획과 훈련, 자원을 구비해서 선교적 기회들을 인식하고 응답할 것, 2) 실제로 섬기라는 포괄적인 성경의 명령에 순종하므로 행위와 말씀으로 그리스도의 사랑에 대하여 책임질 것을 촉구, 3) 이주민 교회와 토착 교회가 서로에 대해 귀를 기울이고 서로 배우며 그 나라를 복음으로 변화시키는 공동의 노력을 전개할 것을 권고하고 있다.[37] 따라서 난민 대상 선교 사역은 현장 사역자와 선교단체 및 후원 교회 그리고 난민 호스트 국가 안에 현지교회들과의 유기적인 협력과 동반자적 자세를 가지고 사역에 임해야 하나님께서 열어 주신 선교적 기회들을 최대치로 끌어 올릴 수 있다.

2. LOP에서 말하는 난민 문제

브라이언트 마이어스(Bryant L, Myers)는 LOP 33 문서에서 이스라엘 민족 이

접속].

36) 위의 문서, [2017. 10. 8 접속].

37) 위의 문서, [2017. 10. 8 접속].

야기와 초대교회 이야기가 난민들의 이야기라고 말한다. 죄의 결과로 에덴동산에서 쫓겨나면서부터(창세기 1~3장) 난민의 역사가 시작되었다. 아브라함의 경우는 자발적인 이주로 하란을 떠나 약속의 땅으로 향했다(창세기 12장). 하지만 자연재해인 흉년으로 인하여 이집트로 난민이 되어 가게 된다(창세기 11:10, 행 7:7). 그리고 요셉의 형들은 흉년으로 이집트로 가게 되고 이후 큰 나라를 이루게 된다(창세기 45장 - 출애굽기 1장). 이것이 첫 번째 난민 이동이며, 두 번째로는 바벨론 포로 시대이다. 신약에서는 예수님이 유아 시절 핍박을 피해 요셉과 마리아와 함께 이집트도 피난을 가게 되어 난민이 된다. 베드로는 본도(Pontus), 갈라디아, 갑바도기아, 아시아와 비두니아에 흩어진 나그네에게 편지(베드로전서 1:1)를 보내게 되는데 AD 60년경에 당시 로마의 종교 핍박으로 인해서 많은 그리스도인이 난민이었음을 말해 주고 있다.[38] 이러한 점을 통해서 알 수 있는 것은 성경은 난민들의 역사이고 하나님은 그들과 함께 그분의 선교 목적을 이루어 가심을 알 수 있다. 또한 난민 사역에 있어서 환대(Hospitality), 자선(Charity), 연대(Solidarity), 믿음(Faith), 사랑(Love), 진정한 인도주의는 그리스도인이 난민 문제에 접근하게 하는 주요 신학적 주제들이라고 브라이언트(Bryant)는 제시하고 있다.[39]

로잔 LOP 5 Christian Witness to Refugees 문서에서는 아주 구체적으로 난민 문제에 대해 그리스도인이 어떻게 반응해야 할 것인가에 관해 기술하고 있으며 성경은 어떻게 말하고 있는지 자세하게 설명하고 있고 난민 사역을 어떻게 진행하면 좋은지 지침을 제공하고 있다.[40] "가난한 자를 보살

38) Bryant L. Myers, *Humanitarian Response: Christians in Response to Uprooted People, Holistic Mission*, Occasional Paper NO. 33 (Pattaya, Thailand, September 29 to October 4, 2004), 48-50.

39) 위의 문서, 50-52.

40) 김광성, "로잔운동이 제시한 총체적 선교 관점에서 바라본 대한민국 교회의 난민사역 고찰," 22.

피는 자에게 복이 있음이여"(시편 41:1), "너희와 함께 있는 거류민을 너희 중에서 낳은 자 같이 여기며 자기 같이 사랑하라"(레위기 19:34) 구약 성경 여러 곳에서 가난한 자들, 거류민(이주민, 난민)을 구체적으로 사랑하라고 말씀하고 있다.[41] 여기서 주목해서 봐야 할 것은 "너희 중에서 낳은 자 같이, 자기 같이(as yourself)"이다. 예수님께서 제자들에게 가르치신 가장 위대한 계명 중 "네 이웃을 네 자신 같이 사랑하라"(누가복음 10:27) 말씀과 연결된다. 그러므로 우리가 자식을 사랑하고 자신을 사랑하듯이 사랑해야 할 대상에 이주민, 난민이 포함되는 것이다. 예수님은 율법의 본질인 사랑을 무시하는 바리새인들을 혹평하신다(마태복음 23:14-23). 그리고 마태복음 25:34에서 매우 중요한 원리를 가르치신다. "내 아버지께 복 받을 자들이여 나아와 창세로부터 너희를 위하여 예비된 나라를 상속 받으라" 복 받을 자, 예비된 나라를 상속 받는 자에 대해서 말씀하시는데 바로 이어지는 35절부터 40절에서 정확히 그 기준을 말씀하신다. "내가 주릴 때에 너희가 먹을 것을 주었고 목마를 때에 마시게 하였고 나그네 되었을 때에 영접하였고 헐벗었을 때에 옷을 입혔고 병들었을 때에 돌보았고 옥에 갇혔을 때에 와서 보았느니라...내가 진실로 너희에게 이르노니 너희가 여기 내 형제 중에 지극히 작은 자 하나에게 한 것이 곧 내게 한 것이니라" 곧, 율법의 핵심인 사랑은 난민들을 향해서 구체적인 사랑의 행동으로 이어지는 것을 말하고 또한 그것은 하나님 나라 기준으로 볼 때에 '복 있는 자', '하나님 나라 상속자' 인 것이다.[42]

요한 계시록 7:14-17에서 "큰 환난에서 나오는 자들인데...보좌에 앉으신 이가 그들 위에 장막을 치시리니 그들이 다시는 주리지도 아니하며 목마르지도 아니하고 해나 아무 뜨거운 기운에 상하지도 아니하리니 이는 보좌

41) https://www.lausanne.org/content/lop/lop-5#3, 3. Biblical Mandate, 4, [2017. 10. 8 접속].

42) https://www.lausanne.org/content/lop/lop-5#3, 3. Biblical Mandate, 4-5, [2017. 10. 8 접속].

가운데에 계신 어린 양이 그들의 목자가 되사 생명수 샘으로 인도하시고 하나님께서 그들의 눈에서 모든 눈물을 씻어 주실 것임이라" 난민들에게 큰 환난을 넘어서 안전함과 소망을 주는 약속의 말씀을 하나님이 하고 계신 것이다.[43] 이 메시지는 난민들에게 큰 위로가 된다. 당장 눈에 보이는 소망을 찾기도 어렵고 미래의 불투명성 때문에 정서적으로 큰 어려움을 겪고 있기에 하나님의 약속을 확인하고 받아들이면 큰 복음의 메시지가 될 것이다.

또한 예수님의 지상 대 명령(마태복음 28:19, 20)에서 하나님의 백성들은 마치 난민들 같다. '가라'라는 말에는 자발적이던 비자발적이던 형태의 움직임이 포함된 것이다. 주님은 제자들이 지구 곳곳에 흩어져서 제자 삼고 세례를 주고 가르쳐 지키게 하는 일을 기대하신다. 물론 이러한 명령에 순종하는 자들에 대하여서는 마치 양을 이리 가운데 보내는 것 같다고 말씀 하셨다(마태복음 10:16-20). 하지만 성령께서 모든 권세와 능력을 공급하시기 때문에 이 명령에 순종할 수 있고 넉넉히 감당할 수 있다(마태복음 28:20, 사도행전 1:8).[44] 결국, 로잔운동에서 강조하고 있는 난민 사역은 성경 전체를 통틀어 보여주고 있는 하나님의 구원 경륜과 하나님이 인류 구원을 위하여 세계 선교를 어떻게 이끌어 가시는지를 보여주면서 특별히 그리스도인들과 교회들에게 현재 일어나고 있는 난민 문제에 관하여 선교적 대응을 촉구하고 있는 것이다.

---

43) https://www.lausanne.org/content/lop/lop-5#3, 3. Biblical Mandate, 5, [2017. 10. 8 접속].

44) 위의 문서, [2017. 10. 8 접속].

IV. 레바논 내 난민 사역전망

A. 가능성과 한계

레바논 내에 난민 사역 기회들을 제공해 주는 몇 가지 주요 요소들이 있다.

1) 레바논은 헌법상 이슬람 국가가 아니다.[45] 2) 타 중동 아랍 국가보다는 훨씬 종교적 자유함도 있고 사역적인 접근 또한 용이하다. 3) 레바논 내에 시리아 난민들은 외국인이기 때문에 특별히 정부 차원에서 관여하지 않기에 여러 난민촌을 방문해도 큰 문제가 되지 않는다. 이러한 이유 때문에 56.3%의 레바논 한인 선교사들은 난민 사역으로 전향하게 되었고, 전체 20유닛 중에 18유닛이 난민 사역을 하게 되었다.[46] 4) 법적으로 사역자가 종교인 비자를 받고 있어 선교활동에 법적인 제재를 특별히 받지 않는다.[47] 따라서 무슬림들에게 복음을 전할 때 지혜롭게 법을 준수하는 한 큰 문제가 되지 않는다. 5) 레바논 전체 인구가 450만 명가량 되고 국토의 크기는 한국의 경기도만 하다. 여기에 시리아 난민 150만 명이 추가로 거주하고 있기 때문에 사실 문만 열고 나가면 시리아 사람들을 손쉽게 볼 수 있는 상황이다. 그래서 시리아 난민 사역은 어떤 특정 지역에서만 시행되는 것이 아니라 전국적으로 주요 도시와 시골 지역에서도 교회들과 사역 단체들, 기독 NGO들

---

45) 레바논, https://ko.wikipedia.org/wiki/레바논, [2017. 10. 14 접속].

46) 위의 설문 1번 질문과 분석 내용 참고.

47) 설문 3번 분석 내용 참고. 설문 응답자 16유닛 중 10유닛은 종교인 비자를 가지고 있다.

이 다양한 난민 사역들을 활발히 진행 중이다. 또한 난민에 관련된 회의, 컨퍼런스, 선교대회 등이 정기적으로 열리고 있으며, 개신교 공동체는 규모가 그리 크지 않기 때문에 사역들을 쉽게 발견하고 알 수 있는 장점이 있다. 6) 레바논은 오래전부터 중동 아랍 선교의 전초기지로 쓰임 받고 있다. 이미 여러 국제 선교단체의 본부와 다수의 신학교들, 기독교 방송국(SAT7) 등 중동 지역 선교를 위한 전략적 요충지로서의 역할을 감당하고 있다. 이러한 자원들은 난민 사역의 가능성을 더 확대해 주고 있는데, 실제로 위의 요소들 때문에 신임 사역자들이 레바논으로 입국하고 있고 타 중동국가에 있던 사역자들이 레바논으로 사역지를 옮기는 일들이 일어나고 있다. 7) 전 세계에서 수많은 비전트립, 단기 사역팀들이 방문해서 난민 사역을 경험한다. 특별히 이슬람 선교에 대한 새로운 시각 및 인식을 갖게 되기 때문에 이를 통한 글로벌 교회의 협력, 동역, 동원 등이 가능하다.[48)]

하지만 이러한 난민 사역의 기회들이 많이 있음에도 불구하고 이 기회들을 제대로 활용하고 극대화하는 전략적 작업이 잘 진행되지 못하는 한계성들이 있다. 여기에는 외부적인 한계성과 내부적인 한계성들이 있는데 먼저 외부적인 한계성을 본다면,

1) 각 지역군, 면 단위로 각기 종교 색깔이 워낙 뚜렷하다. 대부분 군, 면 단위로 각각의 수니파, 시아파 무슬림 지역 리더들이 있어 같은 지역 이슬람 지도자들의 눈치를 보게 되고, 이들은 종종 기독교 선교에 대하여 공갈, 위협, 핍박을 가하는 경우가 있다.

2) 40% 이상의 레바논 국민은 마론 가톨릭[49)] 배경이고 가톨릭 교회는 전

---

48) 설문 17번 분석 내용 참고.

49) 마로나이트(Maronites, 아랍어: الموارنة) 또는 마론파는 시리아에서 태동한 기독교의 한 교파이다. 시리아의 수도자 마론(?~423?)의 이름을 땄으며, 교리적으로 단성론을 따랐다. 18세기 이후 동방 가톨릭교회에 속해 있다. 오늘날 레바논에서 가장 유력한 종교 집단이다. 출처: https://ko.wikipedia.org/wiki/마론파

통적으로 타 종교를 포용하고 불필요한 마찰이나 물의를 일으키지 않으려고 한다. 그래서 현지 기독교 단체들도 사회봉사 위주로 사역을 하는 경우가 많다. 하지만 개신교 사역은 복음 전도 및 교회 개척 등 영적인 사역을 실시하다 보니 무슬림이 대부분인 지역에서 개신교 선교 사역은 법적으로는 문제가 되지 않지만 지역 내 무슬림 세력들의 주목을 받고 방해 공작을 받는 일이 많다. 또한 기독교 지역 정부도 때로는 선거철 같은 때에 무슬림 주민들의 표를 의식해서 선교사들을 공개적으로 거명하면서 핍박하는 경우도 수차례 발생하게 되었다. 실제로 2016년 5월경에 종교인 비자를 가지고 있는 한 사역자의 부인은 비자가 거부됨으로 어쩔 수 없이 나라를 비자발적으로 떠나게 되는 사태도 발생했다.

3) 인정된 종교인 비자 없이 사역할 경우 법적인 문제를 받게 된다. 최근 레바논 북부에서 난민 사역하던 사역자 한 가정은 학생 비자로 사역하다가 종교 비자로 전환하려고 신청을 했지만, 거부를 당해서 추방되었다. 한국 교회에서 비전트립 팀들이 와서 난민촌에서 전도, 방문을 무분별하게 해서 레바논 군부대 및 정보국에서 수차례 한국 대사관에 주의를 당부했다. 관광비자로 왔는데 왜 난민촌에 가며 전도 활동을 하는지에 대한 이슈가 끊임없이 제기되고 있고 최근 레바논 한인 선교사들도 단체 카톡 방에서 수차례 불만을 제기하였다. 장기 사역자가 동행하거나 기존의 사역센터를 활용해서 사역하는 것은 큰 무리가 없지만 어설픈 아랍어로 전도 및 사역을 도움 없이 했을 때 그들이 떠난 후 그 지역 한국 사역자는 심각한 타격을 입는 경우가 수차례 발생을 했다.

4) 난민들은 끊임없이 이동한다. 해외로 이주하는 경우는 최근 들어서 현저히 줄어들었다. 하지만 높은 임대료, 이웃 간의 불화, 자녀 문제, 열악한 주거 환경 등의 이유로 거처를 옮기는 경우가 많아지고 있다. 우리 학교 학부모 한 가정은 지난 6개월 사이에 거처를 3번이나 옮기는 일도 일어났다.

내부적인 한계성은 설문조사에서도 조사되었듯이 다음의 몇 가지로 요약할 수 있다.

1) 언어 문제였다. 아랍어로 사역을 해야 하는 점이 매우 큰 부담으로 찾아온다. 레바논 남부 난민 사역자 여성 모임에 참여한 사람들이 한인 사역자의 아랍어를 알아듣지 못하는 어려움을 타인에게 고백했다. 일반적으로 아랍어 준비가 타 언어에 비해서 더 많은 시간이 필요한데 시리아 난민 사역을 하면서 언어 공부를 병행하는 것은 무척 어려운 일이다. 일이 너무나 많고 바쁘기 때문에 언어적인 발전을 기대하기 어렵다. 아랍어로 말씀을 유창히 전할 수 있는 한인 난민 사역자는 전체 응답자 16유닛 중의 6유닛 정도뿐이다. 언어적 장벽은 영적인 사역에도 영향을 상당히 미치게 된다. 난민 사역으로 전도는 어느 정도 이루어지고 있으나 교회 개척 또는 그리스도 공동체를 형성하고 제자들이 양육되는 일은 수년간 노력을 했으나 그리 높은 성과를 거두고 있지 못하다.[50]

2) 현지인 동역자가 없기 때문에 사역을 돌파해 나가지 못하는 경우가 자주 목격이 된다.[51] 현지인이 사역 팀 안에 있는 것과 없는 것은 큰 차이점이 있다. 사역자의 언어적 부족한 부분, 문화적 사회적 취약한 부분을 현지인이 충분히 도울 수 있기 때문이다. 응답자 16유닛 중의 13유닛은 현지인 동역자 없이 사역자 부부만 사역을 하는 경우와 소수 현지인 일군들이 사역 팀에서 일하는 것으로 나타났다. 현지인 일군들과 함께 일하는 것은 단순히 사역의 발전뿐만 아니라 현지인을 현장에서 양성할 기회이기도 하다. 외부에서 단기 사역자가 와서 사역을 돕는 것은 응답자 75%는 필요하다고 말했

50) 설문 11번, 실제로 12유닛 중의 3유닛만 주일 예배만 이뤄지고 있다. 또한 설문 13번을 보면 주일 예배 사역 3유닛은 50명 이상이 되지만 20~30명 또는 10명 미만만이 예배, 성경공부 모임에 참여하고 있다. 대부분의 참가자는 구도자(seekers)들이며 제자 훈련 및 사역자 훈련을 받고 있는 난민 신자들은 그리 많지 않다는 현실을 알 수 있다.

51) 설문 20번, 68.8%(11유닛)는 현지인 동역자가 필요함을 호소하고 있다.

다.[52] 하지만 단기 사역자의 언어적 부담을 기존 현장 사역자가 도와야 하는 불편함이 있고 수개월 투숙할 만한 숙소 확보 문제도 신중히 고려해야 한다는 것이다.[53]

3) 난민 사역은 변화가 많고 국가 정책이나 주변 정세에 영향을 많이 받기 때문에 유연한 사역 전략이 요구되는데 대부분 난민 사역 경험의 부족이 사역발전으로 이어지는데 장애가 된다. 사역적 도움을 받기 위해서 지속적으로 난민 사역 컨퍼런스, 포럼 등을 찾아가서 배우고 협력, 교류해서 사역적으로 발전할 기회를 찾는 것이 중요하다. 현재 16유닛 중 7유닛은 아직 그런 기회를 얻지 못했다. 하지만 사역발전을 위한 노력이 필요하다는 인식을 가지고 있다.[54] 이러한 사역적 필요 때문에 13유닛은 타 지역 또는 타 단체 난민 사역자들과 협력의 필요성을 언급하고 있다.[55] 협력에 있어서 사역 경험과 사역적 노하우 공유의 필요성이 제기되고 있으며 선교전략 및 훈련에 대한 필요들이 있다.[56]

B. 전략적 전망

레바논 내에 난민 사역은 가능성과 한계성이 공존하고 있다. 하지만 중요한 것은 난민 사역을 누구의 관점에서 보고 해석하고 적용할 것이냐에 따라서 결과가 달라질 수 있다. 시리아 난민 사역은 선택이 아닌 당위적 요청

52) 설문 18번, 12유닛이 필요성을 말함.

53) 설문 19번 참고.

54) 설문 21번 참고.

55) 설문 22번 참고.

56) 설문 23번 참고.

이며 난민 문제는 하나님 역사 안에서 기회이다.[57] 난민 사역 분야는 매우 광범위하고 해야 할 사역들이 많이 보인다. 그러므로 사역자는 선택과 집중 그리고 전략적인 투자와 협력이 필요하다. 몇 가지 난민 사역을 위한 전략적 제안을 한다면 다음과 같다.

1. 미취학 아동 사역 – 프리스쿨

난민촌의 인구가 계속 늘어나고 있다. 2011년 시리아 사태부터 2016년 말까지 레바논 내에서만 약 65,000명 난민 신생아가 태어났다. 그런데 이 중 70%는 출생증명서가 없다고 발표를 했다.[58] 시리아 사태 초창기에 태어났던 아이들이 이제는 5~6살이 되었다. 또한 난민촌마다 아이들이 넘쳐난다. 시리아 내전이 시작한 이래 약 500,000만 취학 아동 중 250,000명가량은 레바논에서 학교에 다니지 못하고 있다. 상당수는 교실 문턱을 넘어 보지도 못했다. "우리 아이들이 교육 없이 자라고 있어요." 한 시리아 여성은 절규하면서 말한다.[59] 사역자들이 정규 학교 사역을 하는 것은 다소 무리가 있지만 기초아동교육 사역에 관심을 많이 가져야 한다. 특별히 프리스쿨 미취학 아동 대상의 사역은 굉장히 중요한 접근이다. 일반적으로 8세 이상부터 초등학교에 들어갈 수 있기 때문에 상대적으로 5-7세 아동들이 난민촌에 그냥 방치되어 있는 것을 보게 된다. 이들의 부모들은 대개 나이가 젊은 층이기 때문에 사역적으로 다양한 기회와 접촉을 가져다줄 수 있다.

---

57) http://www.christiantoday.co.kr/news/294751, [2017. 10. 14 접속].

58) Francesca Civili, "Vulnerability of Refugees in Lebanon: Facts and Figures," http://www.unocha.org/syrian-arab-republic/syria-country-profile/lebanon-country-office, [2017. 10. 14 접속].

59) "Growing Up Without an Education"-Barriers to Education for Syrian Refugee Children in Lebanon, Human Rights Watch, 2016, https://www.hrw.org/report/2016/07/19/growing-without-education/barriers-education-syrian-refugee-children-lebanon.

2. 세대 간을 이어주는 사역적 연계

이번 설문에 참여한 사역자들이 가까운 미래에 하고 싶은 사역 중에 청소년 사역을 가장 많이 이야기하였다. 처음 난민 사역을 시작했을 당시에 초등학교 연령층이던 아이들이 성장해서 청소년 또는 청년이 되었다. 난민촌에서는 생계형 일을 12세 이상이 되면 찾게 되고 낮에 진행되는 정기적 교육 프로그램에 참여하지 못하게 된다. 초등학교 연령 때까지 사역해 왔지만, 생계 문제로 난민 사역에서 벗어나게 되는 경우가 빈번하다. 따라서 프리스쿨 사역, 초등학교 연령 대상 사역 그리고 청소년으로 이어지는 사역이 절실하게 된다.

3. 난민 사역의 속도

난민 상황은 주변 정세와 맞물려 있다. 언제 떠날지 모르는 5분 대기조 같은 느낌을 받을 때가 많다. 최근 들어서 레바논 정부에서는 법적이고 합리적인 방법으로 난민 문제를 해결하려는 노력을 하고 있다. 레바논 국적의 스폰서가 있어야만 체류비자가 연장된다.[60] 난민 사역의 속도를 더 높여야 한다. 특히 복음 전도를 위해 오랜 시간 동안 관계를 맺도록 하는 관계전도 방식은 난민선교 상황에서 적절치 못하다. 빠른 속도로 담대히 복음을 전하는 것이 그 어느 때보다 중요하고 앞으로 더 급변하게 될 것으로 예상이 된다. 이슬람권에서 속도감 있게 복음을 전한다는 것은 말처럼 쉬운 일은 아니지만, 미디어와 IT 자료들을 최대한 활용해서 난민들에게 복음을 전하는 것이 더욱더 연구 및 실행되게 될 것이다. 기존의 미디어와 IT 자료 개발자와 공급자들과 연대해서 지속적인 업데이트와 사역 노하우 공유가 더욱더

---

60) Lack of legal status is a nightmare for Syrians in Lebanon , http://www.middleeasteye.net/columns/lack-legal-status-syrians-biggest-nightmare-lebanon-65115956, [2017. 10. 17 접속].

시대적 요청에 따라 활발해질 것이라고 전망한다.

4. 난민 신자들을 강도 높게 훈련

복음을 듣고 신앙생활을 시작한 새신자들을 신속히 양육하고 일군으로 세워가는 것이 중요한데 이는 평안하게 일주일 1~2번 만나서 성경공부 하는 수준이 아니라 강력한 사역자 훈련을 시키므로 빠른 성장을 일으켜야 한다. 난민 새신자들의 특징 중의 하나는 복음을 받아들이고 난 후에 사역자가 가르치는 모든 내용이 곧 기준이 된다. 따라서 사역자는 인텐시브로 난민 신자들을 훈련시키는 것이 더 시급하게 될 것으로 전망된다. 기도, 예배, 전도, 성경공부 인도, 개인 경건 생활 등 체계적이면서도 영성 있는 훈련이 요구된다. 하지만 사역자가 삶에 모범을 보이고 사역 시범을 보이며 현장에서 인턴십 같은 실습 훈련을 관리 감독하는 것이 중요하다. 마치 운전면허 취득했다고 바로 도로 운전을 잘 하는 것이 아닌 것처럼 현장 실습과 좋은 모델을 자주 보여주고 다듬어 주는 것이 중요한 훈련이다.

난민들은 언젠가 본국 시리아로 돌아갈 것으로 예상하는데 사역자로 돌아가서 시리아 내부에서 사역자의 삶을 살도록 레바논에서부터 시작하는 것은 향후 시리아 내부 사역에도 지대한 영향을 주게 될 것이다. 또한 난민들은 가족, 친구, 지인들과 소셜미디어로 연결이 다 되어 있다. 그래서 난민 신자들을 잘 훈련하면 온라인 및 오프라인에서 함께 사역적으로 동역할 수 있는 기회가 더 많이 창출될 것이다.

5. 난민 사역자 능력배양, 강화

설문에서 나왔듯이 난민 사역자들은 일단 난민 사역에 대한 경험과 노하우, 전략적인 부재를 가지고 있다. 또한 난민들의 대부분은 무슬림들이기 때문에 난민 사역은 무슬림 사역이다. 사역자의 수준이 곧 사역의 수준으로 이어지게 된다. 따라서 난민 사역자들의 자기 계발과 성장은 난민 사역의 가능성을 극대화하는 것과 직접 연결되어 있다. 이전보다 더 활발한 교류, 협력, 사역적 공유가 일어날 것으로 보인다.

V. 나가는 말

이번 설문을 통한 질적 연구를 통해서 시리아 난민 사역을 하는 레바논 한인 선교사들의 사역을 들여다볼 수 있었다. 다양한 어려움과 고충, 그리고 사역 형태에 따른 세밀한 질적인 면은 공개할 수 없었으나 각자 설문을 통하여 현재 레바논 내에 시리아 난민 사역에 대한 생각과 선교활동 그리고 사역의 결과를 정리해 볼 수 있게 된 것은 오늘날 우리의 현주소를 알 수 있는 귀중한 기회였다. 또한 난민 사역에 대한 성경적, 신학적, 선교전략적인 측면을 고려하고 로잔문건을 토대로 현재 난민 사역을 조명해보고 더욱 건강한 성경적 선교신학이 사역자들 모두에게 필요하고 더 많은 연구와 전략개발이 필요하다는 것을 알게 되었다. 성경적인 분명한 당위성을 근거로 하나님의 주도하심을 강화하고 성경적인 체계를 견고히 해야 할 필요성을 볼 수 있었다. '하나님의 선교'라는 관점에서 과거 에큐메니칼 신학적 입장을 넘어 복음적 입장에서 교회의 존재론적 가치를 중시하며 보다 포괄적이고 총체적인 하나님의 교회의 선교적 접근방법에 대하여 난민 사역자들이 이해의 폭을 넓히고 각 사역현장 속에 적용해야 할 필요성이 있음을 알게 되었다. 특별히 선교전략면에서 다양한 네트워크를 활용하고 협력을 지향할 필요가 있다. 사역자 간 상호 소통과 선교전략 공유를 통한 동역자모델이 난민 사역 가운데 실현되어야 한다는 것이다. 특별히 레바논은 다른 중동국가에 비하여 선교적 다양성과 가능성이 있어 사역전망이 밝은 국가이다. 그러므로 사역자의 체계적인 훈련과 준비가 반드시 선행되어야 할 때이다. 장기적인 안목으로 현재의 난민 사역을 점검하고 본인의 관심 분야에만 집중하고 난민들의 필요에만 부응하는 사역을 하기보다 궁극적 복음 비전을 중심으로 사역을 전개해야 할 필요성이 있다.

난민 사역자 한 사람 한 사람이 소중하고 그들과 함께 난민 사역을 고민하고 연구할 수 있는 적은 기회를 이 글을 통해서 갖게 됨을 감사한다. 하나님께서 시대적인 사명을 우리와 함께 나눠 주셔서 위대한 하나님의 선교 현장에 참여할 수 있는 것은 대단한 영광이다. 주께서 모든 사역자에게 은혜와 지혜, 돌파구 그리고 부흥을 주시길 기도한다.

참고문헌

Christopher J. H. Wright, *The mission of God's People*. 정옥배 역. 『하나님 백성의 선교』. 서울: IVP, 2012.

정흥호. 『복음과 상황화』. 서울: CLC, 2004.

김광성. "로잔운동이 제시한 총체적 선교 관점에서 바라본 대한민국 교회의 난민사역 고찰." 『복음과 선교』 35 (2016): 13-46.

소윤정. "유럽 이주 무슬림 정착 문제와 기독교 선교." 『성경과 신학』 78 (2016): 241-279.

성남용. "한국인의 입장에서 해석한 난민 사역에 관한 성경적 관점." 『난민을 생각하며. 2015년 암만 난민사역 써미트 자료집』 (2015).

유운종. "구약성서에 나타난 이주민 신학." 소윤정. 『성경과 신학』 78 (2016): 267.

Bryant L. Myers. Humanitarian Response: Christians in Response to Uprooted People. *Holistic Mission*. Occasional Paper NO. 33. Pattaya. Thailand, September 29 to October 4. 2004.

Peter Vimalasekaren. 『난민 선교에 대한 성경적 근거 및 유럽 지역에서의 난민 사역』.

Rupen Das. "난민 사역의 기초와 철학." 『난민을 생각하며. 2015년 암만 난민사역 써미트 자료집』 (2015).

이병수. "난민 선교와 총체적 선교." 『남서울 은혜교회 난민 선교 학교 강의안 발췌』. 2017.

http://m.yna.co.kr/kr/contents/?cid=AKR20170330190700088&mobile, [2017. 11. 19 접속].

http://www.fmreview.org/sites/fmr/files/FMRdownloads/en/FMRpdfs/Iraq/15.pdf, [2017. 10. 13 접속].

http://docs.unocha.org/sites/dms/Syria/, [2017. 10. 7 접속].

http://www.unocha.org/syrian-arab-republic/syria-country-profile/lebanon-country-office, [2017. 3. 25 접속].

https://www.hrw.org/report/2016/07/19/growing-without-education/barriers-education-syrian-refugee-children-lebanon, [2017. 3. 25 접속].

https://www.lausanne.org/content/manifesto/the-manila-manifesto, [2017. 10. 8 접속].

https://www.lausanne.org/content/manifesto/the-manila-manifesto, [2017. 10. 8 접속].

https://www.lausanne.org/ko/content-ko/ctc-ko/ctcommitment-ko#P2-3, [2017. 10. 8 접속].

https://www.lausanne.org/content/lop/lop-5#3. 3. Biblical Mandate, [2017. 10. 8 접속].

https://ko.wikipedia.org/wiki/레바논, [2017. 10. 14 접속].

https://ko.wikipedia.org/wiki/마론파,

http://www.christiantoday.co.kr/news/294751, [2017. 10. 14 접속].

http://www.unocha.org/syrian-arab-republic/syria-country-profile/lebanon-country-office, [2017. 10. 14 접속].

http://www.middleeasteye.net/columns/lack-legal-status-syrians-biggest-nightmare-lebanon-65115956, [2017. 10. 17 접속].

'종교사무조례' 수정초안에 나타난 중국 종교정책 변화와 로잔운동의 관계성 고찰

김광성 • 주안대학원대학교

I. 들어가는 말

1960년대 전도와 사회참여 문제로 양극화되고 있던 선교의 위기 상황을 극복하기 위해서 복음주의 진영이 신학적 입장을 세우고 적절한 선교방법을 찾아 세계복음화를 이루려는 목적[1]으로 1996년 세계전도대회(The World Congress on Evangelism, 서베를린)가 열렸고, 그 연장선상에서 1974년 로잔에서 제1차 세계복음화를 위한 국제대회(The International Congress on World Evangelization)가 개최된 것은 주지의 사실이다. 로잔운동 초기부터 적극적으로 참여했던 조종남은 로잔운동의 역할에 대해서 "복음주의 진영을 결집하고, 해외선교의 중요성을 인식하게 하며, 기도운동을 일으키고, 세계복음화에 대한 신학적 근거를 정리해 내었다"[2]고 평가하였다. 이러한 긍정적인 평가의 타당성은 1987년 마

1) 조종남, "로잔대회와 복음주의 선교신학," 한국로잔위원회 편, 『세계 복음화를 위한 로잔운동』(서울: 한국로잔위원회, 2009), 12; 조종남, 『로잔운동의 역사와 신학』(서울: 선교횃불, 2013), 25.

2) 위의 책, 29-31.

닐라대회, 2010년 케이프타운대회를 거치면서 로잔운동이 세계선교의 이론적 근거와 실천적 방향성을 확보했다는 점에서 충분히 입증된다.

연구자는 로잔운동이 중국 교회와 만날 수 있기를 기대하면서 로잔운동의 시작이 공산주의 진영의 확장과 깊은 연관성을 가지고 있다는 관점에 본 연구를 진행하였다. 선교신학자들은 WCC 진영의 급진적인 선교개념의 등장과 선교 모라토리움(moratorium for mission) 주창을 로잔운동이 탄생한 결정적 계기로 본다.[3] 선교의 개념을 전도와 사회참여 문제의 대립으로 보는 입장에서는 이러한 주장이 설득력을 갖는다. 동시에 세계정세의 변화 측면에서 복음전파의 장애 요소를 극복하고 세계 복음화를 앞당기고자 하는 복음주의 진영의 긴급한 요청으로 로잔운동이 시작되었다는 인식을 바탕으로 안희열은 공산주의의 확산을 로잔운동 태동의 첫 번째 원인으로 꼽는다.[4] 1949년 중국대륙에 사회주의 정권이 들어서고 이어서 베트남, 라오스, 캄보디아, 미얀마가 공산화 되었는데, 이들 지역에서 서구 선교사들은 축출되고 자유로운 포교활동이 제한되면서 선교사 신분으로 활동할 수 있는 국가와 지역이 점차 줄어들기 시작하였다. 이러한 상황에서 복음전파를 제일의 목적으로 여기고 있던 복음주의 진영이 공산주의의 확산을 복음전파에 엄청난 장애 요인으로 인식하게 된 것은 당연하다. 특히 1960년대 중반 중국이 문화혁명을 거치면서 극좌적인 종교정책을 실시하여 수많은 기독교인을 처형하는 등 종교를 극단적으로 탄압한 것이 복음주의 진영에 얼마나 큰 충격으로 다가왔는지 미루어 짐작할 수 있다. 이처럼 공산주의 확산이 복음전파에 끼치는 부정적 영향을 극복하기 위한 노력이 로잔운동이 시작된 원인의 한 부분이라고 한다면 로잔운동이 태생적으로 공산진영에 대해 부정적인 정서를

3) 김승호, "로잔운동의 선교사상의 발전," 한국로잔연구교수회편, 『로잔운동과 선교』 (서울: 한국로잔위원회, 2014), 18-19.

4) 안희열, "로잔운동이 세계 선교에 끼친 공헌과 한국 교회가 나아가야 할 방향," 장로회신학대학교 세계선교연구원, 『선교와 신학』 제27집 (2011): 112-113.

가지고 있다는 사실을 인정할 수밖에 없다.

그런데 제1차 로잔대회 후속조치로 탄생한 로잔운동의 실무조직인 로잔위원회(The Lausanne Committee for World Evangelization)는 권력구조가 아니라 복음주의적 선교 사업을 추진하는 촉매제 역할을 한다. 로잔운동은 말 그대로 운동(movement)이므로 로잔위원회 역시 기구가 아니다. 조종남의 말처럼 로잔운동은 "로잔언약의 정신과 신학적 입장에서 세계복음화에 뜻을 같이하는 사람들이 그 일에 서로 협력하고 또 서로 협력할 수 있는 기회와 계기를 제공하는 일을 담당"[5]하는 것이다. 따라서 이데올로기나 국가 체제 등 신앙고백 외적인 영역에 해당하는 문제가 로잔운동에 참여하는 것을 제한할 수 없다.

중국은 사회주의 국가이다.[6] 사회주의는 변증유물주의와 역사유물주의를 근간으로 하므로[7] 반종교적인 성향을 가질 수밖에 없다. 특히 중국은 역사적으로 서구 제국주의의 침략으로 인한 민족적 좌절을 경험하였기 때문에 서구에서 전래된 종교가 국민 정서에 부합되지 않으며 심지어는 반민족적, 반국가적이라는 입장을 고수하고 있다. 그럼에도 불구하고 중국 헌법은 국민의 기본권으로 신앙의 자유를 보장하고 있다.[8]

이러한 현실을 바탕으로 로잔운동이 중국 교회와 만날 가능성에 대해서는 이미 다른 글에서 다룬바 있다. 문제는 2010년 케이프타운에서 열린 3차 로잔대회에 초청받은 중국 교회 대표단이 정치적인 또는 종교정책적인 문제로 인해 참여하지 못함으로 인해 중국 교회가 로잔운동에 적극적으로 참여할 가능성이 불투명하다는 사실이다.[9] 이러한 문제에 대한 해답을 얻기

5) 조종남, 『로잔운동의 역사와 신학』, 29.

6) 중화인민공화국 헌법 총강 제1조에 "사회주의 제도는 중화인민공화국의 근본 제도이다(社会主义制度是中华人民共和国的根本制度."라고 명시되어 있다.

7) 중화인민공화국 헌법 총강 제24조.

8) 중화인민공화국 헌법 제36조(신앙의 자유) 第三十六条(信教自由)中华人民共和国公民有宗教信仰自由!

9) 김광성, "로잔운동과 동반자 협력 – 로잔운동과 중국 교회의 만남," 『복음과 선교』 32/4

위해 본고에서는 중국 종교정책의 법적 근거가 되는《종교사무조례》를 분석하고자 안다. 이는 중국교회가 로잔운동에 참여할 수 있는 가능성을 밝히는 중요한 열쇠가 될 것이다.

II. 중국의 종교정책 변화와 로잔운동의 관계

《종교사무조례》가 2005년 3월부터 시행된 이래 11년 6개월이 지난 2016년 9월에 《종교사무조례 수정초안》이후 《수정초안》이 발표되었다. 《수정초안》은 2016년 10월 7일까지 공개 의견을 청취한 뒤 국무원 상무회의의 통과를 기다리는 중이다.[10] 이는 시진핑(习近平) 정부의 종교정책 변화를 읽을 수 있는 중요한 문건으로 보인다. 중국 정부는 행정 법제화를 추진하면서 종교정책 분야에도 법적 근거를 마련하는 일에 심혈을 기울였다. 따라서 중국 정부가 제정한 종교관련 법령을 분석하면 종교정책 변화 방향을 확인할 수 있다.

'지금', '여기서' 시대가 지니고 있는 징표를 복음에 맞추어 해석해내는 작업이 상황화라는 관점[11]에서 중국을 바라보려면 우리는 과거의 중국이 아닌 현재의 중국에 초점을 맞추어야 한다. 다른 말로는 현대 중국을 통치하는 중국공산당과 지도자들의 문화코드를 이해해야 한다는 말이다. 이것은 중국식 사회주의 발전모델이라고 말할 수 있다. 정치적으로는 일당독재체

(2015): 64-65.

10) 연구자가 확인해 본 결과 본고를 집필하는 2017년 6월 현재 〈수정초안〉은 아직 시행되지 않고 있다. 国务院法制办公室 공개의견청취시스템 참조.
http://zqyj.chinalaw.gov.cn/overCollectionList?draftType=1&year=2016

11) 정흥호, "로잔운동과 상황화에 관한 논의에 대한 연구," 『복음과 선교』 26 (2014), 113.

제를 견지하고, 경제적으로는 국가가 경제개발을 주도한다. 사회체제를 구성하는 두 축인 정치와 경제를 이끌어가는 틀이 고정되어 있는 중국에서 사회현상 또는 문화의 영역으로 분류되는 종교는 중국적 특색을 지닌 사회주의 발전모델의 한 부분으로 존재할 수밖에 없다.

중국의 비전과 가치관은 유물론과 공산주의 이념이다. 중국 정부가 추구하는 종교자유정책의 핵심은 '종교를 어떻게 사회주의 사회에 적응하게 만들 수 있을 것인가'에 관한 것이다.[12] 개혁개방 초기 중국 정부의 종교정책은 중국 공산당의 종교정책 변화를 보여준 "중국 사회주의시기 종교문제의 기본관점 및 기본정책(关于我国社会主义时期宗教问题的基本观点和基本政策)"이라는 제목의 19호 문건과 "중국공산당 중앙과 국무원이 종교업무를 개선하기 위한 몇 가지 문제에 대한 통지(中共中央国务院关于进一步做好宗教工作若干问题的通知)"라는 제목의 6호 문건에 근거하여 시행되었다.[13]

장쩌민(江泽民) 정권 시기에는 1994년에 반포된 《중화인민공화국에 거주하는 외국인 종교활동관리규정(中华人民共和国境内外国人宗教活动管理规定)》과 《종교활동장소관리조례(宗教活动场所管理条例)》에 근거하여 종교자유정책을 시행하였다. 2000년에 제정된 《중화인민공화국에 거주하는 외국인 종교활동관리규정 시행세칙(中华人民共和国境内外国人宗教活动管理规定实施细则)》은 변화된 사회상황을 반영한 종교정책의 법적 근거가 되었다. 장쩌민의 종교관은 "종교는 역사현상이므로 종교인들은 정치적으로 조국을 사랑하고 사회주의 제도와 공산당의 지도를 받아야 한다. 종교는 국가와 사회주의를 위해 공헌해야 한다. 애교는 애국의 범위 안에서만 존재할 수 있고 가치를 인정받을 수 있다"[14]는 말

---

12) 王作安, 『中国的宗教问题和宗教政策』, 김광성 역, 『중국의 종교문제와 종교정책』 (서울: 한중국제교류재단, 2015), 226.

13) 중국 종교정책의 변화와 발전에 대해서는 "중국의 종교정책과 현장 사역," 『선교와 현장』 12 (서울: 장로회신학대학교 출판부, 2007)를 참조하라.

14) 장쩌민, 2001년 12월 10일 "전국종교업무회의 석상에서의 연설(在全国宗教工作会议上

로 집약된다.

2004년 국무원령 제426호로 발표된《종교사무조례》는 중국 최초의 종교 관련 행정법규로서 후진타오(胡锦涛) 시기 종교정책의 법적 근거가 되었다.

시진핑(习近平) 정권이 들어선지 4년이 지나는 시점에《수정초안》이 발표되었다. 중국의 현재 정치제도로 본다면 2013년부터 2022년까지 집권하게 될 시진핑 정권의 상반기를 결산하는 2017년에 새로운 종교관련 법령이 시행되는 것은 중국 정부의 새로운 종교정책을 분석할 수 있는 중요한 근거가 된다.

III.《수정초안》이 발표된 배경

A. 2016년 전국종교업무회의

《수정초안》이 발표되기에 앞서 중국 정부의 종교정책 변화를 읽을 수 있는 몇 가지 중요한 징조가 감지되었다. 먼저 2016년 4월 22-23일 베이징에서 중국 전국종교업무회의(全国宗教工作会议)가 개최되었다.[15] 이번 전국종교업무회의에는 회의를 주재한 리커창(李克强) 총리, 기조발언을 한 시진핑 주석 외에도 장더장(张德江), 류윈산(刘云山), 왕치산(王岐山), 위정성(俞正声) 등 장가오리(张高丽)를 제외한 중국 최고지도부 인사 대부분이 참여하였다. 참석자의 직급이나 범위로 볼 때 종교회의 사상 전례를 찾아보기 어려울 정도로 급이

的讲话),"『인민일보』2001. 12. 13.

15) 신화사 온라인판 2016년 4월 23일 기사, "시진핑, 전면적으로 종교업무 수준을 높이라," http://news.xinhuanet.com/politics/2016-04/23/c_1118716540.htm, [2016. 4. 23.].

높은 회의였다. 천안문에서 파룬궁 신도가 분신하면서 종교문제가 중국 사회의 관심을 끌게 되었던 2001년에 당시 국가수반이었던 장쩌민이 직접 회의를 소집하고 정치국 상무위원들이 출석했던 회의에 비견된다.

2001년 이후 15년 만에 국가 최고 지도자들이 중국종교업무회의에 참석한 배경은 중국의 국내외적인 상황과 무관하지 않다. 국제적으로는 많은 국가가 중국의 종교문제에 대해 이의를 제기하고 있다. 국내적으로는 종교행정을 담당하는 기관의 공신력이 떨어지고 있다. 이러한 국내외적인 위기감이 전국종교업무회의의 격을 파격적으로 높이게 된 원인이라고 볼 수 있다.

리커창 총리가 진행한 종교업무회의에서 시진핑이 직접 연설을 하였다. 시진핑의 연설 핵심적인 내용은 "새로운 국면에서 중국 특색의 사회주의 종교이론을 견지하고 발전시켜야 한다"는 것이다. 이를 정리하면 다음과 같다. 첫째 종교업무는 중국 공산당이 지도한다. 둘째는 중국의 종교는 중국화를 추진해야 하며 외부 세력이 간여해서는 안 된다. 셋째는 공산당원은 굳건한 마르크스주의 무신론자가 되어야 하며 절대로 종교에서 자신의 가치관을 추구해서는 안 된다. 이러한 목표를 달성하기 위해서 중국 정부는 종교를 법률로 관리하겠다는 강력한 의지를 표명했다.

이병길은 인터넷(코람데오닷컴)에 발표한 "시진핑 시대의 중국기독교 진로-시진핑의 종교정책으로 본 중국 기독교의 중국화"라는 글에서 종교업무회의에 앞서 2015년 5월 개최된 제21차 전국통전업무회의(全国统战工作会议)에 주목한다.[16] 그의 주장에 따르면 중국은 공산당이 국가를 다스리는 체제이며, 종교업무는 실제로는 통일전선 업무에 속한다. 따라서 종교행정은 통일전선부 방침에 종속된 업무이므로, 종교업무와 관련된 회기는 반드시 통전부

16) 이병길, "시진핑 시대의 중국기독교의 진로 - 시진핑의 종교정책으로 본 중국기독교의 중국화," 인터넷 코람데오닷컴, http://www.kscoramdeo.com/news/articleView.html?idxno=9886, [2016. 7. 13.].

업무에서 방침과 원칙을 결정한 후에 조정되기 마련이라는 것이다. 그가 지적한 것처럼 시진핑은 전국통전업무회의에서 이미 종교를 사회주의 사회에 적응하도록 지도하고, 종교는 중국화 되어야 하며, 종교행정의 법제화 수준을 높이고, 종교가 사회에서 긍정적인 역할을 감당하도록 해야 한다는 종교정책의 기본방향을 제시하였다.

2001년 장쩌민이 주도한 종교업무회의는 이후 중국의 종교정책에 엄청난 영향을 미쳤다. 간접적으로는 2004년 《종교사무조례》가 발표되는 계기가 되었다. 따라서 중국 공산당이 최고 수준의 지도자들이 모두 참석한 종교회의를 개최했다는 것은 향후 중국의 종교정책에 새로운 변화가 일어날 수 있다는 예측을 가능하게 한다. 이러한 예측은 2016년 9월 《수정초안》이 전격적으로 발표됨으로써 확인되었다.

B. 시진핑의 종교업무회의 발언에 대한 종교행정 기관의 반응

국가종교사무국 왕쭤안(王作安) 국장은 인민일보에 시진핑 총서기가 전국종교업무회의에서 발언한 내용을 이어받아 "새로운 형세 아래서 종교업무를 잘하기 위한 나침반(做好新形势下宗教工作的行动指南)"이라는 글을 발표했다.[17] 이 글은 "시진핑의 중요한 연설 정신을 깊이 학습하고 관철해야 한다(深入学习贯彻习近平同志系列重要讲话精神)"는 부제가 달려 있다. 종교행정 최고 책임자로서 국가 최고지도자의 종교관련 발언에 대해 적극적으로 반응한 흔적이 보인다. 제목으로 볼 때 시진핑의 발언을 종교행정의 나침판으로 여겨 종교행정의 방향으로 삼겠다는 결연한 의지를 드러내고 있다. 왕쭤안은 시진핑의 발

17) 인민일보 온라인판인 인민망에 2016년 8월 7일자로 게재된 기사
http://opinion.people.com.cn/n1/2016/0807/c1003-28616561.html [2017. 5. 24 접속].

언 내용을 다음의 세 가지 영역으로 정리한다.

먼저 중국특색의 사회주의 종교이론을 발전시켜야 한다. 마르크스주의 종교관을 중국의 실정에 적합하게 재해석하는 작업을 해야 한다. 이를 바탕으로 종교를 믿는 대중들이 중국 공산당을 중심으로 단결하게 하고, 종교가 사회주의 사회에 적응하도록 인도하며, 종교가 중국의 종교가 되도록 중국화의 방향으로 나아가게 하고, 종교가 당과 정부의 지도를 받는 관계를 수립해야 하고, 종교행정의 법제화 수준을 높여야 한다.

다음으로 중국 공산당이 주장하는 종교자유정책을 철저하게 시행한다. 하지만 종교업무에 대한 기본 방침은 중국 공산당이 정한다. 종교관련 업무는 법을 근거로 관리하고, 독립성, 자주성, 자율성의 원칙(삼자원칙)을 지켜야 한다. 종교가 사회주의 사회에 잘 적응하도록 인도해야 한다. 종교가 장기적으로 존재한다는 사실을 기억해야 하며, 종교문제는 복잡한 사회문제이므로 단순하게 접근해서는 안 되고, 종교가 사회적으로 긍정적인 역할을 할 수 있도록 해야 한다.

마지막으로 종교업무를 담당하는 행정부서의 역할이 중요하다. 종교문제는 신중하게 다루어야 하며, 종교단체가 정부와 민중 사이의 교량 역할을 할 수 있도록 역량을 강화해야 한다. 국외로부터 종교를 이용하여 침투하려는 불순한 세력을 막아야 하며, 종교별로 중점사안을 적극적으로 추진해야 한다. 종교업무는 당이 주도한다는 사실을 잊어서는 안 된다. 특히 공산당원은 절대로 종교로부터 가치관과 신념을 찾으려 해서는 안 된다.

왕쭤안은 중국 정부의 종교행정담당 최고위급 인사이다.[18] 종교행정 실무를 담당하는 그가 국가 최고지도자의 종교관련 발언에 대해 민감하게 반응하는 것은 지극히 당연하다. 국가 최고지도자의 발언 내용은 종교행정을

18) 王作安은 1987년부터 종교행정을 담당하였으며 2009년부터 현재 국가종교사무국 국장직을 역임하고 있다.

수행하는데 가장 중요한 지침이 되어 《수정초안》에 직접적으로 반영될 것임을 예상할 수 있다. 그의 주장에서 로잔운동이 중국 교회와 만나기 위한 가능성을 모색하기 위해 주목할 내용은 "국외로부터 종교를 이용하여 침투하려는 불순한 세력을 막아야"한다는 기존의 주장을 되풀이하고 있다는 점이다. 물론 기존의 《종교사무조례》와 《수정초안》에서 공히 "우호와 평등에 기초한 대외교류를 진행해야 한다"[19]는 점을 분명히 하고 있다. 그러나 이는 대외교류를 적극적으로 진행해야한다는 적극적인 의미라고 보기는 어렵다. 오히려 우호와 평등이라는 교류 방식을 반드시 지켜야 한다는 제한적 규정이라고 보아야 한다. 따라서 로잔운동은 중국 교회와 만나기 위해서는 종교적 대외교류를 제한적으로 허용하는 중국 정부의 종교정책과 그 변화에 대해 보다 신중하고 전문적인 관심을 기울어야 한다.

C. 중국의 종교문제에 대한 국제사회의 반응

중국의 종교문제에 대한 국제사회의 관심은 중국의 종교정책에 어느 정도 영향을 줄 수 있다. 미국 국무부는 2016년 8월 10일 《2016 국제종교자유보고서(The International Religious Freedom Report)》를 발표하면서, 중국을 종교의 자유가 크게 제한되어 있는 특별관심국(country of particular concern)에 포함시켰다.[20] 중국 정부도 미국의 이러한 행위에 대해 강력하게 논박했음은 물론이다. 2016년 8월 26일자 인민일보 국제논단에서 "혼잣말을 언제나 그만둘 것인가?(自

19) 《종교사무조례》 제4조, 《종교사무조례 수정초안》 제5조.

20) *The International Religious Freedom Report for 2016*, http://www.uscirf.gov/sites/default/files/USCIRF%202016%20Annual%20Report.pdf, [2017. 5. 24 접속].
2017년 4월에 발표된 *The International Religious Freedom Report for 2017*에도 중국은 여전히 특별 관심국으로 분류되어 있다.
http://www.uscirf.gov/sites/default/files/2017.USCIRFAnnualReport.pdf, [2017. 5. 24 접속].

说自话几时休?)"[21]라는 글을 통해 중국은 자신들이 헌법에 종교자유가 보장되어 있으며, 종교계 종사자들이 미국 정부의 의료보험 개혁 결과를 능가하는 사회보장제도 혜택을 받고 있다는 논리로 미국의 주장을 논박하였다. 《수정초안》에 종교계 종사자의 사회보장에 대한 항목이 추가된 것이 중국 정부가 국제사회의 주장을 논박한 근거로 제시된 것과 어떤 연관성이 있는지 확인하는 것도 흥미로운 일이다.

이 밖에도 미국 등 항저우 G20 정상회의를 하루 앞둔 2016년 9월 3일 오후, 시진핑 국가주석은 오바마 미국 대통령과 인권, 종교 및 신앙의 자유 등 의제에 대해 3시간 반 동안 회담을 가졌다. 두 사람의 회담은 미국 의회가 2016년 6월 13일 중국공산당의 강제 장기적출을 반대하는 343호 결의안을 통과시킨 후 처음으로 만난 자리였기 때문에 국제사회로부터 주목을 받았다. 우리는 중국의 종교문제에 대해서 중국이 인정하는 4대 종교와 관련된 내용에만 관심이 있지만, 사실 국제사회에서 중국의 종교문제를 언급할 때에는 인권문제와 연계하여 중국 정부가 사교로 단정하고 존재근거 자체를 말살한 파룬궁 문제가 민감한 사안으로 다루어진다.

이와 같은 국제사회의 중국 종교정책에 대한 반응은 중국 정부가 종교문제의 중요성을 인식하고 서둘러 《수정초안》을 발표하는데 어느 정도 영향력을 세계 교회가 발휘했다고 볼 수 있다. 그러나 이러한 상황을 국제사회와의 공조를 통해 로잔운동을 중국 교회로까지 확산할 가능성으로 보기에는 무리가 있어 보인다. 왜냐하면 로잔운동은 신앙고백의 동질성을 바탕으로 선교에 동참하도록 동원하는 역할을 감당하고 있기 때문이다. 국제사회의 영향력이 중국 종교정책의 변화를 유도할 수는 있다. 하지만 중국 교회

21) 인민일보 온라인판, "혼잣말을 언제나 그만둘 것인가?(自说自话几时休?)," http://paper.people.com.cn/rmrb/html/2016-08/26/nw.D110000renmrb_20160826_4-03.htm, [2017. 5. 24 접속].

가 처한 대외교류의 한계적 상황을 충분히 고려하면서 동시에 중국 교회와 로잔운동이 동반자적 협력관계를 확보할 수 있는 방안을 모색하는 것이 로잔운동의 정신에 가깝다.

IV. 《종교사무조례 수정초안》 분석

A. 《종교사무조례 수정초안》 제정 과정

로잔운동이 중국 교회와 만나기 위해서는 제한적인 대외교류라고 하는 중국 정부의 종교정책을 극복해야 한다. 고무적인 것은 1978년 중국 정부가 개혁개방 정책을 실시하기 위해 사회주의에 대한 새로운 해석을 시도하면서 종교정책에도 급격하지는 않지만 점진적인 변화가 감지되고 있다는 사실이다. 중국 정부의 종교정책은 앞에서 언급한 몇 가지 변화의 징조의 연속선상에서 《수정초안》의 전격적인 발표로 이어진다. 2004년 《종교사무조례》가 발표된 이후 《수정초안》이 나오기까지 12년이라는 긴 시간이 소요되었다. 중국 최초의 종교관련 법령이라고 할 수 있는 144, 145호 문건이 1994년에 발표된 지 10년이 지난 2004년에 돼서야 《종교사무조례》가 제정된 것처럼 중국 정부는 종교관련 법령을 제정하는데 비교적 오랜 연구기간이 걸린다. 이는 중국정부 입장에서 종교자유정책을 뒷받침할 법적 근거를 마련하는 작업에 신중을 기하고 있음을 말해준다.

중국 정부는 1978년 개혁개방 이후 급격히 변화하는 사회적 현실에 맞는 종교정책을 수립하기 위해 애써 왔다. 필자가 중국에서 사역할 당시 교분이 있었던 국가종교국 공무원의 증언에 따르면 중국 정부는 2010년경에 이미 《종교사무조례》를 보완할 새로운 법령 초안을 준비 중이었다고 한다. 중국의 정치와 경제가 부단히 변화하면서 중국의 사회 변동은 가속화되었고 이에 따라 중국의 종교상황은 더 이상 기존의 법령으로 해결하지 못할 새로운 문제에 직면하게 되었기 때문이다.

중국 정부가 새로운 종교관련 법령을 발표하기 까지는 초안이 마련된 후에도 5, 6년의 세월이 더 필요했다. 그 이유는 먼저 중국의 복잡한 종교상황에 보편적으로 적용할 수 있는 법령을 제정하기가 쉽지 않다는 점이다. 중국 사회는 급격한 변동 과정에서 지방 인구의 도시 집중화로 인해 중국의 종교상황이 복잡하고 다양해지는 현상이 나타난 것이다. 다음으로 중국 정부가 인정하고 있는 기독교, 천주교, 이슬람교, 불교, 도교 등 소위 5대 종교에 공통으로 적용할 수 있는 법령을 만들어야하기 때문이다. 각 종교는 형식과 운영체제, 교리 등이 완전히 다르다. 뿐만 아니라 그 발전 과정이나 정도의 차이가 크다. 이를 하나의 법령으로 통합하려면 너무 많은 내용을 담아야 한다는 점 등이 법령 발표가 늦어진 이유라 할 수 있다.

물론 이러한 현실적인 문제를 해결하기 위해서 중국 정부는 각 지방정부에게 종교업무를 현장에 맞게 운영할 수 있도록 시행세칙을 제정하여 실무적으로 시행하도록 하도록 권면하였다. 또 중앙정부와의 법령을 보충하기 위해서 종교행정 담당하는 국가종교사무국이 종교국령으로 분야별로 각종 시행방법을 제정하여 실행하고 있다.

중국 국가종교사무국 홈페이지(http://www.sara.gov.cn/)를 보면 중국 정부와 종교담당부서가 종교행정 법제화 과정에서 다양한 규정과 법규를 제정하여 시행하고 있음을 확인할 수 있었다. 2007년 3월 1일부로 《宗教活动场所主要教职任职备案办法》과 《宗教教职人员备案办法》이 시행되었다. 2017년 9월 1일에는 《宗教院校设立办法》이 시행되었다. 2010년 1월 11일 국가종교사무국령 제7호로 《宗教活動場所財務監督管理辦法(試行)》이 발표되었다. 2011년 1월 1일에는 《关于修订<中华人民共和国境内外国人宗教活管理规定实施细则>的决定》이 공포되었다. 2014년 1월 8일부터는 《国家宗教事务局行政处罚实施办法》가 시행되었다. 2013년 1월 1일부터는 《宗教院校教师资格认定和职称评审聘任办法(实行)》과 《宗教院校学位授予办法》이 시행되었다.

B. 《종교사무조례》와 《종교사무조례 수정초안》

중국 정부는 2004년 11월 30일 국무원령 제426호로 《종교사무조례》를 발표했다. 426호 문건이라고 불리는 이 조례는 7항 48개 조항으로 구성되어 있다. 1994년에 발표된 《종교활동장소관리조례》를 행정법규 수준으로 발전시킨 것이다. 중국 정부의 종교담당부서에서는 이를 당의 종교정책을 법제화, 법률화 한 것으로, 수십 년 동안 종교업무를 수행해온 경험의 총결이라고 주장한다.[22] 《종교사무조례》는 최초의 종교관련 행정법규로서 중국 정부의 종교정책 변화과정에서 중요한 위치를 차지한다.

《종교사무조례》가 발표되기까지 중국 정부의 종교정책 변화과정을 살펴볼 수 있는 행정조치의 변화과정은 다음과 같다. 사회주의 이데올로기를 근간으로 하는 중화인민공화국이 1949년 수립되면서 중국의 종교는 위축되기 시작한다. 특히 10여 년에 걸친 문화대혁명 기간 사회주의 극좌노선을 취하면서 종교강제소멸정책을 실시하여 중국 종교는 역사상 유례가 없는 어려움을 겪었다. 1978년 중국 정부가 정치적으로는 개혁을 경제적으로는 개방을 추진하면서 종교정책은 새로운 전기를 맞이하게 된다. 종교관련 입법이

22) 김광성, "중국의 종교 정책과 현장 사역," 『선교와 현장』 12호 (2007): 73.

실행되어 1982년에는 19호문건, 1992년 6호 문건이 발표되었다. 1994년 국무원은 《종교활동장소관리조례》와 《중국에 거주하는 외국인 종교활동 관리규정》을 발표하였다.

정세의 변화와 정치적 필요에 따라 중국 정부는 담당 행정기관을 통해 1999년부터 《종교사무조례》에 대한 연구 조사와 초안 작업을 시작한다. 2000년 8월 《중국에 거주하는 외국인 종교활동 관리규정 세칙》이 발표된다. 다시 수 년 간의 연구 끝에 2004년 11월에 《종교사무조례》가 탄생하게 된 것이다. 《종교사무조례》는 《종교활동장소관리조례》를 기초로 작성되었다.

《종교사무조례》는 중화인민공화국 국무원령 제426호로 당시 국무원 총리였던 원자바오(温家宝) 명의로 2014년 11월 30일에 발표되고 2005년 3월 1일부로 시행되었다. 총 7장 47조로 구성되었다. 그로부터 10여 년이 지난 2016년 9월 7일 발표된 《수정초안》은 총 9장 74조로 확대되었다.

《수정초안》의 내용은 제1장 총칙, 제2장 종교단체, 제3장 종교교육기관, 제4장 종교활동장소, 제5장 종교인, 제6장 종교활동, 제7장 종교재산, 제8장 법적 책임, 제9장 부칙으로 구성되어 있다. 《종교사무조례》와 비교해 보면 종교단체 항목에 속해있던 종교교육기관이 별도의 장으로 독립되었고, 종교활동장소 항목에 포함되어 있던 종교활동 항목을 별도의 장으로 다루고 있다. 이러한 변화는 중국 정부가 종교 전문인을 양성하는 종교교육기관에 대한 관리를 강화하겠다는 의도와 종교활동장소와 종교활동을 분리해서 보다 세부적으로 다루겠다는 의지가 보인다. 이는 중국 정부가 종교활동장소라는 공간개념을 통해 종교 활동을 법적으로 통제해온 전통적인 종교정책에서 진일보하여 종교 활동 자체에 대한 법적 근거를 제시한 것으로 보인다. 수정초안에 반영된 몇 가지 중요한 내용을 살펴보자.

C.《宗教事务条例修订草案》분석[23)]

제1장 총칙

《수정초안》은 총칙에서 종교행정의 역할 또는 의무를 추가하였다. 합법적인 종교 활동 보호와 불법적인 종교 활동 통제라고 하는 종교행정의 기본적인 역할에 추가하여 종교극단주의, 외부세력의 침투, 종교 활동 과정에서 야기된 범죄행위의 단속 등을 종교행정의 의무로 새롭게 규정하였다.

종교행정이 담당하는 기존의 관리대상은 종교단체, 종교활동장소로 표현되었지만 《수정초안》에서는 이 두 가지 외에 종교교육기관과 종교업무가 추가되었다.

아울러 종교행정은 전문적으로 종교행정을 담당하는 부서의 고유한 역할이었다. 그러나 《수정초안》에서는 각급 인민정부에게 종교행정에 대한 지도를 강화하도록 요구한다. 이는 종교행정에 대한 일반 행정부서의 역할을 증대시키는 결과를 가져올 것으로 보인다. 이러한 의도는 촌민위원회와 주민위원회에까지 종교행정을 관리하도록 함으로써 정부기관의 말단조직까지 종교행정에 동원하려는 중앙정부의 의도가 반영된 것으로 보인다.

제2장 종교단체

기존의 《종교사무조례》에서는 종교단체의 설립, 변경 및 말소 절차를 《사회단체등기관리조례》에 근거하도록 규정하고 있었다. 그러나 수정초안에서는 사회단체관리 관련규정으로 확대하였고, 특히 종교단체가 담당해야

---

23) 《수정초안》분석은 온라인판 「중국을 주께로」 2017년 1월호에 게재한 내용을 일부 수정한 것이다.

할 기능을 세부적으로 규정하였다.

수정초안에서 추가된 종교단체의 기능은 정부와의 협력, 신도 보호, 종교전문인 양성 등이다.

제3장 종교교육기관

종교교육기관에 대한 항목은 기존에는 종교단체 항목에 포함되어 있었다. 그러나 《수정초안》에서 새롭게 제3장으로 독립되었다. 이는 종교교육기관이 종교행정에서 차지하는 비중이 높아졌음을 의미한다.

《수정초안》에 새로 추가된 종교교육기관 관련 규정 가운데 시대적 변화를 반영한 내용은 바로 종교교육기관을 독립된 법인으로 등록하도록 허용한 것이다. 이는 종교교육기관이 종교단체에 예속되어 있었던 기존의 구조에서 벗어나 독립된 법인체로 발전할 수 있게 되었다.

아울러 종교교육기관의 교원 자격과 임용, 학위수여제도 시행을 규정하여 종교교육기관이 일반 교육기관과 동일한 수준을 갖추도록 요구하고 있다. 또한 외국인 전문가 임용과 관련된 규정을 조례 규정에 포함하고 국무원 종교담당부서의 비준을 요구함으로써 외국인 전문가 임용에 대한 통제력을 강화하였다.

여기서 한 가지 눈에 띄는 것은 《종교사무조례》 제9조 (5) 종교교육기관의 전임 책임자, 자격을 갖춘 교직원 및 내부 관리조직 항목과 제10조 전국 규모의 종교단체는 종교적 필요에 따라 규정에 근거하여 종교교육을 위해 유학생을 보내거나 받을 수 있다는 항목이 《수정초안》에서는 삭제되었다는 것이다. 이는 수정초안이 발표되기 전에 이미 시행한 《关于修订<中华人民共和国境内外国人宗教活管理规定实施细则>的决定》, 《宗教院校教师资格认定和职称评审聘任办法(实行)》에 이미 반영되어 있으므로 법령의 중복적 적용을 피하기 위한 것으로 보인다.

제4장 종교활동장소

중국 정부의 종교정책은 종교활동장소라는 독특한 제도를 통해 법적인 통제력을 발휘해온 전통이 있다. 최초의 종교관련 법령이 《종교활동장소관리조례》와 《중화인민공화국에 거주하는 외국인종교활동관리규정》이다. 종교 신앙과 종교 활동을 구분하고, 내국인과 외국인을 구분하는 이중적 종교행정의 관행은 수정초안에서도 여전히 유효하다. 신앙의 자유는 있지만 종교 활동은 법의 통제 하에 있으며, 내국인의 종교 활동과 외국인의 종교 활동은 철저하게 구분하여 관리한다.

《수정초안》에서는 종교교육기관을 별도의 항목으로 규정한 외에도 종교활동장소에 설립된 단기(3개월 이상) 종교전문인 양성기관도 "시급 이상 지방정부의 종교담당부서로부터 비준을 받아야한다"고 규정함으로써 종교단체가 자체적으로 운영하는 교육활동에 대한 법적인 통제를 강화하였다.

특이한 사항은 종교교육기관이 독립된 법인으로 등록할 수 있도록 허용한 것과 마찬가지로 종교활동장소도 독립된 법인으로 등록할 수 있는 규정이 추가되었다. 이는 종교활동장소가 독립된 사회단체로 인정받을 수 있는 법적 근거를 확보한 것이라고 볼 수 있다. 그러나 "종교활동장소는 종교담당부서로부터 감독과 검사를 받아야한다"는 내용을 추가함으로써 종교활동장소에 대한 중국 정부의 행정통제력을 한층 강화한 것으로 보인다.

종교활동장소와 관련된 규정 가운데 《수정초안》에 추가된 가장 눈에 띄는 내용은 설립신청요건을 갖추지 못했을 경우 임시활동장소로 허락을 받을 수 있다는 내용의 제35조가 추가된 것이다. 물론 현급 정부 종교담당부서가 향급 정부 또는 주민센터의 의견을 청취한 후 허락 여부를 결정하고, 이들로부터 감독을 받아야 하며, 설립요건이 갖추어지면 정식 종교활동장소로 등록해야 한다는 조건이 붙어있다. 그럼에도 불구하고 기존의 《종교사무조례》에서 종교활동장소로 등록하는 절차에 종교 활동을 하는 지역 주민들의 현실을 반영하지 못하고 있다는 지적을 어느 정도 수용한 것으로 보인다.

제5장 종교인

종교 전문인에 대한 규정에는 종교인 자격을 의무화하였고, 종교인의 역할에 공익자선활동이 추가되었다. 아울러 종교인을 위한 사회보장이 의무조항이 되었다.

제6장 종교활동

기존의 《종교사무조례》에서는 종교활동장소 항목에 포함되어 있던 내용이 《수정초안》에서는 제6장으로 독립되었다. 그러나 종교 활동과 종교활동장소를 분리면서 오히려 종교 활동에 대한 법적인 통제가 강화되었다. 제41조에 추가된 "해외로 나가 종교적인 훈련, 회의, 활동에 참여할 수 없다"는 규정을 추가함으로써 종교 활동의 자유를 철저하게 통제할 수 있는 법적 근거를 확보하게 된 것이다.

또한 학교시설에서는 종교와 관련된 여하한 활동도 금지한다는 규정이 추가되었다.

오프라인에서의 종교 활동을 통제할 뿐 아니라 온라인에서의 종교 활동도 철저하게 통제할 수 있는 조항이 신설되었다는 사실에서 우리는 중국정부가 종교관련 법령을 제정하는 목적이 무엇인지 분명히 알 수 있다.

제7장 종교재산

종교재산과 관련된 규정은 종교단체나 교육기관, 종교활동장소의 합법적인 권익을 보호하기 위한 것이 아니라 오히려 종교재산에 대한 정부의 통제력을 강화하기 위한 것으로 보인다. 특히 제52조에 신설된 내용을 살펴보면 종교재산을 활용한 어떤 경제활동도 불법으로 규정하고 있다.

특히 종교재산을 활용한 공익자선사업을 통한 전도활동을 불법으로 규정함으로써 종교단체 본연의 활동 자체를 통제하고 있다.

종교단체가 10만 위안 이상의 헌금을 받을 때는 현급 이상 정부 종교담당부서의 심의허가를 받아야 한다는 조항은 중국 정부가 종교단체의 재정수입에 대한 철저한 감시와 통제를 하겠다는 의도를 분명히 드러낸 것으로 보인다. 이는 종교단체의 재무회계를 국가가 철저하게 관리하겠다는 규정을 추가한 데에서도 동일하게 드러난다.

제8장 법적책임

《수정초안》의 법적책임 항목은 종교 활동을 과도한 벌금과 인사 조치를 통해 통제하겠다는 중국 정부의 강력한 의지가 반영되어 있다. 기존의 《종교사무조례》는 주무부서인 종교담당부서에서 종교행정을 책임지는 구조이다. 그러나 《수정초안》에서는 공안기관이나 일반 행정 또는 사법부서에게 종교 활동에 대한 법적조치권한을 부여하고 있다. 또한 종교적 불법 활동에 대해 벌금을 부과하는 차원을 넘어서 재산을 몰수하는 규정을 추가함으로써 종교 활동에 대한 정부의 통제력을 한층 강화하였다.

V. 로잔운동과 중국 교회의 만남에 대한 《수정초안》의 영향 분석

연구자는 동반자적 협력관계 차원에서 로잔운동이 어떻게 중국교회와 협력할 수 있을지에 대해 연구해 왔다. 법적으로 외국교회의 국내선교를 금지하고 있는 중국 정부의 종교정책을 감안한다면 복음을 땅 끝까지 전하는 것을 목적으로 하는 로잔운동이 중국 교회와 만나는 것은 상식적으로 불가능 한 것처럼 보인다. 그러나 중국이 이해하는 선교와 로잔이 말하는 선교의 차이점을 분석해 보면 우리는 중국 교회와 로잔운동이 만날 방법을 발견할 수 있다. 그러나 이 글에서는 《수정초안》 분석을 통해 중국 교회가 로잔운동에 동참할 수 있는 가능성을 모색하는 것으로 연구 범위를 제한하고 있으므로 양측의 선교에 대한 이해 분석은 별도의 연구과제로 남겨두기로 한다.

《수정초안》에 나타나는 중국 정부의 종교정책 변화가 중국 교회와 로잔운동의 만남에 어떤 영향을 미치게 될 것인가?

첫째, 중국 정부는 중국 교회의 대외교류를 보다 철저하게 통제할 것으로 보인다. 앞에서 제시한 《수정초안》 분석에 따르면 중국 정부의 종교정책은 종교단체의 대외교류에 대한 통제를 보다 강화하는 방향으로 변화하고 있다. 특히 "외부세력의 침투를 제어"해야 한다는 항목을 총칙에 추가한 것에서 중국 정부가 자국민의 정상적인 종교 활동을 보호한다는 명분을 내세워 국외의 종교단체와 자국 종교단체의 교류를 엄격하게 통제하려는 의도를 발견할 수 있다.

로잔운동이 2010년 3차 로잔대회에서 경험한 것처럼 중국 정부의 공식적인 동의 없이 중국 교회를 로잔대회에 초청할 경우 중국 정부는 이를 자국 종교단체의 불법적인 대외교류로 간주하여 금지할 가능성이 높다. 로잔운동이 국제적인 종교 조직이 아니라 복음주의 진영의 순수한 활동이라고 주장한다 하더라도 중국 정부는 선교를 해외 종교 세력이 중국 종교단체를 지배[24)]하려는 의도를 가진 활동이라고 판단할 가능성이 높다. 따라서 중국 공인교회는 물론 비공인 교회가 로잔운동에 참여하려면 중국 정부의 로잔운동에 대한 변화된 이해가 전제되어야 한다.

둘째, 《수정초안》에서는 중국 정부의 종교 활동에 대한 통제가 국내 뿐 아니라 국외로까지 확장되었음에 주목해야 한다. 《수정초안》 제41조에 "해외로 나가 종교적인 훈련, 회의, 활동에 참여할 수 없다"는 내용이 추가되었다. 물론 기존의 《종교사무조례》에서도 종교 활동은 공인된 종교단체나 종교활동장소에서 진행해야 한다는 조항이 있었지만, 그 통제 범위는 국내 활동에 한정적으로 적용되었다. 따라서 비공식적으로 해외에서 진행되는 종교 활동은 중국 정부의 통제범위를 벗어난 것으로 인식되었다. 중국의 비공인 교회가 개별적으로 또는 비공식적으로 로잔운동과 같은 해외활동에 참여할 수 있었던 것도 해외활동에 대한 중국 정부가 엄격하게 통제하지 않았기 때문이다.

그러나 공인된 종교단체가 공인된 종교활동장소에서 종교 활동을 하도록 규정한 중국 정부의 종교 활동 통제범위가 해외로까지 확장되면서 중국 교회와 로잔운동이 공적으로 만날 수 있는 여지는 물론 비공식적으로 만날 가능성조차 사라질 위험에 처하게 되었다.

셋째, 《수정초안》은 오프라인에서의 종교 활동 통제를 넘어 온라인 종교 활동을 통제할 법적 근거를 마련하였다. 추가된 제47조에는 "온라인으로 종

---

24) 《수정초안》 제5조는 "각 종교는 독립성, 자주성, 자율성의 원칙을 견지하여 종교단체나 종교교육기관, 종교활동장소, 종교업무를 외부 세력이 지배하지 못하도록 해야 한다"라고 규정하고 있다.

교관련 정보를 제공하는 업무에 종사하려면 성급 이상 정부 종교담당부서의 심사를 통과"해야 한다고 규정하고 있다. 심지어 제48조에는 온라인으로 제공되는 종교관련 정보서비스의 내용까지도 정부가 일반 법령 및 법규에 따라 통제할 수 있도록 규정하였다.

현대 사회의 자유로운 정보 유통을 보장하고 있는 온라인은 로잔운동의 확산에 지대한 공헌을 하였다. 조직이 아닌 운동으로서 로잔운동은 온라인을 통해 전 세계에 흩어져 있는 로잔운동 참여자들과 소통해 왔다. 중국 교회도 예외는 아니다. 로잔운동은 다양한 정보를 중국어로 번역하여 실시간으로 중국 교회와 공유할 수 있었다. 그러나 《수정초안》이 시행되면 중국 정부는 온라인을 통해 공유되는 로잔운동관련 정보서비스를 통제할 법적 근거를 갖추게 된다.

이 밖에도 《수정초안》은 종교재산을 활용한 공익자선사업을 통해 전도 활동을 법적으로 규제하고, 종교단체의 재무회계를 국가규정으로 관리하겠다는 규정을 신설하는 등 종교 활동에 대한 국가통제력 강화에 초점을 맞추고 있다. 특히 공안기관이나 일반 행정기관 또는 사법부서에 종교 활동에 대한 법적조치를 취할 수 있는 권한을 부여함으로써 종교단체에 대한 정부의 통제력을 한층 강화한 것은 중국 교회가 로잔운동과 만날 때 감수해야 할 위험성이 더욱 높아진 것을 의미한다.

VI. 나가는 말

필자는 『중국을 주께로』 2013년 1월호에서 "시진핑 시대의 중국 종교정책 전망"이라는 주제를 다루면서 다음과 같이 전망하였다.

첫째, 시진핑 정부는 경제 불균형을 해소하는 정책을 적극적으로 전개할 것이다. 중국공산당의 종교정책은 개혁개방의 근거인 중국특색의 사회주의를 건설하기 위해 종교계를 아우르는 종교자유정책을 시행한다는 큰 틀에서 벗어나지 않을 것이다.

둘째, 시진핑 정부는 경제적 불균형의 근원인 공직자 부정부패 척결을 위한 정치개혁을 추진할 것이다. 이는 사회주의 체제를 강화하기 위한 노력이므로 시진핑의 종교정책은 종교가 사회주의 사회를 위해 존재하도록 상호적응이론에 따라 전개될 것이다.

셋째, 시진핑 정부는 체제유지를 위해 공산당과 일반 국민에 대한 사상교육을 보다 강화할 것이므로 종교정책은 여전히 종교계와 종교계 종사자들이 정부에 적극적으로 협력하도록 유도하는 방향으로 전개될 것이다.

시진핑 정부가 정식으로 출범하기도 전에 시진핑의 향후 국정운영 방향에 대한 선언과 공산당의 정책수립 근거인 당헌 수정 내용을 분석한 것인데, 4년이 지난 현재 시점에서 볼 때 상당히 신뢰도 높은 분석이었다고 자평한다.

시진핑 정부의 종교정책의 향후 방향성을 《수정초안》을 근거로 분석해 보았다. 중국 정부는 종교행정 법제화의 수준을 높이겠다는 명분을 내세워 종교 활동을 행정적으로 철저하게 관리하겠다는 의도를 강력하게 드러내고 있다. 중국 정부의 종교정책은 여전히 종교를 믿는 것은 자유지만 종교 활동은 법으로 정해진 장소에서만 할 수 있으며, 내국인과 외국인에게 적용되는 종교자유의 범위가 다른 이중적 정책이다. 《종교활동장소관리조례》, 《외국인종교활동관리규정》이 모든 종교관련 법령의 기초라는 사실에서 중국 정부의 이중성을 쉽게 확인할 수 있다.

《수정초안》은 중국 정부가 추진하는 종교정책의 이중성을 한 층 선명하게 드러내고 있다. "새로운 상황에서 중국 특색의 사회주의 종교이론을 지키고 발전시켜야 한다", "종교행정은 공산당의 기본방침에 따라야 한다", "종교행정의 수준을 높여야 한다", "신도들과 일반 국민들이 함께... 중국의 꿈을 이루어야 한다"는 시진핑의 연설에서 우리는 사회주의 무신론 사회에 존재하는 종교의 한계를 발견한다. 시진핑 정부의 종교정책은 여전히 사회주의 종교관을 근거로 하고 있다. 종교는 철저하게 국가와 정부를 위해 존재해야 한다. 사회주의 이데올로기는 모든 종교적 신념에 우선한다.

《수정초안》은 10년이 넘는 준비기간이 무색할 정도로 근본적인 변화가 없이 정부의 종교활동에 대한 통제력 강화에 초점을 맞춘 것으로 보인다. 종교교육기관에 대한 통제력 강화, 종교단체의 재정에 대한 통제력 강화, 종교인의 자격제도를 통한 통제력 강화, 온라인 종교활동에 대한 통제력 강화, 비공인 종교조직의 해외활동 전면금지, 종교활동을 통한 경제활동 금지 등 종교계에 대한 행정당국의 통제력 강화가 《수정초안》의 특징이다.

개혁과 개방은 정치구조와 경제구조에만 적용된다. 정신영역 또는 사상영역에 속하는 종교에 대한 중국 정부의 기본 관념은 변화하지 않는 한 중국 정부의 종교정책은 여전히 종교를 통제하는데 초점을 맞추게 될 것이다. 종교자유정책을 강력하게 추진한다고 주장하지만 국민들은 신앙의 자유는 보장하되 종교 활동은 철저하게 법으로 통제될 것이며, 외국인은 내국인과는 구별되어 철저하게 제한된 종교의 자유를 지속해서 경험하게 될 가능성이 높다. 따라서 로잔운동이 중국 교회와 만나 세계 복음화를 위해 동반자적 협력관계를 구축하기 위해서는 전략적 접근이 필요하다. 로잔운동과 중국 교회의 만남을 위한 세 가지 제안을 제시함으로써 본고의 결론을 대신한다.

첫째, 중국 정부가 주장하는 '정상적인' 또는 '우호적인' 교류를 추진해야 한다. 이는 로잔운동이 기독교 국제기구가 아닌 로잔정신에 동의하는 모든 개인이 참여할 수 있는 운동이라는 조직적 특수성이 있기에 가능하다. 특히 로잔운동이 추진하는 다양한 연구모임에 중국 신앙인이나 중국 신학자들의 참여기회를 지속적으로 확대하는 방안을 모색해야 한다. 대규모 단체를 조직하여 중국 교회 대표단 형태로 로잔운동에 참여하는 등의 전통적 행태의 교류는 지양해야 한다. 로잔운동은 조직이 아니라 운동임을 지속적으로 강조해야 한다.

둘째, 중국 정부는 공인된 5대 종교에 대해 특화된 과업을 부여한다. 티벳불교는 전통적으로 정교합일을 추구하므로 중앙 정부보다는 종교지도자의 영향력이 강한 실정을 감안하여 티벳불교에 대해서는 애국주의 교육을 강화한다. 천주교는 교황이 전 세계 교회를 장악하고 있는 체제이므로 중국 천주교를 이로부터 독립시키기 위해 민주적인 교무행정을 강조한다. 이슬람교는 극단적인 경전해석으로 인한 극단주의 경향을 막기 위해 경전해석에 대한 통제를 강화한다. 동일 선상에서 중국 정부는 기독교에 대해서는 신학사상 문제를 가장 중한 과업으로 부여한다. 따라서 로잔운동이 전도와 사회참여의 신학적 양극화 경향성을 극복한 경험을 중국 교회와 공유할 방법을 모색하여야 한다.

마지막으로 로잔운동이 전통적 선교개념을 극복하고 선교의 새로운 패러다임을 제시하고 있다는 사실[25]을 중국 교회에게 적극적으로 소개해야 한다. 중국 정부는 종교가 사회주의 사회에 적응할 것을 요구한다. 이는 사회주의 이데올로기와 종교 신앙의 공존을 추구하는 중국 정부의 종교정책의 최신 경향이다. 로잔운동은 더 이상 사회주의 이데올로기와 극단적 대척점에 존재하지 않는다. 로잔운동의 선교신학은 중국 정부가 반대하는 선교 즉 서구교회가 힘의 논리로 전개하던 전통적 선교개념을 충분히 극복하였다. 이는 로잔운동이 중국 교회와 당당하게 만날 수 있는 중요한 위치를 이미 확보하고 있음을 의미한다.

---

25) 박보경, "로잔운동에 나타난 전도와 사회적 책임의 관계," 『복음과 선교』 22 (2013): 37.

참고문헌

김승호. "로잔운동의 선교사상의 발전." 한국로잔연구교수회편. 『로잔운동과 선교』. 서울: 한국로잔위원회, 2014.

조종남. 『로잔운동의 역사와 신학』. 서울: 선교횃불, 2013.

한국로잔연구교수회 편. 『로잔운동과 선교』. 서울: 한국로잔위원회, 2014.

__________________. 『로잔운동과 선교신학』. 서울: 한국로잔위원회, 2015.

__________________. 『로잔운동의 선교동향』. 서울: 한국로잔위원회, 2016.

__________________. 『로잔운동의 신학과 실천』. 서울: 한국로잔위원회, 2017.

한국로잔위원회. 『세계 복음화를 위한 로잔운동』. 서울: 한국로잔위원회, 2009.

왕쭤안 지음. 김광성 역. 『중국의 종교문제와 종교정책』. 서울: 한중국제교류재단, 2013.

김광성. "로잔운동과 동반자 협력 – 로잔운동과 중국 교회의 만남." 『복음과 선교』 32 (2015): 49-83.

______. "중국의 종교 정책과 현장 사역." 『선교와 현장』 12 (2007): 73.

박보경. "로잔운동에 나타난 전도와 사회적 책임의 관계." 『복음과 선교』 22 (2013): 9-43.

안희열. "로잔운동이 세계 선교에 끼친 공헌과 한국 교회가 나아가야 할 방향." 장로회신학대학교 세계선교연구원. 『선교와 신학』 27 (2011).

정흥호. "로잔운동과 상황화에 관한 논의에 대한 연구." 『복음과 선교』 26 (2014): 113-147.

장쩌민. 2001년 12월 10일 "전국종교업무회의 석상에서의 연설(在全国宗教工作会议上的讲话)." 『인민일보』 2001. 12. 13.

이병길. "시진핑 시대의 중국기독교의 진로 – 시진핑의 종교정책으로 본 중국기독교의 중국화." 인터넷 코람데오닷컴, 2016. 07. 13.

The International Religious Freedom Report for 2016, http://www.uscirf.gov/sites/default/files/USCIRF%202016%20Annual%20Report.pdf, [2017. 5. 24 접속].

The International Religious Freedom Report for 2017, http://www.uscirf.gov/sites/default/files/2017.USCIRFAnnualReport.pdf, [2017. 5. 24 접속].

인민일보 온라인판, "혼잣말을 언제나 그만둘 것인가?(自说自话几时休?)." http://paper.people.com.cn/rmrb/html/2016-08/26/nw.D110000renmrb_20160826_4-03.htm, [2017. 5. 24 접속].

로잔운동과 선교동반자로서의 여성사역

김승호 • 한국성서대학교

I. 들어가는 말

로잔운동(Lausanne Movement)은 '온 교회가 온전한 복음을 온 세상에 전하는 것'을 목표로 하는 전 세계 복음주의 진영의 선교운동이다. 1974년의 로잔언약(The Lausanne Covenant), 1989년의 마닐라 선언문(The Manila Manifestation), 그리고 2010년 케이프타운서약(Capetown Commitment: A Confession of Faith and a Call to Action), 이 세 가지 문서는 복음주의 선교신학의 근거와 행동내용들을 규명해주었고 전 세계 복음주의자들로 세계복음화(World Evangelization)라는 공통의 비전을 갖고 상호협력, 그리고 그 목표를 향해 계속 달려가는 로드맵을 제공해주었다.[1)]

특히 마닐라 선언문과 케이프타운 서약은 복음주의자들이 과거 범한 실수와 잘못을 반성하고, 세계복음화의 과업을 달성하기 위해 철저히 성경에 근거한 신앙고백을 기반으로 실천적 행동지침들을 매우 구체적으로 제시하

1) 김승호, "로잔운동의 선교사상의 발전," 『로잔운동과 선교』 (서울: 한국로잔위원회, 2014), 45.

였다.[2] 2차 마닐라대회는 1차 대회가 제시했던 선교과업 성취를 기념하면서, 또한 두 대회 사이의 15년 동안 변화된 세상에 대응하는 확장, 발전된 선교방향을 제시하였다. 3차 케이프타운대회는 2차 대회 후 21년 동안 변화된 세상과 선교 환경의 도전들에 대해 복음 안에서의 해답을 찾는 것을 주요 목표로 개최되었는데 케이프타운 서약에는 1, 2차 대회 문서들에 담긴 내용에 대한 헌신을 권고하며 실천하기로 천명하면서 급변하는 세상 속에서 영원불변의 복음의 진리를 어떻게 전하고 적용할 것인지에 대한 실천적 방안들이 제안되었다.[3]

로잔언약에는 매우 간략하게 언급되었지만, 마닐라 선언문과 케이프타운 서약에 중요한 의제로 다루어진 이슈 가운데 하나가 세계복음화를 위한 '여성의 지위와 역할' 이었다. 두 대회는 여성들로 자신들의 은사를 사용하여 세계복음화의 사명을 전진시켜 나가도록 허용되어야 함을 천명했다.

한국교회는 여성 성도들이 교회 구성원은 70%를 차지하고 있고, 하나님나라 확장을 위한 매우 주요한 선교자원임에도 불구하고, 한국교회 내 여성의 지위와 역할에 대해 많은 혼란이 존재하고 있다. 이런 혼란을 만든 요인 중에는 교회 내 여성의 지위와 역할과 관련한 신학적 해석(입장)의 차이[4], 500년 동안 이어진 유교문화의 남존여비 사상의 영향, 남성중심주의의 교회문화, 평신도와 목회자 간의 위계적 관계가 분명한 목회자 중심의 교회문화, 그리고 하나님으로부터 구속(救贖) 받아, 목적을 위해 부르심을 받은 여성도들 자신의 정체성 인식의 부족과 같은 여러 요인을 들 수 있다(참고. 벧전 2:9).

---

2) H. Edward Pruitt, *100 Years of Theological Convergence: Edinburgh 1910 to Lausanne 2010* (KY: Truett-McConnell College, 2014), 194-195.

3) 김승호, "로잔운동의 선교사상의 발전," 18.

4) 성경에서 남녀의 신분과 역할과 관련하여 해석상의 문제가 되는 대표적 구절들로 다음과 같은 여덟 구절로 들 수 있다. 창세기 1-3장, 고전 11:3-16(특히 8-9), 고전 14:34-35, 갈 3:23-29(특히 28), 엡 5:22-33(특히 22-23), 딤전 2:8-15(특히 11-12), 딛 2:4-5, 벧전 3:1-6절이다.

지난 30-40년간 한국의 정치, 경제, 법조계, 문화, 과학, 교육 등 다양한 분야들에서의 여성들의 괄목할만한 성취와 진출이 있었지만 여전히 한국교회 여성들의 지위나 역할은 남성들에 비해 낮은 위치에 있다. 여성 스스로도 하나님의 형상으로 창조된 자신의 참된 정체성에 대한 인식하지 못하고 있다.[5)]

연구자는 본 연구에서 교회 내 여성의 지위와 역할에 대한 신학적 논쟁을 살펴본 후, 로잔운동관점에서 남성의 동역자로 세계복음화를 성취할 주요한 자원으로 한국교회의 여성들의 역할과 리더십 향상방안을 다루고자 한다.

II. 본 론

A. 여성의 지위와 역할에 대한 신학적 논쟁[6)]

교회역사를 통해 남성과 여성의 지위와 역할을 놓고 많은 논쟁이 있었고, 지금도 진행 중이다. 여성의 지위와 역할을 결정하는 요인은 외부적 영향보다 그가 속해 있는 교파 혹은 교단의 신학적 입장에 따라 결정된다고 말할 수 있다. 로잔은 '여성안수'에 대해서 직접적인 언급을 피하고 있다. 그 이유는 로잔 안에 신학적으로 다양한 입장을 취하는 복음주의자들이 존재

5) 김승호, "보수적인 한국교회에서 여성도들의 자존감 회복," 『복음과 선교』 18권 (2012): 78.

6) '여성의 지위와 역할에 대한 신학적 논쟁' 은 김승호, 『복음주의여성신학』 (2012년. 한국성서대학교 일반대학원 미간행 강의교안), 33-68쪽을 참조하였음.

하고 있기 때문이다. 신학적으로 여성의 지위와 역할과 관련하여 대표적으로 세 가지 입장이 존재해 왔다.

1. 전통적 입장(traditional view)

전통적 입장은 창조 시 하나님이 계획하시고 정하신 질서에 따라 '남성의 우월함'(male predominance)을 주장한다. 전통적 입장을 주장하는 대표적인 신학자로는 헬렌 안데린(Helen Andelin), 마라벨 모르간(Marabel Morgan), 메리 케시안(Mary Kassian), 라리 크리스텐슨(Larry Christenson), 조지 나이트(George W. Knight III), 수잔 포(Susan Foh), 제임스 헐리(James B. Hurley), 엘리자벳 엘리오트(Elisabeth Elliot), 스테판 클라크(Stephen B. Clark) 등을 들 수 있다.

전통적 입장은 '남성의 여성에 대한 머리됨과 권위'는 창조사건에서 네 가지 구체적 증거를 제시하고 있다. 첫째, 창세기 2장과 3장은 '아담의 화와에 대한 머리됨과 권위'를 구체적으로 제시하는데, 창조순서에 있어 아담(남성)이 먼저 지음을 받았고 하와(여성)가 그 후에 지음을 받았다. 또한 하와는 아담으로부터 만들어졌다. 즉 여성은 남성으로부터 존재가 유래된 것이다(창 2:22). 남성에 대한 '여성의 순종'은 바로 남성이 여성보다 우월하다는 의미를 암시한다. 둘째, 하나님께서 아담에게 에덴동산을 돌보고 다스리도록 명하셨지만 하와를 향해서는 그 말씀을 하지 않으셨다(창 2:15). 셋째, 아담은 각 생물의 이름을 지었을 뿐 아니라 여자에게 '하와'로 이름을 지어주었다(창 2:19, 23). 이름 짓는 일은 윗사람이 아래 사람, 즉 신분이 높은 자가 낮은 자에게 행하는 행위다. 넷째, 창세기 2장 24절은 최초의 결혼예식을 기록하고 있는데 하나님은 '남자가 부모를 떠나 아내와 연합하도록' 명하셨다. 두 사람의 관계에서 남자가 '떠나는 행위를 먼저 하는 자'로 여자를 '남자의 행위를 수용하는 자'로 기록되고 있다.

인간이 범죄하고 타락하자 '모든 인간의 머리'인 아담에게 대표자로서 책임을 물으셨고 '한 사람 아담' 때문에 죽음(사망)이 모든 사람에게 임하였는데(롬 5:12, 15, 16, 17, 18, 19)이러한 성경의 기록은 성경이 남성의 우위성을 가르치고 있다.

또한 전통주의자들은 구약도 남성의 우월적 관계를 잘 보여준다고 주장한다. 하나님과 이스라엘 백성간의 언약의 증거인 할례(circumcision)는 오직 '남성만의 의식'(male rite)으로 국한되었다(창 17:11-14, 출 12:48). 이스라엘의 제사장이나 왕의 직분을 오직 남성들에게만 허용되었으며(출 40:12-15), 이스라엘 백성이 하나님의 율법을 받을 때 때 오직 남자들만 나오게 했다(출 19:14-15). 율법을 받는 대상자들을 남자들로 한정하였다(출 20:17, 신 13:6, 21:11, 28:30). 민수기 5장 19-20절은 '여성은 남성의 권위아래 위치함' 을 보여주고 있고, 레위기 12:1-8절, 15:19-33절, 20:10절, 신명기 21:15절, 24:1-4절, 22:22절, 25:5-10절은 남성과 여성에게 율법을 다르게 적용함을 보여주고 있다.

전통주의자들은 신약성경 저자 역시 '여성에 대한 남성의 머리됨'을 확인해주고 있다고 믿는데 예를 들면 바울은 디모데전서 2장 11-14절에서 창조와 타락사건에 근거하여 여성이 남성을 가르치거나 다스릴 수 없음을 말하고 있다. "여자는 일체 순종함으로 조용히 배우라 여자가 가르치는 것과 남자를 주관하는 것을 허락지 아니하노니 오직 조용할지니라 이는 아담이 먼저 지음을 받고 하와가 그 후며 아담이 속은 것이 아니고 여자가 속아 죄에 빠졌음이라". 바울은 창조의 순서와(속임을 쉽게 받을 수 있는) 여성의 기질에 근거해 '남성에 대한 여성의 순종'을 가르쳤다.

전통주의자들은 '하나님이 완전하신 지혜와 뜻 가운에 정해놓으신 질서에 따라' 남자와 여자가 살아가는 것이 하나님의 선을 이루는 영광된 길임을 주장한다. 즉 '남성의 머리됨과 여성의 순종함'을 말한다. 세상이 아무리 변하고 세상이 무엇이라고 해도 하나님이 정해놓으신 질서와 뜻은 변화될 수 없다고 주장한다.

총신대 서창원 교수는 “나는 성경은 남녀의 ‘동등성’이 아닌 ‘평등성’을 가르친다고 믿는다. 남성과 여성은 하나님 앞에서 하나님의 형상(image of God)으로 지음을 받은 평등한 자(equality in essence)이지만 역할 차원에서는 결코 동등한 것은 아니다. 이것은 우월의 문제(matter of superiority)가 아니라 질서의 구분을 나타내는 권위의 문제이기 때문이다”라 말한다.[7] 전통주의적 입장을 취하는 이들은 여성안수를 반대한다.[8] 2016년 현재 대한예수교장로회 합동 · 고신 · 합신에서 여성은 목사 안수를 받을 수 없다.

2. 동등적 입장(Egalitarianism)

동등적 입장은 하나님께서 남성과 여성을 ‘완전히 동등(fully equal)’하게 지으셨으며, 진정한 동등성이란 가정에서는 ‘동등한 역할감당’(equal marital roles) 그리고 교회에서는 ‘동등한 사역의 기회’를 의미한다고 주장한다. 교회에서의 리더십과 가르침은 성(gender)에 의해서가 아니라 영적인 은사(능력, 자질)에 의해 결정되어야 함을 주장한다.

동등적 입장을 대변하는 기관인 “성경적 동등함을 주장하는 기독인들”(Christians for Biblical Equality, CBE)이 1987년에 설립되었다. CBE는 자신들을 복음주의자들이라고 간주하며 동성애를 거부하는 ‘복음주의여성협회’(the Evangelical Women's Caucus) 모임을 주도한 신학자들에 의해 시작되었다. CBE는 현재 영국의 복음주의 신학자 잔 스토트(John Stott)가 세운 London Institute for

7) 서창원, “교회는 여성의 역할을 어떻게 볼 것인가?,”『목회와 신학』통권 179권 (2004년 10월호): 56-71.

8) 개혁자 루터는 여성은 남성에게 순복해야 한다고 가르쳤는데 그 이유는 죄가 세상에 들어오게 된데 여자의 역할이 컸기 때문이었다(참고: 딤전 2:13). 루터는 인간이 타락하기 전에는 남성과 여성은 모두 하나님 앞에서 동등했지만 죄가 세상에 들어온 후부터 여성은 남성에게 순복하는 자리에 있게 되었다고 가르쳤다. 칼뱅은 구원의 사건보다 창조사건을 더 강조하면서 여성은 남성을 위해 돕는 배필로 나중에 지음을 받았기 때문에 남성에게 순복해야 한다고 가르쳤다. 개혁자들의 이러한 가르침으로 개신교 역사를 통해 여성은 남성에게 순복하며 남성에 대해 권위를 행사하는 일을 금지 시켜오고 있다.

Contemporary Christianity와 긴밀한 협력관계를 맺고 있다.

CBE의 신학적 입장을 대표하는 저서는 *Men, Women and Biblical Equality*(남성, 여성 그리고 동등함)이다. 대표적 신학자들로는 스탠리 그렌츠(Stanley Grenz), 레베카 그루티어스(Rebecca Groothius), 룻 터커(Ruth Tucker), 그렉 키너(Craig S. Keener), 고던 피(Gordon Fee), 길버트 빌지키언(Gilbert Bilezikian), 고넬리우스 플래티카(Cornelius Plantiga Jr.), 브루스 프레더릭 브루스(F. F. Bruce), 안토니 캄폴로(Anthony Campolo), 스튜어트 브리스코(D. Stuart Briscoe), 밀라드 에릭슨(Millard J. Erickson), 켄 칸저(Kenneth S. Kantzer), 리처드 뮤(Richard J. Mouw), 그랜트 오스본(Grant R. Osborne), 필립 페인(Philip Barton Payne), 윌리엄 하이벨스(William J. Hybels), 버논 그라운즈(Vernon Grounds) 등이 있다.

동등주의자들은 남성과 여성의 동등성에 관한 성경적 가르침을 강조하며(창 1:26-28, 갈 3:28) '머리 됨'이나 '순종'에 대한 성경적 가르침을 대부분의 사람이 잘못 해석하고 오해하고 있다고 주장한다. 신약성경에 나오는 소위 "성 차별적인 구절들"을 문자적으로 해석해서는 안 되는 이유는 그 구절들이 특정문화, 특정상황에 국한된 가르침(culturally-conditioned passages)이기 때문이다. 성경의 문자적, 전통적 해석은 성(gender)에 대한 성경적 진정한 가르침을 오도하고 있으며, 여성에 대한 남성의 지배는 창세기 3장에 기록되어 있는 대로 '인간의 범죄'의 결과로 말한다.

동등주의자들은 '남성과 여성사이의 어떠한 차이도 인정하지 않으며', 양자 사이에 차별을 두는 전통적 입장을 거부하며 '남성과 여성의 완전한 동등함'(complete equality)을 주장한다. '남성에 대한 여성의 순종(복종)'이나 '여성에 대한 남성의 지배'는 결코 성경적이지 않음을 주장하는데, 두 가지 가정 하에 자신들의 주장을 펼친다. 첫째, '남성과 여성의 완전한 동등성' 둘째, (첫 번째 사실에 기초하여) '여성은 남성에 대해 순종(복종)의 위치에 있지 않으며 완전히 자유로운 존재'이다.

동등주의자들은 전통주의자들의 '아담이 하와 보다 먼저 지음을 받았기에 남성은 여자보다 우월하며 여성은 남성에게 순종적 위치에 있다'는 주장을 전면 거부하며, '지어진 시간(순서)'으로 '우월성'을 결코 주장할 수 없다고 말한다. 만약 시간(순서)이 우월을 논하는데 중요한 요소라면 하늘, 땅, 새, 물고기, 짐승들이 인간보다 먼저 지음을 받았기에 인간보다 우월하다는 논리를 펼칠 수 있기 때문이다. 따라서 시간(순서)은 '우월' '우위' '권위'를 부여하는 기준이 될 수 없으며, 오히려 하나님은 창조과정 마지막으로 갈수록 더 섬세하고 우등한 피조물 지으신 것을 보게 되는데 시간(순서)을 따진다면 제일 마지막에 지음을 받은 하와(여성)가 가장 우월한 존재라고 말한다.

동등적 입장을 취하는 신학자들의 첫째가는 목적은 '하나님 안(앞)에서 여성의 완전한 자율성, 자유함'을 갖는 것이다. 공평하시며 정의로우신 하나님(a just God)께서 남성과 여성을 동등한 인간(인격)으로 지으셨기에 한쪽이 다른 쪽을 지배하거나 다스리는 것은 하나님의 뜻이 아니며 창세기 1장 26-28절, 고린도전서 11장 11-12절, 갈라디아서 3장 28절, 에베소서 5장 21절과 같은 구절들이 이 사실을 확인해주고 있음을 주장한다.

신약에서 예수님이 여성을 사랑과 존경과 인격적으로 대하신 것은 '남성이 여성을 다스리고 지배하는 것'은 하나님의 뜻이 아님을 잘 보여주는 예 임을 주장하며 갈라디아서 3장 28절은 당시의 남성중심의 사회에 바울이 떨어뜨린 핵폭탄으로 보는데, 이 구절은 남성과 여성 사이의 그 어떤 차이나 차별이 없어야 함을 보여준다고 주장한다. 동등적 입장을 취하는 자들이 원하는 것은 '가정, 교회 그리고 사회에 현존하는 성에 의한 모든 차별과 차이를 제거하는 데' 있다. 가정, 교회 그리고 사회에서 제한된(한정된) 역할에 메이는 것을 거부한다. 동등주의적 입장을 취하는 이들은 여성안수를 전폭적으로 찬성한다.

3. 보완적 입장(complementarian view)

보완주의자들은 자신의 입장이 '성경은 '남성과 여성의 동등성'[9]과 남성과 여성의 역할과 성의 독특성'에 대한 성경적 가르침을 가장 잘 담아내고 있다고 주장한다. 즉, '남성과 여성은 동등하지만 하나님은 '남자와 여자에게 다른 역할'을 주셨음을 주장한다.

보완적 입장을 가장 잘 대변해주는 기관은 1987년에 조직된 The Council for Biblical Manhood and Womanhood(CBMW)으로 댄버스 성명(The Danvers Statement)을 통해 자신들의 신학적 입장을 발표한 바 있다. CMBW는 *The Journal for Biblical Manhood and Womanhood*을 발행하고 있다. 보완주의적 입장을 지지하는 신학자들로는 웨인 하우스(Wayne House), 켄트 휴스(R. Kent Hughes), 조지 나이트(George W. Knight), 존 파이퍼(John Piper), 웨인 그루뎀(Wayne Grudem), 제임스 허리(James Hurley), 존 맥아더(John MacArthur), 메리 카시안(Mary Kassian), 찰스 라일리(Charles C. Ryrie), 존 프레임(John M. Frame), 도로시 패터슨(Dorothy Patterson), 알버트 몰러(R. Albert Mohler), 제이 아이 팩커(J. I. Packer), 스프로울(R. C. Sproul), 글리슨 아쳐(Gleason Archer), 존 월부어드(John Walvoord) 등이 있다.

성경은 하나님이 모든 것에서 질서의 하나님이심을 가르치고 있다. 하나님의 거룩한 질서 안에서 여성은 기능(function) 혹은 역할(role)에서 남성에게 순복을 가르친다고 믿으며 여성은 남자와 구분된 역할을 가지고 있다고 본다. 보완주의자들은 전통주의자들과 달리 '역할의 차이를 우열의 개념'으로 해석해서는 안 된다고 주장한다. 고린도전서 11장 3절은 "그러나 나는 너희가 알기를 원하노니 각 남자의 머리는 그리스도요 여자의 머리는 남자요 그리스도의 머리는 하나님이시라"고 기록하고 있다. 순서대로 하면 여성의 머리는 남자이고, 남자의 머리는 그리스도이고 그리스도의 머리는 하나님이

---

9) 예수님도 공생애동안 여성을 대하실 때 남녀의 본질의 동등성을 확인하셨다(눅 7:36-50, 8:43, 48, 10:38-42, 요 4:7-42).

된다. 하지만 보완주의자들은 여성의 머리가 남자라는 말이 남성이 여성보다 우월하고 여성이 남성보다 열등하다는 의미는 아님을 주장한다.

보완주의자들은 성경은 인격으로 남성과 여성의 동등함을 가르치지만(창 1:16-17), 창조 때부터 거룩한 질서(순서)를 가르치고 있음을 주장한다. '동등'과 '순복'은 상호 모순되고 충돌하는 개념이 아님을 주장한다. 그 이유는 거룩한 본질과 본성의 동등함과 역할의 순종은 삼위일체의 교리이기 때문이다(빌 2:1-11). 성부 하나님이 성자 하나님 보다 더 높다고 말하는 것은 신학적 오류를 범하는 것이다. 결코 그리스도가 하나님보다 열등하지 않지만 그럼에도 불구하고 하나님은 그리스도의 머리이셨다. 다시 말하면, 양자 관계에서의 '리더십을 성부 하나님'이 취하고 있는데 바로 이것이 '역할의 차이'이다. "그는 근본 하나님의 본체시나 하나님과 동등 됨을 취할 것으로 여기지 아니하시고"라고 말했다(빌 2:6). 그리스도께서는 본질에 있어서 동등한 하나님이셨다. 하지만 성자가 성부 아버지를 높인 것은, 그렇게 함으로써 성부와 성자와 성령 삼위 하나님 안에서 계획된 하나님의 창조적인 경륜과 섭리를 이루기 위함이었다. 보냄을 받은 성자 하나님은 아버지를 영화롭게 하고 아버지는 아들을 높이고 이렇게 삼위 하나님의 뜻을 이루시는 아름다운 조화를 성부와 성자와 성령 삼위 하나님의 관계 속에서 찾아 볼 수 있다.

바울은 여성이 남성에게 순복해야 하는 이유를 '창조의 원리'에 기초하여 설명하고 있다(딤전 2:11-13). 하나님께서 창조의 순서에 있어서 '남성을 먼저 세우시고 그 남성을 돕기 위한 협조자로서 여성'을 지으셨기 때문에 하나님은 리더십을 남성에게 기대한다.[10] 이것은 문화적 협상의 대상이 아니라 창

10) 하나님은 남자를 남편, 아버지, 공급자, 보호자 그리고 리더로 세우셨으며 가정을 사랑하는 머리로서 그리고 교회에서는 거룩한 리더십을 감당하는 자로 세우셨다. 하나님은 여성을 아내, 어머니, 양육자, 그리고 돕는 자로 디자인 하셨다. 아내는 가정과 교회에서 남편(남자)의 리더십에 순복하도록 하셨다. 동일하게 하나님이 가정을 세우실 때, 그는 가정에서의 리더십을 여성이 아닌 남성들에게 기대하신다. 이것은 주님의 경륜이고 가르침이며 계획이다.

조의 원리에 속한 것이다(고전 11:3-16, 14:34-35, 엡 5:22-24, 딤전 2:11-15). 보완주의적 입장을 취하는 자들은 여성안수를 반대한다.

B. 한국교회와 여성

한국사회 그리고 교회에서 '남녀의 평등'을 말하지만 정작 여성들은 자신들이 차별받는 다는 느낌을 떨쳐버리지 못하고 있다. 많은 여성이 자신들의 지성, 감성, 가치, 능력이 무시되고 간과되며 발휘될 기회를 얻지 못한다고 생각하고 있다.

김병권은 한국교회 내 여성들의 역할과 기능에 대해 다음과 같이 말했다.

> 한국교회 내 여성문제를 남녀평등의 실제적 구현이라는 관점에서 볼 때 우리는 다음과 같은 결론을 내릴 수 있다. 첫째, 한국교회에서 명시적으로 성차별을 주장하는 경우는 거의 없다. 둘째, 그럼에도 불구하고 한국교회 내에서 성에 기초한 불평등은 현실적으로 존재한다. 셋째, 교회 내 남녀평등의 실현에 대한 인식에는 진보교단과 보수교단 사이에 차이가 있다. 넷째, 그 차이는 남녀평등의 실현정도의 차이에서 오는 것이 아니라 허위의식 또는 이데올로기에 의해 교인들의 의식이 왜곡된 데 기인한다.[11]

한국교회 교인의 70%가 여성임에도 불구하고 여성에 대한 차별이 지배적이며, 교회 내 여성들에게는 교회의 주요한 의사결정과정은 참여비율은 매우 낮다.

---

11) 김병권, "한국교회와 여성인권: 남녀평등의 실제적 구현을 위하여", 『교회와 여성리더십』 (대전: 침례신학대학교출판부, 2006), 236.

여성안수를 허용하는 교단들의 상황도 그리 나은 형편이 아니다. 예를 들면 대한예수교장로회 통합교단에서 1996년 여성안수가 시행되어 여성목사와 장로가 배출된 지 21년이 흘렀음에도 불구하고 여성들이 리더십의 현실을 직접적인 보여주는 교단 총회 여성총대 비율은 남성보다 매우 낮음을 보게 된다. 2016년 예장통합총회에서 여성총대인원은 26명으로 총대 전체수의 1.74%를 차지했다.

한국교회의 가장 진보적인 교단이라는 한국기독교장로회(기장)에서도 여성 목사가 되는 과정과 이후의 처우 등 현실은 만만치 않은 것으로 나타났다. 기장 내 전체 목사 중 단독목회를 하는 여성 목사의 비중은 5.34%에 불과했다. 2014년 기장 교단 목사는 총 2,723이며, 그 중 여성 목사는 291명(10.6%)이다. 현직에서 목회하는 시무목사 2,023명 중 여성은 169명(8.3%)에 불과하다. 특히 여성목사 291명 중 108명(37.1%)이 무임목사로 열악한 현실 속에 사역하고 있는 것으로 나타났다. 이는 여성으로서 목사를 지망하는 사람이 적어서 생기는 문제는 아니였다. 이날 통계에 따르면 여성목사의 후보생 비율을 40%에 달하지만 목사안수 비율은 10.6%로 떨어졌다. 여성으로 목사안수의 필수 코스인 인턴과정을 거치기 어려운 현실이 진입장벽으로 작용한 것으로 분석됐다. 교회에 어렵게 청빙이 되더라도 맡게 되는 영역을 대부분 제한적으로 나타났다. 유치부와 어린이부, 새 교우 관리, 심방이나 봉사부 담당 등 한정적인 일과 보조적인 역할을 맡는 경우가 많다는 것이다. 교회 중직자인 장로들은 여성 담임목사에 대해 찬성 46.1%, 반대 53.9%로 부정적 의식을 보였다. 여성을 교회 전체를 책임지는 담임목사로 청빙하는 것을 부담스러워한다. 반면 여성 부목사의 청빙의 경우 찬성률이 90.6%로, 교회에서 여성은 담임이 되기보다는 부교역자, 즉 보조자로 머무르는 것을 더 선호하고 있다.[12]

12) "인턴 자리도 없어 진로 변경…여전히 어려운 女목사의 길," 『기독일보』(2014년 4월 1일).

2017년 6월 서울신대 한국기독교통일연구소가 한국교회 내 성차별 언어와 성차별 원인, 성차별 대안 등을 파악하기 위해 설문조사를 벌여 결과를 발표한바 있다. 교회와 가정에서 성차별이 생기는 이유는 무엇인가?에 대해 전체 응답자 98.1%는 '가부장적 사고방식'이라고 대답했다. 응답자들은 "교회 목회자의 내재된 성차별 의식이 있다"(55.8%)고 대답했으며, 성별은 여자(62.8%)가 남자(50.4%)보다 더 성차별을 받는 것으로 나타났다. 또한 응답자들은 "목회자의 설교 가운데 양성 평등에 대한 설교를 들어본 적이 없다"(36.8%)고 대답했으며, "교회 안팎에서 양성 평등 대우를 받아본 적이 없다"(45.8%)고 대답했다. 응답자들은 성차별 극복을 위한 방해 요인으로는 '남존여비 사고방식'(88.4%)을 꼽았다. 설문에 참여한 서울신대 박삼경 교수는 조사결과를 토대로 "한국교회가 양성 평등에 관한 건강한 기독교 문화 형성을 위해 노력해야 하며, 그와 관련된 프로그램이 시급하다"고 말했다.[13)]

선교초기 국내외 전도자들이 소외된 여성들에게 가장 먼저 다가갔던 기독교의 전통과는 반대로, 오늘 한국교회는 우리 사회에서 '여성에 대해 가장 보수적인 집단'으로 남아있다는 지적이 제기됐다. 젊은 세대 교회여성들이 교회 안의 남성 중심적인 의사결정과 성차별적인 모습에 실망해 교회를 떠나는 것으로 나타나고 있다.[14)] 교회 내 젊은 여성들은 교회 내 의사결정이 남성 주도적(43.1%), 목회자 중심적(41.2%), 장로 지배적(63.4%)으로 이루어지고 청년들의 의사가 제대로 반영되지 않는다(40.8%)는 불만을 갖는 것으로 나타났다. 교회 의사결정 과정이 지배적 위계 구조 아래 놓여 있고, 이 때문에 교회 민주화가 방해받고 있다고 평가한 것이다. 또 젊은 교회 여성들은 교

---

13) 조사는 기독교대한성결교회 소속 교회의 목회자(목사, 전도사) 720명과 평신도(장로, 권사, 집사, 성도) 1,120명 등 총 1,840명을 대상으로 실시됐다. http://www.christiandaily.co.kr/news/교회-내-성차별-발생-이유는-98-1-가부장적-사고방식-76395.html

14) "젊은 교회여성 감소, 소통부재 원인,"『한국성결신문』 제874호 (2012년 11월 2일).

회 내 역할에 대해 답답함과 실망감을 느끼고 있는 것으로 나타났다.[15)]

C. 여성의 역할에 대한 로잔의 입장

1974년 로잔언약은 성(gender)문제와 관련하여 5항에서 "교회는 여성과 남성이 함께 모든 종류의 불의로부터 해방하고 정의와 화해를 위한 하나님의 관심에 참여할 필요가 있다"고 간략하게 언급 정도만 하였고 그 내용이 충분하거나 구체적이지 않았다.[16)]

하지만 1차 대회 이후 개최된 여러 협의회/전략회의들(consultations)에서 여성들의 역할과 사역에 대한 연구들이 좀 더 구체적으로 연구되었고 그 결과로 마닐라 선언문은 전 세계의 여성들은 자신들의 은사와 달란트를 사용하여 세계복음화의 사명을 전진시켜 나가도록 허용되어야 함을 천명했다.

> 하나님은 남자나 여자나 다 똑같이 하나님의 형상을 지닌 자로 창조하셨고(창 1:26-27), 그리스도 안에서 차별이 없이 받아들이시며(갈 3:28), 아들에게나 딸에게나 똑같이 모든 육체에 당신의 성령을 부어 주셨다(행 2:17-18). 그리고 또 성령께서 남자와 같이 여자들에게도 은사를 주시기 때문에, 모두에게 은사를 활용할 기회가 주어져야 한다. 우리는 여성들이 남긴 찬란한 선교 역사의 기록을 찬양한다. 그리고 하나님이 오늘 날에도 여성들이 그런 역할을 감당하

---

15) 임희숙, "한국교회의 여성의식분석과 한국교회의 과제," 『신학과 사회』 26권 (2012): 73-101. 임희숙은 젊은 여성들의 교회 내 역할과 그 만족도, 새로운 역할에 대한 기대는 여성 교인의 교회 내 지위와 교회에 대한 생각을 반영한다. 교회에서 젊은 여성들이 많이 활동하는 분야의 순위별 열 개 가운데 전통적 성 역할과 관련된 것으로 식당봉사(13.3%), 유치/유년부 교사(12.5%), 교회행사준비(6.2%), 교회청소(6.1%), 안내(3.9%)를 들 수 있다. 이는 교회 젊은 세대의 상황도 성역할 고정관념이나 관행에서 자유롭지 않음을 보여준다.

16) 박보경, 『여성. 교회. 하나님의 선교』 (서울: 장로회신학대학교출판부, 2013), 17.

> 도록 부르신다고 확신한다. 여성들이 어떤 형태의 지도력을 가져야 할 것인가에 대해서는 여러 이견이 있겠지만, 세계 복음화를 위해서는 여성도 동역자가 되어야 한다는 데에는 모두 동의한다. 이는 하나님이 의도하시는바이며 남자든 여자든 모두가 적절한 훈련을 받을 수 있어야만 한다... 우리는 평신도 사역, 특히 여성과 젊은이들의 사역을 실망시킨 일에 대해 회개한다. 앞으로는 그리스도를 따르는 모든 사람들이 정당하고 자연스럽게 증인으로서 자기 역할을 하도록 격려할 것을 다짐한다(마닐라 선언문 2부 6항).[17]

이처럼 마닐라 선언문은 세계복음화를 위한 남녀의 협력(동역)을 강조하였는데 그 결과 3차 로잔대회의 여성 참석자는 28%였고 분과 책임자의 30% 이상도 여성이었는데 이는 로잔이 여성의 역할과 위치를 사역의 보조자가 아닌 동반자로 여겼기 때문이었다.

2010년의 3차 대회 케이프타운 서약에서는 세계복음화를 위한 여성의 선교적 공헌을 인정하며 그들의 역할의 중요성을 더욱 강조되었다.

> 성경은 하나님이 자신의 형상을 따라 남자와 여자를 창조했고, 그들에게 땅을 다스릴 권세를 주셨다고 말한다... 하나님은 그리스도의 십자가를 통해 남자와 여자에게 똑같이 구원과 용납과 연합을 주셨다. 오순절에 하나님은 모든 육체와 아들과 딸들에게 똑같이 예언의 영을 부어주셨다. 따라서 여자와 남자는 창조와 죄, 구원과 영적으로 동등하다. 남자와 여자, 기혼자와 미혼자 모두 하나님의 은혜의 청지기로서 다른 이들의 유익과 그리스도를 찬송하고 그분의 영광을 위해 하나님의 은사들을 사용할 책임을 갖고 있다. 그러므로 우리 모두는 하나님의 모든 백성들로 하여금 하나님이 부르신 교회를 섬기기 위해 주신 은

17) 최형근, 『케이프타운서약: 하나님의 선교를 위한 복음주의헌장』(서울: IVP, 2014), 244-245.

사를 사용할 수 있도록 해야 할 책임이 있다... 우리는 성경 시대부터 현재까지 남자와 여자에 대한 사역을 통해 세계선교에 기여한 여성들의 놀라운 희생적 공헌을 기꺼이 인정한다(케이프타운 서약 2부 II F3).[18]

이런 차원에서 로잔은 과거의 복음주의신학의 반복이 아닌 진일보 하였고, 나아가 그 성격에 있어 매우 실천적인 신학이라는 특징을 지니게 되었다.

1. 사역의 동반자로 여성의 역할을 강조하는 로잔

마닐라 선언문과 케이프타운 서약에 담긴 여성의 지위와 역할과 관련된 주요 내용을 다음과 같이 요약할 수 있다.

첫째, 하나님의 형상을 따라 남자와 여자를 창조되었으며 하나님은 그들에게 땅을 다스릴 권세를 주셨다. 남성과 여성 모두 그리스도의 죽으심으로 구속을 받았다.

둘째, 남성과 여성은 모두에게 성령의 은사가 주어졌고, 모두에게 은사를 활용할 책임과 기회가 주어졌다.

셋째, 여성들이 남긴 찬란한 선교역사의 기록을 찬양하며, 세계선교에 기여한 여성들의 놀라운 희생적 공헌을 인정하며, 오늘날에도 하나님은 그런 역할을 감당하도록 부르신다.

넷째, 여성과 남성은 창조와 죄, 구원과 영적으로 동등하다. 여성들이 어떤 형태의 지도력을 가져야 할 것인가에 대해서는 여러 이견이 있다.

다섯째, 여성은 세계복음화를 위해 동역자가 되어야 한다.

18) 위의 책, 123.

D. 한국교회 여성 리더십 향상을 위한 로잔신학 적용

첫째, 로잔은 남녀 모두 창조와 죄, 구원과 영적으로 동등하지만, 여성들이 '어떤 형태의 지도력'을 가져야 할 것인가에 대해서는 여러 이견이 있음을 인정한다. 연구자는 '어떤 형태의 지도력'이란 여성안수(ordination)를 암시한다고 본다.

시카고 대학의 교회사가 마틴 마티(Martin Marty)가 지적한 것처럼 '성경의 무오성과 이신칭의 사상, 그리스도의 처녀탄생, 그리스도의 속죄, 그리스도의 부활, 기적의 역사성과 같은 가르침은 모든 복음주의자들이 공유하는 신앙[19]이지만 여성안수와 관련하여서는 복음주의진영안에 분명 이견(異見)이 존재하기 때문에 로잔은 여성안수와 관련하여 찬성 혹은 반대와 같은 입장을 표명하지 않는다.

케이프타운 서약 2부 II F 3B는 다음과 같이 기록하고 있다.

> 우리는 성경에 신실하게 순종하고자 하는 진지한 사람들 사이에도 상이한 견해들이 존재함을 인식한다. 어떤 이들은 사도들의 가르침을, 여성이 가르치거나 설교해서는 안된다는 의미로 해석하는 가 하면, 다른 이들은 여성이 그 일을 할 수 있으나 남성들 위에 최고 권위를 가질 수 없다고 해석한다. 또 어떤 이들은 신약교회에 나타난 여성의 영적 동등함, 덕을 세우는 예언의 은사 발휘, 자신의 가정에 교회가 모이게 하는 일 등을 들어, 다스림과 가르침의 영적은사가 여성과 남성 모두의 사역에서 받아들여지고 발휘되어야 한다고 해석한다 우리는 이런 논쟁에서 서로 다른 편에 선 이들에게 요청한다. 1. 논쟁의 사안들과 관련해 상대를 비난하지 말고 서로 용납하자. 합의에 이르지 못한 것이 분

---

19) David R. Wells and John D. Woodbridge, eds., *The Evangelicals: What They Believe, Who They are, Where They are Changing*, rev. ed. (Grand Rapids: Baker, 1977), 193.

열과, 파괴적인 말과, 사로에 대한 불경건한 적대감을 정당화할 근거는 아니기 때문이다. 2. 함께 신중하게 성경을 연구하자. 원 저자들과 현대독자들의 상황과 문화에 적절한 주의를 기울이자. 3. 진정한 고통이 있는 곳에서는 우리가 긍휼을 보여야 하고, 불의와 부정직이 있는 곳에서는 그에 맞서야 하며, 우리가 형제나 자매 안에 나타난 성령의 분명한 역사를 거부했다면 회개해야 함을 인식하자. 4. 권력과 지위에 대한 세속적 추구를 버리고, 남자건 여자건 우리의 사역형태가 예수 그리스도의 종 됨을 반영하게 만드는 일에 헌신하자.[20]

로잔은 세계복음화를 위해 여성들의 놀라운 공헌을 높이 평가하며, 성령의 은사를 받은 자들로 여성들이 주께로 받은 은사를 활용할 책임과 기회를 적극적으로 사용할 것과, 남성들과 나란히 세계복음화의 동역자가 되어야 할 것을 촉구하고 있다.

연구자가 논문의 본론 서두 '여성 및 그 역할과 기능에 대한 신학적 논쟁'에서 다룬 내용을 로잔도 동일하게 언급하며 여성안수에 합의를 보지 못한다 할지라도 복음주의자들은 사안과 관련해 분열과 파괴적인 말과 적대감을 갖거나 상대를 비난하지 말고 열려진 태도로 용납할 것을 주문하고 있다.

둘째, 로잔은 하나님의 형상을 따라 남자와 여자를 창조되었고 하나님은 그들에게 땅을 다스릴 권세를 주셨음을 천명한다(창 1:26-28). 하나님의 형상으로 창조되었다는 의미는 첫째, 인간의 신분성 혹은 위치성 둘째, 인간의 가치성이다. 셋째, 인간의 삶의 목적과 책임성이다.[21] 하나님의 형상으로 지음 받은 인간은 하나님을 기뻐하며 지으신 창조세계를 충실히 다스리며 생육하고 번성함으로 그분을 영화롭게 해 드려야 할 목적과 책임을 갖고 있다(창 1:28, 사 43:7, 21).

20) 최형근, 『케이프타운서약: 하나님의 선교를 위한 복음주의헌장』, 125.
21) 김승호, 『복음주의선교신학의 이해』(도서출판 예영 B&P, 2008), 40.

로잔 신학위원장을 역임한 크리스토퍼 라이트(Christopher Wright)는 '하나님 형상의 회복'을 선교의 주제로 포함시킬 것을 주장하였다.[22] 로잔의 제안대로 한국교회는 하나님의 형상대로 창조된 남성과 여성의 파트너십이 실행되는 교회를 만들어 나갈 필요가 있다. 한국교회 내 사역의 파트너십 문화 형성을 위해서는 전통적인 남성중심의 교회 문화 변화 및 남성목회자들의 의식 전환이 절대 필요하다고 본다.

구성원의 70%를 차지하는 여성들이 한국교회에 끼친 영향은 결코 간과할 수 없다. 그럼에도 불구하고 한국교회 내부 에서 여전히 여성은 사역의 동역자로 인정받지 못하고 있다. 대한예수교장로회 제101회 총회에 참석한 24명의 여성 총대들은 '여성이 리더로 활동하는 데 가장 큰 장애물'을 묻는 질문에 '목회자와 교인들의 부정적 인식'을 첫 번째 요인으로 꼽은 것을 보아도 상황이 입증되고 있다.[23]

여성 사역자의 역할에 대한 가부장적인 태도와 인식은 결국 여성 사역자를 남성목회자의 보조자로만 보게 함으로써 여성사역자 자신의 잠재된 능력을 발휘할 기회를 얻지 못하게 할 뿐 아니라, 여성사역자와 남성목회자 사이의 차별적 대우를 정당화시키게 하고, 목회보조자로서의 자기 정체성은 교회 내에서의 더 많은 여성의 참여를 제한하고 여성들의 지도력을 배제하는 결과를 초래했다.

셋째, 신약성경에서 하나님의 백성을 뜻하는 헬라어 라오스(λαός)는 믿는 자들로 구성된 공동체 즉 교회를 의미한다. 부르심을 받은 하나님의 백성들은 모두는 '하나님의 사역자'(ministers)들이다(히 4:9, 벧전 2:9-10). 신약교회 목회자와 성도 모두 하나님의 백성이며 성도는 목회자의 보조자나 구경꾼이 아니

---

22) Christopher Wright, *Mission of God: Unlocking the Bible's Grand Narrative* (Downers Grove: IVP, 2006), 427.

23) "女리더십 강화, 문제는 부정적 인식 - 대안은 제도적 지원," 『한국기독공보』 제3060호 (2016. 9. 27.)

라 하나님의 부름을 받은 사역자들이다. 예수 그리스도안에서 남녀 모두 구원의 대상자요 선택받은 자요 부름을 받은 자들로 각자가 받은 은사를 따라 함께 하나님의 나라 확장을 위하여 사역하는 사역자이어야 한다.[24)]

한국 교회 내부로 들어가 보면 평신도들, 특히 여성들의 역할이 목회자의 역할보다 중요하지 않다고 생각되어 왔고 목회자 그룹에 의해 이등시민(second citizen)으로 취급되어왔다고 해도 그리 틀리지 않는다.[25)] 하나님의 부르심과 약속 차원에서 볼 때 하나님의 백성은 하나님의 부르심 앞에서 모두 평등해야 할 위치에 있다. 다만 기능에 있어서 그들에 대한 부르심의 성격에 따라 구분이 있었던 것을 제외하고는 하나님의 백성에 대해 교권 적으로 구분되는 성직자와 평신도 사이의 이원론은 절대로 성경적이지 않다.[26)]

오늘 한국교회의 문제점들을 바라보고 개혁과 교회갱신을 부르짖는 목소리가 한국교회와 신학계에서 흘러나오고 있다. 말틴 루터(Martin Luther)가 발견한 만인제사장론(Priesthood of the Believers)은 오늘 우리에게 필요한 '제2의 종교개혁'의 열매를 능히 우리에게 가져 다 줄 수 있는 큰 성경적 개념이다. 한국교회는 이제 성경의 가르침에 따라 평신도(특히 구성원의 70%를 차지하는 여성들)의 정체성을 바로 회복시키고 하나님으로부터 받은 사역을 바로 찾아 주어야 한다.

오늘의 여성들은 과거의 남성목회자 중심의 교회 구조 안에서 순종하며 충성스럽게 일한 60-70대 세대와는 다르다. 최근 한국사회에서 여성 리더십이 활성화되어 다양한 계층과 수준으로 올라가고 있는데 교회 안에서 여전히 여성들이 자신의 능력과 은사가 존중 받지 못하고 자신들의 사회적 심

---

24) 김승호, 『복음주의선교신학의 이해』, 40; G. Bilezikian, *Beyond Sex Roles: A Guide for the Study of Female Roles in the Bible* (Grand Rapids, MI: Baker Books, 1985), 26.

25) 김승호, 『복음과 선교』, 79.

26) 김성욱, "로잔운동과 한국교회리더십," 『로잔운동의 신학과 실천』 (서울: 한국로잔위원회, 2017), 185-186.

리적 필요가 채워지지 않을 때 여성들, 특히 젊은여성들은 과감히 교회를 떠날 것이다. 한국교회가 여성들의 리더십을 받아들이든 받아들이지 않든 여성들은 끊임없이 변화하고 자신들의 능력과 열정을 어디엔가 쏟아 부으며 살아갈 것이다. 여성들의 열정, 헌신, 능력, 전문성을 교회로 끌어들이는 노력이 필요하다고 본다.[27)]

성령의 은사주심은 교회를 유익하게 함이다(고전 12:4-7). 교회에서 여성들로 영적은사를 사용하지 못하게 하는 것은, 교회자원의 70%가 이용되지 못한 채 방치되고 있는 것과 같다.

현재 전 세계적으로 왕성하게 성장하고 있는 교회 중 하나로 평가받는 미국 새들백교회(Saddleback Church)의 릭 워렌(Rick Warren) 목사는 교회성도 한 사람 한 사람의 가슴속에 '나는 사역자이다'(I am a minister)는 하나님으로부터 부름을 받은 소명감, 사역에 대한 자부심과 책임감을 심어준 결과 교회가 성장하게 된 것으로 널리 알려져 있다. 마찬가지로 한국교회 내 여성도들 스스로 '나는 사역자'라는 분명한 자기인식과 정체성을 확립할 필요가 있다(벧전 2:9).[28)]

넷째, 교회역사를 통해 여성들은 세계선교에 놀라운 공헌을 해왔고, 오늘날에도 하나님은 그 역할을 감당하길 기대하신다.

19세기 초 만해도 선교사는 남자들 몫이었으나 19세기 말에부터는 다른 상황이었다. 1884년부터 1945년까지 조선에 온 선교사는 1,529명. 그중

---

27) 김승호, "보수적인 한국교회에서 여성도들의 자존감 회복,"『복음과 선교』 18권 (2002): 83; 김윤희, "한국교회와 여성,"『한국복음주의협의회 조찬 세미나』 2016년 4월 11일; 임희숙, "한국교회의 여성의식분석과 한국교회의 과제," 73-101. 임희숙은 젊은 여성들이 오늘 교회를 떠나는 요인에 대해 다음과 같이 말했다. "오늘 개신교 교회에서 젊은 여성교인이 감소하는 현상은 어디서 비롯되는 것일까. 그 주요 배경가운데 여성 관련 사안으로 추정되는 것은 여성의 경제활동 참여의 증가, 가사와 취업의 병행으로 인한 시간부족, 여가산업의 확대, 성평등 의식의 함양과 개인주의의 강화, 교회의 비민주적 관행과 가부장적 전통에 대한 비판의식의 발현 등 이다. 이와 같은 현상 이해는 앞에서 언급한 여성의 종교적 의존성과 박탈보상 기제가 여성의 사회문화적 환경의 변화에 따라 다르게 나타나고 급변하는 사회문화적 변화에 대한 여성들의 대응은 세대별 차이를 보인다는 것을 반영한다."

28) 김승호, "보수적인 한국교회에서 여성도들의 자존감 회복," 90.

1,114명, 70%가 여성이었다. 여성 선교사들에 의해 한국 교회는 물론 한국 사회가 눈부신 발전을 했다고 해도 과언이 아니다.[29] '남녀칠세부동석(男女七歲不同席)'이라는 사상으로 남녀가 함께 있는 것마저도 금하였다. 이러한 사회적 상황에서 남성 선교사들이 여성들을 전도하는 것이 매우 어려웠다. 조선의 여성들에게 복음을 전한 사람들은 다름 아닌 여성 선교사들이었다. 여성 선교사들은 복음을 전하는 것은 물론 계몽운동도 함께 펼쳤다. 그들은 전도부인이라고 불리며 전국 방방곡곡에 말씀을 전했다.[30]

한국교회 여성도들은 한국교회 초기 때부터 오늘까지 교회의 설립, 운영, 그리고 성장에 있어서 필수적인 역할을 담당해왔다. 그들(특히 전도부인들)의 기도의 헌신, 구령을 향한 불타는 노력은 오늘의 한국교회를 만든 원동력이 된 것은 그 누구도 부인할 수 없다.

현대선교에서 있어서 여성은 지대한 역할을 담당해 왔다. 여성들의 활동과 공헌이 컸음에도 불구하고 알려져 있지 않거나 남성 선교사들의 활동에 가려져 한낱 조력자로만 인식됐다. 133년의 한국기독교 역사를 돌이켜보면 '여성을 포함한 역사'라기보다는 '여성을 끼워 넣은' 서술에 불과했다고 말해도 그리 틀리지 않을 것이다. 한국기독교 역사의 중요한 순간에 언제나 여성이 있었다.

케이프타운 서약 2부 II F3은 "우리는 교회들이 선한 것을 가르치고 본보일 수 있는 경건한 여성들을 인정하며 그들이 특히 복음이 불공정한 문화

---

29) "잊혀진 여성 선교사를 만나다," 『온누리신문』 제1071호 (2015. 10. 25).

30) 전도부인들은 여선교사들의 지도 아래 집안에 갇혀 미신에 사로잡힌 부인들에게 복음의 씨를 뿌려 교회로 나와 신자가 되게 하는데 큰 공헌을 했다. 전도부인들은 신도들이 늘어남에 따라 점점 더 많은 일을 담당하게 되었다. 그들은 여성에게 영향을 미치는 모든 일에 관여한다. 그들은 일상적인 교회생활 전반에 걸친 지도자일 뿐만 아니라 정신적인 지도자이며, 아픔을 나누는 친구이며 조언자였다. 그들은 복음을 위한 선교자일 뿐 아니라 사회, 교육, 경제 등 제반 생활면에서 대중을 지도하는 역할을 담당했으므로 이들이 한국교회와 사회에 미친 영향과 공로는 참으로 높이 평가되어야 할 것이다.

적 전통에 도전하는 상황 속에서 교육, 봉사, 그리고 리더십을 위한 기회를 얻도록 할 것을 격려한다"라고 천명하였다.[31] 선교지에서 여선교사들은 보다 헌신적이며 희생적이고 정이 많기 때문에 현지인들과 넓게 사귀게 되므로 복음을 전하기에 아주 효과적이며 기도에 강하고 영성도 깊어 현지의 적응력도 좋은 것으로 보고되고 있다.[32]

2006년 KWMA의 모든 교단선교부 및 선교단체들이 모여 한국교회가 2030년까지 10만 명의 선교사를 파송하고 하나님께서 허락하시면 세계복음화의 과업을 완성하자며 Target 2030 비전을 선포한지 올 해로 11년이 지났다. Target 2030은 '한국 선교'라는 큰 그림 속에서 연합하여 함께 이루어 가려는 동반자 협력 정신이 흐르고 있다.[33] 이러한 인원을 동원하기 위하여 한국교회는 해외선교의 계속된 성장과 선교 자원으로 여성선교사들에 대한 새로운 인식과 제도적인 변화가 있어야 한다. 한국사회에서 20-30대의 탈종교화 현상은 향후 10-20년 내 종교인구의 감소로 이어질 가능성이 높다.[34] 20-30대 청년 선교사 비율도 줄고 있는 가운데 선교사 증가율도 예년보다 감소하고 있는 것으로 나타나고 있는데 이런 추세라면 조만간 선교사 지원 증가율이 마이너스로 돌아설 수 있다.[35]

---

31) 최형근, 『케이프타운서약: 하나님의 선교를 위한 복음주의헌장』, 126.

32) "여성 선교 리더십," 『선교타임즈』 (2013년 5월호), 35.

33) 조명순, "Target 2030 2차 5개년(2011-2015년) 3차년도 보고," 『2014년 KWMA 총회자료집』 (서울: 한인세계선교협의회), 33.(1-46).

34) 임희숙, "한국교회의 여성의식분석과 한국교회의 과제," 22. 젊은 여성교인들이 감소하는 상황에서 한국교회가 그들의 교회인식을 제대로 이해하는 것은 중요하다. 여성들은 교회 의사결정 과정에서 남성, 목회자, 장로의 영향력이 지배적이고 여성, 신도, 청년의 의사가 제대로 반영되지 못하고 소외되는 점에 비판적이다. 사회에서 정치민주화를 학습하고 경험하는 여성들은 교회민주화에 대한 열정을 갖고 여성과 청년이 의사결정 과정에 적극적으로 참여할 수 있는 제도가 마련되기를 희망하는 것으로 나타났다.

35) 정기묵, "로잔운동의 관점에서 보는 젊은이 세대전도," 『로잔운동의 신학과 실천』 (서울: 한국로잔위원회, 2017), 349-354.

III. 결 론

로잔은 교회 내 여성의 지위 및 역할(특히 여성안수)과 관련하여 복음주의 진영 내 다른 견해를 가진 이들을 향해 서로 용납과 열린 태도를 요청한다. 그러면서도 로잔은 여성들이 받은 은사를 사용할 책임, 교회와 세계복음화를 위해 남성사역자의 동역자로 적극 사용받아야 함을 강조하고 있다.

장신대 박보경 교수는 "여성사역의 활성화는 보수든 진보이든 간에 모든 교회에서 지향해야 할 시대적 과제"라고 말하고 있다.[36] 복음주의진영 내 여성안수와 관련하여 신학적으로 다른 견해들이 존재하지만 구성원의 70%를 차지하는 교회 '여성들의 사역'(women ministry)의 활성화에 대해서는 신학적 논의와 실행 가능한 제도들이 활발하게 시행될 필요가 있다고 본다.

총신대 김희자 교수는 "과거 남성사역자들이 남성이기에 누렸던 사역의 타성적 독점성을 제고하고, 여성사역자들 역시 자포자기의 타성이라는 무임승차를 버리고 유료승객이 되어 당당히 자기 역량을 발휘할 수 있는 인식의 전환이 우선되어야 한다"고 말했다.[37]

한국교회 여성사역의 활성화를 위해 넘어야 할 또 하나의 과제는 여성사역모델의 부재를 들 수 있다.[38] 한국교회 내 여성사역자들을 위한 멘토(mentor)가 거의 없다는 점은 매우 아쉬운 부분이라 할 수 있다.

박보경은 여성사역의 전문화를 위해 필요한 여성사역 멘토링에 대해 다음과 같이 말하고 있다.

---

36) 박보경,『여성. 교회. 하나님의 선교』, 16.

37) http://www.kscoramdeo.com/news/articleView.html?idxno=1428.

38) Harry Hale Jr., Morton King and Doris Jones, *Clergywomen: Problems and Satisfaction* (Lima, OH: Fairway, 1985), 72.

> 여성들은 자신들을 이끌어주고 모범을 보여주는 멘토를 원하지만, 조직의 구조상 여성들이 멘토를 얻는 것이 매우 어려운 것은 전통적으로 조직구조가 남성중심이기 때문이다. 또한 여성 중에서 멘토로 인정받을 만큼 리더의 자리에 이른 여성의 수가 절대적으로 부족하다. 따라서 여성들에게 리더십을 발휘할 수 있는 환경이 주어진다고 하더라도 리더십의 역할을 적극적으로 인도해 줄 멘토의 부재로 인해 적절한 사역의 수행이 어려움을 경험하고 있다.[39)]

따라서 여성지도력 함양 혹은 개발을 위한 교육 프로그램 마련, 정책 및 의사결정 과정에 여성참여 할당제 의무화, 여성의 다양한 은사활용을 위한 계획수립, 여성지도력 개발을 위한 교육 프로그램 마련이 시급하게 요청된다고 본다. 여성사역은 오랫동안 한국 교회의 성장 동력이었던 사랑과 헌신, 희생 그리고 기도의 전통을 갖고 있다. 따라서 여성사역의 전문화와 활성화는 한국교회에 제2의 부흥을 가져오며, 교회 구성원 70%를 차지하는 여성은 로잔의 목표인 세계복음화를 위한 최대자산이다. 로잔은 한국교회를 향해 남녀가 세계복음화를 위한 사역의 동반자가 되어야 함을 강력하게 촉구하며 세계복음화의 남은 선교과업을 위해 여성지도력의 활성화와 여성의 역할을 주문하고 있다.

39) 박보경, 『여성. 교회. 하나님의 선교』, 174-175.

참고문헌

Bilezikian, G. *Beyond Sex Roles: A Guide for the Study of Female Roles in the Bible*. Grand Rapids, MI: Baker Books, 1985.

Hale, Harry Jr., Morton King and Doris Jones. *Clergywomen: Problems and Satisfaction*. Lima, OH: Fairway, 1985.

Pruitt, H. Edward. *100 Years of Theological Convergence: Edinburgh 1910 to Lausanne 2010*. KY: Truett-McConnell College, 2014.

Wells, Davi R. and John D. Woodbridge, eds. *The Evangelicals: What They Believe, Who They are, Where They are Changing*. rev. ed. Grand Rapids: Baker, 1977.

Wright, Christoper. *Mission of God: Unlocking the Bible's Grand Narrative*. Downers Grove: IVP, 2006.

김병권. "한국교회와 여성인권: 남녀평등의 실제적 구현을 위하여." 『교회와 여성리더십』. 대전: 침례신학대학교출판부, 2006.

김성욱. "로잔운동과 한국교회리더십." 『로잔운동의 신학과 실천』. 서울: 한국로잔위원회. 2017.

김승호. 『복음주의선교신학의 이해』. 서울: 도서출판 예영 B& P, 2008.

______. "로잔운동의 선교사상의 발전." 『로잔운동과 선교』. 서울: 한국로잔위원회. 2014.

박보경. 『여성. 교회. 하나님의 선교』. 서울: 장로회신학대학교출판부, 2013.

정기묵. "로잔운동의 관점에서 보는 젊은이 세대전도." 『로잔운동의 신학과 실천』. 서울: 한국로잔위원회, 2017.

조명순. "Target 2030 2차 5개년(2011-2015년) 3차 년도 보고." 『2014년 KWMA 총회자료집』. 서울: 한인세계선교협의회, 2014.

최형근. 『케이프타운서약: 하나님의 선교를 위한 복음주의헌장』. 서울: IVP, 2014.

강요한. "여성 선교 리더십." 『선교타임즈』 2013년 5월호.

김승호. "보수적인 한국교회에서 여성도들의 자존감 회복." 『복음과 선교』 18권 (2012): 77-98.

임희숙. “한국교회의 여성의식분석과 한국교회의 과제.” 『신학과 사회』 26권 (2012): 73-101.

서창원. “교회는 여성의 역할을 어떻게 볼 것인가?.” 『목회와 신학』 통권 179권 (2004): 56-71.

김승호. “복음주의여성신학.” 미간행 강의교안. 한국성서대학교 일반대학원. 2012.

김윤희. “한국교회와 여성.” 한국복음주의협의회 조찬 세미나 발제 글. 2016. 4. 11.

“인턴 자리도 없어 진로 변경…여전히 어려운 女목사의 길.” 『기독일보』 (2014. 4. 1.)

“잊혀진 여성 선교사를 만나다.” 『온누리신문』 (2015. 10. 25.)

“젊은 교회여성 감소, 소통부재 원인.” 『한국성결신문』 (2012. 11. 2.)

“女리더십 강화, 문제는 부정적 인식 - 대안은 제도적 지원.” 『한국기독공보』 (2016. 9. 27.)

http://www.christiandaily.co.kr/feeling/72370.html.

http://www.christiandaily.co.kr/news/교회-내-성차별-발생-이유는-98-1-가부장적-사고방식-76395.html.

http://www.kscoramdeo.com/news/articleView.html?idxno=1428.

로잔운동과 디아스포라 선교

최형근 • 서울신학대학교

I. 들어가는 말

"세계화"(globalization)는 현재 73억 인구가 직면하고 있는 현실이다. 세계화를 초래한 여러 요소들 가운데 도시화와 대규모 이주현상은 시공간의 압축과 다양한 종교와 문화의 충돌을 보여주는 중요한 지표이다. 기독교적 관점에서 세계화는 서구에서 비서구로의 중심축의 이동이 가속화되므로 기독교의 형태가 글로벌 차원으로 확대되고 있다. 세계복음화라는 관점에서 세계화 현상이 나타내는 함의들은 매우 크다. 특히 글로벌 이주현상은 수많은 나라에 디아스포라 공동체들을 형성하여 선교에 중대한 기회를 부여하고 있다. 로잔운동(Lausanne Movement)이 주장하는 불변하는 온전한 복음과 변화하는 온 세상이라는 실재를 인식하는 온 교회의 다양한 선교신학과 전략들은 오늘날 세계선교에 중요한 활력을 제공하고 있다.

"온 교회가 온전한 복음을 온 세상에 전하자"는 로잔운동의 슬로건은 교회의 온전함이란 항상 온전한 복음과의 해석학적 순환관계 안에서 그 의미를 찾을 수 있다. 글로벌 이주현상에 직면한 교회는 타자성(otherness)에 대한 성경적 이해와 선교적 실천을 통해서 세계복음화를 이룰 수 있다. 만일 교회가 온전한 복음을 선포하기만 하고 그 복음을 일상의 영역들에서 살아내지 못한다면, 세상에 가져갈 것은 아무 것도 없으며 세상을 변혁시킬 수도 없을 것이다. 오늘날 세계화로 인한 다문화 현상의 심화와 도시화 그리고 글로벌 이주현상은 모든 나라들이 타문화와의 만남을 통해 겪는 다양한 현상들에 직면하게 만들었다. 이러한 다문화 현상은 다수세계와 주요 대도시로 유입되는 다국적 이주자들의 빈곤과 소외현상을 심화시키고 있다. 2016년 1월, 공식적으로 국내 거주 외국인의 수는 200만 명 이상으로 전체인구의 4%를 넘어섰다. 또한 해외 한인 이주자의 수는 720만 명에 이른다. 이러한 통계들은 우리사회가 인종적, 종교적, 문화적 다원화가 급격하게 진행되고 있다는 사실을 보여준다. 전통적으로 인종과 언어에 있어서 단일 문화를 유지해 왔다고 자부해 온 한국사회는 다문화 가정의 증가 이외에도 다양한 문화적 혼재성으로 인해 더 이상 단일민족을 운운할 수 없는 상황에 직면해 있다. 다문화 사회로 진입하는 과정에서 우리는 자민족 중심주의(ethnocentrism)에서 기인하는 타자들에 대한 배타적 태도나 외국인에 대한 편견과 혐오증 같은 많은 문제들과 갈등에 직면해 있다. 이제 우리는 다양한 사람들이 모여 형성된 공동체에 대한 새로운 언어와 상상력을 필요로 한다. 우리 주변의 이주민들은 자신들의 문화를 떠나 새로운 곳에 삶의 터전을 마련한 "디아스포라"(diaspora, διασπορα)들이다. 사실 이들은 우리를 방문하여 함께 삶을 공유하는 손님이자 또 다른 "우리 안의 타자들"이다.

국외 한인들이 주로 거주하는 공간을 "한인 타운"(Korean Town)이라고 부르듯이, '다문화 공간'은 이주민들이 모여 삶의 터전을 이루는 공간이다. 그곳은 한인 디아스포라, 외국인 유학생, 난민, 외국인 노동자, 다문화 가정을 이룬 이주민들을 포함하여 다양한 이주민들 모여드는 공간, 이주민들의 경제활동과 문화가 혼재하는 사회정치적인 삶의 공간이다. 1990년대 초반부터 이주노동자들과 결혼 이주민들이 유입되고 탈북자들이 증가하기 시작하면서 이주민들의 삶의 터전이자 소외되어가는 공간은 더욱 확대되고 다양해졌다. 그들이 살아가는 공간은 정주의 공간(residential space)이라기보다 틈새나 문턱과 같은 비정주의 공간(non-residential space)이다. 그 공간은 혼란과 제한된 공간으로써 다양한 타자들과 소수자들이 새로운 탈출구를 찾거나 소외되고 억압된 감정을 분출하는 곳이다. 예를 들어, 수도권의 안산의 외국인 거리와 구로동, 대림동, 신도림동, 부천, 시흥, 의정부 등에 조성된 이주민 공동체들은 현재 한국사회가 다원적으로 변화되는 모습을 극명하게 보여주는 표지이다. 영화나 축제와 같은 이들에 대한 단발성 화제가 아닌 이주에 대한 성찰을 성경적인 담론으로 엮어내는 작업은 한국교회의 선교를 풍성하게 하는 아름다운 무늬장식 천과 같다. 이러한 차제에 우리는 교회의 본질과 역할을 심도 깊게 고찰할 필요가 있다. 로잔운동이 주창하는 디아스포라 선교와 디아스포라 선교학은 한국교회의 이주민 선교와 해외 한인 디아스포라 교회 공동체에 중대한 함의를 제공할 것이다.

본 논문은 로잔운동에서 시작된 디아스포라 선교운동이 디아스포라 선교학으로 발전되어 나가는 과정을 역사적으로 기술하고 성경적, 선교적 관점으로 이주의 공간에서 타자에 대한 변화된 인식과 이해 그리고 환대와 급진적 이웃됨의 의미를 고찰하며 한국교회의 이주민 선교의 원리와 전략을 광범위한 관점에서 제시한다.

II. 로잔운동의 디아스포라 선교와 디아스포라 선교학의 형성

복음의 세계화는 1세기 기독교가 지중해를 중심으로 확장되고 있었던 로마제국에서 이루어졌다. 복음은 본질적으로 온 세상과 모든 사람들을 위한 좋은 소식으로서 오늘날의 세계화 현상이 나타나기 전부터 하나님의 구원의 경륜을 통해 온 세상에 퍼져 나갔다. 로잔운동이 시작된 1970년대에는 모더니즘과 자유무역 자본주의가 급속하게 확산되고 있었고, 기독교 선교는 그러한 현상들을 민감하게 인식하고 세계선교에 박차를 가했다. 그러나 1974년 스위스 로잔에서 개최된 제1차 로잔대회의 공식문서인 로잔언약(The Lausanne Covenant)에는 이주현상이나 디아스포라 선교에 대한 직접적인 언급은 명확하게 나타나지 않는다. 1980년대 들어 미국과 구소련의 양극화와 냉전체제가 붕괴되면서 세계선교의 새로운 패러다임이 나타났고, 1989년 냉전체제의 종식으로 인해 민주주의와 자유무역 자본주의의 확산으로 인한 글로벌 경제체계인 세계화가 급속하게 확산되었다. 이에 1989년 필리핀 마닐라에서 개최된 제2차 로잔대회 문서인 마닐라 선언문(The Manila Manifesto)은 온 세상(도시화와 글로벌 이주현상)에 대해 다음과 같은 인식을 표명했다.

> 1900년에는 세계 인구의 9퍼센트만이 도시에 살고 있었다. 그런데 2000년에는 50퍼센트 이상이 도시에 살게 될 것이다. 세계각처에서 사람들이 도시로 이주하고 있으며, 이것은 '인류 역사상 가장 큰 이주'라고 불려 왔다. 이런 현상은 기독교 선교에 주요한 도전이 되고 있다. 한편, 도시에는 세계 여러 나라 사람들이 살고 있기 때문에 이제는 여러 민족이 우리의 문턱에까지 와 있는 것이다. 그

안에서 우리는 복음으로 민족의 장벽을 허무는 우주적 교회들을 발전시킬 수 있지 않겠는가? 다른 한편, 많은 도시 주민들은 가난한 이주민들이기 때문에 복음을 잘 받아들인다. 하나님의 백성들이 그와 같은 도시 빈민 공동체 속으로 다시 들어가 그들을 섬기며 도시를 변화시키는 역할을 해야 하지 않겠는가?[1)]

로잔운동은 디아스포라 선교와 선교적 성찰을 학문적으로 구체화시킨 디아스포라 선교학을 구축하는 플랫폼의 역할을 감당해 오고 있다.[2)] 특히 2004년 태국 파타야에서 열린 로잔포럼은 디아스포라 선교학의 발전을 위한 기폭제가 되었다.[3)] 로잔 파타야 포럼이 열리기 전 31개 이슈그룹들이 조직되었고 각 이슈그룹 리더와 멤버들 간의 사전토의가 이루어졌다. 그 가운데 하나가 디아스포라 이슈 그룹(Diaspora and International Students)이었다. 로잔 파타야 포럼을 통해 2005년 디아스포라 로잔문서(Lausanne Occasional Paper No.55 "The New

---

1) https://www.lausanne.org/content/manifesto/the-manila-manifesto. "마닐라 선언문," Cf. 로잔운동, 『케이프타운 서약: 하나님의 선교를 위한 복음주의 헌장』, "부록 3, 마닐라 선언문," 최형근 역 (서울: IVP, 2014), 254-255.

2) 로잔운동과 연관하여 글로벌 디아스포라 네트워크 형성에 관한 역사적 고찰에 관해서는 김광성의 논문에 자세하게 기술되었다. 김광성, "로잔운동과 세계 디아스포라 네트워크 형성," 『미션네트워크』 제5집 (2014): 223-247 참조.

3) 2004년 로잔 파타야 포럼 전인 2002년 북미 선교학회(The American Society of Missiology)에서 도전과 기독교 선교 방법"(Migration Challenge and Avenue for Christian Mission)이라는 주제를 다루었고, 이듬해인 2003년 북미 선교학회지인 *Missiology: An International Review*에 "선교와 이주"(Mission and Migration)가 특집으로 실렸다. 파타야 포럼에서 모든 참가자들에게 2004년에 출판된 책[Luis Pantoja Jr., Sadri Joy Tira and Enoch Wan eds., *Scattered: The Filipino Global Presence* (Manila: LifeChange Publishing Inc., 2004)가 배포되었다. 이 책은 당시 전 세계에 흩어져 있는 필리핀 그리스도인들을 선교적 자원으로 동원하고 구비하고 훈련하는 내용을 담고 있다. 로잔운동에 속하지 않은 두 명의 저명한 학자들인 앤드루 월즈(Andrew Walls)와 필립 젠킨스(Philip Jenkins)는 이주와 선교에 관한 연구를 통해 이주민 선교학을 구축하는데 크게 기여했다. Sadri Joy Tira and Darrell Jackson, "Responding to the Phenomenon of Migration: Early Proponent of Diaspora Missiology and the Lausanne Movement," In *Scattered and Gathered: A Global Compendium of Diaspora Missiology*, Sadri Joy Tira and Tetsunao Yamamori eds., (Oxford: Regnum Books International, 2016), 88 참조.

People Next Door")가 출판되었다.[4] 2004년 파타야 포럼에서 로잔위원회 의장으로 임명된 덕 버설(Doug Birdsall)과 국제총무로 임명된 테드 야마모리(Ted Yamamori)는 디아스포라 선교학의 구축을 위한 교두보를 놓은 중요한 역할을 감당했다. 특히 2006년 글로벌 디아스포라 네트워크(GDN) 코디네이터였던 조이 티라(Joy Tira)가 버드설 의장과 야마모리 국제총무를 만나면서 디아스포라 선교학 구축을 위한 중요한 계기를 마련했다. 2006년 조이 티라는 헝가리 부다페스트에서 열린 디아스포라 리더십 모임에서 로잔 디아스포라 책임자(Senior Associate for Diaspora)로 임명되었고, 거기에서 유럽을 중심으로 한국 디아스포라 선교운동을 주도하고 있었던 마원석 박사와 김성훈 선교사를 만나서 한국 디아스포라 운동에 대해 소개받았다.[5] 2006년을 기점으로 로잔운동 내에서 디아스포라 선교학 구축을 위한 다양한 모임들이 형성되고 개최되었다. 이후에 국제로잔위원회 조이 티라를 로잔 디아스포라 시니어 위원(Senior Associate)로 임명했고, 2008년 조이 티라는 로잔운동 내에 로잔 디아스포라 리더십 팀(Lausanne Diaspora Leadership Team)을 조직하여 부상하고 있었던 글로벌 디아스포라 운동의 네트워크를 활성화했고 디아스포라 선교학을 위한 교두보를 구축해 나갔다. 이후 로잔 디아스포라 리더십 팀은 디아스포라 이주민들 선교사역과 디아스포라 선교학의 성경적, 신학적 기초를 놓기 위해 2번의 협의회를 소집했다.[6] 먼저 로잔 디아스포라 전략협의회(Lausanne Diaspora Strategy Consultation)가 2009년 5월 마닐라에서 개최되었고, 2009년 11월에는 서울에서 로잔 디아스포라 교육협의회(LCWE Diaspora Educators Consultation)가 개최되어 디아스포라 선교

4) LCWE(로잔운동), *A New Vision, A New Heart, A Renewed Call*, Vol III., David Claydon ed., (Pasadena, CA: William Carey Library, 2005), 75-137.

5) Sadri Joy Tira, "Preface," In *Scattered and Gathered: A Global Compendium of Diaspora Missiology*, Sadri Joy Tira and Tetsunao Yamamori eds., (Oxford: Regnum Books International, 2016), xvi-xviii.

6) https://www.lausanne.org/gatherings/issue-gathering/consultations-on-diaspora-missions 참조.

학에 관한 서울선언을 표명했다.[7] 서울선언은 디아스포라 선교학을 선교학의 성경적이고 전략적인 분야에서 부상했으며, "모국을 떠나 살고 있는 사람들 가운데 하나님의 구속적 선교를 이해하고 하나님의 선교에 참여하기 위한 선교학적 틀"로 정의한다.[8] 제3차 로잔대회가 열리기 전인 2010년 5월 서울에서 36명의 북미 한인 신학자들과 목사들이 모여 "한국교회의 글로벌 유산과 선교"라는 주제로 한국-북미 디아스포라 협의회(Korean-North American Diaspora Consultation)를 개최했다.[9]

글로벌 디아스포라 선교운동의 발전과 확산 그리고 디아스포라 선교학 구축을 위한 가장 중요한 전기는 남아프리카공화국 케이프타운에서 개최된 제3차 로잔대회였다. 로잔대회 당시 디아스포라와 선교에 관한 주제가 주제 강연에 포함되었고 소그룹 모임(Diaspora and God's Mission)에서 논의되었다. 케이프타운 서약(The Cape Town Commitment)의 1부의 고백은 디아스포라 이주민에 대한 선교적 접근을 다음과 같이 성경적으로 제시한다.

> 우리는 이 세상의 가난한 자들과 고통 받는 자들을 사랑한다. 성경은 주님이, 자신이 만드신 모든 것을 아끼셔서, 억압받는 자들을 붙드시고, 나그네들을 사랑하시며, 굶주린 자들을 먹이시고, 고아와 과부들을 돌보신다고 말한다... 우리는 우리의 이웃을 내 몸과 같이 사랑한다. 예수님은 이 계명을 율법의 두 번째 큰 계명으로 기고 복종하도록 제자들에게 명하시고는, (같은 장에서) "거

7) 2009년에 열린 디아스포라 포럼들에 관한 목적과 서울선언에 관하여는 각주 5번의 로잔 웹사이트와 Sadri Joy Tira and Tetsunao Yamamori eds., *Scattered and Gathered: A Global Compendium of Diaspora Missiology* (Oxford: Regnum Books International, 2016), 555 참조.

8) 위의 책.

9) 이 협의회의 핵심주제는 한국교회의 글로벌 유산과 선교로서 특히 "어떻게 디아스포라 한인 그리스도인들이 세계선교라는 공동의 과제를 성취하기 위해 한국교회와 협력할 것인가"에 대해 논의했다. Cf. Steve S. H. Chang and Julius J. Kim eds., *The Global Legacy and Mission of the Korean Church* (Seoul: Torch Center for World Mission, 2011), 7.

류민을 자기 같이 사랑하라"는 말씀을 "너희 원수를 사랑하라"는 요구로 급진적으로 심화시키셨다.[10]

케이프타운 서약의 2부는 행동에의 요청으로서 세계선교에 있어서 이주 현상과 디아스포라 선교에 대한 적극적 대응을 요청한다.

오늘날 전례 없는 인구 이동이 일어나고 있다. 이주는 우리 시대의 중대한 세계적 현실이다. 2억 명 정도의 인구가 자발적 또는 비자발적으로 모국을 떠나 살고 있는 것으로 추정된다. 여기서 '디아스포라'(diaspora)라는 말은 어떤 이유에서건 자신들의 출생지를 떠난 사람들을 가리킨다. 그리스도인을 포함하여 다양한 종교적 배경을 지닌 수많은 사람들이 디아스포라로 살고 있다. 일자리를 찾는 경제적 이주자들, 전쟁이나 자연재해로 인한 국내 이주민들, 난민과 망명자들, 인종청소의 희생자들, 종교적 폭력과 박해를 피해 도망친 사람들, 가뭄이나 홍수, 전쟁으로 인한 기근 피해자들, 도시로 이주한 빈농들이 모두 그런 이들이다. 우리는 현대의 이주 현상과 관련된 악과 고통을 무시하지 않지만, 그 현실이 하나님의 주권적인 선교적 목적 안에 있음을 확언한다.[11]

케이프타운 서약은 디아스포라 이주민 선교에 대한 성경적이고 전략적이며 실천적 원리들을 천명할 뿐 아니라 글로벌 교회들로 하여금 변화하는 현실 가운데서 불변하는 복음을 끊임없이 흩어지고 모여드는 다양한 사람들에게 전할 것을 제기한다.

케이프타운 대회 이후 글로벌 디아스포라 네트워크(Global Diaspora Network, GDN)가 조직되면서 디아스포라 선교운동은 그 영향력을 확산해 나갔다. 2011년

10) 로잔운동, 『케이프타운 서약: 하나님의 선교를 위한 복음주의 헌장』, 46, 48.

11) 위의 책, 97.

8월, 마닐라에서 극동아시아 디아스포라 교육협의회(Far East Asia Diaspora Educators' Resolutions)가 개최되었고, 2012년에는 시카고에서 북미 디아스포라 교육협의회(North America Diaspora Educators' Resolutions)가 개최되었다. 이후 로잔 디아스포라 위원회는 디아스포라 선교학에 관한 광범위한 논의와 신학적 견해들을 수렴하고 신학적인 구축을 해 나갔고, 그 결과 2015년 3월 마닐라에서 한국 디아스포라 네트워크(Korea Diaspora Network, KDN)[12]와의 협력을 통해 글로벌 디아스포라 포럼(Global Diaspora Forum, GDF)을 열었고 2016년 디아스포라 선교학의 개요인 *Scattered and Gathered: A Global Compendium of Diaspora Missiology*를 출판했다.[13]

선교학은 복음의 세계화를 다루며 복음이 다양한 사회문화와 대면을 하며 일어나는 해석학적 현상들을 성경적, 역사적, 신학적으로 숙고하는 학문이다. 이러한 점에서 선교학은 본래 디아스포라 현상을 다룰 수밖에 없으며, 20세기 들어서는 대규모 이주현상이라는 이슈를 성경적, 신학적으로 다룰 필연성을 인식했다. 실제로 성경의 내러티브들은 이주민들의 이야기와 디아스포라 공동체의 이야기들로 가득 차 있다. 선교학이 성경의 내러티브를 해석학적 관점에서 풀어내는 작업이라면 디아스포라 선교학은 복음과 문화의 대면 가운데 교회의 선교적 역할을 규명하는 중요한 과업을 갖고 있다. 조이 티라(Joy Tira)와 다렐 잭슨(Darrell Jackson)은 "디아스포라나 이주현상 없이 디아스포라 선교학이나 이주 신학이 있을 수 없다"고 주장한다.[14] 이들에

12) 한국 디아스포라 네트워크(KDN)은 2004년 볼티모어포럼으로 출발하여 2011년 KDN으로 명칭을 변경하여 2011년 마닐라에서 열린 극동아시아 디아스포라 교육협의회에서 글로벌 디아스포라 네트워크와 협력하기 시작했다.

13) Sadri Joy Tira and Tetsunao Yamamori eds., *Scattered and Gathered: A Global Compendium of Diaspora Missiology* (Oxford: Regnum Books International, 2016). 이 책은 현재 한국어로 번역되고 있다.

14) Sadri Joy Tira and Darrell Jackson, "Responding to the Phenomenon of Migration: Early Proponent of Diaspora Missiology and the Lausanne Movement," 87.

따르면, 디아스포라 선교학은 "학문적인 신학자들의 이론적인 숙고에서 나온 선교학적 결과물들이 아니라, 디아스포라 신앙과 이주에 연관된 개인적인 고투와 경험의 산물이며 장기적인 이주민 사역의 결실을 제시한다."[15] 디아스포라 선교학은 인류학, 사회학, 경제학, 심리학 등과 같은 다양한 학문과 상호 교류하는 특성을 갖고 있지만, 성경적이며 신학적인 성찰과 해석이 없이는 부분적이며 불완전하다.

위에서 논의했듯이, 로잔운동에서 배태된 디아스포라 선교사역의 다양한 논의들은 여러 과정들을 거쳐 2000년대 중반 디아스포라 선교학으로 구축되기 시작했다.[16] 그 중심에 글로벌 디아스포라 네트워크(GDN)가 있다. 디아스포라 선교학 구축의 핵심인물은 에녹 완(Enoch Wan)이다. 디아스포라 사역(diaspora ministry)은 디아스포라에 대한 사역(이주민을 돕고 돌보는 사역)과 디아스포라를 통한 사역(다른 이주민들을 돕도록 디아스포라를 동원하는 사역)과 연관된다. 디아스포라 선교학(diaspora missiology)은 디아스포라 가운데서 하나님의 구속적 선교에 참여한다는 것의 의미를 이해하는 선교학적 틀을 언급한다. 디아스포라 선교(diaspora missions)는 세 가지 형태로 기술된다: 1) 디아스포라에 대한(to) 선교, 2) 디아스포라를 통한(through) 선교, 3) 디아스포라에 의한(by) 그리고 그것을 넘어서는(beyond) 선교.[17] 먼저, 디아스포라에 대한 선교는 복음전도와 복음전도를 위한 사회봉사를 통해 디아스포라들에게 접근하여 예배 공동체로서 제자그룹을 형성하는 것을 의미한다. 둘째, 디아스포라를 통한 선교는 디아스포라들이 살고 있는 국가와 본국과 해외에 있는 친구와 친족이라는 네트워크를 통

15) 위의 책, 87.

16) 위의 책, 88. Cf. 로잔운동에서 디아스포라 선교의 초창기 주창자들은 로잔의 국제총무였던 톰 휴스턴(Tom Houston)과 사무엘 에스코바(Samuel Escobar), 복음주의 선교학자인 에녹 완(Enoch Wan), 그리고 필리핀 국제 네트워크(FIN)의 조이 티라(Joy Tira)였다.

17) Enoch Wan, "Global People and Diaspora Missiology," a Presentation at *Tokyo 2010 Global Mission Consultation and Celebration* (Tokyo, May 2010), 92-100.

해 그들의 친족들에게 접근하기 위해 디아스포라 그리스도인들을 선교적으로 동원하는 것이다. 셋째, 디아스포라에 의해 그리고 디아스포라를 넘어서는 선교는, 디아스포라 그리스도인들이 살고 있는 국가들과 그들의 본국, 그리고 해외에서 다른 종족집단들에게 접근하기 위해 타문화 선교사역에 디아스포라 그리스도인들에게 동기를 부여하고 동원하는 것이다.[18] 토마스 하비(Thomas Harvey)는 창조, 타락, 그리고 구속이라는 성경적 패러다임을 세 가지 여정으로 묘사하며, 이주하는 하나님의 백성들에 대한 하나님의 선교와 그들을 통해 행하시며 그들을 넘어서 역사하시는 하나님의 선교를 언급한다. 이것은 타락한 인간은 하나님의 선교의 대상(object of mission)으로서 하나님이 그들에게 다가가시는 성육신적 차원을 묘사한다. 즉 끊임없이 이동하는 고통스러운 이주민들의 삶 가운데 찾아오시는 하나님의 선교이다. 이주민들을 통한 선교는 선교의 수단(means of mission)으로서 하나님께서 아브라함을 부르셔서(창 12:1-3) 열방의 축복의 통로(출애굽과 하나님의 이스라엘 선택)가 되게 하나님의 언약적 신실하심을 보여준다. 그리고 신약에 나오는 선교는 종족적, 문화적 국가적 장벽들을 넘어서 하나님 나라를 이루시는 하나님의 선교를 보여준다.[19] 즉 오늘날 교회는 초대교회가 당시의 주류였던 로마제국의 사회문화적 패러다임에서 배제된 나그네와 이주민들에게 대한 환대와 포용을 통해 이방인 선교의 문을 열었을 뿐 아니라 선교의 놀라운 진보를 이루었듯이, 대항문화와 대조사회적인 공동체로서 하나님의 선교의 대리인이 되어야 할 것이다.

디아스포라 현상이 글로벌 차원에서 인식되는 반면, 글로벌 선교학은

18) Enoch Wan and Chandler H. Im, "New Opportunities and Strategic Practices of Diaspora Missions in South Korea," In *Global Diasporas and Mission*, Chandler H. Im and Amos Young eds., (London: Regnum Books International, 2014), 194-195.

19) Thomas Harvey, "Pilgrim on a Journey: Diaspora and Mission," In *Scattered and Gathered: A Global Compendium of Diaspora Missiology*, Sadri Joy Tira and Tetsunao Yamamori eds., (Oxford: Regnum Books International, 2016), 149-152.

지역적 수준(예를 들어, 위에서 언급한 필리핀 디아스포라 사역)에서 시작하여 글로벌 관점으로 확장된다고 볼 수 있다. 에녹 완은 21세기의 "글로벌 피플"이라는 새로운 실재의 조명하에서 디아스포라 선교사역은 다음과 같은 점들에서 전통적 선교사역의 접근방식을 넘어서는 새로운 접근이라고 주장한다. 전통적인 서구중심의 선교학은 지상대위임령 중심의 영혼구원과 교회개척, 그리고 간섭주의적 특성을 띠고 있다면, 글로벌 이주현상에 직면하고 있는 글로벌 선교학은 지상대위임령과 황금률(great commandment)을 통합하는 총체적 선교(복음전도와 사회봉사/관심)이며 확고한 상황화를 지향하는 선교학적 특성을 띤다. 디아스포라 선교학의 글로벌/총체적 관점은 로컬/글로벌, 보내는 교회/받는 교회를 넘어서고 농촌/도시, 지리적 경계선과 인종적/종족적 경계선을 허무는 융복합적 학문을 수용하고 실천의 지평을 넓혀 나가는 특성을 띤다. 다른 한편, 디아스포라 선교사역과 선교학은 신구약 내러티브가 담고 있는 구심적이고 원심적인 차원(centripetal/centrifugal dimension)을 포용하는 종말론적 특성을 띠고 있다. 이 점에서 "모든 그리스도인은 삼위일체 하나님에 의해 부름받고 보냄 받은 선교적 백성이며 온 세상은 선교현장"이라는 선교적 교회론의 주장과 일치한다.[20)]

케이프타운 서약은 이주현상과 도시화가 급속하게 진행되는 변화하는 글로벌 상황을 민감하게 인식하며 하나님의 선교에 참여하는 교회는 "타자와 함께하는 교회"(the Church with Others)의 정체성을 확인하며 이주민 선교와 디아스포라 선교학의 실천적 함의들을 다음과 같이 제공한다.

A. 우리는 교회 및 선교 지도자들이 세계적인 이주 현실과 디아스포라 공동체가 제공하는 선교적 기회들을 인식하고, 전략적인 계획을 수립하며 디아스포

20) Enoch Wan, 'Global People and Diaspora Missiology', a presentation at *Tokyo 2010 Global Mission Consultation and Celebration*, 94-95.

라 공동체 사역으로 부름 받은 사람들을 집중 훈련하고 자원을 제공함으로써 그 기회에 반응할 것을 권고한다. B. 우리는 다양한 종교 배경을 지닌 이주자 공동체와 국제 학생 및 학자들이 머무는 국가의 그리스도인들이, 행위와 말로써 그리스도의 사랑을 반문화적으로 증거할 것을 권면한다. 그것은 이방인을 사랑하고, 외국인의 처지를 변호하며, 갇힌 자를 돌아보고, 환대를 실천하고, 우정을 나누고, 그들을 우리의 가정으로 초청하고, 돕고 섬기라는 성경의 풍부한 명령들에 순종함으로써 이루어진다. C. 우리는 디아스포라 공동체에 속한 그리스도인들에게, 비록 자신들이 선택하지 않은 환경이라 할지라도 그 안에서 하나님의 손길을 분별하라고 권면한다. 그리고 그들이 머물고 있는 사회 공동체 안에서 그리스도를 증거하도록 하나님이 주시는 기회를 선용하며, 그 공동체의 복지를 추구하라고 권면한다. 만일 그 나라에 이미 기독교 교회들이 존재한다면, 이주민 교회와 토착 교회가 서로 경청하고 배우며, 그 나라의 모든 영역에 복음으로 영향을 끼치는 사역을 협력하여 전개할 것을 촉구한다.[21]

로잔운동의 디아스포라 선교운동의 주창자들과 옹호자들은 "하나님의 선교"에 근거하여 섬김과 환대, 긍휼과 함께함이라는 순례자 혹은 거류 외국인(resident alien)이라는 정체성을 민감하게 인식하며 우리 곁에 다가온 이주민들에게 복음의 말씀과 거룩한 삶을 통해 다가가야 한다. 교회가 하나님 백성과 그리스도의 몸 공동체임을 보여줄 수 있는 방법은 모든 차이를 넘어서 하나님의 가족을 이루는 공동체를 통해서 이루어지며 그 가운데 "하나님께서 그리스도 안에 계시사 세상을 자기와 화목하게" 하시는 화해와 평화를 이룰 수 있다.

21) 로잔운동, 『케이프타운 서약: 하나님의 선교를 위한 복음주의 헌장』, 97-98.

III. 흩어지는 사람들과 모이는 사람들: 타자에 대한 환대와 급진적 이웃됨

오늘날 선교현장은 지리적인 경계를 넘어 타문화권으로 "가는" 개념에서 타문화 선교현장이 세계 여러 지역으로 확산되는 현상을 보이고 있다. 즉 선교현장이 우리 가운데 형성되고 있다. 특히 이주민들과 난민들 그리고 유학생들은 주로 경제적으로 부유한 국가들로 집중되는 경향을 보이고 있다. 경제의 양극화 현상은 세계적인 빈곤, 분쟁, 지역과 종교 그리고 종족 갈등으로 인해 그 정도가 더욱 심화되고 있다. 또한 지구 온난화와 소비주의로 인한 자연재해는 이주현상을 가속화시키고 있다. 오늘날 전 세계적인 빈곤문제는 신자유주의 시장경제 시스템과 밀접하게 연관되어 있다. 이 시대가 추구하는 주된 가치관은 효율성을 극대화하여 인간의 끝없는 욕구를 충족시키는 실용주의적이고 소비주의적인 것들이다.

문제는 오늘날 교회가 그 세속적 원리를 교회의 삶으로 끌어들여 복음의 본질을 훼손하고 있다는 사실이다. 때때로 청지기 역할은 부유한 교회의 관대한 구제나 십일조로 축소되기도 한다. 이러한 왜곡된 청지기직에 대한 이해는 오늘날 만연한 소비주의적 가치관에 근거해 있다. 인간의 타락한 본성은 더 많은 것을 소유하려는 탐욕으로 나타난다. 소유욕은 단순히 어떤 물질을 갖고자 하는 욕망을 넘어 하나님의 창조세계를 보는 관점과 삶의 방식까지도 왜곡시킨다. 그 결과는 부와 건강을 추구하는 번영의 복음(prosperity gospel)으로 나타난다. 만일 교회가 예수 그리스도의 몸이라는 정치적, 경제적 실재를 제대로 이해한다면, 지배문화가 추구하고 지향하는 바란 다름 아닌 맘몬임을 인식하게 되고 풍요를 우상화하는 고대의 물신숭배의 현대적 현상을 폭로하고 하나님 나라의 경제(God's *oikonomia*)와 통치를 추구해야 할 것이다. 케이프타운 서약은 "선교의 성취를 막는 가장 큰 장애물도 하나님 백성의 우상숭배"[22]라고 말하면서 권력의 우상, 성공의 우상, 탐욕의 우상을 거부하고 겸손과 정직함과 단순한 삶의 방식을 회복할 것을 촉구한다. "성경적 삶이 없이는 성경적 선교도 없다."[23]

구약성경의 내러티브들은 다양한 이유들로 인해 이국땅들로 흩어지는 하나님의 백성들의 모습들을 담고 있으며(아담과 이브, 가인, 노아, 아브라함, 바벨론 유수 등), 신약성경의 내러티브들은 모이고 흩어지는 이야기들을 담고 있다(오순절, 박해로 인한 흩어짐, 예루살렘 멸망 이후 유대인 디아스포라, 종말론적 완성). 크리스틴 폴(Christine D. Pohl)에 따르면, "하나님과 이스라엘이 맺은 언약 안에는 이스라엘이 외국인의 신분이며 그에 따라 나그네와 객에 대해 책임을 져야 한다는 사상이 새겨져 있다."[24] 이것은 예수 공동체와 초대교회 공동체의 상황에서도 동일하게 적용되었다. 크리스틴 폴은 이러한 타자에 대한 성경적 원리가 오늘날 다문화적이고 도시화/이주현상이 편만한 상황에서도 동일하게 적용되어야 함을 역설한다.

> 우리가 처한 현재 상황은, 손대접(hospitality)을 규범적으로 이해하고 실천했던 초기 기독교 상황과 놀라울 만큼 비슷하다. 우리는 초대교회와 마찬가지로 관계와 정체성과 의미를 갈구하는, 산산이 부서진 다문화 사회에 살고 있다. 이동이 잦고 자기 지향적인 오늘날의 사회는 외로움, 소원함, 소외 등이 그 특징이다. 때로 삶 자체에 대해 너무나 적대적인 듯이 보이는 문화에서, 폭력을

22) 위의 책, 112.

23) 위의 책, 113.

24) 크리스틴 폴, 『손대접』, 정옥배 역 (서울: 복 있는 사람, 2002), 45.

거부하고 삶을 포용하는 사람들이 (복음의) 강력한 증인들이다.[25]

본질적으로 교회가 나그네와 거류 외국인으로서의 정체성을 이 세상 안에서 경험한다는 것은 하나님의 자비하심을 실천하고 은혜의 원리를 깨닫는 통로가 된다는 사실을 의미한다. 선교학적 관점에서 순례자의 원리는 항상 다름과 낯섦에 직면하는 일상의 삶과 연관된다. 단일문화의 특성이 강하게 나타나며 단일 언어를 사용하는 한국인에게 다름/차이와 낯섦은 배제와 공포 또는 편견을 내포하는 단어들이다. 단일문화와 단일 언어를 사용하는 한국인에게 동질성(같음)이 주는 편안함과 익숙함은 오늘날과 같은 글로벌 이주현상이 편만한 세계에서 "자아 통제력 상실(the loss of self-control)과 타자성 상실(the loss of otherness)"[26]이라는 결과를 초래한다. 자아 통제력 상실은 길들여짐을 의미하고 타자성의 상실은 길들임을 의미한다.[27] 한국문화의 세계관이 내포하는 다양성과 다름에 대한 편견은 기독교 신앙과 선교에 치명적인 결과를 낳는다. 교파주의(denominationalism)와 편협한 교리주의(legalism) 그리고 개교회주의(church individualism)는 자기중심적인 개인주의를 낳았고 공동체를 해체하였으며 자기 통제력의 상실로 귀결되었다. 이주민 공동체가 우리 주변으로 다가오면서 나타나는 현상은, 이주민들에게 대한 낯섦이 익숙함으로 바뀌면서 그들의 삶을 의미 있는 것으로 받아들이지 않고 대상화(objectification) 시킨다는 것이다. 교회가 "타자를 위한 교회"(church for the other)[28]라고 주장하는 이면에는 타

25) 위의 책, 51.

26) 박대영, 『묵상의 여정』 (서울: 성서유니온선교회, 2013), 55.

27) 위의 책, 55.

28) 데이비드 보쉬, 『변화하고 있는 선교』 김병길 · 장훈태 역 (서울: 기독교문서선교회, 2000). 557. 디아스포라 선교학의 신학적 동기로서 타자성에 관해서는, Paul Woods, "God, Israel, the Church and the Other: Otherness as a Theological Motif in Diaspora Mission," In *Scattered and Gathered: A Global Compendium of Diaspora Missiology*, Sadri Joy Tira and Tetsunao Yamamori eds., (Oxford: Regnum Books International,

자를 대상화하려는 의도가 배태되어 있다. 전적 타자이신 하나님과의 소통이 단절되면 우리 주변에서 고통스럽게 살아가는 타자인 이주민들과의 소통의 단절과 대상화 현상이 나타난다.

디아스포라 공동체들이 형성하고 있는 국내 타문화 선교현장에서 일어나는 문화적 대면은 일상적인 삶의 현장에서 교회가 추구해야 할 핵심 과제를 제시한다. 그것은 하나님의 나라를 이주민 공동체 구성원들에게 미리 보여주고 맛보게 하는, 낮아짐과 나눔과 사귐의 환대와 종말론적 공동체를 형성하는 것이다. 바울은 빌립보 교인들에게 그리스도인들은 이 세상의 통치자들과는 다른 하나님의 통치 아래 있다고 강조한다(빌 3:20). 따라서 이 세상의 국가들이 우선시하는 권력과 명예와 부가 지배하는 자리에서 식민지의 삶을 살아가는 교회는 예수 따름의 제자 공동체이다. 예수 따름이라는 제자도가 가장 잘 구현되고 실천될 수 있는 공간이나 통로는 다름 아닌 공동체이다. 기독교 신앙은 본래 사적인 것이 아니라, 상호관계가 포함된 공동체에서 흘러나온다. 따라서 하나님의 계시 역시 특정한 개인이 독점하는 것이 아니라 역사 속에서 신앙 공동체에게 주어진 것이다. 하나님의 계시는 우리가 우리의 이웃을 향해 마음의 문을 열고 안식의 공간을 제공하여 환대와 나눔의 경제적인 공동체를 이룰 때에만 보편적인 계시가 될 수 있다. 우리는 4세기의 로마제국과 기독교의 타협이 초래한 기독교 왕국(Christendom)의 국가교회가 함께 빵을 떼는 것의 경제적 의미를 어떻게 대치하거나 왜곡시켰는지를 진지하게 질문할 필요가 있다. 누가복음 2장은 예수의 식탁공동체의 관습과 유월절 만찬을 반영한다. "너희가 이를 행할 때마다 나를 기억하라"는 예수의 말씀은 일상적인 식탁교제의 상황에서 십자가에 달리신 주님을 기억하는 것을 의미한다. 누가는 오순절을 통해 형성된 신앙 공동체가 "서로 교제하며, 떡을 떼며, 오로지 기도하기를 힘썼으며"(눅 2:42), "함께 떡을 떼

2016), 134-146을 참조.

고 자신들의 집에서 모여 기쁨과 순전한 마음으로 음식을 나누었다"(눅 2:46) 고 기록한다. 이것은 삶의 중심으로서 초대교회 공동체의 식탁교제가 경제적인 공동체를 형성하는 것으로 범위가 확대되는 것을 보여준다. 초대교회 공동체의 떡을 떼는 행위는 공동의 식탁교제에 이방인을 초대하는 것을 허용하는 선교적 문제와 연관되어 예루살렘 공의회(행 15장)로 이어졌다. 초대교회의 예배와 연관하여, 식탁교제는 종말론적 만찬의 주인 되시는 예수 그리스도의 새 가족을 형성하는 "하나님 나라의 공동체"이며 하나님의 가족 구성원임을 보여주며 성만찬을 통해 "감사"의 의미를 재발견하는 통로이다. 즉 식탁교제는 메시아의 잔치를 나타낸다. 교회 공동체에서 떡을 떼는 것은 일상의 삶 가운데 물질을 서로 나누는 "하나님의 경제"(God's *oikonomia*)와 "환대와 손대접"을 실천하는 살림 공동체의 형성을 의미한다. 빵은 매일의 양식이며 함께 먹는 빵은 경제적인 나눔이다. 이것은 단순히 상징적인 것이 아니라, 실제적인 가족으로서 음식을 함께 먹으므로 경제적인 연합의 모임을 확대해 나가는 것을 의미하기에 진정한 영성을 위한 시금석이 된다.

선교적 교회론에서 세상은 "하나님의 지속적인 활동의 장이며 성령을 통한 임재의 장이다. 구원은 세상 밖에서 이루어지는 것이 아니라 세상 안에서, 세상의, 세상을 위한 것이다."[29] 현재 한국교회의 주변부에서 일어나고 있는 "선교적 교회운동"(missional church movement)이 단순히 한국교회에 초점을 두기보다는 이주민 공동체 형성에 관심을 두어야 한다. 그 이유는, 선교적 교회가 인종적, 언어적, 사회문화적 장벽을 넘어서 진정한 하나님 백성의 공동체 형성을 지향하고 있기 때문이다.

29) Craig Van Gelder and Dwight J. Zscheile, *The Missional Church in Perspective: Mapping Trends and Shaping the Conversation* (Grand Rapids, MI: Baker Academic, 2011), 112-113.

Ⅳ. 한국교회의 이주민 선교

2016년 법무부 통계에 따르면, 국내체류 외국인은 통계작성 이후 최초로 2백만 명을 돌파하여 전체 인구의 약 4%인 2,049,441명을 차지하였다. 우리나라 총인구 대비 국내체류 외국인 비율은 2006년 1.9%(91만명)에서 2016년 4.0%(205만 명)으로 두 배 이상 증가했다. 2016년 체류 외국인의 국적별 비중은 중국 49.6%(1,016,607명), 베트남 7.3%(149,384명), 미국 6.8%(140,222명), 태국 4.9%(100,860명), 필리핀 2.8%(56,980명), 우즈베키스탄 2.7%(54,490명)순이었으며, 베트남이 역대 최초로 체류외국인이 두 번째 많은 나라로 부상했다.[30] 국내 체류 외국인들 가운데 정주 외국인(다문화 가정과 난민) 뿐 아니라 비정주 외국인(근로자와 유학생 등)의 숫자가 급속도로 증가하고 있다. 통계상으로 예측해 볼 때, 매 10년 마다 2.7배 증가하여 2020년 300만 명, 2025년 400만 명, 2030년 500만 명 예상된다. 즉 한국사회는 인구절벽 현상이 가속화 되어 인구감소 현상이 두드러지게 나타나는 반면, 이주민의 숫자는 급속도로 증가하고 있는 추세이다. 2030년에는 국내 총 인구의 10% 이상이 외국인이 될 것으로 예측된다.[31]

기독교 선교의 관점에서 보면, 타종교인들 특히 이슬람 인구의 국내 유입은 한국사회의 변화를 예고할 뿐 아니라 기독교 선교에 중요한 기회와 전환점을 함축한다. 서구교회와 북미교회의 쇠퇴는 교회의 선교적 본질에 대

30) 법무부 보도자료에 따르면, 2017년 6월. 국내 거주 이주민은 204개국, 205만 명으로 국제결혼 15만 명, 유학생 10만 명, 난민 1만 8천 명, 외국인 근로자 45만 명(23%), 단기체류 52만 명(26%), 재외동포(조선족 등) 76만 명(38%)이다. 법무부 보도자료, http://www.moj.go.kr/search/jsp/search.jsp. [2017. 6. 21]

31) 위의 문서.

한 깊은 성찰과 실천적 대안들을 제기하는 계기가 되었다. 특히 위에서 언급했듯이, 선교를 보내는 선교와 받는 선교의 이분법적 구분으로 나누고 선교(mission)와 선교사역/선교활동(missions)으로 분리하는 전통적 선교의 패러다임을 불식하고 하나님의 선교(*Missio Dei*)의 관점에서 온 세상이 하나님의 선교지이며 온 교회가 하나님의 선교의 대리인으로서 온전한 복음을 말과 삶으로 전해야 한다는 선교학적 당위성을 제기했다. 이러한 주장은 에큐메니칼 진영의 선교신학적 주장으로 태동되었으나, 로잔운동은 2004년 파타야 포럼 이후에 하나님의 선교에 대한 복음주의적 해석과 실천적 접근들을 제기하며 제3차 로잔대회 문서인 케이프타운 서약을 통해 하나님의 선교에 근거한 선교신학을 구체적으로 제시했다고 볼 수 있다.[32] 대규모 글로벌 이주현상이 확산되면서 한국사회는 낯선 이웃들을 가까이에서 조우하고 있다. 이러한 상황에서 선교적 교회론은 이주민 선교와 디아스포라 선교에 중요한 원리들을 제공할 뿐 아니라 실천적 함의들을 제공한다. 교회는 성령에 의해 창조된 사회로서 하나님의 지속적인 창조활동에 참여해야 한다. 밴 겔더와 샤일리에 따르면, 하나님의 선교에의 참여와 성육신의 패러다임에 근거한 교회는 이 세상의 이웃들의 삶에 참여해야 한다.[33] 교회의 삼위일체적 특성은 삼위 하나님과 신앙 공동체, 신앙 공동체들, 그리고 신앙 공동체와 세상의 모든 이웃들 간의 관계성을 내포한다. "이러한 관계성과 사이의 관계성은 선교가 발생하는 공간들이다. 선교는 소유와 아이디어, 생산품이나 특정 개념들을 전달하는 것이 아니라 우리가 타자들을 형성하듯이 우리를 변혁

32) 케이프타운 서약의 1부 1장의 첫 문장은 하나님의 선교로 시작하며, 10장의 제목은 "우리는 하나님의 선교를 사랑한다"이다. 10장은 "성경 전체가, 십자가의 보혈을 통해 화해를 이루시는 그리스도 아래 하늘과 땅의 모든 것을 하나 되게 하는, 하나님의 선교를 드러낸다"고 주장한다. 로잔운동, 『케이프타운 서약: 하나님의 선교를 위한 복음주의 헌장』, 21, 59.

33) Craig Van Gelder and Dwight J. Zscheile, *The Missional Church in Perspective: Mapping Trends and Shaping the Conversation*, 115.

시키는 관계성의 그물망 안으로 들어가는 것이다."[34] 따라서 글로벌 이주현상에 직면한 한국교회와 그리스도인들은 공적 신앙의 담지자들이다. 그 이유는 지역교회는 항상 신앙 공동체 안에서 그리고 공동체를 통해 하나님의 생명에 참여하듯이 이웃들의 생명에 참여하기 때문이다.

외국인들과 디아스포라 그룹들의 유입이 증가되므로 인해 국내 미전도 종족들은 보다 쉽게 접근가능한 선교의 대상이 되었다. 특히 외국인 노동자들 가운데 무슬림 인구가 점차적으로 증가하고 있는 것은, 그들의 본국에서는 거의 접근이 불가능한 대상들을 국내에서 만날 수 있다는 것을 의미한다. 디아스포라 그룹들은 그들의 본국에서보다 국내에서 복음에 더욱 개방적이 된다. 전철한에 따르면, "자신들의 본국에서처럼 문화적, 종교적 압력을 받지 않는 외국 노동자들은 국내에서 개방적이며 반응적이다. 특히 이런 사실은 가장 복음으로 접근해야 할 필요성이 있는 무슬림들에게 적용된다."[35]

이주민 인구 10%를 바라보며 한국교회의 디아스포라 선교사역을 위한 선교학적 원리들을 다음과 같이 제시해 볼 수 있다: 1) 글로벌 이주현상을 적극적으로 수용하고 이해하며 타문화와 타인종에 대한 편견을 극복하고 성육신적 태도를 취하라, 2) 우리 곁에 가까이 와 있는 이주민을 단순히 선교의 대상으로 여기지 말고 환대와 함께해야 할 이웃으로 여기며 관계중심적인 공동체를 그들 가운데 형성하라, 3) 지역교회가 처한 이주상황을 주도면밀하게 연구조사하고 총체적인 관점에서 이주민들의 영적, 물질적, 정신적 필요들을 파악하고 그것들을 채워줄 수 있는 사역들을 개발하라, 4) 이주민 사역을 위해 지역교회 신자들을 동원하고 적절하게 구비하라(적합한 선교전략), 5) 이주민 사역을 위한 신학교의 프로그램을 구축하고 선교단체들로 하여금 이주민

34) 위의 책, 121-122.

35) David Chul Han Jun, "A South Korean Case Study of Migrant Ministries," In *Korean Diaspora and Christian Mission*. Sung Hun Kim and Wonsuk Ma eds. (Oxford: Regnum Books International, 2011), 209.

사역 패러다임을 공유할 수 있는 플랫폼을 조성하라, 6) 이주민들에 대한 선교 뿐 아니라, 그들로 하여금 친구들이나 본국의 친족들에게 복음을 전할 수 있도록 지속적인 제자훈련 시스템과 네트워킹 시스템을 구축하라, 7) 이주민 교회들을 세우고 그들로 하여금 자체적인 선교사 양성 프로그램을 구축하도록 격려하고 협력하라, 8) 이주민 교회들로 하여금 720만 해외 한인 디아스포라들 가운데 존재하는 디아스포라 교회들과 한인 선교사들(3만 명)과 네트워크를 구축하도록 격려하고 동원하라, 9) 자립, 자치, 자전, 자신학화(자선교학화)를 추구하는 이주민 교회를 세워나가라 (권한이양과 성장을 위한 플랫폼 제공).

현재 한국교회는 인구절벽과 주일학교의 위기, 그리고 젊은 세대들이 교회를 떠나고 있으며 해외선교는 선교인력 동원과 후원 등 다양한 위기에 직면해 있다. 국내의 캠퍼스 선교운동의 약화와 디아스포라 교회의 침체도 한국교회의 미래를 암울한 전망으로 물들인다. 이러한 상황에서 국내로 이주하는 외국 유학생들에 대한 캠퍼스 선교단체들의 새로운 선교전략이 필요하며 정주 외국인들에 대한 지역교회와 선교단체들의 적극적 대응모색이 어느 때보다 시급하게 제기된다. 이주민 교회들이 확산되어 가면서, 한국교회들이 그들을 도움이 필요한 대상으로 삼지 말고 함께 할 수 있는 동반자로 여기며 그들 가운데서 한국교회에 활력을 불어넣을 수 있는 다양한 플랫폼을 구축할 수 있는 전향적인 태도가 필요하다. 한국교회의 성장침체와 이주민 교회의 성장은 한국교회의 미래에 중대한 영향을 미칠 수 있다. 예를 들어, 북미 한인 디아스포라 교회의 경우에서 목격하듯이, 가까운 미래에 부흥하고 성장하는 이주민 교회들이 한국교회 건물들을 구입하게 되고 그들의 한국사회에 대한 영향력이 증대되는 현실을 목격할 수도 있을 것이다. 전 세계에 흩어진 720만 한인 디아스포라 가운데 세워진 한인교회들이 현재의 어려움을 극복하고 3만 여명의 한인 선교사들과 함께 한국교회 선교운동의 동력을 회복하고 한국교회의 갱신의 활력을 회복할 동기를 부여할 수 있을 것이다.

V. 나가는 글

로잔운동의 선교적 패러다임은 국내 이주민 선교사역과 디아스포라 선교학의 구축을 위한 중요한 성경적, 신학적 원리들을 제공한다. 그것은 하나님의 선교에 근거한 선교적 교회론이다. 하나님의 선교로의 회심을 통해 한국교회와 선교의 변화가 일어나지 않는다면, 올바른 디아스포라 선교학의 구축과 활발한 이주민 사역이 확장될 수 없다. 오늘날 한국교회는 우리에게로 다가오고 있는 이주민들을 왜곡된 시각과 편견을 가지고 대상화시키는 것이 아니라, 하나님께서 우리에게 보내신 이웃이자 나그네로 여기고 성경적 환대를 베풀고 함께 살아갈 공간을 창출하고 자원들을 공유해야 한다. 교회가 우리 주변의 이주민들과 타자들을 대하는 방식은 교회의 궁극적인 표지인 "가난한 자, 소외된 자들과 함께하는 삶"으로 나타나야 한다. 사도 베드로는 초대교회에 흩어진 그리스도인들을 나그네와 거류 외국인으로 부르면서 그들의 정체성과 선교적 사명을 상기시킨다. 사도 요한은 예수를 따르는 제자들에게 이 세상에 살아가고 있으나 이 세상에 속한 자들, 이 세상의 지배문화적인 가치들을 추구하는 자들이 아니라는 분명한 소속감을 제시하며 대항문화 공동체와 대조사회로서 교회와 그리스도인들의 정체성을 제시한다.

우리가 그리스도인으로서 걸어가는 여정 가운데 절실하게 필요로 하는 것은 우리와 함께 삶의 이야기를 나눌 길동무들이다. 부활하신 주님께서 엠마오 도상에서 참된 동행의 모습을 보여 주시지 않았는가(눅 24:13-15)? 우리의 삶의 이야기가 가장 잘 표현되고 공유될 수 있는 공간은 공동체이다. 그 공동체는 단순한 모임이나 회합이 아니라(membership) 예수 그리스도의 몸 된 공동체로서의 교회(bodyship)이다. 환대의 공동체 안에서 우리는, 우리가 베푸는 것보다 더 많은 것들을 누리는 축복을 경험하게 된다. 우리는 "애통하는 자는 복이 있나니 저희가 위로를 받을 것임이요"(마 5:4)라는 구절의 의미를 주류사회의 주변부에서 고통 받는 약자들이나 이주민들의 고통을 나누고 그들의 필요를 채우려는 과정에서 가장 절실하게 깨닫게 될 것이다. "애통"한다는 것은 단지 마음의 안타까움이 아니라 우리가 믿는 바를 행하는 것과 직결된다. 그것은 하나님의 고통(pathos)에 동참하는 신앙의 행위이며 생명을 나누는 축복의 행위이다.

현재 한국교회가 처한 상황은 초대교회가 직면했던 상황과 유사하다. 우리는 초대교회와 마찬가지로 다양한 종교와 문화와 인종들이 공존하는 다문화 사회에 살고 있다. 또한 우리는 다문화 사회의 특징인 관계의 부재와 공동체적 공간의 부재 가운데서 외로움과 소외를 경험하고 있다. 오늘날 한국교회는 공적인 영역에서 영향력을 상실하여 공신력은 급격히 추락하고 있으며, 세상을 변화시킬 복음의 능력을 소유하지 못한 모습으로 비추어지고 있다. 이제 교회는 진정한 회심을 통해 부와 권력과 주류의 지위를 포기하고 거류 외국인으로서 하나님 나라를 향해 순례하는 그리스도의 몸 된 공동체로서 이 땅에 존재해야 한다. 그것은 "타자와 함께하는 교회"(the church with others)가 될 때 가능하다. 한국사회 안에서 일어나고 있는 글로벌 이주/디아스포라 현상을 목격하며 한국교회는 교회의 미래가 하나님의 섭리와 경륜 가운데 있음을 확신하고, 변화하는 실재들에 직면하여 하나님 백성이며 그리스도의 몸인 교회의 정체성을 확고하게 지켜 나가며 복음을 살아내야 할 것이다.

참고문헌

Chang, Steve S. H. and Julius J. Kim eds. *The Global Legacy and Mission of the Korean Church*. Seoul: Torch Center for World Mission, 2011.

Harvey, Thomas. "Pilgrim on a Journey: Diaspora and Mission," In *Scattered and Gathered: A Global Compendium of Diaspora Missiology*. Sadri Joy Tira and Tetsunao Yamamori eds., Oxford: Regnum Books International, 2016.

Im, Chandler and Amos Young eds. *Global Diasporas and Mission*. Oxford: Regnum Books International, 2014.

Jun, David Chul Han. "A South Korean Case Study of Migrant Ministries." In *Korean Diaspora and Christian Mission*. Sung Hun Kim and Wonsuk Ma eds. Oxford: Regnum Books International, 2011.

LCWE(lausanne Movement). *A New Vision, A New Heart, A Renewed Call*. Vol III. David Claydon ed. Pasadena, CA: William Carey Library, 2005.

Pantoja, Luis Jr., Sadri Joy Tira and Enoch Wan eds. *Scattered: The Filipino Global Presence*. Manila: LifeChange Publishing Inc., 2004.

Tira, Sadri Joy. "Preface," In *Scattered and Gathered: A Global Compendium of Diaspora Missiology*. Sadri Joy Tira and Tetsunao Yamamori eds. Oxford: Regnum Books International, 2016.

Tira, Sadri Joy and Tetsunao Yamamori eds. *Scattered and Gathered: A Global Compendium of Diaspora Missiology*. Oxford: Regnum Books International, 2016.

Tira, Sadri Joy and Darrell Jackson. "Responding to the Phenomenon of Migration: Early Proponent of Diaspora Missiology and the Lausanne Movement," In *Scattered and Gathered: A Global Compendium of Diaspora Missiology*. Sadri Joy Tira and Tetsunao Yamamori eds. Oxford: Regnum Books International, 2016.

Van Gelder, Craig and Dwight J. Zscheile. *The Missional Church in Perspective: Mapping Trends and Shaping the Conversation*. Grand Rapids, MI: Baker Academic, 2011.

Wan, Enoch. "Global People and Diaspora Missiology," A Presentation at *Tokyo 2010 Global Mission Consultation and Celebration*. Tokyo, May 2010.

Wan, Enoch and Chandler H. Im. "New Opportunities and Strategic Practices of Diaspora Missions in South Korea," In *Global Diasporas and Mission*. Chandler H. Im and Amos Young eds. London: Regnum Books International, 2014.

Woods, Paul. "God, Israel, the Church and the Other: Otherness as a Theological Motif in Diaspora Mission," In *Scattered and Gathered: A Global Compendium of Diaspora Missiology*. Sadri Joy Tira and Tetsunao Yamamori eds. Oxford: Regnum Books International, 2016.

김광성. "로잔운동과 세계 디아스포라 네트워크 형성."『미션네트워크』 제5집 (2014).

데이비드 보쉬.『변화하고 있는 선교』. 김병길, 장훈태 역. 서울: 기독교문서선교회, 2000.

로잔운동.『케이프타운 서약: 하나님의 선교를 위한 복음주의 헌장』. 최형근 역. 서울: IVP, 2014.

박대영.『묵상의 여정』. 서울: 성서유니온선교회, 2013.

크리스틴 폴.『손대접』. 정옥배 역. 서울: 복 있는 사람, 2002.

https://www.lausanne.org/gatherings/issue-gathering/consultations-on-diaspora-missions

https://www.lausanne.org/content/manifesto/the-manila-manifesto

http://www.moj.go.kr/search/jsp/search.jsp

로잔신학과 한국 농촌교회의 통전적 선교

- 케이프타운 서약 "우리는 하나님의 선교를 사랑한다"를 중심으로 -

황병배 • 협성대학교

I. 들어가는 말

2010년 10월 남아프리카 공화국의 케이프타운에서 열린 제3차 로잔대회에서 발표된 케이프타운 서약(The Capetown Commitment)은 1부 "우리가 사랑하는 주임을 위하여: 케이프타운 신앙고백"과 2부 "우리가 섬기는 세상을 위하여: 케이프타운 행동요청"으로 구성되어 있다. 이 가운데 제1부 10항 '우리는 하나님의 선교를 사랑한다'는 우리의 선교가 지녀야 할 선교의 통전성에 대해서 다음과 같이 선언한다.

> 우리의 모든 선교의 근원은, 성경에 계시된 것처럼, 하나님의 온 세상의 구속을 위해 그리스도 안에서 행하신 일이다. 우리의 복음 전도의 과제는 그 좋은 소식을 모든 나라들에 알리는 것이다. 우리의 모든 선교가 이루어지는 장소는 우리가 살아가는 세상, 곧 죄와 고통과 불의와 창조 질서의 왜곡으로 가득한 세상이며, 이런 세상으로 하나님은 그리스도를 대신해 사랑하고 섬기도록 우

리를 보내신다. 그러므로 우리의 모든 선교에서 복음전도와 세상에서의 헌신적인 참여가 통합되어야 하며, 이 둘은 모두 하나님의 복음에 관한 성경 전체의 계시가 명령하고 주도하는 일이다[1]

본 논문은 로잔신학이 가지고 있는 이러한 '통전적 선교신학'의 관점에서 한국 농촌교회의 통전적 선교 가능성을 논하는데 목적이 있다. 이를 위해 먼저 1) 오늘 한국 농촌사회의 상황을 서술하고, 2) 로잔신학에 내포 되어 있는 통전적 선교신학을 논한 후, 3) 실제로 이러한 통전적 선교신학을 실천하고 있는 한국의 농촌교회들을 사례연구하고, 4) 이들이 가지고 있는 공통적인 특징들로부터 도출되는 선교적 통찰을 정리하고자 한다.

II. 한국 농촌사회의 상황

오늘 한국의 농촌[2]은 총체적인 위기에 직면해 있다. 통계청이 5년마다 실시하는 통계조사에 의하면, 2010년 12월 1일 기준, 전국의 농어림(農漁林) 가구 수는 2005년에 비해 7.6% 감소했고, 인구는 11% 감소했다. 고령화, 도시이주 및 업종전환, 사회구조의 변화가 주원인이었다. 특히 2005년부터 2010년까지 우리나라 전체 인구에서 농촌 가구가 차지하는 비중은 8%에서 6.8%로, 농촌 인구수는 7.3%에서 6.4%로 줄어들었다. 소가족화(小家族化)도

1) 한국로잔위원회, 『케이프타운 서약』(서울: IVP, 2014), 59.

2) 농촌의 사전적 정의는 "주민 대부분이 농업에 종사하는 마을이나 지역"이다. 오늘 한국의 농촌(農村)과 어림촌(漁林村)의 사회현상이 크게 다르지 않다는 점에서 본 논문의 내용이 농어림촌(農漁林村) 모두에 적용될 수 있을 것이다.

빠르게 진행되어, 농촌에서 2인 가구가 차지하는 비율이 45.2%에 육박했다. 우리나라 전체 가구에서 2인가구가 차지하는 비중이 24.3%인 것을 볼 때 2배가량 높은 수치이다. 고령화의 경우, 농림어촌(農林漁村)의 고령화가 전체 인구의 고령화보다 2.8배 높았고, 농촌의 평균연령은 5년 동안 61세에서 62.3세로 높아졌다. 농촌 남성의 미혼율도 우리나라 전체인구의 미혼율보다 높았다.[3)]

지난 반세기 동안 농촌인구는 지속적으로 감소해 왔다. 농촌을 떠나는 젊은 세대들의 인구는 급증했으며, 결과적으로 오늘 농촌을 지키는 사람들은 대부분 60대 이상의 노인들이다. 1960년대부터 시작된 농업의 현대화는 생산량은 크게 증대시켰을지 모르나, 화학비료와 농약에 전적으로 의존한 농법은 땅과 인간을 모두 피폐하게 만드는 결과를 낳았다. 집집마다 3세대가 함께 살면서 아이들이 넘쳐나고 서로 품앗이하며 생동감 넘치는 농촌은 이제 어디서도 찾아볼 수 없다. 그러면 농촌교회의 현실은 어떠한가? 한경호는 한국의 농촌교회 현실을 이렇게 묘사한다.

> 작고 퇴락한 교회 건물, 그 안에서 예배드리고 있는 20~30명 정도의 교인들, 그들은 대부분 60대 이상의 까무잡잡한 피부의 고령자들이다. 주일학교와 중고등부, 청년회는 이미 해체된 지 오래이다. 간혹 해외에서 이주해온 젊은 여성이 아이를 안고 오지만 아직 낯설다. 1년 예산은 500만원-2,000만원 정도의 미자립 상태이고, 목회자는 의욕을 상실한 채 선교적 희망을 발견하지 못하고 있다.[4)]

최근 감리교 선교국 사회농어촌환경부와 농촌선교위원회가 감리교 농촌

3) 조사관리국 인구총조사과, 「2010 농림어업총조사」 (http://kostat.go.kr, 2011) 참조.
4) 한경호, "농촌교회의 위기, 대안은 있나?" 「기독교사상」 653 (2013): 26.

교회 목회자 280명을 대상으로 조사한 결과에서도 이러한 농촌교회의 암울한 현실이 그대로 드러났다. 조사에 응한 280개 교회 중, 66.3%가 주일예배 출석인원이 30명 이하였고, 50명 이하의 교회는 81.6%나 되었다.[5] 세 교회 중 한 교회에서 가장 많은 연령층이 60대 이상으로 나타났다. 이것은 농촌교회 교인들의 고령화가 상당히 진행되었음을 암시하는 것이다.[6] 1년 결산이 5천만 원 미만인 교회가 70.4%이었으며, 1천만 원 미만인 교회도 23%나 되었다. 교회재정에 대한 만족도를 묻는 질문에 58.9%가 만족하지 않는다고 답했고, '그저 그렇다'(19.9%)까지 포함하면 78.8%에 이른다.[7] 생활비의 경우, 응답한 목회자의 51.3%가 월150만원 이하의 생활비를 받았고, 부족한 생활비 때문에 농촌목회자 두 명 중, 한 명이 외부의 보조를 받고 있었다.[8] 이들은 농촌교회가 직면한 문제들의 외적요인으로 교인감소와 농촌지역사회의 붕괴를 들었고, 내적 요인으로는 열악한 교회재정, 잦은 목회자 이동, 그리고 교회와 지역사회간의 반목을 꼽았다.[9]

그러나 이렇게 암울한 상황 속에서도 농촌사회와 농촌교회로부터 새로운 희망의 기운이 일어나고 있다. 먼저 귀농.귀촌 인구의 증가이다. 통계청 자료에 의하면, 귀농.귀촌 가구가 2010년에 5,405가구이던 것이, 2011년에는 10,075가구로 급증했고, 2012년에 11,220가구, 2012년에 27,008가구, 그리고 2013년에 32,424가구로 계속 증가하고 있다. 이를 인구로 보면, 5만6267명이고, 이 가운데 40대 이하의 젊은 층이 1만2318가구로 전체 귀농.귀

5) 기독교대한감리회 농촌선교회, 『감리교 농산어촌 목회자 및 교회 실태 조사 보고집』(서울: 농촌선교훈련원, 2012), 31.

6) 위의 책, 35.

7) 위의 책, 41.

8) 위의 책, 68.

9) 위의 책, 71.

촌가구의 약 30%를 차지하고 있다.[10] 전체 인구에서 농가가 차지하는 비율도 1995년에는 큰 폭으로 감소했으나 2000년 이후에는 그 감소 폭이 다소 둔화되고 있다.[11] 이러한 현상은 귀농 및 결혼이민자의 증가, 그리고 베이비붐 세대의 은퇴시기와 맞물려 계속될 전망이다.[12]

둘째, 친환경 농산물에 대한 생산과 소비의 증가이다. 농림축산식품부 한국농촌경제연구원 및 농협경제연구소는 국내 친환경 농산물 시장 규모를 2012년, 3조 8000억 원에서 2020년, 7조5000억 원까지 성장할 것으로 예상했다.[13] 친환경 농산물의 소비증가에 맞춰 친환경 농산물을 생산하는 농가들도 늘어나고 있다. "국내 친환경농산물 생산량은 2011년 8만7000톤에서 2012년에는 149만8000톤으로 급증했으며, 전체 농산물 생산량 중 친환경농산물의 비중도 같은 기간 0.4%에서 9.6%로 급등했다."[14] 1999년 2만7천 톤에 불과하던 친환경농산물이 무려 약 69배 증가한 것이다.[15] 이러한 친환경 농산물에 대한 생산과 소비는 앞으로도 계속 늘어날 전망이다.

셋째, 농촌의 다인종, 다문화 현상이다. 농촌사회의 다인종, 다문화 현상은 농촌 남성들과 외국 여성들 사이에 국제결혼이 빈번히 일어나면서 촉발되

---

10) 행정통계과, 「2013년 귀농귀촌인 통계」(http://kostat.go.kr/portal/korea, 2013); 동북지방통계청 농어업조사과, 「통계로 본 농촌사회」(http://kostat.go.kr/dbro, 2013); http://kosis.kr/statHtml 참조. 감리교 목회자들을 대상으로 한 설문조사결과(2012년)에서, 응답자(263명) 가운데 82.5%가 귀농(촌)과 다문화 가정현상이 농촌교회에 영향을 주고 있거나(17.9%), 줄 것이다(64.6%)고 응답했고, 정부의 농업정책에서 제일 시급한 것이 '귀농 및 귀촌 활성화 정책'이라고 답했다. 기독교대한감리회 농촌선교회, 『감리교 농산어촌 목회자 및 교회 실태 조사 보고집』, 58.

11) 조사관리국 인구총조사과, 「2010 농림어업총조사」(http://kostat.go.kr, 2011) 참조.

12) 동북지방통계청 농어업조사과, 「통계로 본 농촌사회」(http://kostat.go.kr/dbro, 2013) 참조.

13) 아시아투데이, "국내 친환경농산물시장 2020년까지 2배 성장한다" (2013. 10. 25).

14) 위의 신문.

15) 농림축산식품부, 「친환경농산물 생산추이」(http://www.index.go.kr/portal.main 2013) 참조.

었는데 이것은 농촌사회와 농촌교회의 기회이면서 동시에 도전이다.[16] 2005년 통계에 의하면, 결혼하는 농촌지역 남성의 약 35.9%는 외국여성과의 국제결혼이었다. 이것은 10명 중 4명 정도가 국제결혼을 했다는 의미이다.

농촌의 남성들이 외국여성들과 결혼해서 가정을 이룬다는 것은 농촌 거주인구가 늘어나고 농촌 남성들의 결혼문제를 해결한다는 긍정적인 기능이 있지만, 동시에 새로운 문화에 적응하지 못하는 결혼이주여성들의 문화 부적응, 2세대 자녀들의 사회 부적응, 부부갈등과 이혼, 가정폭력 및 학대 등은 농촌의 새로운 사회문제로 대두되고 있기 때문이다.[17] 이러한 농촌의 사회문제는 더 적극적인 농촌교회의 사회참여를 요청하고 있다.

이처럼 오늘 한국의 농촌은 절망과 희망, 위기와 기회, 쇠퇴와 가능성이 함께 공존하는 선교현장이다.

III. 로잔신학에 내포된 통전적 선교신학

통전적(統全的)이란 말은 전체를 하나의 큰 줄기로 통합하고 큰 통에 담는다는 의미로, 이 뜻의 영어단어 holistic 또는 wholistic은 헬라어 όλος로부터 파생되었다. 이것은 '전부의(all)' '온전한(complete)' 그리고 '전체의(whole)' 이라는 뜻으로 성경에서 사용되었다(막 12:30; 요 3:16; 마 28:18; 골 1:17-19; 빌 2:9-11). 이 단어

16) 이순형, "농촌 다문화가족의 현황과 적응문제," 「한국지역사회생활과학회 학술대회자료집」 (2007): 14.

17) 양순미, "농촌 국제결혼 이주여성 부부의 적응과 결혼만족에 작용하는 요인분석," 「한국가정관리학회 학술발표대회 자료집」 (2006): 217. 농촌의 다인종, 다문화로 인해 떠오르는 사회문제들로는 이혼, 가정폭력, 학대, 인권유린 등이 있다.

가 기독교 선교와 관련되어 사용되면, 개인의 영혼구원과 사회구원, 복음 선포와 사회참여를 서로 대립적인 것으로 구별하지 않고, 모두를 하나로 포괄하는 총체적인 선교를 의미하게 된다. 더 나아가 이것은 세상을 구원하기 위한 하나님의 일하심이 모든 것을 포용하고 포괄하는 전 우주적인 것임을 내포하고 있다.[18]

1910년 에딘버러 세계선교대회(Edinburgh World Missionary Conference) 이후, 개신교 선교는 크게 에큐메니칼 진영과 복음주의 진영으로 나뉘어 오늘에 이르고 있다. 그동안 에큐메니칼은 교회의 대 사회적 책임을 강조한 결과 개인구원과 복음증거에 대한 관심이 약하다는 지적을 받아왔고, 복음주의는 개인구원과 복음증거를 강조한 결과 대 사회적 책임에 소홀했다는 지적을 받아왔다.[19] 그러나 20세기 후반부터 양 진영이 모두 통전적 선교(holistic mission)를 지향하고 있다.[20]

통전적 선교에 대한 복음주의의 입장은 1974년 스위스 로잔(Lausanne)에서 열린 '세계복음화국제대회'로부터 시작되어, 1989년 필리핀 마닐라 선언(Manila Manifesto), 그리고 2010년 남아공 케이프타운 서약(Capetown commitment)으로 이어지면서 지속해서 표명되고 강화되었다. 먼저 로잔언약(Lausanne covenant)에

---

18) Darrell Guder, "Towards a Holistic Theology of Mission: World, Community, Neighbor,"「선교와 신학」 제15집 (2005): 239: Scott Moreau (eds.), "Holistic mission," in *Evangelical Dictionary of World Missions* (MI: Baker Books, 2000), 448.

19) 양낙홍, "세계교회협의회의 선교신학 분석과 평가,"「선교와 신학」 제28집 (2011): 226.

20) 신경규, "통전적 관점에서 본 두 선교신학의 합치성 모색,"「선교와 신학」 제29집 (2012): 198; 임희모는 1970년대를 거치면서 복음주의 선교는 사회적 책임을 강조하고 에큐메니칼 선교는 전도를 강화하는 양자간 통전석 선교를 신학화 했다고 평가한다. 임희모, "에반젤리칼 선교신학의 에큐메니칼 대화," 한국선교신학회편, 『복음주의와 에큐메니즘의 대화』 (서울: 다산글방, 1999): 51-57; 장성배는 21세기에 들어오면서 복음주의 안에서 *Missio Dei*라는 용어가 사용되고, 에큐메니칼 진영에서 성령의 역사를 언급하는 것이 당연시 되는 것이 '통전적 선교신학'에 대한 양 진영의 공통된 관심과 이해 때문이라고 평가한다. 장성배, "로잔운동과 총체적 선교," 한국로잔연구교수회 편, 『로잔운동의 전략』 (서울: 올리브나무, 2013), 322.

서 복음주의는 지금까지 자신들이 사회적 책임을 등한시한 것에 대해서 다음과 같이 반성하고 있다.

> 사람은 하나님의 형상으로 창조되었기 때문에 인종, 종교, 피부색깔, 문화, 계급, 성 또는 연령의 구별 없이 모든 사람이 타고난 존엄성을 지니고 있으며 따라서 사람은 서로 존경받고 섬김을 받아야 하며 누구나 착취당해서는 안 된다. 이 점을 우리는 등한시하여 왔고, 또는 종종 전도와 사회 참여가 서로 상반된 것으로 잘못 생각한 데 대하여 참회한다....구원의 메시지는 모든 종류의 소외와 압박과 차별에 대한 심판의 메시지를 내포한다. 그러므로 우리는 악과 부정이 있는 곳에서는 어디서나 이것을 공박하는 일을 무서워해서는 안 된다....우리가 선포하는 구원은 우리의 개인적, 사회적 책임을 총체적으로 수행하도록 우리를 변화시키는 것이어야 한다. 행함이 없는 믿음은 죽은 것이다.[21]

제2차 로잔대회로 불리는 마닐라 대회는 "그리스도께서 다시 오실 때까지 그를 선포하라: 온 교회가 온 세상에 온전한 복음을 전하라는 부름"(Proclaim Christ Until He Come: Calling the Whole Church to Take the Whole Gospel to the Whole World)이라는 주제하에 교회와 복음과 세계의 통전성(wholeness)을 강조했다. 마닐라 선언(Manila Manifesto), 제4항 「복음과 사회적 책임」에서 "참된 선교는 성육신적이어야 하며, 진정한 선교를 위해서는 항상 겸허하게 사람들의 세계에 직접 들어가서 그들의 사회적 현실, 비애와 고통, 그리고 압제 세력에 항거하며 정의를 위해 투쟁하는 그들의 노력에 동참해야 한다."[22]고 했고, 제8항 「지역사회」에서는 "교회는 예배하며 증거하는 공동체요, 모이고 흩어지는 공동체

21) 조동진, 『세계선교 트렌드 下』(서울: 아시아선교연구소, 2007), 182; http://www.lausanne.org 참조.

22) http://www. lausanne.org/documents.html

요, 부름을 받고 보냄 받은 공동체라고 선언했다."[23] 특히 "하나님의 사랑이 정의와 인권과 식량과 삶의 터전을 유린당한 자들을 향한 돌봄을 통해 가시적으로 나타나야 한다"[24]고 선언한 것은 복음주의 운동이 개인의 영혼구원과 함께 사회구원도 포괄하는 통전적 선교를 지향하고 있음을 보여주는 것이다.

이러한 통전적 선교에 대한 이해는 2010년 케이프타운에서 모인 제3차 로잔대회에서 더 명확하게 표명되었다. 케이프타운 서약(Capetown Commitment)은 제10항(우리는 하나님의 선교를 사랑한다)에서 복음과 선교의 통전성을 다음과 같이 선언하고 있다.

> 우리의 모든 선교적 상황은 우리가 살아가는 세상, 곧 죄와 고통과 불의와 창조질서의 파괴로 가득 차 있는 세상이다. 하나님은 그리스도를 위해 그런 세상을 사랑하고 섬기도록 우리를 보내신다. 그렇기 때문에 우리의 선교는 복음전도와 사회참여가 통합된 형태여야 한다.... 우리는 복음전도와 사회적 · 정치적 참여 모두가 그리스도인의 의무임을 확증한다. 이 둘은 모두 하나님과 인간에 관한 우리의 믿음과 이웃에 대한 우리의 사랑, 그리고 예수 그리스도에 대한 순종의 필수적인 표현 방식이다. 우리가 선포하는 구원은 개인과 사회 전체를 변화시켜야 하는 통전적인 복음이다. 행함이 없는 믿음은 죽은 것이다.... 총체적 선교는 복음을 선포하는 것인 동시에 복음을 실천하는 것이다.[25]

이렇게 로잔운동은 그 초기부터 선교의 통전성을 지향해 왔으며, 통전적 선교를 위한 로잔신학은 Lausanne Covenant(1974), Manila Manifesto

23) 조동진, 『세계선교 트렌드 下』 386, 391; http://www. lausanne.org 참조.

24) http://www.lausannne.org/documents.html.

25) 위의 문서.

(1989), Capetown Commitment(2010)을 통해 지속적으로 표명되고 강화되어 왔다.

IV. 사례연구

지금까지 필자는 한국 농촌사회의 상황을 살펴보고, 농촌교회의 통전적 선교를 위한 로잔신학의 기초를 서술하였다. 그러면 이러한 통전적 선교신학을 실제로 한국의 농촌사회에서 실천하는 농촌교회들이 있는가? 이에 답하기 위해 필자는 여섯 개의 농촌교회들을 사례연구 하였다. 먼저 각 교회의 역사, 사역동기, 현황 및 특징, 그리고 당면 과제들을 간략하게 서술하고, 그들이 공통으로 가지고 있는 특징들로부터 선교적 통찰을 얻고자 한다.

A. 광시송림교회

충남 예산군 광시면 시목리는 80여가구, 160여명의 주민들이 거주하는 농촌마을이다. 이곳에 위치한 광시송림교회는 전형적인 농촌교회로 이상진 목사가 16년째 목회하고 있다. 대학시절부터 농촌 정주목회를 꿈꾸며 준비한 이 목사는 광시송림교회에 부임 직후부터 직접 친환경농사를 하면서 주민들과 소통하기 시작했다. 그가 친환경 농사를 시작한 것은 그것이 창조질서의 보존과 회복이라는 확신 때문이었다. 그러나 목사가 농사일을 하면서 목회를 하기가 결코 쉽지 않았다. 주변 목회자들의 곱지 않은 시선과 친환경 유기농법에 대한 마을 주민들의 무지, 그리고 재배 농산물 판매 부진으로 인한 스트레스로 지병이 악화되어 죽음의 위기에 직면하게 되었다. 그러나 치유를 위한 기도와 함께 자신이 재배한 친환경 유기농산물을 먹으면서 실명과 다리 절단의 위기를 넘기고 이전보다 더 건강한 몸으로 완전히 회복되는 은혜를 체험했다. 이로써 더욱 굳건한 확신과 소명의식을 가지고 마을 주민들에게 복음을 전하며 친환경 유기농법을 확산시키게 되었고, 16년이 지난 지금 마을주민 대부분이 친환경 농사를 짓는 마을로 변화되었다.

이상진 목사는 마을 주민들이 생산한 친환경 농산물을 안정적으로 판매하도록 돕기 위해 교인 8명을 중심으로 '꿈이 익는 영농조합'을 세웠다. 이 조합을 통해 마을 주민들에게는 자신들이 생산한 친환경 농산물을 고가에 팔 수 있는 길이 열렸고, 영농조합은 좋은 품질의 친환경 농산물을 안정적으로 공급받음으로 주민과 영농조합이 함께 상생(相生)하는 구조를 안착시켰다. 2012년에 '꿈이 익는 영농조합'은 마을기업으로 선정되어 정부로부터 재정지원도 받고, 마을의 어려운 주민들에게 일자리를 제공하는 보고(寶庫)가 되었다. 또한 영농조합에서 나오는 수익금은 마을 주민의 병원 수술비나 장학금 등으로 환원되고 있다.

이제 마을 주민들은 농사 뿐 아니라 마을의 다른 문제들도 이 목사의 의견을 듣기 원한다. 이 목사는 더 이상 외부인이 아니다. 그 마을의 한 주민으로, 주민 전체의 공익을 위해 마을을 섬기는 지도자로 존경받고 있다. 마을의 한 모퉁이에서 시작된 교회가 이제는 그 마을의 중심에 서게 된 것이다. 이렇게 되기까지 지난 16년 동안 이상진 목사는 마을 사람들과 함께 살았고, 그들과 함께 일했고, 마을의 총체적인 변화와 발전을 위해 함께 노력했다. 그 결실이 16년이 지난 오늘 풍성하게 열매 맺게 된 것이다.

현재 이 목사는 지역사회를 위해서 마을기업협의회 부회장, 황새사랑 부의장, 황새마을권역사업 고문 등의 직책을 맡고 있다. 이러한 지역사회

활동들을 통해서 이 목사는 지역주민과 자연스럽게 소통할 수 있었고 그들의 의사결정에 참여하므로 지역사회에 더 큰 영향력을 행사할 수 있게 되었다. 또한 그는 자비량 선교사로서의 분명한 정체성도 가지고 있다. 그는 오늘 한국의 농촌교회 상당수가 미자립 교회로 남아있는 상황에서 농촌교회 목회자들도 타문화권 선교사들처럼 자비량 선교사로서의 정체성을 가져야 한다고 말한다. 이것이 고령화와 공동화 현상으로 양적 성장이 제한된 농촌의 현실에서 농촌교회가 재정적으로 독립할 수 있는 하나의 출구전략이 될 수 있다는 것이다.

B. 동면교회

강원도 홍성군 동면 속초리에 위치한 동면교회에 박순웅 목사가 1994년 부임할 당시만 해도 몇 안 되는 교인들의 마음은 굳게 닫혀 있었다. 그동안 부임했던 목회자들이 모두 잠시 머물다 갔기 때문에 새로 부임한 박 목사에 대한 기대도 크지 않았다. 비만 오면 물이 새는 예배당에 30여명의 교인들이 모여 있었지만, 의욕이나 희망은 전혀 보이지 않았다. 박 목사는 우선 내가 먹을 것은 내가 직접 농사지어보자는 마음과 이 지역에서 생산된 농산물을 도시교회에 직거래해보자는 생각으로 농사를 짓기 시작했다. 부임한 첫 해, 교인 권사가 빌려준 1,500평 하천부지에 옥수수와 감자를 재배하여 얻은 수익금 400만 원으로 예배당을 수리하고 소년소녀 가장, 백혈병 환우를 도왔다. 그 이후로도 농사를 지어 생긴 수익금은 마을 주민들과 북한 이탈주민 자녀들을 돕는 데 사용했다. 해가 바뀔 때마다 '이제 떠나나?' 의심의 눈으로 지켜보던 교인들과 마을 주민들도 조금씩 마음의 문을 열고 박 목사의 '친환경 농부목회'를 응원해 주었다.

박 목사가 친환경 농사를 시작하게 된 것은 '정농회(正農會)'와 '애농회(愛農會)'와의 만남을 통해서이다. 농사를 사랑하고 바르게 짓는 사람들과의 만남을 통해서 농사의 소중함과 농촌의 가치를 깨닫게 되고 본격적으로 친환경 농사를 시작하게 된 것이다. 박 목사와 몇몇 농촌 목회자들은 하나님의 창조질서 회복을 위하여 생명연대 운동을 확산시키고 농촌교회와 도시교회가 더불어 사는 선교공동체를 형성할 것을 목적으로 '농도(農都)공동체 선교회'를 세웠다. 이것은 후에 '기독교대한감리회 농도생활협동조합'으로 성장하여 농촌교회가 생산한 친환경 유기농산물을 도시교회가 수매해 주는 농도(農都)간 실제적인 연합으로 발전하였다.

한편, 친환경 농사로 시작한 그의 농부목회는 시간이 흐르면서 점차 마을 전체를 위한 다양한 사역들로도 확장되었다. 1999년부터는 미국교회 청소년들을 초청하여 한국의 농촌을 체험하게 하고, 동면마을 청소년들을 미국에 보내 미국교회를 체험하게 하는 문화교류를 시작했고, 최근에는 캄보디아로 그 교류를 확장했다. 2002년부터는 '어린이 생태기행' '아나바다 장터' '도시교회와의 농활연계' '에너지 절약과 이산화탄소배출 절감운동' 등, 지역사회를 위한 사역도 해 오고 있다. 이런 사역들을 인정받아 2011년에는 기독교환경운동연대와 한국기독교교회협의회 생명윤리위원회가 지정하는 '녹색교회'로 선정되었다. 박 목사는 기독교환경연대 집행위원, 서대문 친환경 급식센터 공식위원, 강원 NCC 생명평화위원장 등의 대외활동을 하고 있다. 그러나 지속적이고 장기적인 생태교육과 생산한 농산물의 안정적인 판로확보는 계속해서 풀어가야 할 과제이다.

박 목사는 지금까지 마을 사람들을 가르치려고 해본 적이 없다. 오히려 '농촌목회는 목사가 농부가 되는 삶이다' 라는 신념으로 끊임없이 그들에게서 배우고, 그들과 같이 일하며, 그들과 함께 살아왔다. 박 목사의 이런 성육신적인 삶을 통해 교회를 떠났던 사람들이 돌아오고, 믿지 않던 주민들도 전도되어 부임할 때 보다 두 배 이상 양적으로 성장했으며, 재정적으로도 자립교회가 되어 지금은 네 개의 교회들과 NGO 단체들을 돕는 교회가 되었다. 또한 최근에는 젊은 목회자들이 동면교회 주위로 옮겨와서 박 목사의 지도를 받으며 새로운 농촌목회를 시작했다. 박 목사는 앞으로 이런 목회자들이 더 많아지기를 기대하며 더 많은 농촌목회자와 함께 할 수 있는 네트워크를 준비 중이다.

C. 송악교회

1994년 충남 아산시 송악면 외암리 송악교회에 부임한 이종명 목사는 신학생 때부터 기독교 농민운동에 참여해 온 준비된 농촌 목회자이다. 그는 부임하자마자 교회가 지역사회를 위해 할 수 있는 일이 무엇인지를 찾기 위해 지역의 인구, 성향, 분포, 필요 등을 조사한 후, 지역 특성상 친환경 유기농사를 지역에 확산시켜야겠다는 결론을 얻었다. 송악면이 상수원보호구역으로 개발이 묶여 있었기 때문에 친환경 농사를 짓는데 최상의 조건이었기 때문이다. 이 목사는 먼저 교회 안에 '농민 선교 위원회'를 조직하고 복음 안에서 생명운동의 가치와 중요성을 교육하기 시작했다. 후에 이것은 '송악 동네 친환경 농사연구회'로 발전되었고, 30여 농가가 친환경 농사를 짓게 되었다. 곧이어 '한살림 송악면 지회'와 '송악골 영농조합법인'이 세워지면서 안정적인 판로가 확보되자 더 많은 농가가 친환경 농업에 참여하게 되어 현재는 논농사 약 20만평, 표고버섯과 잡곡, 그리고 유기농 야채농사까지 합해서 밭농사 약 20만평, 이렇게 송악면 내 200여 가구가 친환경 유기농업을 하고 있다.

친환경 유기농업으로 시작된 이 목사의 농촌선교는 시간이 흐르면서 지역사회를 위한 다양한 교육, 복지, 공동체 사역으로 확대되어 갔다. 먼저 학생부족으로 폐교 위기에 놓인 지역의 초등학교를 살리는 일을 주도하여 도시에서 찾아 들어오는 학교로 변화시켰고(거산초등학교), 교회 옆 초등학교는 전국적으로 유명한 생태교육과 인성교육을 하는 학교로 만들었다(송남초등학교). 송악지역의 초중등 세 학교는 모든 교육과정이 자연 속에서 생태와 감성 중심으로 이루어지고 모든 식재료는 유기농 급식으로 제공된다. 이렇게 실질적인 결과들이 나타나자 이 학교에 입학하기 위해 타 지역에서 이사를 오는 아이들이 많아져서 학교는 본교로 승격되고, '환경교육시범학교'로 선정되었다. 이 목사는 앞으로 생태교육을 하는 중학교와 농업과 생명을 주제로 하는 대안고등학교 설립도 꿈꾸고 있다.

송악교회는 교인들이 중심이 되어 지역아동센터인 '반딧불 교실'을 열어 지역 내 한부모가정, 조모자녀가정, 저소득층 가정의 아이들을 돌보고 있다. 이 사역에는 송악교회 교인들 뿐 아니라 지역주민들도 적극 참여하여 현재 약 100여 명의 자원봉사자와 후원자들이 함께하고 있다. 지역 저소득 노인들을 위해서는 '오병이어사업'을 시작하여 독거노인 30여명에게 반찬을 만들어 배달해 드리고 있으며 노인복지센터(지역요양원)를 새로 건립하기 위해 준비 중이다. 송악교회는 공동체 문화를 만드는 일에도 집중하고 있다. 문화가 가진 힘을 알고 있기 때문이다. 교회 안에 풍물패를 조직하여 '친환경 농사를 위한 오리 놓기' '논매기 두레 풍물' '친환경 들판 메뚜기 잡기와 추수 체험' '짚불 문화 축제' 등 다양한 마을의 문화축제를 교회가 주도하고 있다.

이 목사는 교회 안 교인들을 향한 구심력과 함께 교회 밖 지역사회를 향한 원심력도 강조한다. 교회는 세상속에 세워진 하나님 백성들의 공동체로 지역사회를 섬기고 변화시켜야 할 사명을 가지고 있기 때문이다. 지역사회와 소통하지 못하는 교회, 지역사회를 하나님 나라로 변화시켜가지 못하는 교회는, 지역사회 속으로 보내진 선교 공동체로서의 사명을 다하지 못하는 것이다. 이 목사는 현재 아산 YMCA 이사, 반딧불 지역아동센터 대표, 아산 외국인 노동자 센터 이사, 오병이어 사회복지회 대표의 직책을 맡고 있다. 이런 일들을 통해 그는 지역사회의 필요가 무엇인지를 정확히 파악하고 지역사회의 변화를 위한 더 큰 리더십을 행사하고 있다.

D. 단비교회

단비교회는 1992년 정훈영 목사가 신학대학을 졸업한 직후, 농촌목회의 꿈을 안고 50호 정도 되는 작은 시골마을로 내려와 개척한 교회이다. 당시 이 작은 농촌마을에는 젊은사람은 거의 없었고 대부분 70대 이상의 노인들이 농사를 짓고 있었다. 정 목사는 비어있던 축사를 개조해서 예배당으로 삼고, 주중에는 마을 주민들과 논밭에서 함께 일하며 점차 농사일을 배워갔다. 그렇게 하기를 2년이 지나고 마을 주민 한 사람이 정 목사에게 땅을 빌려주었다. 이때부터 정목사는 유기농 농사를 시작했다. 3년째부터 유기농 농사가 성공을 거두자, 마을 주민들이 하나둘씩 정 목사를 따라 친환경 농사를 짓게 되어 지금은 약 1만3천평의 땅을 함께 경작하고 있다. 정 목사는 마을에 '작목반'을 만들고 직접 총무직을 맡아 마을 사람들에게 친환경 농법을 가르치며, 농번기에는 매일같이 주민들의 바쁜 일손을 거든다. 이를 통해 교인이 아닌 마을 주민들과도 자연스럽게 소통하고, 신자와 불신자가 하나의 아름다운 공동체를 만들어 가고 있다. 이제 이 마을에서 단비교회가 없는 모습은 상상조차 할 수 없다. 교회로 꾸민 축사가 문제가 되어 교회를 허물게 되었을 때, 마을 주민들은 자발적으로 모금을 해서 교회를 지켜주었다. 단비교회가 마을 주민들로부터 받는 신뢰가 얼마나 큰지를 알 수 있다. 정 목사는 자신의 농촌목회를 이렇게 평가한다.

> 단비교회는 농촌교회입니다. 특정한 지역을 배경으로 나고 자랐습니다. 비전도 그곳에서 생겼습니다. 그렇다면 교회를 둘러싼 환경과 유관한 이미지와 강조점들이 교회 안에 있어야 마땅합니다. 자리잡은 토양 속에서 복음을 해석하고 뿌리내리게 하는 노력이 필요합니다....하나님을 발견하고 이웃의 처지 속에 내려가 교류하는 중에 전도하고 자비량의 정신으로 농촌 교회를 섬기는 방식은 이곳의 농민들에게 가장 쉽게 복음을 수용할 수 있도록 만든 원인이 되었습니다. 그리고 이 방법이 목회자의 진심을 가장 효과적으로 전달하는데 필요했습니다. 그것에 의해서 실질적으로 교회가 시작될 수 있었고 정주목회가 가능했으며 시간이 흐르면서 교회가 분명한 모양으로 자리를 잡을 수 있었습니다.[26)]

정 목사에게 농업은 농촌교회의 고유한 사역이며, 영성훈련을 위한 중요한 도구이다. 특히 친환경 유기농업을 통해 그는 농촌의 공동체성을 회복하고 도농간 협력을 강화하고자 노력하고 있다. '단비유기농장'이 대표적인 예이다. 이 농장을 통해 각종 유기농산물을 도시 회원들에게 공급하고, 친환경 농산물 생산과정에 도시의 어린이와 청소년들을 참여시키고, 귀농하는 이들의 정착을 돕고, 주변의 농토를 보전하고, 마을 공동체를 회복하기 위한 다양한 사역들(어린이와 청소년을 위한 공동체 학교, 지역사회와 함께하는 문화교실, 도서관, 노인섬김사역 등)을 전개해 나가고 있다. 정 목사는 확대(expansion)와 확장(extension)을 통한 양적 성장만을 추구했던 전통적인 선교에서 벗어나, 마을주민과 하나되는 '성육신적 선교'(incarnational mission)를 통해 마을전체를 뿌리에서부터 변화시키고 있다. 시간은 오래 걸렸지만, 농부목사인 그는 오늘도 섬김의 디아코니아 사역을 통해 이 작은 마을을 아름다운 신앙공동체로 만들어 가고 있다.

---

26) 정훈영, 『단비교회 이야기』 (서울: 꽃자리, 2012), 68-69.

E. 예수촌교회

예수촌교회(구, 도고중앙교회)는 1981년 10명의 성도들이 천막에 모여 예배를 드리면서 시작되었다. 현재 담임목사인 이건열 목사가 도고중앙교회 제4대 전도사로 부임한 것은 1986년이었다. 1993년까지 이 목사는 교회성장을 위해 최선을 다했으나 6년이 지나도 출석교인은 여전히 부임할 때인 30명을 넘지 못했다. 그러던 중, 1994년 교회 어린이들을 태운 버스가 열차와 충돌하는 사고를 계기로 어린이와 노약자들을 위한 복지목회로 전환하게 되었다.[27] 그러나 그가 기존교회의 성장 패러다임을 버리고 사회복지교회 패러다임으로 전환하게 된 더 근본적인 이유는 농촌의 미래를 정확하게 읽었기 때문이다. 그는 농촌의 인구가 갈수록 줄어들 것이고, 남아있는 사람들도 고령화 될 것이기 때문에 교회도 그러한 영향에서 자유롭지 못할 것이라고 내다보았다. 이에 대한 대안으로 '사회복지목회'를 제시한 것이다. 그의 강력한 설득에 1994년 교회 당회는 사회복지관 건립을 결의했다. 그때부터 이 목사는 사회복지대학원에 진학하여 공부하면서 다양한 복지선교를 교회현장에 적용하던 중, 1999년 '중앙사회복지관'을 건립하고, 어린이집을 운영하면서 주민들의 큰 호응을 얻었다. 2004년에는 아산시로부터 재정을 지원받아 '아산서부사회복지관'을 건립하고, 2005년에는 아산서부지역아동센터를 시작하게 되었다. 또한 2008년에는 아산노인복지센터를 설립하고 가정봉사원 파견사업과 노인주간보호사역을 시작하였고, 2010년에는 단독법인 설립의 필요성이 대두되어 독립법인인 '희망나눔재단'을 설립하여 오늘에 이르고 있다.[28]

'아산서부사회복지관'의 사역은 크게 '지역화조직기능' '서비스제공기능'

27) 성백걸, 『도고중앙교회 서른해의 발자취』(서울: 풍류출판사, 2011), 68.

28) 위의 책.

‘사례관리기능’으로 구분된다. 첫째, ‘지역화조직기능’은 복지네트워크를 구축하고, 주민을 조직화하고, 자원봉사 및 후원을 양성하고 관리하는 영역이다. 둘째, ‘서비스제공기능’은 다양한 복지서비스를 제공하는 것으로 ‘가족관계증진서비스’ ‘북한이탈주민사업’ ‘다문화가족서비스’ ‘급식서비스’ ‘보건의료서비스’ ‘일상생활지원’ 등이 있다. 셋째, ‘사례관리기능’은 지역주민 중 관리 대상자와 사회적 자원을 체계적으로 연계하도록 돕는 것으로 ‘생계비,’ ‘주거비,’ ‘의료비’등을 지원한다.[29] 그 외에도 지역사회를 위한 복지선교로는 ‘가족복지사업,’ ‘교육문화사업,’ ‘지역사회보호사업’ 등이 있다. 이를 통해 사회복지관은 상담실, 방과후교실, 청소년 인터넷공부방, 독거노인 반찬지원 서비스, 결손아동돕기, 저소득층 외식서비스, 무료한방진료 등, 다양한 복지 서비스를 제공하고 있다. 그러나 복지 서비스를 받는 마을 주민들에게 기독교 영성을 어떻게 심어줄 것인가는 예수촌 교회가 늘 고민하는 문제이다.

이건열 목사는 지난 28년 동안 문화, 교육, 복지의 혜택으로부터 소외된 농촌마을 주민들과 함께 더불어 사는 세상을 만들고자 노력해 왔다. 그 결과 지역 거주민들의 수는 줄어들었지만 교회는 이 목사가 부임할 때 보다 약 3배 가량 양적으로 성장했다. 교인들의 신앙도 다양한 복지사역에 자원봉사자로 참여하면서 신앙적으로 더 성숙해 졌다. 뿐만 아니라 지역의 불신자들로부터도 인정받는 교회가 되었다. 이 목사는 대외적으로도 마을 유지들의 모임인 ‘청화협회’ ‘사랑나눔회 감사’ ‘충청남도 사회복지관협회장’ 등, 지역사회를 위한 다양한 단체에 참여하여 리더십을 발휘하고 있다.

예수촌교회는 복지선교사역을 통해 교회의 양적, 질적 성장을 함께 이뤘고, 복음선포와 사회참여를 통해 농촌지역의 총체적 변화를 주도하는 통전적 선교의 모범사례라고 할 수 있다. 이것은 쇠퇴해 가는 농촌의 현실 속

---

29) http://www.asw2020.com

에서 복지선교를 통한 농촌마을 공동체의 새로운 가능성을 내다 본 예수촌교회의 목회자와 성도들이 있었기 때문에 가능했던 일이다.

F. 해남새롬교회

전남 해남군 해남읍 구교리에 위치한 새롬교회가 세워진 것은 1987년이지만, 이호군 목사가 2004년 제3대 목사로 부임할 당시 출석교인은 12~15명, 1년 예산은 1200만원 정도의 미자립 교회였다. 이 목사는 부임하자마자 제자훈련, 성경읽기, 새벽기도회, 심야기도회 등, 교회안의 사역에 집중했다. 그러나 교인수는 그대로였고 점차 의욕도 잃어갔다. 그러던 중 교회 앞 공원에서 어르신들에게 무료급식을 시작하게 되었는데 그 일에는 교인들도 열심히 참여했고 주민들의 반응도 매우 좋았다. 무료급식 사역과 함께 지역아동들을 위한 방과후 교실도 운영하기 시작했다. 이것은 후에 지역아동센터로 발전되었다.

이런 사역들이 늘 순조롭게 진행되지는 않았다. 교회는 작고 재정도 한계에 부딪혀 사역을 지속할 수 없게 되자, 이 목사는 새벽기도회를 마친 후 매일 한 시간씩 마을을 돌며 폐지를 모으기 시작했다. 이런 모습을 보고 교인들도 도전을 받아 하나둘씩 동참하기 시작했다. 어떤 교인은 직장에서 돌아오는 길에, 어떤 교인은 주일 예배에 오는 길에 폐지를 교회에 가지고 왔다. 이것을 팔아 모은 수익금으로 지난 10년 동안 노인무료급식과 아이들 공부방을 지속할 수 있었다. 이외에도 새롬교회가 하는 방문목욕과 방문요양서비스는 규모는 크지 않지만 지역사회에서 가장 오래된 복지사역으로 꼽히고 있다.

이 목사는 각종 지역사회단체에도 적극적으로 참여하고 있다. 현재 청소년지역센터 운영위원, 해남 복지위원, 건강보험공단 운영위원, 그리고 해남교도소 인문학 강사로 활동하고 있다. 이 목사가 이러한 지역사회 활동에 적극적으로 참여하는 이유는 이런 활동들을 통해 지역사회의 필요를 정확히 알 수 있고, 불신자들과 자연스럽게 소통하며 복음을 효과적으로 전할 수 있기 때문이다.

새롬교회에서 매년 주도하던 바자회는 이후에 사회적 기업인[30] 콩세알 초록가게로 발전하였다. 초록가게는 헌책, 가구, 의류, 가전제품 등 재활용품을 기증받고 되팔아 남는 수익금을 다시 지역사회에 환원하는 사회적 기업으로 정부로부터 다양한 지원을 받고 있다. 2014년 2월부터는 콩세알 초록가게와 목포대학교가 산학협력 관계를 맺고 위탁교육과 현장실습을 협력해오고 있다. 이 목사는 교회 밖 건물에 위치한 초록가게로 자신의 사무실을 옮기고 매일 하루의 일정시간을 이곳에서 보낸다. 초록가게는 불신자들이 교회의 울타리를 넘지 않아도 목사와 자연스럽게 만날 수 있는 만남의 장이 되었다. 이제 그곳은 신자와 불신자, 목사와 평신도가 자연스럽게 만날 수 있는 삶의 현장이요, 복음이 나누어지는 선교의 장이다.

해남새롬교회의 지역사회를 위한 다양한 사역을 통해 주민들 가운데 새롭게 교회에 나오는 사람들도 늘어났다. 부임당시 12~15명이었던 출석교인이 현재는 90명 수준이 되었고, 그 중에서 60대 이하가 80% 이상을 차지하고 있다. 젊은이들의 수가 월등히 많아진 것이다. 교회재정도 부임할 때보다 약 10배 성장하여 온전한 자립교회가 되었다. 무엇보다 큰 소득은 교회 안에서의 사역들(예배, 새벽기도회, 제자훈련, 심야기도회 등)이 더욱 활성화 되었다는 것

30) "사회적 기업이란 취약계층에게 사회적 서비스 또는 일자리를 제공하여 지역주민의 삶의 질을 높이는 등의 사회적 목적을 추구하면서 재화 및 서비스의 생산, 판매 등 영업활동을 수행하는 기업"(노동부, 사회적 기업 육성법령 2007, 7)으로 정의되며, '빵을 팔기 위해 고용하는 것이 아니라 고용하기 위해 빵을 파는 기업'으로 더 잘 묘사된다. 즉, 수익을 얻기 위해 운영하는 기업이 아니라, 수익을 나누기 위해 운영하는 기업이다. 황병배, "한국 기독교 사회적기업 연구: 사례를 중심으로,"『신학과 실천』 제32호 (2012): 755-780 참조.

이다. 이 목사는 교회 밖 사역을 통해 교회 안이 더욱 건강해졌다고 확신한다. 교회가 작아도 지역사회를 위해서 많은 일들을 할 수 있으며, 지역사회 전체가 하나님께서 자신에게 맡기신 목회지요 선교지라고 믿는 이호군 목사는 오늘도 사회적 기업인 초록가게, 지역아동센터, 무료급식의 현장에서 하나님의 사랑을 실천하고 복음을 전하고 있다.

V. 선교적 통찰: 한국 농촌교회의 성공적인 통전적 선교를 위한 7요소

지금까지 필자는 통전적 선교를 성공적으로 수행하는 농촌교회의 사례들을 서술하였다. 이들은 배경, 지역, 규모, 상황, 그리고 집중하는 사역에서 서로 달랐다. 단비교회는 약 50가구의 작은 마을에, 광시송림교회는 약 100가구, 동면교회는 약 130가구, 송악교회는 약 250가구, 예수촌교회는 약 300가구, 그리고 해남새롬교회는 군 소재지의 마을에 위치하고 있었다. 출석교인수도 단비교회, 광시송림교회는 약 50명, 동면교회, 송악교회, 예수촌교회, 해남새롬교회는 약 100명이었다. 집중하는 선교사역에 있어서 광시송림교회, 송악교회, 동면교회, 단비교회는 친환경 농업을 통한 선교에, 예수촌교회는 복지선교에, 그리고 해남새롬교회는 기독교 사회적 기업을 통한 선교사역에 집중하고 있었다. 한편, 친환경 생명목회를 하는 교회들이 복지선교나 사회적 기업 선교를 하는 교회보다 도시교회와 더 밀접한 관계를 유지하고 있었다. 도시교회의 교인들이 친환경 농사에 자원하여 참여하거나 생산된 농산물을 수매하는 등, 주로 친환경 농업과 관계된 일들에 더 적극적으로 참여하고 있기 때문으로 보인다. 한편, 정부의 재정지원과 관련해서는 복지목회와 사회적 기업 목회를 하는 교회가 친환경 생명목회를 하는 교회들보다 정부로부터 더 많은 재정지원을 받고 있었다. 당면한 과제들도 서로 달랐다. 친환경 생명목회는 농산물의 품질과 안정된 판로확보가 중요한 과제라면, 복지선교는 다양한 프로그램 개발을 통한 지속적인 복지사역과 정부지원의 확보가 중요한 문제였고, 사회적 기업 선교는 차상위계층의 고용과 임금, 그리고 기업의 자립이 중요한 과제였다. 그러나 이러한 차이들에도 불구하고, 이 교회들은 몇 가지 중요한 공통점을 가지고 있다. 이 공통점은 오늘 한국 농촌교회들이 통전적 선교를 성공적으로 수행하기 위해 필수적으로 갖춰야 할 요소들이 무엇인지에 대한 선교적 통찰을 준다. 정리하면 다음과 같다.

첫째, 정주목회자(定住牧會者)

농촌사회는 대단히 폐쇄적이다. 이것은 외부 사람이 한 마을의 일원으로 받아들여지기가 매우 힘들고, 많은 시간과 노력이 필요하다는 의미이다. 또한 통전적 선교는 지역사회의 점진적이며 총체적인 변화를 추구하기 때문에 변화를 위한 시간과 과정을 전제로 한다. 따라서 자주 바뀌는 교회 리더십은 교회를 건강하게 성장시키고 지역사회를 변화시키는데 그만큼 비효율적이다. 사례에서 보듯이, 농촌교회 목회자는 잠시 거주하다 떠날 사람이라는 인식은 교인들에게 신뢰와 안정을 주지 못할 뿐 아니라 교회와 지역사회와의 지속적인 관계를 형성하는 일에도 도움이 되지 못한다. 때문에 농촌교회가 통전적 선교를 성공적으로 수행하기 위해서는 평생 농촌교회를 지키며 농촌선교에 헌신하겠다는 정주목회자들이 꼭 필요하다. 사례 연구한 농촌교회 목회자들은 모두 최소 10년 이상, 길게는 30년 가까이 한 교회와 지역사회를 섬기는 정주목회자들이었다. 그들 대부분은 신학교 재학 시절부터 농촌 선교에 대한 비전을 가지고 농촌선교 동아리에서 활동하거나 농촌 봉사활동에 참여하고, 기회가 될 때마다 농촌에 거주하며 미래의 농촌목회를 준비한 분들이었다. 이렇게 오랫동안 농촌선교를 준비한 사람들이 정주목회자로 성공적으로 사역할 가능성이 크다고 하겠다. 정주목회자들은 그들이 속한 지역사회를 누구보다도 잘 이해할 수 있고, 지역사회 구성원들과 깊은 교감을 가지며, 지역사회의 문제를 해결하기 위한 실제적인 리더십을 발휘할 수 있다는 강점을 가진다. 그러므로 정주목회자는 농촌교회가 통전적 선교를 성공적으로 수행하기 위해 꼭 필요한 요소이다.

둘째, 선교적 교회론(선교적 자기정체성)

선교적 교회론의 중심에는 '하나님의 선교'(Missio Dei) 신학과 '하나님으로부터 파송된 선교 공동체로서의 교회이해'가 자리 잡고 있다. 즉 선교의 주체는 하나님이시며 삼위일체 하나님이 오늘도 교회를 세상으로 보내신다는 확신이다. 이때 교회는 하나님으로부터 세상으로 보냄을 받은 공동체(the sent-community)로 이해된다.[31] 이것은 세상으로 파송받은 교회의 본질과 존재이유가 곧 선교라고 하는 '선교적 자기정체성'(missional self identity)을 드러내는 것이다.[32] 이런 의미에서 교회와 선교는 불가분의 관계에 있으며, 교회는 세상(지역사회)의 총체적인 필요(holistic needs)에 총체적으로 응답(holistically response)해야 할 사명을 가진 하나님 백성들의 공동체(the community of God's people)인 것이다.[33]

이러한 이해는 통전적 선교를 성공적으로 수행하는 농촌교회 목회자들

---

31) David Bosch, *Transforming Mission: Paradigm Shifts in Theology of Mission* (Maryknoll, NY: Orbis, 1991), 390; 최동규, "GOCN의 선교적 교회론과 교회성장학적 평가," 『선교신학』 제25호 (2010): 4.

32) 레슬리 뉴비긴, 홍병룡 역, 『교회란 무엇인가?』 (서울: IVP, 2010), 181.

33) Howard Snyder, *The Community of God's People* (Downer Grove: InterVarsity Press, 2004), 75-77.

에게서도 발견되었다. 그들은 교회를 지역사회 속에 파송된 '신앙공동체'로, 농촌을 선교지로, 그리고 자신을 농촌선교사로 이해하고 있었다. 특히 '자비량선교사'(tentmaker)[34]로서의 정체성을 강하게 드러냈다. 아직도 많은 목회자들이 자비량 선교는 타문화권에서나 필요한 것으로 생각할지 모르나, 오늘 농촌교회의 상당수는 미자립 교회로 남아있고, 교회에 나올 수 있는 농촌의 절대 인구가 감소하고, 도시교회의 경제적 지원도 한계에 이른 상황이다. 이러한 상황 속에서 지역주민들과 함께 할 수 있는 사업(농업, 복지, 사회적기업 등)을 통해 경제적 자립을 이루고, 얻어진 수익금은 다시 지역사회로 환원하는 자비량 선교(혹은 비지니스 선교)의 개념이 농촌교회에도 적용될 필요가 있다고 본다. 이렇게 농촌 목회자가 자신을 농촌에 파송된 선교사로, 농촌 교회를 선교공동체로, 그리고 농촌사회를 선교지로 이해하는 것은 성공적인 농촌선교의 중요한 요소이다.

셋째, 지역사회의 필요에 대한 이해

지역교회는 지역사회 안에 존재하는 하나님 나라 백성들의 공동체이다. 따라서 지역교회는 지역사회와 불가분의 관계에 있으며, 지역사회의 필요가 무엇인지를 정확히 알고, 기독교적 실천으로 응답해야 한다. 교회안의 사역에만 머물러 있거나, 지역사회와 단절된 교회, 혹은 지역사회로부터

34) 사도바울은 성경에 나오는 대표적인 자비량 선교사이다. 그는 천막을 만드는 직업을 가지고 생활하면서 복음을 전했다(행 18:1-4; 고전 9:6; 살전 2:9). 여기서 'tentmaker'라는 말이 나왔고, 이것을 '자비량 선교사'라고 부른다. 바울이 그랬듯이 자비량 선교사에게 직업은 단지 선교비를 충당하는 수단이 아니라 선교지에서 불신자들을 더 효과적으로 만날 수 있는 중요한 접촉점이다. 전석재는 바울을 '위대한 사도인 동시에 전문인자비량 선교사'라고 평가하고, 그의 직업이 가지고 있는 선교적 의미를 다음 네가지로 설명한다. 첫째, 바울은 선교사로서의 자신의 물질적 필요를 감당했다(행 20:34). 둘째, 바울은 직업을 통해 참된 크리스천으로서의 삶의 모범을 보여주었다(행 20:35). 셋째, 바울은 직업을 통해 자신이 복음을 전하는 진정한 동기가 무엇인지를 보여주었다(고전 9:12). 넷째, 바울은 직업을 제자양육의 중요한 도구로 사용했다(살전 2:9). 전석재, 『변화하는 선교전략』(서울: 대한기독교서회, 2014), 270-271.

외면당하는 교회는 더 이상 교회로서의 존재이유를 잃어버리게 된다. 교회의 존재이유는 세상(지역사회)을 향한 선교이기 때문이다.[35] 본 논문에서 사례 연구한 농촌교회들은 지역사회의 필요가 무엇인지를 정확히 알고, 그 필요에 응답하는 교회들이었다. 광시송림교회, 동면교회, 단비교회, 송악교회는 친환경농업을 통해, 예수촌교회는 복지기관을 통해, 해남새롬교회는 사회적 기업을 통해 지역 주민들의 필요에 효율적으로 응답하고 있었다. 따라서 지역교회가 지역사회를 효과적으로 선교하기 위해서는 반드시 자신이 속해 있는 지역사회의 필요가 무엇인지를 정확히 인지하고 있어야 한다. 송악교회 이종명 목사가 부임 직후, 지역사회의 필요를 바로 이해하기 위해 지역조사를 실시한 것은 매우 좋은 예라고 하겠다. 한편, 이들은 마을기업협의회, 지역환경단체, 생명평화운동모임, 마을권역사업회, 지역아동센터, 외국인노동자지원센터, 생태학교, 사회복지재단 및 사회복지사협회, 마을지도자모임, 친환경농사교육모임, 청소년지원센터 등, 지역사회의 각종 단체 및 연합조직에도 적극적으로 참여하고 있다. 이러한 활동들은 농촌교회와 목회자들로 하여금 지역사회의 다양한 필요들을 더 잘 파악하게 하고, 불신자들과 더 자연스럽게 소통하게 하며, 지역사회에 더 많은 영향력을 행사하므로 복음을 더 효과적으로 전하게 한다.

넷째, 성육신적 선교 실천

"너희 안에 이 마음을 품으라 곧 그리스도 예수의 마음이니 그는 근본 하나님의 본체시나 하나님과 동등됨을 취할 것으로 여기지 아니하시고 오히려 자기를 비워 종의 형체를 가지사 사람들과 같이 되셨고 사람의 모양으로 나타나사 자기를 낮추시고 죽기까지 복종하셨으니 곧 십자가에 죽으심이라"(빌 2:5-8). 예수의 선교사역은 성육신적 선교의 모형이며, 이것은 오늘날

35) 레슬리 뉴비긴, 홍병룡 역, 『교회란 무엇인가?』, 174-175.

모든 선교사들이 가져야할 가장 기본적인 자세이다. 즉, 선교사들은 현지인들을 존중해야 하며, 그들과 함께 살며, 그들에게서 배우고, 그들의 필요에 기독교적 실천으로 응답하며 복음을 전해야 한다. 도날드 라슨(Donald Larson)의 주장대로 선교사들이 성공적으로 선교사역을 수행하기 위해서는 현지인들에게 가르치는 사람이 아니라 배우는 사람으로, 물건을 파는 사람이 아니라 교환하는 사람으로, 고소하는 사람이 아니라 이야기하는 사람으로 인식되어야 한다.[36] 그들이 가질 수 있는 우월감(sense of superiority)과 배타주의(exclusivism)를 버리고 섬기는 종의 마음으로 현지인들을 섬겨야 한다. 데럴 화이트맨(Darrell Whiteman)은 '성육신적 선교'를 이렇게 묘사했다. "사람들에게 가라, 그들과 함께 살고, 그들에게서 배우며, 그들을 사랑하고, 그들이 알고 있는 것에서 시작하고, 그들이 가지고 있는 것 위에 세워라."(Go to the people, Live among them, Learn from them, Love them, Start with what they know, Build on what they have)[37]

사례 연구한 농촌교회 목회자들은 이러한 성육신적 선교를 실천하고 있었다. 그들은 농사, 복지관, 사회적 기업을 통해 늘 지역 주민들과 함께 일하며 살아왔다. 한 교회의 목사이기 이전에 먼저 그 마을의 일원이 되고자 했다. 그들을 가르치려고 하기 이전에 먼저 그들에게서 배우고자 했다. 그들을 진심으로 사랑하고 섬기는 삶을 통해 마을 주민들의 마음 문이 열리고, 불신과 의심의 눈초리는 신뢰와 기대로 바뀌었다. 그리고 이러한 신뢰관계는 마을(지역사회)의 발전과 미래를 위해 함께 고민하고 함께 문제를 해결해 가는 동역관계로 발전하였다. 따라서 지역 주민들과 함께 하는 삶을 통해 그들과 진정으로 하나가 되고 그들을 겸손과 사랑으로 섬기는 성육신적 선교(incarnational mission)는 성공적인 농촌선교의 중요한 요소이다.

---

36) Donald Larson, "The Viable Missionary: Learner, Trader, Story Teller," in *Perspectives on the World Christian Movement* (CA: William Carey Library, 1999), 438-443.

37) Darrell Whiteman, "Anthropology and Mission: The Incarnational Connection," in *Missiology: An International Review*, vol. 31, no, 4 (2003): 410.

다섯째, 통전적 선교 수행

통전적 선교는 개인을 향한 회심과 사회를 향한 회심을 동시에 요청하며 복음선포와 사회참여를 동시에 수행하고, 이 둘을 대립적인 것이 아니라 서로 불가분의 상호적이고 통합적인 관계로 본다. 통전적 선교는 복음과 구원에 대한 통전적 이해에 근거해 있다. 성경이 선포하는 복음은 개인의 영혼을 죄와 사망으로부터 해방시키는 기쁜소식이며, 동시에 그것은 이 땅에서 모든 사회악을 제거하고 정의와 평화와 창조질서를 회복시키므로 임하는 하나님의 나라에 대한 기쁜 소식이다. 또한 하나님의 구원은 인간의 영혼에게만 임하는 것이 아니라, 인류사회와 자연세계 전체에 하나님의 통치로 임하는 통전적인 구원이다.[38] 그러므로 구원의 개인적인 내용과 우주적인 내용을 모두 포괄하는 통전적 복음이 온전한 복음이다.[39] 지역교회는 이러한 통전적 복음과 구원을 선포와 실천(사회참여)을 통해 수행해야 할 사명을 받은 하나님 선교의 중요한 대행자인 것이다.

이러한 통전적 선교는 앞에서도 살펴봤듯이 존 웨슬리에게서 분명히 발견되는 감리교 선교의 전통이며, 오늘날 에큐메니칼과 복음주의 진영이 공통적으로 추구하는 것이기도 하다. 본 논문의 사례연구 교회 목회자들도 이러한 통전적 선교에 대한 분명한 이해를 가지고 있었다. 그들은 선교사역을 개인의 영혼구원에만 국한시키지 않고, 그들이 속해 있는 마을(지역사회) 전체의 총체적인 변혁(transformation)으로 확장시켰다. 도구는 지역사회의 여건과

38) 예수의 선교사역은 통전적 복음전도의 모델이다. 예수는 그의 공생애를 시작하면서 '회개하라 천국이 가까웠느니라"(마 4:1)고 선포하고, 모든 성읍과 마을을 두루 다니면서 말씀을 가르치며 복음을 선포했다(마 4:23; 5:1; 9:35; 13:1; 막 1:13; 1:38; 2:1; 4:1; 12:35; 눅 7:6; 요 6:59). 그러나 동시에 예수는 자신의 사역이 가난한 자, 포로된 자, 눈먼 자, 눌린 자들과 함께 하며 그들에게 실제적인 자유와 해방을 주는 일임도 명확히 했다(눅 4:16). 따라서 예수가 선포한 복음과 구원은 개인적인 것이면서 동시에 사회적인 것이었고, 그 방법은 선포와 실천을 포괄하는 통전적인 것이었다. 즉, 예수의 선교사역은 선포와 실천, 개인구원과 사회구원을 포괄하는 통전적 선교의 모델이 된다.

39) 르네 파딜라, 홍인식 역, 『통전적 선교』(서울: 나눔사, 1994), 22.

필요에 따라 친환경 유기농업, 사회복지사업, 사회적 기업 등 달랐지만, 그들의 선교목표는 개인의 영혼구원과 함께 창조질서의 회복이었고, 그곳에서 실현되는 하나님의 나라였다. 개인의 영혼구원과 지역사회의 변혁(사회구원)은 함께 수행되어야 할 상호적이고 통전적인 것으로 이해되고 있었다. 해남새롬교회의 경우, 사회적 기업을 통해 지역 주민들과 효과적으로 소통할 수 있었고, 젊은 세대들이 전도되어 교인들 가운데 60대 이하가 80% 이상을 차지하는 젊은 교회가 되었다. 부임당시 12-15명이던 출석교인도 90명 수준으로 많아졌다. 교회 안에만 갇혀 있을 때 실패했던 제자훈련, 심야기도회, 새벽기도회, 예배사역도 교회 밖 지역사회를 위한 사역들을 통해 전도되는 교인들이 늘어나면서 활성화되었다. 복지선교사역을 하는 예수촌교회도 마을 거주민들의 수는 감소했지만 교인들의 수는 오히려 증가했으며, 교인들이 봉사활동에 적극적으로 참여하면서 그들의 신앙도 한층 성숙해졌다. 한편, 친환경 유기농업을 하는 교회들은 인간과 자연이 함께 어우러지는 공동체 건설에 깊은 관심을 가지고 있었다. 그들은 마을 사람들에게 조용하지만 점진적으로 복음을 전하며 마을(지역사회)을 복음화 시키고 있었다. 이렇듯 복음선포와 지역사회의 변혁을 함께 수행하는 통전적 선교는 성공적인 농촌선교를 위한 또 하나의 중요한 요소이다.

여섯째, 교회 안팎 사역의 균형

하워드 스나이더는 교회 안팎의 사역과 관계를 내적생태학(internal ecology)과 외적생태학(external ecology)이라는 생태학(ecology) 용어로 설명한다.[40] 내적생태학은 교회 안에서의 사역과 관계를 말한다면, 외적생태학은 교회와 세상과의 관계를 말한다. 그런데 이 둘은 서로 깊은 상관성을 가지고 있다. 즉 교

40) Howard Snyder, *Liberating of the Church* (Downers Grove: Inter-Varsity Press, 1983), 69-90.

회 안에서의 사역이 성공적으로 이루어져야 교회 밖에서의 사역도 활발히 이루어질 수 있고, 이것은 다시 교회 안의 사역을 강화시킨다. 그 반대의 경우도 마찬가지다. 해남새롬교회와 예수촌교회가 교회 밖 사역들을 통해 교회 안의 사역이 더욱 활성화 되고 성장한 것이 좋은 예이다. 이러한 선순환을 통해 지역교회는 내적으로 건강하게 성장하며, 교회 밖 세상(지역사회)에 더 좋은 영향력을 행사하게 된다.

통전적 선교를 강조하는 사람들은 사회참여를 중시하다보니 복음적이지 않고, 영성도 약하고, 교회 안 사역보다는 교회 밖 사역에만 몰두한다는 생각은 통전적 선교가 강조하는 조화와 통합의 정신을 제대로 이해하지 못하는데서 비롯된 오해이다. 통전적 선교를 수행하는 교회들은 교회 밖에서 행해지는 복음전도와 사회참여의 통전성을 중요시하듯, 교회 안과 밖에서의 사역 모두를 중요하게 생각한다.

이것은 사례연구 교회 목회자들에게서도 분명하게 나타났다. 그들은 하나님의 선교를 인지하고 있는 것만큼 하나님의 선교에서 차지하는 지역교회의 중요성을 분명히 인지하고 있었다. 또한 지역교회(local church)가 건강하고 든든해야 그곳으로부터 지역사회(local community)를 변화시키는 건강한 영향력이 흘러나올 수 있음도 자각하고 있었다. 특히 사례연구 교회 목회자들은 농촌인구 자체가 감소하여 교회의 양적 성장이 한계에 부딪친 상황에서 교인 한 사람의 신앙성숙이 지역사회에 얼마나 큰 영향력을 미치는지를 인식하고 있었다. 때문에 교회 밖 사역들이 중요한 만큼, 교회 안의 사역들(예배, 평신도훈련, 기도회, 돌봄 등)도 매우 진지하게 다루고 있었다. 이렇듯, 교회 안팎의 사역을 모두 중요하게 여기고 균형 있게 행하는 것은 성공적인 농촌교회의 통전적 선교를 위한 중요한 요소이다.

일곱째, 유기적 연대(도시교회, 농촌교회, 교단본부, 신학교)

성공적인 농촌교회의 통전적 선교를 위해서는 농촌교회의 노력만으로는 불가능하다. 농촌교회, 도시교회, 교단본부, 그리고 신학교가 함께 유기적인 연대를 이루고 협력해야 가능한 일이다. 무엇보다 장기적인 정책지원과 농촌교회 지도자 양성은 미래 농촌선교의 성패를 가르는 매우 중요한 문제이다.

사례연구 교회 목회자들은 이것의 중요성을 분명히 인지하고 있었다. 각 영역에 대한 제안을 정리하면 다음과 같다. 먼저 도시교회는 정기적이고 장기적으로 농촌교회와 직접 교류할 수 있는 동역의 길을 열어야 한다. 예를들어, 친환경농산물 직거래장, 농촌봉사활동, 농촌교회와의 자매결연 및 청소년 교육협력 같은 연합 활동들이 좋은 예이다. 이러한 사업들은 도농(都農)교회 간, 주종(主從)이나 우열(優劣)의 관계가 아니라 반드시 상생(相生)과 협력(協力)의 관계 안에서 이루어져야 한다.

농촌교회들 상호 간에도 긴밀한 이해와 협력이 필요하다. 아직도 많은 농촌교회 목회자들이 '통전적 선교를 통한 지역사회 복음화'라는 인식을 공유하지 못하고 있다. 사례연구 교회 목회자들은 자신들을 향한 전통교회 목회자들의 부정적 시각을 안타깝게 생각하고 있었다. 교회 안에서의 사역만 교회사역으로 여겨왔던 전통적 목회관이 변화하는 농촌사회의 새로운 요구들을 해결하는데 오히려 방해가 되고 있는 형국이다. 앞에서 언급했듯이, 농촌사회의 고령화와 공동화로 교회의 양적 성장에 분명한 한계가 드러나고, 여전히 상당수의 농촌교회들이 미자립교회로 남아있는 상황에서 농촌목회 사역을 교회 안으로만 국한시키는 것은 농촌교회를 더욱 무기력하고 도시교회에 의존하는 교회로 만들 것이다. 따라서 농촌교회 목회자들의 통전적 선교에 대한 이해와 상호 협력이 절실하게 요청되고 있다.

교단본부는 효과적인 농촌선교를 위해 보다 장기적이고 실제적인 정책

개발과 제도개선에 주력해야 한다. 예를들어, 농촌교회 수련목회자 제도, 농촌선교사 제도, 농촌목회 매뉴얼 개발, 친환경농지확보 및 친환경농산물 유통망 운영, 농촌교회 목회자 연장교육, 농촌선교위원회 활성화 등이다.[41] 이러한 실제적인 정책개발과 제도개선을 통해 보다 많은 정주목회자들을 확보하고 농촌교회의 선교를 활성화시킬 수 있을 것이다.

신학교는 미래 농촌교회 지도자들을 만들어 내는 중요한 교육기관이다. 사례연구 교회 목회자들은 신학교에서 농촌선교를 위한 보다 실제적인 과목들을 가르쳐 주기를 원했다. 예를 들어, 농촌과 환경문제, 농촌사회와 다문화, 농촌교회와 영농조합/협동조합, 자비량(전문인)농촌선교, 생태신학, 농촌사회복지, 농촌의 현실과 미래, 농촌사회개발, 커뮤니티 비즈니스, 친환경 농업선교, 팀사역/네트워킹, 농촌선교와 비영리기구(NGO) 등의 과목들이다. 이런 교과목들을 통해 신학교는 농촌교회의 통전적 선교를 성공적으로 수행하고 농촌사회의 변화를 이끌고 가기에 더 적합한 지도자들을 양성할 수 있을 것이다. 특히 농촌교회, 도시교회, 신학교, 교단본부가 각자의 영역에서 뿐 아니라, 상호간에 유기적인 연대를 이루며 장기적이고 효율적인 교육과정, 정책개발, 제도개선을 위해 협력하는 것은 무엇보다 중요한 일이다. 지금까지 정리한 '농촌교회의 통전적 선교를 위한 필수요소'를 그림으로 그리면 다음과 같다.

---

41) 감리교 선교국 사회농어촌환경부와 농촌선교위원회가 2012년 감리교 농촌교회 목회자 280명을 대상으로 조사한 바에 의하면, 응답자 중 81.3%가 모든 연회에 농촌선교회원회가 필요하다고 응답했으며, 50% 이상이 농촌수련목회자 제도의 도입에 찬성했고, 50% 이상이 교단본부가 도농간 농산물 직거래 유통망을 구축해 줄것을 요구했다. 기독교대한감리회 농촌선교회, 『감리교 농산어촌 목회자 및 교회 실태 조사 보고집』, 47.

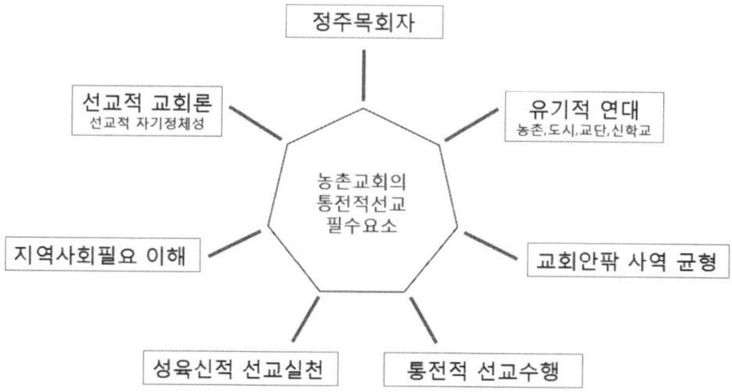

그림1. 농촌교회의 통전적 선교를 위한 필수요소

VI. 나가는 말

본 논문은 로잔신학이 가지고 있는 '통전적 선교신학'의 관점에서 한국 농촌교회의 통전적 선교 가능성을 논하고자 했다. 이를 위해 필자는 오늘 한국 농촌사회의 상황을 서술하고, 로잔신학에 내포된 통전적 선교신학을 논한 후, 이러한 통전적 선교신학을 한국 농촌사회에서 실천하고 있는 농촌교회들을 사례연구하여 얻은 선교적 통찰을 7가지로 정리하였다. 그것은 (1) 정주목회자(定住牧會者); (2) 선교적 교회론(선교적 자기정체성); (3) 지역사회의 필요에 대한 이해; (4) 성육신적 선교의 실천; (5) 통전적 선교의 수행; (6) 교회 안팎 사역의 균형; (7) 도시교회, 농촌교회, 교단본부, 신학교 간의 유기적 연대이다.

앞에서 언급했듯이, 오늘 한국의 농촌은 절망과 희망, 위기와 기회, 쇠퇴와 가능성이 함께 공존하는 선교현장이다. 농촌사회의 고령화와 공동화로 농촌교회의 양적성장이 한계를 드러내고 미자립 농촌 교회들이 산재해 있는 것은 농촌교회의 어두운 현실이지만, 귀농 · 귀촌 인구의 증가, 친환경 농산물의 생산과 소비증가, 다인종.다문화의 확산, 정주목회자들의 증가는 농촌교회와 농촌사회에 새로운 가능성과 희망을 제시하고 있다. 이러한 선교현장에서 더 많은 정주목회자들이 선교적 교회론과 지역사회의 필요에 대한 분명한 이해를 가지고, 성육신적 선교와 통전적 선교를 수행하면서, 도시교회, 교단본부, 신학교와 유기적인 연대를 이루어 간다면, 농촌사회의 총체적인 변화와 복음화는 더 효과적으로 이루어질 것이다.

참고문헌

Guder, Darrell. ed. *Missional Church: A Vision for the Sending of the Church in North America*. Grand Rapids, MI: William B. Eerdmans Publishing Co., 1998.

Larson, Donald. "The Viable Missionary: Learner, Trader, Story Teller." In *Perspectives on the World Christian Movement*. CA: William Carey Library, 1999.

Moreau, Scott. eds. "Holistic mission," In *Evangelical Dictionary of World Missions*. MI: Baker Books, 2000.

Snyder, Howard. *Liberating of the Church*. Downers Grove: Inter-Varsity Press, 1983.

______________. *The Community of God's People*. Downer Grove: InterVarsity Press, 2004.

Newbigin, Lesslie. *Household of God*. 홍병룡 역. 『교회란 무엇인가?』. 서울: IVP, 2010.

성백걸. 『도고중앙교회 서른해의 발자취』. 서울: 풍류출판사, 2011.

임희모. "에반젤리칼 선교신학의 에큐메니칼 대화." 한국선교신학회. 『복음주의와 에큐메니즘의 대화』. 서울: 다산글방, 1999.

장성배. "로잔운동과 총체적 선교." 한국로잔연구교수회. 『로잔운동의 전략』. 서울: 올리브나무, 2013.

정훈영. 『단비교회 이야기』. 서울: 꽃자리, 2012.

조동진. 『세계선교 트렌드 下』. 서울: 아시아선교연구소, 2007.

차흥도. "정주목회에서 지역순환사회로!" 기독교대한감리회 농촌선교회. 『감리교 농산어촌 목회자 및 교회 실태 조사 보고집』. 서울: 농촌선교훈련원, 2012.

한경호. 『농촌목회 현장이야기』. 서울: 미션아카데미, 2008.

Guder, Darrell. "Towards a Holistic Theology of Mission: World, Community, Neighbor." 『선교와 신학』 제15집 (2005): 154-255.

Whiteman, Darrell. "Anthropology and Mission: The Incarnational Connection." In Missiology: An International Review vol. 31, no, 4 (2003): 397-415.

신경규. "통전적 관점에서 본 두 선교신학의 합치성 모색." 『선교와 신학』 제29집 (2012): 195-224.

양낙홍. "세계교회협의회의 선교신학 분석과 평가." 『선교와 신학』 제28집 (2011): 223-258.

양순미. "농촌 국제결혼 이주여성 부부의 적응과 결혼만족에 작용하는 요인분석." 『한국가정관리학회 학술발표대회 자료집』 (2006): 217-230.

이순형. "농촌 다문화가족의 현황과 적응문제." 『한국지역사회생활과학회 학술대회 자료집』 (2007): 13-27.

최동규. "GOCN의 선교적 교회론과 교회성장학적 평가." 『선교신학』 제25호 (2010): 233-263.

한경호. "농촌교회의 위기, 대안은 있나?" 『기독교사상』 653 (2013): 24-32.

______. "농촌 선교와 생명 살리기 운동." 『선교와 신학』 제22집 (2008): 13-44.

한국일. "한국적 상황에서 본 선교적 교회: 지역사회를 중심으로." 『선교와 신학』 제30집 (2012): 76-114.

황병배. "한국 기독교 사회적기업 연구." 『신학과 실천』 제32호 (2012): 755-780.

농림축산식품부. 『친환경농산물 생산추이』. http://www.index.go.kr/portal.main, 2013.

동북지방통계청 농어업조사과. 『통계로 본 농촌사회』. http://kostat.go.kr/dbro, 2013.

조사관리국 인구총조사과. 『2010 농림어업총조사』. http://kostat.go.kr, 2011.

행정통계과. 『2013년 귀농귀촌인 통계』. http://kostat.go.kr/portal/korea, 2013.

아시아투데이. "국내 친환경농산물시장 2020년까지 2배 성장한다." 2013.10.25.

http://www.asw2020.com

http://kosis.kr/statHtml

http://www.lausanne.org/documents.html

지구촌기독교의 등장과 로잔운동

박형진 • 횃불트리니티신학대학원대학교

각 나라와 족속과 백성과 방언에서 아무라도 능히 셀 수 없는
큰 무리가 흰옷을 입고 손에 종려 가지를 들고 보좌 앞과 어린 양 앞에 서서
요한계시록 7:9

I. 들어가면서

예수그리스도께서 땅 끝 모든 족속에게 가서 복음을 전파하라는 위임을 주신지 2000년의 시간이 지났다. 이 지상명령을 받은 제자 중 하나인 사도 요한은 비록 밧모섬에 유배되어 있었지만 궁극적으로 이루어질 이 역사에 대한 완성점을 먼저 계시를 통해 보았다. 그가 본 바 각 나라와 족속과 방언 가운데 구원받은 자들이 찬송하는 것은 실상은 예수그리스도께서 이 땅에 오시기 2000년 전 아브라함을 부르신 하나님이 선포하신 말씀 속에 언급하신 '땅의 모든 족속'이 받을 복이라는 표현 속에 이미 잠재되어 있음을 보게

된다.

> 내가 너로 큰 민족을 이루고 네게 복을 주어 네 이름을 창대케 하리니 너는 복의 근원이 될지라 너를 축복하는 자에게는 내가 복을 내리고 너를 저주하는 자에게는 내가 저주하리니 땅의 모든 족속이 너를 인하여 복을 얻을 것이니라 (창세기 12:2-3)

지난 2000년간의 기독교 역사는 이 궁극적 완성점을 향해 나아가는 복음의 여정이었으며 그 결과 '지구촌기독교'의 등장은 필연적 결과일 수밖에 없다고 이야기할 수 있다. 지구촌기독교는 단지 지리적 편만성의 의미만을 가지는 것이 아니다. 이는 전파된 복음이 인종과 언어가 다른 각 지역의 문화권에서 어떻게 수용되고 그들의 예배와 신학과 삶 속에서 어떻게 구현되었는지를 보여주는 의미도 동시에 지닌다.

전 세계 복음화를 그 궁극적 목표로 출발한 로잔운동은 미전도종족입양선교운동, AD 2000 and Beyond운동 등 복음전파를 위한 목표를 설정하여 일로매진해왔다. 동시에 로잔운동은 여러 선교적 이슈들과 전략을 위해 심사숙고하여 많은 문건들을 창출해 놓았다. 이러한 문건들에서는 이렇게 부상한 지구촌기독교의 실체와 그 안에 드러난 복음의 속성을 얼마나 반영하고 있는 것일까? 이 연구는 바로 이 물음을 중심질문으로 하여 전개하려고 한다. 이 소고에선 그간 로잔운동에서 나타난 문건 가운데 이러한 면이 어떻게 반영되어있는지를 살펴보기 위해 먼저는 지구촌기독교의 등장과 개념화를 간단히 논하고, 그 다음 로잔운동 주요 대회의 문건들,[1] 그리고 특별히 최근 발행되고 있는 Lausanne Global Analysis를 중심으로 살펴보려고 한다.[2]

---

1) 로잔언약(1974), 마닐라선언(1989), 케이프타운서약(2010).

2) Lausanne Global Analysis는 로잔운동의 홈페이지(https://www.lausanne.org/)에 수록되

II. 지구촌기독교의 등장과 개념

A. 기독교의 지리적 확장 및 인구비적 전이

지구촌기독교를 도식화해 줄 수 있는 것으로 아래의 두 그림을 통해 먼저 설명하여 보고자 한다. 〈그림 1〉은 기독교 무게중심의 이동을 표식한 것으로 예수그리스도의 지상 공생애 사역의 시작점인 AD30년으로부터 2100년까지의 기독교 인구의 무게중심의 경로를 추적해 본 것이다. 〈그림 2〉는 서구와 비서구의 기독교인 증감에 대한 추이를 본 것이다.

〈그림 1〉 기독교 무게중심의 이동

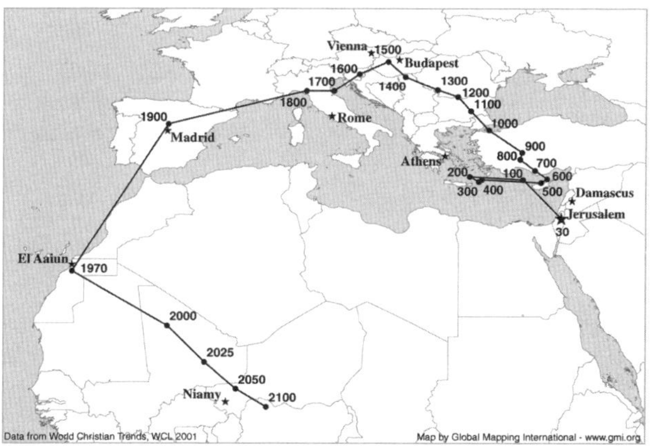

출처: Todd M. Johnson and Sun Young Chung, "Tracking Global Christianity's Statistical Centre of Gravity, AD 33 - AD 2100," *International Review of Mission* 93, no. 369 (April 2004): 167.

어 있으며 이 소고에선 그 온라인 자료들을 참고하였다.

〈그림 2〉 서구와 비서구의 기독교인 증감

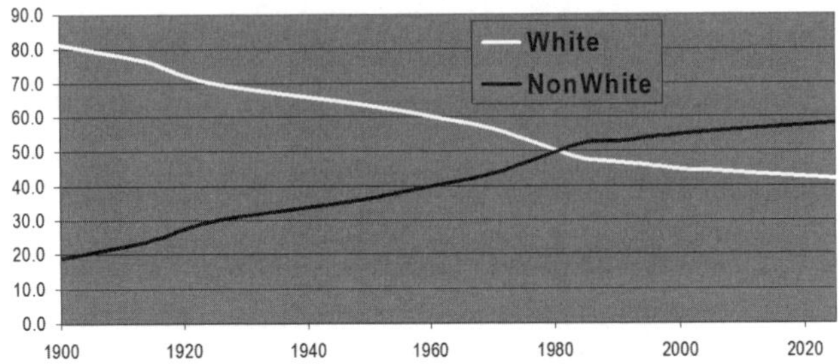

출처: Todd M. Johnson, "Global Ethnic Background of Christians 1900-2025," World Christian Database, www.worldchristiandatabase.org, Brill, 2007.

〈그림 1〉은 기독교인의 인구증가비가 초기 500년간에는 유대인들을 중심으로 시작되어 점차 소아시아와 인근 지중해를 중심으로 그 인구가 확장되어 갔음을 보여준다. AD 500년 이후 기독교의 확장은 소아시아로부터 점차로 서북 방향으로 진행되었으며 AD 1500년 경 기독교 인구의 무게중심은 유럽중앙부에서 그 정점을 찍는다. 이는 유럽의 기독교화 과정을 반영하고 있는 것으로 종교개혁 당시 독일은 세계 기독교 인구의 집중지역이라고 할 수 있겠다. 그러나 1500년 이후 기독교의 무게중심점은 계속 남하하는 것을 볼 수 있다. 이는 이 시기에 이루어진 지리상의 발견으로 아프리카 사하라 이남으로의 기독교 확장과 신대륙발견으로 인한 남아메리카의 기독교화, 남태평양 군도로의 선교, 오세아니아 지역으로의 기독교인 이주 등을 반영하고 있다. 이러한 남하는 1970년에 그 방향을 바꾸어 동진하면서 계속 남하하고 있다. 이는 이 시기 이후 아시아지역에 일어난 기독교의 폭발적 부흥운동과 교회성장을 반영해 주고 있다. 바로 중국의 지하교회 성장, 한국과 같은 교회의 폭발적 성장 등을 예로 들 수 있다. 현시점인 2017년을 기준으로 한다면 기독교인 무게중심의 위치는 서부 아프리카에 해당한다.

이는 전 세계 기독교인 가운데 서부 아프리카 지역에 기독교인이 가장 밀집되어 있다는 말이다. 인구비적으로 본다면 가장 기독교화 된 대륙은 사실상 유럽이나 미주가 아닌 아프리카 대륙이라는 이야기이다.

〈그림 2〉는 서구와 비서구의 기독교인 증감을 보여주고 있는 그래프인데 1900년에 지구상 기독교인의 80%가 백인계이었고, 나머지 20%가 비백인계로 구성되었다면 1980년에는 이러한 비율이 역전이 되어 2020년경에는 백인계와 비백인계의 비율이 대략 40 대 60이 될 것을 보여주고 있다. 이는 〈그림 1〉에 나타난 기독교인 무게중심의 이동을 반영해 주고 있다. 이제는 서구보다는 비서구지역에서 더 많은 기독교인을 찾아볼 수 있는 시대가 되었다는 것이다.

B. 지구촌기독교의 개념화

1. 지역기독교의 총합적인 기여

위의 두 그림이 보여주는 바처럼 지구촌기독교의 모습은 이제 명백히 비서구가 서구를 기독교 인구의 대비에서 앞섰음을 증명해주고 있다. 그러나 이러한 지구촌기독교의 현상을 단순히 인구비적인 모습에만 국한해서는 안 될 것이다. 이는 그 이상의 의미를 함유하기 때문이다. 즉, 이제는 기독교의 예배, 예전, 신학의 양상도 더는 서구의 것이 아닌 비서구적인 요소들이 반영되어 있다는 것이다. 다시 말해, 복음과 문화와의 상관관계 속에서 지금까지 서구기독교가 발현해 온 자발적인 토착화의 과정을 비서구교회도 밟고 있음을 보여주는 것이다. 이러한 인구비적 전이와 그것이 지니는 신학적, 선교학적 함의는 이미 앤드류 월스(Andrew Walls)나 필립 젠킨스(Philip Jenkins)와

같은 학자들에 의해 논의되었다.[3)]

이러한 논의들이 의미하는 바는 무엇인가? 지구촌기독교는 신앙의 다양성, 신학의 균형성, 복음의 총체성, 궁극적으로는 하나님 나라의 풍요성을 보여준다는 것이다. 모든 신학적 의제(agenda)들은 지역적이고 시대적인 특수성을 띠고 특정한 이슈를 갖고 있다. 그러기에 지구촌기독교는 어느 특정 지역이나 특정 시대의 신학을 우월하거나 대표적인 신학으로 볼 수는 없음을 말한다. 한 예를 들어, 초대 로마제국 내 헬라 문화권에서 형성된 신앙의 표현(다분히 교리적)이 제국권 바깥의 시리아 문화권에서 형성된 신앙의 표현(다분히 윤리적)과 같을 수도 없고 우월하다고도 볼 수 없다. 각각의 특수성이 오히려 복음 이해의 상호보완적 역할을 할 수 있다. 또 한 예로, 서구가 계몽주의와 근대화 과정을 거치면서 그 신학도 초자연적인 요소 등을 거부하고나 중요시하지 않는 경향이 있다. 이러한 성향의 신학이 지구촌기독교를 대변할 수는 없다. 오히려 초자연적 요소를 중시여기는 비서구지역의 신앙과 신학으로 서구신학에 교정적이고 균형적인 시각을 제공하고 견제해 줄 수 있어야 한다.

궁극적으로 지구촌기독교는 전 시대와 전 지역을 망라하는 총체적 시각에서 그리스도에 대한 원만한 이해와 복음의 진정한 속성을 보여줄 수 있는 시점을 제공해준다고 할 수 있다. 어느 한 시대나 한 지역의 신학이 국지적이며 자기한계가 있음을 보게 해주고, 상대방을 통해 스스로는 볼 수 없었던 자신의 모습을 보여주기까지 하는 특성이 있다고 할 수 있다. 지구촌기독교는 그리하여 각 시대와 각 지역의 신앙과 신학이 각각 종합적으로 기여하여 총체적인 복음과 그리스도의 풍성함을 이해하도록 돕는 순기능을 한

3) Andrew F. Walls, "From Christendom to World Christianity: Missions and the Demographic Transformation of the Church," *The Princeton Seminary Bulletin* 22, no. 3 (2001): 306-30; Philip Jenkins, *The Next Christendom: The Coming of Global Christianity* (Oxford: Oxford University Press, 2002).

다. 그리하여 "우리가 다 하나님의 아들을 믿는 것과 아는 일에 하나가 되어 온전한 사람을 이루어 그리스도의 장성한 분량이 충만한 데까지 이르리니"(에베소서 4:13)라고 한 바울의 권면과도 일맥상통한다고 볼 수 있겠다.

2. 지구촌기독교의 특성들

지구촌기독교에 대한 이러한 이해는 지구촌기독교가 갖는 특성들을 드러내 준다. 먼저 다음의 특성들은 지구촌기독교가 '아닌' 것으로 볼 수 있다. 이데올로기적(ideological), 영토적(territorial), 단중심적(monocentric)인 것은 지구촌기독교의 특징들과 대치된다.[4] 기독교의 역사를 돌이켜볼 때 교회(특히 서방 로마 가톨릭)는 특정 언어(예, 라틴어)를 예전과 신학의 언어로 규정하고 이데올로기화하여 오히려 성경 번역을 저해하는 일을 한 적이 있다. 이는 오순절 날 임한 성령이 언어의 차별 없이 복음을 듣게 하신 역사에 어긋난다. 기독교 역사에서 우리는 영토적 확장을 통해 기독교의 확장을 가져온 예들을 볼 수 있다. 그 과정에서 강압을 통한 개종이나 소위 '크리스텐덤'(Christendom)을 구축한 유럽의 역사를 보았다. 그러나 영토적 개념의 기독교가 결코 진정한 기독교의 모습이 아님을 유럽의 역사가 보여주었다. 또한, 기독교의 확장과정을 볼 때 어느 한 나라나, 한 민족이나 한 지역이 항구적인 기독교의 중심이 된 적이 없었다. 기독교의 무게중심도 끊임없이 이동하는 것처럼, 선교의 중심점도 시대에 따라 이동해 왔음을 본다.[5] 이제는 다중심적(polycentric) 기독교의 모습이 총체적인 기독교의 모습을 대변해 주고 있다.

지구촌기독교의 특성은 또한 다음과 같이 양면성을 두루 아우르는 짝

4) 이 부분에 대한 논의는 필자의 글을 참조하기 바람. 박형진, "지구촌 기독교(World Christianity)의 등장과 그 개념화 작업,"『선교와 신학』 31 (Spring 2013): 11-39.

5) 이에 대한 논의는 Andrew F. Walls, "Christianity in the Non-Western World: A Study in the Serial Nature of Christian Expansion," in *The Cross-Cultural Process in Christian History* (Maryknoll: Orbis, 2002), 27-48을 참조하라.

개념으로도 생각해 볼 수 있다: 복수성(plurality)과 보편성(catholicity); 특수성(particularity)과 일반성(universality); 문화상호간(intercultural)과 문화이행간(cross-cultural) 해석; 로컬(local)과 글로벌(global)의 공존; 그리고 남반구(Southern)와 북반구(Northern) 기독교의 양상 등이다. 이러한 짝 개념은 상호 모순적이라기보단 상호보완적 의미를 지닌다고 보아야 한다.[6)]

III. 국제 로잔대회 주요 문서들에서 나타나는 지구촌기독교의 개념들

지금까지 대략 지구촌기독교의 등장과 이에 따른 개념들을 정리해 보았다. 이제는 세 번에 걸친 국제로잔대회가 창출한 주요 문건인 로잔언약과 마닐라선언, 케이프타운서약 속에서 이러한 개념들을 어떻게 인지하고 표출하고 있는지 살펴보기로 하겠다.[7)] 여러 조항들이 많이 있겠지만 여기서는 위에서 언급된 내용과 맥락에 부합하는 조항들에 특별히 초점을 맞추어 보려고 한다.

6) 박형진, "지구촌 기독교(World Christianity)의 등장과 그 개념화 작업," 11-39.

7) 여기서 인용된 문건의 내용은 조종남, 『세계복음화를 위한 로잔운동의 역사와 신학』(서울: 선교횃불, 2013)를 참조하였다.

A. 문화 속, 지역 속에서의 복음; 복음과 문화의 상관관계

로잔언약에서는 각 문화 속에서 역사하시는 성령의 역사를 다음과 같이 논하고 있다.

> 성령은 오늘도 그 계시를 통해 말씀하신다. 성령은 어떤 문화 속에서나 모든 하나님 백성의 마음을 조명하여 그들의 눈으로 이 진리를 새롭게 보게 하시고, 하나님의 각종 지혜를 온 교회에 더욱더 풍성하게 나타내신다.
>
> (로잔언약, 2. 성경의 권위와 능력)

이는 성령의 역사가 문화를 도전하시고 변혁시키는 역할도 하지만, 동시에 문화적 상황을 인식하시고 그 안에서 복음을 이해시키는 지혜의 영임을 증거하고 있다. 따라서 교회도 지역성을 존중하고 독창성을 가져야 함을 아래와 같이 강조하고 있음을 본다.

> 모든 민족과 문화권에서 교리, 제자도, 전도, 교육 및 봉사의 각 분야에 목회자, 평신도를 위한 효과적인 훈련 프로그램이 수립되어야 한다. 그러한 훈련 프로그램은 틀에 박힌 전형적인 방법에 의존할 것이 아니라 성경적 기준을 따라 지역적인 독창성을 바탕으로 개발되어야 한다.
>
> (로잔언약, 11. 교육과 지도력)

마닐라 선언에서도 지역의 특수성과 중요성에 대해 다음과 같이 강조하고 있다.

> 모든 기독교 회중은 그리스도의 몸을 나타내는 지역적인 표현이며 동일한 책

임을 지고 있다…. 지역 교회의 일차적인 책임은 복음을 전하는 것이라고 믿는다…. 각 지역 교회는 그 처해 있는 지역을 복음화해야 하며 또한 그렇게 할 자원을 가지고 있다…. 우리는 선교에 대한 더 적절한 전략을 수립하기 위해 모든 회중이 개 교회의 교인들이나 프로그램뿐만 아니라 지역 사회의 모든 특성을 정기적으로 연구할 것을 권한다…. 그 교회가 속해 있는 지역을 소홀히 해서는 안 되며, 이웃을 복음화하는 교회가 세계 선교를 소홀히 해서는 안 된다.

(마닐라선언, A. 8. 지역교회)

케이프타운서약도 문화권 속에서 역사하시는 성령의 사역을 같은 맥락에서 다음과 같이 명시하고 있다.

그러나 우리는 또한 성령께서 하나님의 백성의 마음을 조명하여 모든 문화권의 사람들에게 성경이 새로운 방법으로 계속해서 하나님의 진리를 말씀하게 함을 (인정하고) 기뻐한다.

(케이프타운서약, 제1부. 6. 우리는 하나님의 말씀을 사랑한다)

케이프타운서약은 문화에 대해 너무 긍정적으로도 너무 부정적으로도 보지 않고 분별력 있게 보아야 함을 또한 명시하고 있다.

역사적으로 기독교 선교는 파괴적인 실패로 인해 흠이 나긴 했어도 토착문화와 언어를 보호하고 보전하는 데 중요한 역할을 했다. 그러나 모든 문화는 인간의 삶 속에서 하나님의 형상의 긍정적인 증거를 드러낼 뿐 아니라 사탄과 죄의 부정적인 흔적들까지도 보여주기 때문에, 하나님의 사랑(Godly love)은 비판적인 분별을 포함한다.

(케이프타운서약, 제1부. 7. 우리는 하나님의 세상을 사랑한다)

케이프타운서약에서 문화는 궁극적으로 그리스도에 의해 속량 되어 그리스도를 영화롭게 증거해야 할 매체임을 다음과 같이 명시한다.

> 우리는 복음이 모든 문화 속에서 구체적으로 표현되고 스며들어, 모든 문화를 안으로부터 속량하므로 문화가 하나님의 영광과 그리스도의 광채를 충만하게 드러내는 것을 보길 바란다. 우리는 모든 문화의 풍성함과 영광과 웅장함이 하나님의 도성으로 들어와 모든 죄가 구속받고 제거되어 새로운 창조세계를 풍요롭게 하기를 고대한다.
>
> (케이프타운서약, 제1부. 7. 우리는 하나님의 세상을 사랑한다)

이상과 같이, 로잔대회의 문건들은 복음주의적 그리스도인이라면 문화에 대해 중립적인 입지를 견지하되, 문화에 대한 책임감을 갖고 변혁을 위해 애써야 할 청지기적 사명과 더불어 문화적 감수성과 예민함을 갖고 복음 전파의 사명을 감당해야 할 태도를 제시한다.

B. 기독교 안에서의 다양성에 대한 열린 마음: 비서구적 기독교의 특징에 대한 인지들

케이프타운서약에서는 그 머리말에서 개신교가 아닌 전통적이고 역사적인 기독교공동체에 대한 입장을 또한 표명하고 있는데 그러한 전통 속에서도 그리스도를 따르는 자들이 있음을 인지하고 ‘그리스도의 몸의 하나 됨’이라는 인식을 하고 겸허한 마음으로 함께 할 것을 권장하고 있다.

> 우리는 로잔운동에서 복음주의 전통을 따라 말하고 집필하지만 그리스도의 몸

의 하나 됨을 확증하고, 다른 전통들 안에도 주 예수 그리스도를 따르는 이들이 많다는 것을 기쁘게 인정한다.

(케이프타운서약, 머리말)

케이프타운서약은 혼합주의의 위험도 경계하고 있지만, 동시에 타문화나 종교권에서 일어나고 있는 새로운 현상들(예, 내부자 운동)에 대해 성급하게 판단하고 단죄하는 일도 경계해야 함을 명시하고 있다.

소위 "내부자 운동"(insider movements)은.... 예수님을 그들의 하나님과 구세주로 따르는 사람들의 집단이다.... 이는 복합적인 현상이며, 이에 대해 어떻게 반응하느냐에 있어서는 많은 의견차가 있다.... 우리가 예상하지 못하거나 익숙하지 않은 방법으로 하나님이 일하시는 것을 목도할 때 (1) 성급하게 그것을 분류하고 하나의 새로운 선교 전략으로 추진하거나 (2) 민감하게 현지 상황을 이해하지 못한 채 성급하게 그것을 비난하려는 경향을 피해야 한다.

(케이프타운서약, 제2부. IIC. 4. 사랑은 제자도의 다양성을 존중한다)

마닐라선언에서는 서구기독교 일부에서 그다지 달가워하지 않을 능력대결의 요소를 다음과 같이 인지하고 논하고 있다.

진정한 회심에는 언제나 능력의 대결이 있으며... 우리는 기사와 이적을 부정하는 회의주의나 또 그런 것들을 무분별하게 요구하는 무엄함도 모두 배격한다. 그리고 성령의 충만함을 꺼리는 소극성과, 우리가 약할 때 그리스도의 능력이 온전케 되는 것을 반대하는 승리주의도 배격한다.

(마닐라선언, A. 5. 전도자 하나님)

보는 바와 같이 마닐라선언은 능력대결에 관해 긍정적인 선언을 하고 있다. 이는 비서구기독교의 공통적인 특성이라고도 할 수 있고, 심지어 서구기독교에도 초기와 중세에 걸쳐 지속해서 나타났던 특성이기도 하다. 그러나 이에 대한 지나친 몰입이나 방관도 모두 경계한다.

C. 지구촌 시대에 대한 인식: 새로운 선교유형의 인지

케이프타운서약에서는 이미 기독교의 지형도에 지각변동이 온 것을 인지하며 비서구권의 비중에 대해 머리말에 다음과 같이 언급하면서 3차 로잔대회가 아프리카 대륙에서 열린다는 것에 큰 의미를 두었다.

> 제3차 로잔대회가 아프리카에서 개최되었다는 사실은 이것에 대한 증거이다. 전 세계 그리스도인 중 3분의 2가 현재 지구의 남쪽과 동쪽 대륙에 살고 있다.
>
> (케이프타운서약, 전문. 변화하는 실재들)

1910년에 있었던 에딘버러 선교대회이후 100년간의 변화에서 하나님의 위대한 선교적 비전이 역사적으로 실현되어 감을 부인할 수 없음을 재확인하는 것이다.

케이프타운서약은 지구촌 시대의 한 특징인 디아스포라 현상에 대해 비상한 관심과 비중을 두며 다음과 같이 논하고 있다.

> 오늘날 전례 없는 대규모 인구 이동이 일어나고 있다. 이주는 우리 시대에서 세계적으로 크게 일고 있는 현실들 가운데 하나이다. 2억 명 정도의 인구가 자발적 또는 비자발적으로 자신들의 출생지가 아닌 곳에서 살고 있는 것으로 추

정되고 있다. 여기서 '디아스포라'라는 단어는 어떤 이유에서건 자신들의 출생 지를 떠난 사람들을 의미하는 데 사용된다.

(케이프타운서약, 제2부. IIC. 5. 사랑은 흩어져 있는 사람들과 접촉하려 한다)

케이프타운서약은 전반부는 신앙고백, 후반부는 행동강령이다. 이 후반부의 논의에서 케이프타운서약은 지구촌 시대의 여러 선교적 도전과 기회들에 대해 전 삶의 영역에서 폭넓게 논하고 있다.

이상에서 본 바와 같이 로잔대회의 3차에 걸친 주요 문건들에서 지구촌 기독교를 이해할 수 있는 논의와 명시들이 있음을 확인하였다. 이는 상당히 고무적인 것이다. 전 세계에서 일하고 있는 하나님의 일하심에 복음주의운동이 결코 눈멀어 있거나 무관심하지 않다는 말일 것이다.

IV. Lausanne Global Analysis

로잔운동의 보고(寶庫)라고 한다면 끊임없이 세계 복음화를 위한 신학적 논의, 선교학적 논의들이 진행될 때마다 창출되는 주요 문건들이라 하겠다. 위에서 언급된 3차에 걸친 국제대회의 문서들 외에도 로잔운동은 출범 이후 약 40여 년간 이러한 논의들에 대한 것들을 Lausanne Occasional Paper(이하, LOP)로 쏟아내고 있다. 현재까지 60여 편이 넘는 문건들이 수록된 로잔홈페이지는 그야말로 로잔운동의 보고라고 할 수 있겠다.

여기서는 그러나 이 소고의 주제를 다루기 위해 LOP보다는 최근에 발행되기 시작한 Lausanne Global Analysis(이하, LGA)에 초점을 맞추려고 한다.

어떤 면에서 두 문건은 공통점이 많다. 그 구성이나 내용을 보면 모두 로잔 언약, 마닐라선언, 케이프타운서약에서 제시된 내용에 대한 구체적이고 깊이 있는 관찰과 논의와 분석들을 한 것이라 이러한 대문건들에 대한 보조자료라는 기능도 감당하고 있다. 따라서 로잔운동의 지속적 발전양상은 로잔이 발행하는 이들 자료를 통해서도 가늠해 볼 수 있다.

A. LGA의 태동과 구성

LGA는 온라인을 통해 선교지도자들에게 전송되는 온라인정보물이라 할 수 있다. 이 자료는 사실상 일반 시사 잡지인 Time이나 Newsweek의 크리스천 버전(Christian version)이라 할 만큼 뜨거운 현안적 이슈들을 다루고 있는 것이 특징이다. 그러한 의미에서 이 자료는 사실상 로잔운동이 지구촌기독교의 동향을 얼마나 반영하여주고 있느냐를 가늠해 볼 수 있는 지표라고 할 수 있겠다.

LGA는 2011년 7월에 시작되었다. 그 첫 시도로 Pilot Edition을 내놓았고 이는 지구촌기독교 동향의 전문학자라 할 수 있는 토드 존슨(Todd Johnson)에 의해 준비되었다.[8] 그만큼 그 시작의 의도부터가 세계기독교를 조망하려는 전망대로써 시작되었다고 할 수 있다. 이 시험판에서 다룬 이슈는 남수단에 관한 것이었다. 남수단의 종교적 상황, 역사적 배경, 선교역사 및 전망 등을 논하고 있다.[9] 2011년 7월 9일 지구상에서 가장 어린 국가로 탄생한 남수단을 거의 동시에 다룬 면에서 LGA는 그만큼 세계동향의 최첨병으로 기능을 담당하고 있음을 보여주었다.

---

8) https://www.lausanne.org/content/lga/pilot/pilot-edition [2017. 12. 8 접속].

9) https://www.lausanne.org/content/lga/pilot/southern-sudan-2 [2017. 12. 8 접속].

2012년 11월에 시작된 첫 공식적인 이슈(LGA, Volume 1, Issue 1)에서 로잔위원회 의장인 더글라스 버드셀(Douglas Birdsall)은 태동의 동기를 이렇게 논하고 있다.

> 우리는 24시간 7일간 우리를 감싸고 있는 어마어마한 정보와 그 정보를 복음주의적 시각에서 어떻게 접근하고 분석할 것인가에 대해 간극을 느껴왔다…. 이러한 생각에서 태동된 LGA의 목적은 다음과 같다: '국제적인 복음주의 분석가들의 네트워크로부터 전략적이고 믿을 만한 정보와 통찰력을 전달하여 기독교 지도자들로 세계 선교의 사명을 위해 잘 준비될 수 있도록 하는 것이다.'[10]

LGA는 2012년에는 첫 이슈만을, 2013년에는 5개 이슈를, 2014년부터는 지금까지 격월(1, 3, 5, 7, 9, 11월)로 매년 6개 이슈를 발행하고 있다. 지금까지 발행된 LGA의 주제를 영역별로 나누어 보면 대략 다음과 같이 분류해 볼 수 있다.

(1) 지구촌기독교의 동향 (남반구 및 북반구의 기독교)

(2) 서구의 동향 (유럽, 북미)

(3) 정치, 경제, 사회, 핵, 전쟁에 관한 이슈

(4) 박해에 대한 이슈 (북한, 난민, 근본주의)

(5) 특정 국가나 지역 이슈 (중동, 남미, 아프리카 등)

(6) 소외계층 이슈 (아동, 여성, 장애인 등)

(7) 타종교권 동향 및 이슈 (불교, 이슬람, 힌두교, 유교 등)

(8) 타 전통 이슈 (가톨릭, 정교회)

(9) 환경, 기술 (디지털, 미디어) 및 문화 (음악, 미술, 스포츠) 이슈

(10) 새로운 전도 및 선교전략 (디아스포라선교, 비즈니스선교, 의료선교, 도시선교, 일터사

10) https://www.lausanne.org/content/lga/2012-11/2012-11-publishers-memo [2017. 12. 8 접속].

역, 미전도종족선교, 교회개척)

(11) 선교책무 (대위임령, 변증, 대형교회, 선교단체)

여기서는 LGA를 통해 지구촌기독교의 현황을 로잔운동이 어떻게 소개하고 있으며 이것이 시사해 주고 있는 바가 무엇인지를 몇 가지 영역별로 나누어 짚어보고자 한다.

B. 세계동향

2012년 11월에 시작된 첫 공식 이슈(LGA, Volume 1, Issue 1)는 국제 이주민 현상의 종교적 측면을 다루면서 그 선교적 도전과 기회를 살펴보고 있다.[11] 특별히, 아랍의 봄 이후 22개월이 지난 시점에서 그 의미를 돌아보며 전망해 보는 글을 실었다.[12]

2013년 6월 이슈에서는 2030년까지의 세계동향을 전망해보고 있다.[13] 여기서 사용된 자료는 European Strategy and Policy Analysis System (ESPAS)로서 'Global Trends 2030-Citizens in an Interconnected and Polycentric World'라는 제목의 보고서를 참고로 하였다. 그리고 US National Intelligence Council (NIC)에서 보고된 'Global Trends 2030:

11) Gina Bellofatto, "People and Their Religions on the Move," in LGA 1, no. 1 (2012.11). https://www.lausanne.org/content/lga/2012-11/people-and-their-religions-on-the-move-challenge-and-opportunities-of-international-migration [2017. 12. 8 접속].

12) David Taylor, "Where Next for the Arab Spring?" in LGA 1, no. 1 (2012.11). https://www.lausanne.org/content/lga/2012-11/where-next-for-the-arab-spring [2017. 12. 8 접속].

13) Sas Conradie, "Global Trends 2030," in LGA 2, no. 3 (2013.6). https://www.lausanne.org/content/lga/2013-06/global-trends-2030 [2017. 12. 8 접속].

Alternative Worlds'라는 자료도 참고하였다.[14] 이토록 구주와 미주의 공신력 있는 미래보고서를 가지고 복음주의적 시각에서 세계동향을 살펴보고 그 선교적 의미를 반추해 보게 하는 것은 로잔운동이 결코 세상과 동떨어져 있지 않다는 것을 보여주는 실증적인 예일 것이다. 이러한 자료들이 한국 선교지도자와 목회지도자들에게만 잘 소개가 되어도 로잔운동은 한국교회에 크게 기여할 줄로 믿는다. 이 글에서는 케이프타운서약의 우수성과 타당성을 다시 환기시켜 주고 있다. 케이프타운서약이 놀랍게도 이러한 미래 동향들에 대해 거의 빠짐없이 언급하고 있기 때문이며 21세기를 바라보는 로드맵(roadmap)을 제공해주고 있기 때문이다.

C. 지구촌교회의 동향

LGA는 서구 내 교회지형도의 변화에 대해서도 시사해 주고 있는데 런던의 교회 현황을 파악하면서 아래와 같은 재미있는 현상을 소개해주고 있다:

> 대도시 런던의 교회 센서스 조사가 지난 10월에 있었다. 이 조사에 의하면 2012년 런던의 교회 숫자는 4800개에 달했는데 이는 지난 2005년도 영국교회 센서스(English Church Census) 통계에 의해 파악된 숫자인 4100개 교회보다 700개나 더 많은 증가를 보여준다. 이는 매주 두 교회씩 7년간 증가한 셈이다. 이러한 의미심장한 변화가 도대체 어디서 근거한 것일까라고 물을 수 있다. 크게 두 영역이다. 하나는 흑인교회로 대개 오순절 계통이며 증가된 교회의 3분에 2가 여기에 해당된다. 다른 하나는, 도시에 있는 많은 이민교회들이다.[15]

14) Conradie, "Global Trends 2030."

15) Peter Brierley, "A 21st Century Babel!" in LGA 1, no. 1 (2013.1).

이러한 현상은 이미 미국의 보스톤과 같은 지역에서도 나타났었다. 어찌 보면 국제적인 이주와 디아스포라 현상이 가져온 새로운 교회의 지형도들이 서구의 대표적인 도시에서 나타나고 있음을 보여주고 있다.[16)]

2013년 3월에는 세계기독교동향(World Christian Trends)을 소개하는 한 이슈에서 가까운 2025년엔 군소 교단을 포함 약 55000개에 이르는 교단의 숫자를 예상한다. 이는 2013년 당시 41000개의 교단에서 14000개가 늘어나는 폭인데 이들 중 대다수는 개신교(Protestant)이며 많은 경우 독립 교단으로 분류되는 그룹들이다.[17)] 같은 해 6월 이슈에서는 1970년에서 2020년까지 50년간의 동향을 사회, 종교, 선교적 측면에서 살펴보고 있는데, 이를 간단히 소개하면 다음과 같다.[18)]

(1) 전 세계 종교의 분포는 1970년 80%에서, 2010년 88%, 2020년 90%까지 증가할 것으로 전망한다.

(2) 1970년엔 아시아, 아프리카, 라틴아메리카의 기독교인(소위 남반구 기독교

https://www.lausanne.org/content/lga/2013-01/in-focus-a-21st-century-babel [2017. 12. 8 접속].

16) 보스톤의 The Emmanuel Gospel Center는 이러한 현상을 "조용한 부흥"(Quiet Revival)으로 부르며 무려 246페이지에 달하는 보고서인 New England's Book of Acts (Boston: Emmanuel Gospel Center, 2007)를 만들어 내었다. 이 연구소의 선임연구원인 루디 미첼(Rudy Mitchell)은 다음과 같이 평하고 있다: "보스톤의 조용한 부흥은 남미, 카리브해, 아프리카, 아시아에서 온 새로운 이주자들에게 기인한다. 여기에 미국 내 흑인교회와 유럽계 이민교회들의 건강한 교회성장도 한몫하고 있다." 참조) Rudy Mitchell, "The Changing Shape of Boston's Church Community," in New England's Book of Acts, 9-10. http://www.newenglandsbookofacts.org/ [2008. 2. 28 접속].

17) Peter Brierley, "World Christian Trends," in LGA 2, no. 2 (2013.3). https://www.lausanne.org/content/lga/2013-03/world-christian-trends [2017. 12. 8 접속].

18) Todd Johnson and Gina Bellofatto, "Highlights of Christianity in its Global Context, 1970-2020," in LGA 2, no. 3 (2013. 6). https://www.lausanne.org/content/lga/2013-03/world-christian-trends https://www.lausanne.org/content/lga/2013-06/highlights-of-christianity-in-its-global-context-1970-2020 [2017. 12. 8 접속].

인)이 전체의 41.3%였지만, 2020년엔 64.7%가 될 것으로 전망한다.

(3) 1970년 갱신운동파(Renewalists)에 속하는 기독교인은 전체의 5.1%, 2010년엔 25.8%, 2020년엔 일반 기독교인증가보다 2배나 더 앞설 것으로 보며 총인구의 27.8%에 달할 것으로 전망한다.

(4) 기독교의 인구증가비율은 아프리카의 인구증가비율과 같을 것이다.

(5) 2010년에서 2020년 상간에 아시아에서의 기독교의 성장은 다른 어떤 종교보다 빠를 것으로 전망한다.

(6) 유럽에서의 기독교인증가는 1970년에서 2010년 사이에 있었다. 그러나 이제는 감소추세에 있다.

(7) 라틴아메리카에서는 복음주의파(Evangelicals)와 갱신주의파(Renewalists)가 가장 빠르게 성장하고 있다.

(8) 불가지론(Agnosticism)은 북미에서 두 번째로 큰 전통에 해당한다.

(9) 오세아니아 지역에서의 기독교는 2020년을 전망하여 볼 때 개신교, 성공회, 가톨릭은 감소하고 독립 교단, 정교회, 주변 교단 등은 증가세를 보여주고 있다.

(10) 남반구교회로부터 점점 더 많은 선교사가 파송되고 있다. 순차적으로 보면, 브라질, 한국, 인도 순에 해당한다.

2017년 11월 이슈에서는 남반구와 북반구 기독교 사이의 불균형적인 문제를 신학교육이라는 측면에서 다루고 있다.[19] 남반구에선 신학을 공부하고자 하는 많은 학생들이 있지만, 북반구에선 학생들이 많지 않다. 남반구에선 연구자료가 부족하지만, 북반구에선 이러한 자료들이 차고 넘친다. 이러

19) Kirsteen Kim, "Unlocking Theological Resource Sharing Between North and South: The need for missional theological education that values the whole church," in LGA 6, no. 6 (2017.11).
https://www.lausanne.org/content/lga/2017-11/unlocking-theological-resource-sharing-north-south [2017. 12. 8 접속].

한 신학교육과 자료에 있어서의 불균형을 어떻게 해결해야 할 것인가에 대한 논의이다. 남반구와 북반구 기독교의 불균형과 비대칭적인 문제는 비단 신학교의 현실에만 머물지는 않는다. 북반구 신학이 진보적이고 자유주의적인 성향인 데 반해 남반구의 신학이 보다 보수적이며 성경해석에 대한 입장도 문자적 해석에 치우친다.[20] 이러한 구도는 지구촌기독교 내 남북 간에 새로운 에큐메니컬 양상을 창출하고 있는데 보수적 남반구기독교와 진보적 북반구 기독교와의 대결 양상이기도 하다. 특히, 동성애와 같은 첨예한 이슈에 있어서는 그 대결의 양상이 더 뚜렷해지는 것을 보게 된다.

D. 포스트모던, 포스트크리스천 동향

LGA는 서구세계의 대표적 현상으로 볼 수 있는 포스트모던, 포스트크리스천 동향에 대해서도 심도 있게 다루고 있다. 2014년 9월 이슈에서는 포스트모던 시대의 선교연구가 보여주는 모순적인 한 면을 아래와 같이 지적하고 있다.

> 우리가 '선교연구'(mission studies)라는 말을 쓸 때, 복음주의자들은 특정한 모순에 직면하게 된다. 복음주의라면 당연히 중시 여겨야 할 '선교'(mission)라는 말의 성경적이고, 신학적이고, 실제적인 중심성에도 불구하고, 모순적이리만큼 '선교'(mission)라는 단어가 성경학교나 신학교에서 사라지고 있다는 사실이다.[21]

20) Philip Jenkins, "Liberating word: The Power of the Bible in the global South," The Christian Century, 11 July 2006, 23; Philip Jenkins, The New Faces of Christianity: Believing the Bible in the Global South (Oxford: Oxford University Press, 2006), 12-13.

21) Thomas Harvey, "Mission Studies in a Postmodern World: A peculiar paradox," in

맞는 말이다. 오늘날 선교학이라는 말 대신에 다문화학이라는 표현을 더 보편적으로 쓰는 추세를 지적하는 말이다. 이러한 현상은 선교가 서구제국주의와 맞물려 진행된 것에 대한 반발일 수도 있다. 또 하나의 변화는 오늘날 선교연구가 가지는 함의는 이전보다 더 총체적이며 변혁적인 방향임을 또한 다루고 있다.

같은 이슈에서 서구에 유행하는 불교에 대해서도 주목하면서 "Western Buddhism: A new-ish frontier for Christian mission"이라는 제목으로 논하고 있다.

> 불교의 수용 속도는 전무할 정도로 놀라울 정도이다. 불교가 아시아에서 자리 잡는데 수백 아니면 적어도 1000년의 시간이 걸린데 반해, 서부 일부국가에서는 단지 10년 사이에 자리를 잡아가고 있다니 말이다……. 이러한 성장의 모습에서 복음주의 그리스도인이 주목해야 할 부분이 있다. 많은 경우 불교로 전향한 이들은 이전에 기독교인이었다는 사실이다. 이들 중 일부는 교회로부터 상처를 받거나 염증을 느낀 자들이거나 불교에 대해 말하기를 대단히 지적인 자극이 되었다고 주장하기도 한다…. 복음주의자들은 이제 서방불교를 선교의 새로운 최전방으로 생각하여야 한다. 보다 주의 깊게 생각해야 할 지적, 목회적 도전이 되었다.[22)]

이러한 도전에 대해 로잔운동은 이미 2004년 파타야(Pattaya) 포럼 이슈 그룹 16에서 이 문제를 다루기 시작하였고 LOP(Lausanne Occasional Paper) 45호

LGA 3, no. 5 (2014.9). https://www.lausanne.org/content/lga/2014-09/mission-studies-in-a-postmodern-world [2017. 12. 8 접속].

22) Hugh Kemp, "Western Buddhism: A new-ish frontier for Christian mission," in LGA 3, no. 5 (2014.9). https://www.lausanne.org/content/lga/2014-09/western-buddhism [2017. 12. 8 접속].

‘Religious and Non-Religious Spirituality in the Western World("New Age")’ 에서 주의 깊게 논의한 바 있다.

LGA에서 단골로 다루는 또 하나의 주제는 바로 유럽임을 보여준다. 기독교의 온상이었던 유럽이 이제는 선교지가 되었다. 이는 이미 레슬리 뉴비긴(Lessile Newbigin)에 의해 지적된 바 있는데 그는 기독교 이전의 유럽의 이교적 모습(Pre-Christian Pagan)과 기독교 이후 유럽의 이교적 모습(Post-Christian Pagan)을 처녀(virgin)와 이혼녀(divorcee)의 모습으로 비교하여 오늘날 유럽의 영적인 심각성을 표현하기도 하였다.[23] 그러나 또 다른 이슈에서는 오늘날 유럽의 위기는 오늘만이 아닌 역사 가운데 항상 있었음을 지적하고 그러한 상황에서도 유럽의 기독교가 성장하고 살아남을 수 있음은 오늘의 상황에도 그대로 적용될 수 있음을 역설하면서 “유럽의 위기는 하나님께는 기회임”을 다시 천명하였다.[24] 이러한 기회는 곧 난민 주제를 다룬 2017년 5월 이슈에서 확인되었다.[25] 유럽에 이주한 엄청난 수의 난민이 유럽국가에 위협과 문젯거리가 되고 있는 것이 사실이나, 그 안에서 엄청난 회심의 역사 또한 일어나고 있음을 증거하고 있다. 이는 난민들에게는 복음을 들을 수 있는 기회를, 유럽교회들에게는 새로운 깨우침으로 거듭나는 기회를 제공함으로 유럽교회에 주어진 또 한 번의 복음의 기회를 시사해 주고 있다.

---

23) Jeff Fountain, “Europe: A most strategic mission field” in LGA 3, no. 6 (2014.11). https://www.lausanne.org/content/lga/2014-11/europe-strategic-mission-field [2017. 12. 8 접속].

24) Jim Memory, “Europe’s Crisis: God’s opportunity,” in LGA 4, no. 2 (2015.3). https://www.lausanne.org/content/lga/2015-03/europes-crisis [2017. 12. 8 접속].

25) Sam George, “Is God Reviving Europe through Refugees?: Turning the Greatest Humanitarian Crisis of Our Times into One of the Greatest Mission Opportunities,” in LGA 6, no. 3 (2017.5). https://www.lausanne.org/content/lga/2017-05/god-reviving-europe-refugees [2017. 12. 8 접속].

E. 디아스포라 선교와 비서구세계의 선교운동

LGA는 오늘날 디아스포라 현상에 대해서도 비상한 관심을 가지고 소개하고 있으며 2010년의 로잔 3차 대회는 디아스포라 선교를 이 시대의 새로운 선교패러다임으로 부상시킨 계기가 되었고 그 결과물로 생겨난 것이 바로 Global Diaspora Network(GDN)라고 소개한다.[26] 디아스포라에 대한 논의는 로잔 안에서 별도의 논의그룹을 갖고 꾸준히 진행되고 있다.

LGA는 비서구세계의 선교운동에 대해 중국과 인도의 경우를 소개하고 있다. 경제력으로 군사력으로 정치적으로 급부상하는 강대국 중국에 대해 과연 선교적 역할에서는 어떤 전망을 할 수 있겠는가?[27] 2013년에 있었던 Asian Church Leaders' Forum에서 중국 지도자들은 "A Mission China 2030"이라는 것을 탄생시켰다. 도시 안에 수백 개의 교회를 세우고, 중국 내 500개의 미전도 소수종족을 복음화하고, 2030년까지 2만 명의 해외선교사를 파송한다는 기치를 내걸었다. 지난 200년간 중국에만 파송된 선교사의 숫자가 2만 명이라는 점을 감안하여 앞으로 중국은 2030년까지 이에 해당하는 2만 명의 선교사를 보낼 비전을 내건 것이다. 물론 이러한 숫자가 보은의 심정에서 비롯되었긴 해도 지나친 야심은 아니냐는 반문을 하지만, 한국교회의 경이로운 선교성장이 보여준 가능성과 중국 내 기독교인 수가 한국보다 7배나 더 많은 점을 고려해 볼 때 전혀 달성하기 어려운 목표는 아니

26) Sadiri Joy Tira, "Diasporas from Cape Town 2010 to Manila 2015 and Beyond: The Lausanne Movement and scattered peoples," in LGA 4, no. 2 (2015.3). https://www.lausanne.org/content/lga/2015-03/diasporas-from-cape-town-2010-to-manila-2015-and-beyond [2017. 12. 8 접속].

27) David Ro, "The Rising Missions Movement in China (the World's New Number 1 Economy) and How to Support It," in LGA 4, no. 3 (2015.5). https://www.lausanne.org/content/lga/2015-05/the-rising-missions-movement-in-china-the-worlds-new-number-1-economy-and-how-to-support-it [2017. 12. 8 접속].

라는 점을 설명하고 있다. 가정교회운동은 중앙아시아, 중동, 동남아시아, 북아프리카에 선교사를 파송하는 원동력이자 공급원으로 기능을 담당할 것으로 전망한다. 여기에 미국을 능가하는 경제력은 이제 세계 선교의 무대에 중국의 역할을 기대할 만하게 한다.

인도의 경우를 보자. 인도 내 개신교 선교의 역사는 약 300년가량이 되는데 이는 세 번의 시기로 나누어 볼 수 있다. 제1기는 식민지 시기(colonial period, 1706-1946), 제2기는 인도독립 이후 타문화권 선교시기(cross-cultural era, 1947-90), 제3기는 인도의 해방 이후 토착화시기(indigenous era, 1991년 이후)로 보고 있다. 제2기는 특히 1960년대부터 나타나기 시작했는데 인도의 북부와 중앙부에 자국 선교사를 파송하는 시기가 된다. 제3기는 힌두 내셔널리즘이 고조되기 시작한 때이다. 기독교에 대한 공공연한 박해가 있지만, 특히 북부지역에서는 성장도 눈에 띈다. 제3기는 인도가 1991년부터 세계화의 추세에 맞추어 경제 자유화를 실시하기 시작한 때이다. 또한, 이시기는 이러한 세계화에 대응하는 지역적 예민함과 감수성이 고조된 시기이기도 하다. 그래서 더욱 근본주의적인 태도와 폭력적인 현상도 나타난다. 하지만 이 시기는 복음에 대해 엄청난 수용을 보여준 시기이기도 하는데 이러한 운동은 "Christward movements"로 인도적 상황에서 특성화 돼 나타나고 있으며 창의성, 상황화, 용기가 요구된다.[28)]

28) Prabhu Singh, "Surfing the Third Wave of Missions in India: Contextual Challenges and Creative Responses," in LGA 6, no. 2 (2017.3). https://www.lausanne.org/content/lga/2017-03/surfing-the-third-wave-of-missions-in-india [2017. 12. 8 접속].

V. 나가면서

지금까지 지구촌기독교의 등장과 개념을 다루면서 로잔문건 가운데 이러한 현상과 개념에 상응하는 조항들을 살펴보고 로잔운동이 지구촌기독교의 실체를 얼마나 반영하고 있는지에 대해 살펴보았다. 1974년 유럽대륙의 로잔에서 시작된 로잔운동이 1989년 아시아대륙의 마닐라와 2010년 아프리카 대륙의 케이프타운을 거치면서 보여주는 명시들은 놀랍게도 그 지리적 여정만큼이나 지구촌기독교의 속성들과 수렴되고 상응하는 부분이 많았다고 판단된다. 이는 총체적인 시각에서 기독교 선교역사를 이해하고자 하는 필자에게는 상당히 고무적인 일이라고 본다. 이제 지구촌기독교의 시각에서 본 로잔운동의 추이와 성격을 정리해 봄으로 소고의 결론을 내리고자 한다.

A. 복음전도와 복음정신

로잔운동의 추이를 보면 종전에 강조되었던 복음전도에서 복음정신의 구현이 더 강화되는 쪽으로 감을 보게 된다. 복음전도가 복음의 '전달'(delivery)을 강조한다면 복음정신은 복음의 '구현'(demonstration)에 더욱 무게를 두는 것이다. 즉, 말로서만이 아니라 삶으로 보여주는 복음을 말한다. 신앙의 열정과 성숙을 같이 생각해야 한다. 우리가 말로써 전해야 할 복음전도의 중요성을 간과해서도 안 되고 그 고삐를 놓아서도 안 되지만, 오늘날과 같이 포스트모던, 포스트크리스천의 세대에 부합하는 복음정신을 어떻게 구현할까 하는 것은 끊임없이 시도해야 할 새로운 과제로 남아있다.

B. 복음의 총체성

로잔운동의 문건들은 복음의 총체성을 강조하고 있다. 로잔운동은 복음의 초문화성과 보편성을 잃지 않으면서 동시에 지역적 감수성과 배려를 강조하고 있다. 복음이 보여주는 글로벌과 로컬의 양면적 속성을 동시에 견지하고 있다는 것이다. 로잔은 이러한 면에서 균형을 강조한다. 복음과의 조우가 있을 때 처음에는 듣는 자가 이해할 수 있는 언어와 문화적 수준에서 복음이 들어간다면 종국에는 이 복음이 전 존재와 문화를 변혁시키는 힘을 갖게 된다. 복음의 초입부터 완성까지 이러한 변화의 과정이 곧 제자화(discipleship) 과정이라고 본다. 이토록 토착적이고도 초월적인 면을 동시에 갖는 복음의 속성엔 내재된 긴장성이 있게 된다. 복음의 역사와 신학적 진리에는 이러한 내재적 긴장감이 언제나 같이 있음을 부인할 수 없다: 하나님의 공의와 사랑, 하나님의 초월성과 내재성, 하나님의 주권과 인간의 자유의지, 진리대결(Truth Encounter)과 능력 대결(Power Encounter) 등등.

이러한 면에서 로잔은 그 신학적 긴장성과 균형을 잘 보여주고 있다고 생각한다. 로잔정신은 양날의 칼이다. 인간의 죄의 심각성에 대해 충분히 인지하지 않는 진보적이고 자유주의적인 신학에 대한 반박과 아울러 인간의 연약성에 대해 충분히 배려하지 못하는 보수적이고 전통주의적 신학에 대해서도 통렬한 반성을 촉구하고 있다.

참고문헌

Jenkins, Philip. *The New Faces of Christianity: Believing the Bible in the Global South*. Oxford: Oxford University Press, 2006.

________________. *The Next Christendom: The Coming of Global Christianity*. Oxford: Oxford University Press, 2002.

조종남. 『세계복음화를 위한 로잔운동의 역사와 신학』. 서울: 선교횃불, 2013.

Jenkins, Philip. "Liberating word: The Power of the Bible in the global South." *The Christian Century* (2006. 7): 23.

Walls, Andrew F. "Christianity in the Non-Western World: A Study in the Serial Nature of Christian Expansion." In *The Cross-Cultural Process in Christian History*. 27-48. Maryknoll: Orbis, 2002.

________________. "From Christendom to World Christianity: Missions and the Demographic Transformation of the Church." *The Princeton Seminary Bulletin* 22, no. 3 (2001): 306-330.

박형진. "지구촌 기독교(World Christianity)의 등장과 그 개념화 작업." 『선교와 신학』 31 (Spring 2013): 11-39.

David Ro. "The Rising Missions Movement in China (the World's New Number 1 Economy) and How to Support It." in LGA 4, no. 3 (2015.5). https://www.lausanne.org/content/lga/2015-05/the-rising-missions-movement-in-china-the-worlds-new-number-1-economy-and-how-to-support-it [2017. 12. 8 접속].

David Taylor. "Where Next for the Arab Spring?" in LGA 1, no. 1 (2012. 11). https://www.lausanne.org/content/lga/2012-11/where-next-for-the-arab-spring [2017. 12. 8 접속].

Gina Bellofatto. "People and Their Religions on the Move." in LGA 1, no. 1 (2012. 11). https://www.lausanne.org/content/lga/2012-11/people-and-their-religions-on-the-move-challenge-and-opportunities-of-international-migration [2017. 12. 8 접속].

Hugh Kemp. "Western Buddhism: A new-ish frontier for Christian mission." in LGA 3, no. 5 (2014. 9). https://www.lausanne.org/content/lga/2014-09/western-buddhism [2017. 12. 8 접속].

Jeff Fountain. "Europe: A most strategic mission field." in LGA 3, no. 6 (2014. 11). https://www.lausanne.org/content/lga/2014-11/europe-strategic-mission-field [2017. 12. 8 접속].

Jim Memory. "Europe's Crisis: God's opportunity." in LGA 4, no. 2 (2015. 3). https://www.lausanne.org/content/lga/2015-03/europes-crisis [2017. 12. 8 접속].

Kirsteen Kim. "Unlocking Theological Resource Sharing Between North and South: The need for missional theological education that values the whole church." in LGA 6, no. 6 (2017. 11). https://www.lausanne.org/content/lga/2017-11/unlocking-theological-resource-sharing-north-south [2017. 12. 8 접속].

Lausanne Global Analysis. https://www.lausanne.org/

Lausanne Movement and scattered peoples. in LGA 4, no. 2 (2015. 3). https://www.lausanne.org/content/lga/2015-03/diasporas-from-cape-town-2010-to-manila-2015-and-beyond [2017. 12. 8 접속].

Peter Brierley. "A 21st Century Babel!" in LGA 1, no. 1 (2013. 1). https://www.lausanne.org/content/lga/2013-01/in-focus-a-21st-century-babel [2017. 12. 8 접속].

____________. "World Christian Trends." in LGA 2, no. 2 (2013. 3). https://www.lausanne.org/content/lga/2013-03/world-christian-trends [2017. 12. 8 접속].

Rudy Mitchell. "The Changing Shape of Boston's Church Community." in New England's Book of Acts, 9-10. http://www.newenglandsbookofacts.org/ [2008. 2. 28 접속].

Sadiri Joy Tira. "Diasporas from Cape Town 2010 to Manila 2015 and Beyond: The Prabhu Singh."; "Surfing the Third Wave of Missions in India: Contextual Challenges and Creative Responses." in LGA 6, no. 2 (2017. 3). https://www.lausanne.org/content/lga/2017-03/surfing-the-third-wave-of-missions-in-india [2017. 12. 8 접속].

Sam George. "Is God Reviving Europe through Refugees?: Turning the Greatest Humanitarian Crisis of Our Times into One of the Greatest Mission

Opportunities." in LGA 6, no. 3 (2017. 5). https://www.lausanne.org/content/lga/2017-05/god-reviving-europe-refugees [2017. 12. 8 접속].

Sas Conradie. "Global Trends 2030." in LGA 2, no. 3 (2013. 6). https://www.lausanne.org/content/lga/2013-06/global-trends-2030 [2017. 12. 8 접속].

Thomas Harvey. "Mission Studies in a Postmodern World: A peculiar paradox." in LGA 3, no. 5 (2014. 9). https://www.lausanne.org/content/lga/2014-09/mission-studies-in-a-postmodern-world [2017. 12. 8 접속].

Todd Johnson and Gina Bellofatto. "Highlights of Christianity in its Global Context, 1970-2020." in LGA 2, no. 3 (2013. 6). https://www.lausanne.org/content/lga/2013-03/world-christian-trends https://www.lausanne.org/content/lga/2013-06/highlights-of-christianity-in-its-global-context-1970-2020 [2017. 12. 8 접속].

https://www.lausanne.org/content/lga/pilot/pilot-edition [2017. 12. 8 접속].

https://www.lausanne.org/content/lga/pilot/southern-sudan-2 [2017. 12. 8 접속].

https://www.lausanne.org/content/lga/2012-11/2012-11-publishers-memo [2017. 12. 8 접속].